Norbert Herms

Zwischen »schädlichen Einflüssen« und »wertvollen Erbströmen«

Der »rassenhygienische« Diskurs in Deutschland zwischen 1891 und 1914

Berichte und Studien
Nr. 83

herausgegeben von
Thomas Lindenberger und Clemens Vollnhals
im Auftrag vom
Hannah-Arendt-Institut
für Totalitarismusforschung e.V.

Norbert Herms

Zwischen »schädlichen Einflüssen« und »wertvollen Erbströmen«

Der »rassenhygienische« Diskurs in Deutschland zwischen 1891 und 1914

V&R unipress

MIX
Papier aus verantwortungsvollen Quellen
FSC® C083411

Bibliografische Information der Deutschen Nationalbibliothek
Die Deutsche Nationalbibliothek verzeichnet diese Publikation in der Deutschen Nationalbibliografie; detaillierte bibliografische Daten sind im Internet über https://dnb.de abrufbar.

Umschlagabbildung: Erste Ausgabe des von Alfred Ploetz herausgegebenen Archiv für Rassen- und Gesellschafts-Biologie, Berlin 1904
Satz: Hannah-Arendt-Institut für Totalitarismusforschung, Dresden
Druck und Bindung: CPI books GmbH, Birkstraße 10, D-25917 Leck
Printed in the EU.

Vandenhoeck & Ruprecht Verlage | www.vandenhoeck-ruprecht-verlage.com

ISSN 2366-0422
ISBN 978-3-8471-1072-9

Inhaltsverzeichnis

Vorwort

Der vorliegende Text wurde im Rahmen eines Promotionsverfahrens im Fach Wirtschafts- und Sozialgeschichte an der Philosophischen Fakultät der Technischen Universität Dresden am 5. März 2019 von der Promotionskommission angenommen. Die Verteidigung fand am 29. März 2019 statt und das Verfahren wurde am 1. April 2019 erfolgreich abgeschlossen. Dank gebührt daher der Prüfungskommission unter dem Vorsitz von Prof. Dr. Winfried Müller und hier speziell den Gutachtern Prof. Dr. Susanne Schötz und Prof. Dr. Mike Schmeitzner für die jahrelange Betreuung. Ebenso haben Prof. Dr. Gerhard Lindemann, Prof. Dr. Antonia Kupfer und Prof. Dr. Dagmar Ellerbrock mit ihren kritischen Anmerkungen und konstruktiven Hinweisen zur steten Verbesserung der Arbeit und schließlich zum Erfolg des Dissertationsvorhabens geführt. Darüber hinaus ist Anne-Kathrin Schiel, Raimund Herms, Dr. Paul Drogla, Andreas Meier, Prof. Dr. Klaus Dietmar Henke, Dr. Clemens Vollnhals und allen anderen zu danken, die jeweils auf unterschiedlichen Entwicklungsstufen des Promotionsvorhabens – von der Entstehung und Umsetzung der Idee, über die Auswahl und Bearbeitung der Quellen und der Methode, bis hin zur redaktionellen Überarbeitung – mit unzähligen Gesprächen, kritischen Nachfragen und fruchtbarem Gedankenaustausch jeweils ihren Beitrag zu diesem Projekt geleistet haben. Schließlich gilt besonderer Dank Prof. Dr. Thomas Lindenberger, Dr. Clemens Vollnhals und dem Hannah-Arendt-Institut für Totalitarismusforschung für die Aufnahme in die Reihe »Berichte und Studien« als auch Ute Terletzki, Sebastian Rab und Ilona Görke für die redaktionelle Überarbeitung des Manuskriptes.

I. Einleitung

1. Forschungsgegenstand

»Nicht der Mensch, sondern die Natur hat den riskanten Versuch gemacht, höhere Primaten auf ihren hinteren Extremitäten gehen zu lassen und so ihre vorderen Extremitäten ihrem beweglichen und vorwärtsstrebenden Gehirne zur freien Verfügung zu stellen [...]. Wir können versuchen, in dieser Richtung weiter zu streben, indem wir latente Kräfte des Lebens freisetzen und das, was den gegenwärtigen Zielen und Aufgaben nicht mehr entspricht, zum Verschwinden bringen.«[1]

Diese Idee bzw. dieser Wunsch nach der Verbesserung des Menschen ist alt, seit der Antike wurden verschiedenste Überlegungen in dieser Richtung formuliert.[2] Auch in den Weltreligionen spielt die Unvollkommenheit des Menschen und die Auseinandersetzung mit diesem Umstand eine zentrale Rolle. Das enge Zusammenleben dieser »unvollkommenen Menschen« in Gesellschaften ist die Grundherausforderung jeder Politik und Soziologie. Ende des 19. Jahrhunderts wurden die modernen Gesellschaften zunehmend als Organismen begriffen, die – ebenso wie der einzelne Mensch – nach biologischen Gesetzen funktionieren und deren »körperlichen und geistigen« Eigenschaften von Generation zu Generation weitergeben würden.[3]

Die sogenannte Rassenhygiene bzw. Eugenik eröffnete nun als Antwort darauf die scheinbare Möglichkeit, »aus der Geschichte zu lernen« und diese vermeintlich alles beherrschende Unvollkommenheit des Menschen auf säkularem Weg aufzuheben, sein Zusammenleben damit zu vereinfachen und zu

1 Havelock Ellis, Rassenhygiene und Volksgesundheit (Veranstaltet unter Mitwirkung von Dr. Hans Kurella), Würzburg 1912, S. IV f.

2 Vgl. Richard Nate, Biologismus und Kulturkritik. Eugenische Diskurse der Moderne, Würzburg 2014, S. 64–66.

3 Vgl. Marius Turda, Biology and Eugenics. In: Michael Saler (Hg.), The Fin-De-Siècle-World, New York 2015, S. 456–470, hier 463.

harmonisieren[4] und endlich diesen übergeordneten Organismus der Gesellschaft, des »Volkes« oder der »Rasse« gesünder oder »wehrfähiger« werden zu lassen. Laut Francis Galton, der 1883 den Begriff »eugenics« prägte, handelte es sich bei dieser neuen Bewegung um die »Wissenschaft, die sich mit den Einflüssen befasst, welche die angeborenen Eigenschaften einer Rasse verbessern und welche diese Eigenschaften zum größtmöglichen Vorteil der Gesamtheit zur Entfaltung bringen.«[5] So von Anfang an bewusst als »Wissenschaft« konstruiert und von Alfred Ploetz 1895 als »Rassenhygiene« ins Deutsche übersetzt, sollte nun durch die explizite Anerkennung der vermeintlichen prinzipiellen »Ungleichheit« der geistigen und körperlichen Eigenschaften der Menschen gezielt auf deren Reduzierung hingearbeitet werden. »Rassenhygienische« Maßnahmen sollten demnach das Entstehen »schlechter« Varianten der Menschen verhindern und »guter« fördern, sodass die »Gesamtqualität« der betroffenen und künftigen Generationen steigen würde.[6] Es würde nach dieser Logik weniger »schwache« – weil erbbiologisch benachteiligte – Gesellschaftsmitglieder geben und die soziale Frage wäre damit entschärft oder sogar gelöst.[7] Im von einigen Zeitgenossen bereits lange vor dem Ersten Weltkrieg wahrgenommenen »Kampf der Völker ums Dasein« würden dadurch erhebliche Vorteile für jene Gesellschaften entstehen, welche dieses Prinzip beherzigen.

»Der Traum einer Vervollkommnung der eigenen Art reicht weit in die Geschichte der zivilisierten Menschheit zurück, und die Utopien der Menschenzüchtung sind tiefer verwurzelt, als es das literarische Genre für sich genommen vermuten lässt.«[8] Denn bereits im 18. Jahrhundert forderten einzelne Theoretiker[9]

---

4 Vgl. Maria A. Wolf, Eugenische Vernunft. Eingriffe in die reproduktive Kultur durch die Medizin 1900–2000, Wien 2008, S. 77: »Das Zusammentreffen von Fortschrittsoptimismus und der gleichzeitigen totalen Verelendung großer Bevölkerungsteile im 19. Jahrhundert, die Zerstörung sozialer Zusammenhänge und Bindungen durch Industrialisierung und Urbanisierung, die beginnende Wahrnehmung in den Städten lebenden Menschen als ›Masse‹, provozierte eine Harmoniesucht, die u. a. mit einer Neuordnung der Reproduktion gestillt werden sollte.«

5 Francis Galton zit. nach Dorothee Obermann-Jeschke, Eugenik im Wandel: Kontinuitäten, Brüche und Transformationen. Eine diskursgeschichtliche Analyse, Münster 2008, S. 15.

6 Vgl. Christian Geulen, Geschichte des Rassismus, München 2007, S. 92.

7 Vgl. Hubert Rottleuthner, Zum Wissenschaftscharakter der Eugenik. In: Ignacio Czeguhn/Eric Hilgendorf/Jürgen Weitzel (Hg.), Eugenik und Euthanasie 1850–1945. Frühformen, Ursachen, Entwicklungen, Folgen, Baden-Baden 2009, S. 43–70, hier 45: »Die Eugenik ist – kurz gesagt – eine biologisch-medizinische Antwort auf die soziale Frage.« Vgl. zudem Christian Geulen, Der Rassenbegriff. Ein kurzer Abriss seiner Geschichte. In: Naika Foroutan/Christian Geulen/Susanne Illmer/Klaus Vogel/Susanne Wernsing (Hg.), Das Phantom »Rasse«. Zur Geschichte und Wirkungsmacht von Rassismus, Köln 2018, S. 23–33, hier 29.

8 Peter Weingart/Jürgen Kroll/Kurt Bayertz, Rasse, Blut und Gene – Geschichte der Eugenik und Rassenhygiene in Deutschland, 2. Auflage, Frankfurt a. M. 1996, S. 27.

9 Aus Gründen der besseren Lesbarkeit wird im Text verallgemeinernd das generische Maskulinum verwendet. Diese Formulierungen umfassen gleichermaßen weibliche, männliche und diverse Personen; alle sind damit selbstverständlich gleichberechtigt angesprochen.

Fortpflanzungsverbote für »erbkranke« Menschen.[10] Dass »gute« Eltern »gute« Kinder bekommen würden, wäre der »Rassenhygiene« um 1900 zufolge also keine unbestätigte Hypothese, sondern eine Jahrtausende alte Empirie, die schlicht wieder wahrgenommen und gewürdigt werden müsse.[11] Doch erst mit der Rezeption der Darwin'schen Entwicklungslehre von 1859, die von Weismanns Theorie der Beständigkeit der Keimzellen Ende der 1880er-Jahre und den um 1900 wiederentdeckten Mendel'schen Vererbungstheorien gestützt wurde, erhielt die Theorie von der gezielten Einflussnahme auf die Erzeugung von menschlichen Nachkommen ein starkes Selbstverständnis als »Gesellschaftswissenschaft auf naturwissenschaftlicher Grundlage«. Dies wurde daraufhin in der Öffentlichkeit und Wissenschaft zunehmend auch anerkannt und konnte eine außerordentliche Wirkungsmacht entfalten:[12] »Die Theorie Darwins bedeutet eine grundlegende Veränderung der Wahrnehmung der Realität, und zwar in den Kategorien eines wissenschaftlichen biologischen Naturgesetzes.«[13]

Seit der Reichsgründung beeinflusste unter anderem die durch die »zweite industrielle Revolution«[14] aufgeworfene soziale Frage diese wahrzunehmende bzw. zum Teil wahrgenommene Realität: Das nach der Überwindung der Gründerkrise in den 1890er-Jahren enorm gesteigerte Bevölkerungswachstum und der rasche Übergang von einer agrarisch geprägten zu einer kapitalistisch-industriellen Wirtschaft[15] führte mit allen seinen Folgen sowohl auf dem Land als auch in der Stadt für einen Großteil der lohnarbeitenden Menschen und deren kinderreichen Familien in wechselhafte und auch schwierige Lebensbedingungen.[16] Durch die

10 Vgl. Ulrich Rauschenfels, Eugenik in deutschsprachigen Fachzeitschriften, Marburg 1969, S. 2.

11 Vgl. Christian von Ehrenfels, Erwiderung zur Frage: Zuchtwahl und Monogamie. In: PAR, 2 (1903/04) 1, S. 99f., hier 99. »PAR« wird im Folgenden als Abkürzung verwendet sowohl für »Politisch-Anthropologische Revue – Monatsschrift für das soziale und geistige Leben der Völker« als auch für deren Folgename ab 1913 »Politisch-Anthropologische Revue – Monatsschrift für praktische Politik, für politische Bildung und Erziehung auf biologischer Grundlage«. Vgl. z.B. Richard Thurnwald: »Wir aber, die wir den verlorenen Instinkt uralter Tradition durch intellektuelle Beobachtung ersetzen wollen, werden gewahr, dass viele durch Jahrtausende erfolgreich erprobten Sitten mit den jüngsten Forderungen der biologischen Wissenschaft vortrefflich übereinstimmen.« Richard Thurnwald, Über das Eheleben in Japan. In: ARG, 4 (1907) 6, S. 914–916, hier 916. ARG wird im Folgenden als Abkürzung verwendet für »Archiv für Rassen- und Gesellschafts-Biologie einschließlich Rassen- und Gesellschafts-Hygiene. Zeitschrift für die Erforschung des Wesens von Rasse und Gesellschaft und ihres gegenwärtigen Verhältnisses, für die biologischen Bedingungen ihrer Erhaltung und Entwicklung, sowie für die grundlegenden Probleme der Entwicklungslehre«.

12 Vgl. Hans Walter Schmuhl, Rassenhygiene, Nationalsozialismus, Euthanasie: Von der Verhütung zur Vernichtung »lebensunwerten Lebens« 1890–1945, 2. Auflage, Göttingen 1992, S. 70.

13 Weingart/Kroll/Bayertz, Rasse, Blut und Gene, S. 31.

14 Andreas Killen, The second industrial revolution. In: Saler (Hg.), The Fin-De-Siècle-World, S. 45–58, hier 48.

15 Vgl. Volker Ullrich, Die nervöse Großmacht 1871–1918. Aufstieg und Untergang des deutschen Kaiserreichs, 2. Auflage, Frankfurt a.M. 2013, S. 128.

16 Ebd., S. 142.

Ballung in den Großstädten[17] konnte sich das zum Teil in mangelhafter Ernährung und Hygiene äußern und neben epidemischer Ausbreitungen von Krankheiten auch einen vermeintlichen »allgemeinen Sittenverfall«[18] zur Folge haben. Gleichzeitig steuerten die sozialpolitischen Maßnahmen der Sozialgesetzgebung Ende des 19. Jahrhunderts vor allem im Arbeitermilieu gegen diese negativen Entwicklungen. Sie verkürzten zum Beispiel den Arbeitstag[19] und schafften es, den allgemeinen Lebensstandard zu heben und die Mortalitätsrate zu senken.[20]

Die sozial »höher« gestellten Familien schienen sich dagegen sowohl kulturell als auch biologisch »zurückzuentwickeln« und angesichts ihrer sinkenden Geburtenraten »auszusterben«.[21] Die ambivalente »Moderne« des »Fin de Siècle«[22] und alle ihre Folgen schienen die rasante Ausbreitung von zeitgenössischen Phänomenen wie der »nervöse[n] Unruhe« oder der »Dekadenz« in diesen Gesellschaftsschichten nach sich zu ziehen.[23] Peter Becker erklärt die darin implizierte Furcht vor dem Niedergang damit, dass »technologischer und gesellschaftlicher Fortschritt als Resultat evolutionistisch bedingter Spezialisierung […] zu zunehmender Komplexität und Differenziertheit« führe. Jedoch würde sich die zeitgenössische intellektuelle Gedankenwelt fragen, ob »nicht Höherentwicklung, Fortschritt und zunehmende Differenzierung Regress und Degeneration als vermeintliche Schattenseite«[24] gleichzeitig mit sich führen würden.

Sowohl diese gesellschaftlichen und sozialen Phänomene – die negativen wie die positiven, in den »höheren« und »unteren« sozialen Schichten – als auch die darauf reagierenden gesetzgeberischen Maßnahmen wurden nun von »Rassenhygienikern« unter dem Aspekt der evolutionsbiologischen Bevölkerungsent-

17 Vgl. Suzanne Marchand, Central Europe. In: Saler (Hg.), The Fin-De-Siècle-World, S. 131–149, hier 136; Peter Becker, Furcht vor Niedergang und Entartung. Nährboden für sozialdarwinistische Ideen im späten 19. Jahrhundert. In: Angela Schwarz (Hg.), Streitfall Evolution. Eine Kulturgeschichte, Köln 2017, S. 362–375, hier 369.

18 Weingart/Kroll/Bayertz, Rasse, Blut und Gene, S. 66.

19 Vgl. Marchand, Central Europe, S. 134.

20 Vgl. Christoph Nonn, Das Deutsche Kaiserreich. Von der Gründung bis zum Untergang, München 2017, S. 18; Ullrich, Die nervöse Großmacht, S. 135.

21 Vgl. John Jervis, The modernity of the fin de siècle. In: Saler (Hg.), The Fin-De-Siècle-World, S. 59–73, hier 63 f.

22 »The cultural configuration of the fin de siècle occurs when a crisis induced by mapping these notions of linearity and progress [of civilization] on to ideas of civilization as cyclical is, in turn, superimposed on to fears about the emptiness, the hollowness of the pretensions to civilization itself, given an awareness of the gap between manners and morals, ideals and practices, and the diminution of confidence in the background reassurance offered by religion.« Jervis, The modernity of the fin de siècle, S. 60.

23 Vgl. Rüdiger vom Bruch, Wilhelminismus – Zum Wandel von Milieu und politischer Kultur. In: Uwe Puschner/Walter Schmitz/Justus H. Ulbricht (Hg.), Handbuch zur »Völkischen Bewegung« 1871–1918, München 1996, S. 3–21, hier 11.

24 Becker, Furcht vor Niedergang und Entartung, S. 362.

wicklung betrachtet.[25] So wurden »gesellschaftspolitische und soziale Probleme des Staates [...] als biologische Krise der Gesellschaft umgedeutet«,[26] sodass Charles Darwins Prinzip der »Selektion« durch die »natürliche Zuchtwahl« auf die menschliche Gesellschaft übertragen, scheinbar Ursache und Lösung aller daraus resultierenden Probleme zugleich darstellte. Verfalls- und Untergangsvisionen erhielten mit der Biologisierung der Soziologie demnach ebenso eine neue Perspektive wie der Glaube, die eigene Natur beherrschen zu können.[27] Letzteres wurde durch weitere bahnbrechende neue Erkenntnisse auf dem breiten Gebiet der Naturwissenschaften der letzten Jahrzehnte verstärkt und durch den Anspruch der »Rassenhygiene«, hier als gleichwertige, wenn nicht sogar allumfassende »Wissenschaft« in Konkurrenz zu treten, befeuert:[28] »Considery these discoveries in the natural sciences and biology, it is no surprise that scientists bravely posed as creators of new values and morality.«[29]

»Niedergang« oder »Aufstieg« – zwischen diesen beiden Polen wurden nun von den »Rassenhygienikern« unterschiedlichster Couleur verschiedene Positionen und Handlungsvorschläge unterbreitet, um die damals von einigen befürchtete »Entartung« der gesamten modernen »Kulturmenschheit« aufzuhalten bzw. deren häufig als notwendig oder zumindest wünschenswert empfundene »Höherzüchtung« voranzutreiben.[30] Die vorgeschlagenen Maßnahmen reichten dabei von reduzierter Hilfeleistung für »Schwache«, über Heiratsförderungen oder -verbote und Zwangssterilisation bis hin zur staatlich gesteuerten Fortpflanzung der Menschen. Dies hatte zur Folge, dass sich zum Ende des 19. und am Anfang des 20. Jahrhunderts auch in Deutschland eine erhebliche,

---

25 Vgl. Weingart/Kroll/Bayertz, Rasse, Blut und Gene, S. 31; Anette Herlitzius, Frauenbefreiung und Rassenideologie – Rassenhygiene und Eugenik im politischen Programm der »Radikalen Frauenbewegung« (1900–1933), Wiesbaden 1995, S. 56; Sheila Faith Weiss, The Nazi Symbiosis. Human Genetics and Politics in the Third Reich, Chicago 2010, S. 25; Becker, Furcht vor Niedergang und Entartung, S. 373.

26 Uwe Hoßfeld/Michal Šimůnek, Eugenik und Rassenhygiene in Europa. Definition des idealen Menschen und Versuche ihrer Umsetzung. In: Schwarz (Hg.), Streitfall Evolution, S. 431–448, hier 437.

27 »Im medizinisch-biologischen Degenerationsdiskurs des 19. Jahrhunderts, dessen epistemologische Ordnung das Wissen der darwinistischen Biologie und der medizinischen Psychiatrie vorgab, war eine Abwehr der Degeneration durch gesundheitsfördernde Körpertechniken potenziell noch möglich. Die Ordnung des biologisch-genetisch gewendeten Diskurses der Rassenhygiene gibt jedoch das neodarwinistische Wissen von der Ausschließlichkeit ›direkter Vererbung‹ vor.« Andreas Lösch, Tod des Menschen – Macht zum Leben. Von der Rassenhygiene zur Humangenetik, Pfaffenweiler 1998, S. 80.

28 Vgl. Paul Weindling, Health, race and German politics between national unification and Nazism 1870–1945, Cambridge 1991, S. 11.

29 Marius Turda, Modernism and Eugenics, New York 2010, S. 18.

30 Vgl. Nate, Biologismus und Kulturkritik, S. 27.

an die Klassiker der Vererbungslehre wie Galton, Darwin und Ernst Haeckel[31] anlehnende Bandbreite an auf den Menschen angewandte »rassenhygienische« Literatur entwickelte, die den Untersuchungsgegenstand der vorliegenden Arbeit darstellt.

2. Forschungsstand

Historischer Kontext: Paul Nolte leitet fünf Entwicklungsstränge als Grundmotive für derartige wirkungsmächtige Visionen und Sozialutopien her. Deren Ursprünge wurzeln maßgeblich im »langen« 19. Jahrhundert und geben den ideengeschichtlichen Hintergrund auch für die zeitgenössische »Rassenhygienebewegung«: Die relative Statik der vergangenen Jahrhunderte löste sich in nahezu allen Bereichen immer schneller und radikaler auf, was auch immer höhere Erwartungen an die Zukunft nährte. Das rief allerdings ebenso Gegenreaktionen überforderter Zeitgenossen auf, die sich ihrerseits in rück- oder vorwärtsgewandte Sehnsüchte und Utopien flüchteten.[32] Gemein war jedoch sowohl den Fortschrittsoptimisten wie -pessimisten der Glaube an die Planbarkeit und Steuerbarkeit des Fortschrittes: »Die jeweils nächsten Schritte konnten mit politischen und administrativen Mitteln vorbereitet und dann auch umgesetzt werden; prinzipielle Zweifel an der Möglichkeit der Realisierung verblassten; von normativen Fragen – also Zweifeln an der Wünschbarkeit bestimmter Zukünfte – ganz zu schweigen.«[33]

Aus diesen Machbarkeitsüberzeugungen wurden dann in einem vierten Schritt Ideologien, die ein wissenschaftliches Fundament für sich beanspruchten und sich letzten Endes in Ersatzreligionen wandelten und Erlösung verhießen.[34] Der Weg in den Totalitarismus scheint hier vorgezeichnet und die Utopie von einer »neuen Religion« und einer »reinen« und harmonischen Gesellschaft wird auch in der »rassenhygienischen« Gedankenwelt gepflegt. Die vorliegende Arbeit wird daher an Paul Nolte anknüpfend prüfen, ob Zweifel an der Durchführbarkeit und Wünschbarkeit dieser oben genannten »nächsten Schritte« in der frühen »Rassenhygienebewegung« formuliert wurden oder nicht.

31 Vgl. Francis Galton, Genie und Vererbung, Leipzig 1910 (Im Original: Francis Galton, Hereditary Genius, London 1869); Charles Darwin, Die Entstehung der Arten durch natürliche Zuchtwahl, 2. Auflage, Leipzig 1984 (Im Original: Charles Darwin, On the Origin of Species by Means of Natural Selection, or the Preservation of Favoured Races in the Struggle for Life, London 1859.); Ernst Haeckel, Natürliche Schöpfungsgeschichte, Berlin 1868.

32 Vgl. Paul Nolte, Transatlantische Ambivalenzen. Studien zur Sozial- und Ideengeschichte des 18. bis 20. Jahrhunderts, München 2014, S. 89–91.

33 Ebd., S. 92.

34 Vgl. ebd., S. 93 f.

Die »rassenhygienische« Sozialutopie entstand im Fahrwasser der Diskurse um Körper, Medizin, Gesundheit und Krankheit der Moderne und Labisch fragt daher zunächst: »Wie der Leib der Menschen in modernen Gesellschaften zu einem besonderen Bereich des Denkens und Handelns wurde? Der Umgang mit individuellen und sozialen Körpern muss in angemessenen Sinnwelten erklärt und gerechtfertigt werden. Dies geschieht in einem Wechselverhältnis von Macht und Wissen.«[35]

Alfons Labischs Untersuchung setzt in der frühen Neuzeit ein, da hier die theoretisch-rationalen Formen von Gesundheit entwickelt wurden und zu wirken begannen. Endpunkt dieser Betrachtung bildet folgerichtig der Gesundheitsbegriff vom »rassisch und erbbiologisch reinem Volkskörper« der Nationalsozialisten, denn »mit diesem Gesellschaftsentwurf ist eine nicht mehr steigerungsfähige Konzeption öffentlicher Gesundheit konstruiert und in die Realität umgesetzt worden.«[36] Da sich Labisch für die Kaiserzeit auf die kommunalen und staatlichen Institutionen des öffentlichen Sozial- und Gesundheitswesens konzentriert, setzt dessen tiefere Auseinandersetzung mit der »Rassenhygiene« erst ab der Weimarer Republik ein. Jedoch wird hier Schritt für Schritt deren »wissenschaftliche« Genese zum Kulminationspunkt[37] der unterschiedlichen Hygiene-Teilgebiete skizziert, was für die weitere Auseinandersetzung mit dem Thema äußerst hilfreich ist.

Sebastian Weinert untersucht in diesem Zusammenhang die deutschen Gesundheitsausstellungen in der ersten Hälfte des 20. Jahrhunderts und strukturiert den Körperdiskurs vom späten Kaiserreich bis zum Nationalsozialismus dabei erhellend in »vermessene«, »leistende«, »ästhetische« und »genormte« Körper. Dabei attestiert Weinert dem Körperdiskurs zu Beginn des 20. Jahrhunderts im Ganzen enorme Vielfältigkeit, Widersprüchlichkeit und Heterogenität.[38] In diesem Diskurs jedoch wurden laut Labisch im Prozess der gesellschaftlichen Differenzierung individuelle und soziale Körper als Definitions- und Handlungsfeld interpretiert und physische, mentale, psychische und soziale Leistungsfähigkeiten an diesen diagnostiziert, die je nach Vergesellschaftungsform bestimmten Bedürfnissen gerecht werden sollten.[39]

35 Alfons Labisch, Homo Hygienicus. Gesundheit und Medizin in der Neuzeit, Frankfurt a.M. 1992, S. 39.

36 Ebd., S. 41.

37 Vgl. ebd., S. 149.

38 Vgl. Sebastian Weinert, Der Körper im Blick. Gesundheitsausstellungen vom späten Kaiserreich bis zum Nationalsozialismus, Berlin 2017, S. 4.

39 Vgl. Alfons Labisch, Gesundheitskonzepte und Medizin im Prozeß der Zivilisation. In: Alfons Labisch/Reinhard Spree (Hg.), Medizinische Deutungsmacht im sozialen Wandel des 19. und 20. Jahrhunderts, Bonn 1989, S. 15–36, hier 31 f.

Diese ausdifferenzierten Anforderungen an den sozialen und kollektiv verstandenen Körper stehen in den Körperdiskursen und Human- und Lebenswissenschaften der Zeit in Wechselwirkungen mit Szientismus, Biologismus und politischer Meinungsbildung, die Lutz Raphael problematisiert: »Als Mittel politischer Mobilisierung hat die diskursive ›Verwissenschaftlichung‹ des Sozialen im 20. Jahrhundert Wege zurückgelegt, die weit weg führten von den Versprechungen sozialer Aufklärung und Humanisierung, die alle Humanwissenschaften an ihrem Ausgangspunkt mehr oder weniger glaubwürdig formuliert haben.«[40]

Bisher handlungsleitende religiöse und moralische Argumentationen wurden demnach durch die übermächtige Konkurrenz des neuen humanwissenschaftlichen Wissens zurückgedrängt, sodass die »vielfältigen Spielarten des Sozialdarwinismus bzw. sozialbiologischer Programme und Theorien«, die »zu den erfolgreichsten und folgenschwersten Denkprodukten [gehören]«, entstehen und Wirkungsmacht über den politischen Willen und soziale Interessen gewinnen konnten.[41]

Erörtert und äußerst kontrovers diskutiert wurde das Spannungsverhältnis zwischen diesen bisher handlungsleitenden religiösen und moralischen Argumentationen und den neuen Programmen und Theorien um die Jahrhundertwende vor allem in Zeitschriften – »Seismografen ihrer Gegenwart«, wie Michel Grunewald und Uwe Puschner es in ihrem Buch zu der kulturkritischen Zeitschriftenlandschaft des Kaiserreiches um 1900 beschreiben.[42] Die Autoren des Sammelbandes loten in zahlreichen Einzelbesprechungen die Bedeutung der Zeitschriften in und für die Gesellschaft des Kaiserreiches »hinsichtlich ihrer zeitspezifischen Krisen- und Umbruchwahrnehmungen und Krisenbewältigungsstrategien« aus.[43] Puschner kommt dabei zu dem Schluss, dass dem subjektiven Krisenbewusstsein Einzelner oder ganzer Gruppen zwar objektiv keine Krise zugrunde liegen muss, die sozialen, ökonomischen, politischen und kulturellen Transformationsprozesse jedoch von den Zeitgenossen wirkungsmächtig als Krisen interpretiert werden,[44] worauf später im Text noch eingegangen wird.

40 Lutz Raphael, Die Verwissenschaftlichung des Sozialen als methodische und konzeptionelle Herausforderung für eine Sozialgeschichte des 20. Jahrhunderts. In: Geschichte und Gesellschaft. Zeitschrift für historische Sozialwissenschaft, 22 (1996), S. 165–192, hier 169.

41 Ebd., S. 168.

42 Vgl. Michel Grunewald/Uwe Puschner, Vorbemerkungen. In: dies. (Hg.), Krisenwahrnehmungen in Deutschland um 1900. Zeitschriften als Foren der Umbruchszeit im wilhelminischen Reich, Bern 2010, S. 3–6, hier 5.

43 Ebd.

44 Vgl. Uwe Puschner, Rückblicke, Vorblicke. Krisenbewußtsein und Umbruchserfahrung im Augenblick der Jahrhundertwende. In: Grunewald/Puschner (Hg.), Krisenwahrnehmungen, S. 525–536, hier 526.

Krisen- und Umbruchwahrnehmungen sind für »The Fin-de-siècle World« ebenso charakteristisch, wie Aufbruchsstimmung im Rahmen der Konzepte vom »neuen Menschen« und dessen moderner Welt, wie sie in Michael Salers Sammelband zu dieser kulturellen Bewegung facettenreich beschrieben werden.[45] Der Band diskutiert viele der wichtigsten Dimensionen dieser multifaktoriellen Ära,[46] die Marius Turda zufolge in der Geschichte der »Eugenik« eine zentrale Rolle spielt:[47] »Ratified by the authority of the biological sciences of the late nineteenth century, eugenics thus perfectly embodied the fin-de-siècle vision of a new society able to withstand a perceived process of cultural decay and biological degeneration.«[48]

Überall auf der Welt strebten daher unterschiedlichste Gruppen, bestehend aus Ärzten, Biologen, Soziologen und Gesundheitsreformern, danach, aus einem Bündel an Ideen eine »scientific community« zu formieren und die »Eugenik« als die Ideologie der Zukunft zu etablieren, »to heal the societal wounds torn open by modernity.«[49]

Die genannten Veröffentlichungen bilden ebenso den wissenschafts- und sozialhistorischen Kontext der vorliegenden Studie wie Ingo Harms, der die kulturellen Entwicklungen im Zuge der Industrialisierung und »Proletarisierung« des 19. Jahrhunderts ebenfalls als Marksteine der Biologisierung charakterisiert, genau wie den technisch-industriellen Wandel und den Glauben an die Allmacht der Naturwissenschaften.[50] Diese gesellschaftlichen Veränderungen wären von einem geradezu imperialistischen Szientismus gekennzeichnet, sodass Raphaels »Verwissenschaftlichung des Sozialen« Teil von staatlich-bürokratischen Programmen von Vor- und Fürsorge wurde, die auch zunehmend einen Kostenpunkt im Staatshaushalt darstellten[51] und im Bürgertum Besorgnis erregten.

Frank-Lothar Kroll bezeichnet diese Zeit vor dem Ersten Weltkrieg als die »Geburt der Moderne«[52] und stellt – ebenso wie Roelcke[53] – vor allen Dingen das Bildungsbürgertum[54] als zentralen Akteur heraus, das in dieser Zeit den Höhepunkt seiner gesellschaftlichen Reputation und geschichtlichen Wirksamkeit

45 Vgl. Michael Saler, Introduction. In: Saler (Hg.), The Fin-De-Siècle World, S. 1–8, hier 3.
46 Vgl. ebd., S. 7.
47 Vgl. Turda, Biology and Eugenics, S. 467.
48 Ebd., S. 456.
49 Ebd.
50 Vgl. Ingo Harms, Biologismus. Zur Theorie und Praxis einer wirkungsmächtigen Ideologie, Oldenburg 2011, S. 89.
51 Vgl. ebd., S. 105.
52 Vgl. Frank-Lothar Kroll, Geburt der Moderne. Politik, Gesellschaft und Kultur vor dem Ersten Weltkrieg, Berlin 2013.
53 Vgl. Volker Roelcke, Krankheit und Kulturkritik. Psychiatrische Gesellschaftsdeutungen im bürgerlichen Zeitalter (1790–1914), Frankfurt a. M. 1999, S. 205.
54 Weiter zum Begriff und dessen sozialhistorischer Betrachtung vgl. Ullrich, Die nervöse Großmacht, S. 280–283.

erfahren hätte[55] und das, obwohl das Bürgertum gemessen an der Gesamtbevölkerung des Kaiserreiches eine Minderheit darstellte.[56] Diese Zentralstellung rechtfertigt er pointiert wie folgt:

»Der zentrale Rang bürgerlicher Lebensweisen in der Gesellschaft des späten Kaiserreichs ermisst sich nicht zuletzt daran, dass die großen, repräsentativen Strömungen zur Reform dieser Gesellschaft allesamt aus der Mitte eben jenes Bürgertums kamen […].[57] Sie alle beseelte der Wille zur gesellschaftlichen Fundamentalerneuerung, das Unbehagen gegenüber eingespielten Konventionen menschlichen Miteinanders sowie die Hoffnung auf eine natürlichere und harmonischere Lebensführung jenseits aller zivilisatorischen Errungenschaften und Zwänge.«[58]

Er bezieht sich hier auf die wirkungsmächtigsten kulturkritischen Teilströmungen »Lebensreformbewegung«, die Bewegung zur »Kulturreform« und die »Jugendbewegung«. Jedoch ist dieses Streben nach Harmonie und Natürlichkeit zwischen Kulturpessimismus und Fortschrittsoptimismus auch für die frühe »Rassenhygienebewegung« charakteristisch, was diese auch in den hier besprochenen Kontext nahtlos einordnet: »Als vor hundert Jahren die Zeitgenossen, vor allem das gebildete Bürgertum und die Intellektuellen, auf ihr 19. Jahrhundert zurück- und in das 20. Jahrhundert vorausblickten, schwankten sie zwischen Beklemmung und Hoffnung, Angst und Stolz, Zorn und Zuversicht.«[59]

Zu den ebenfalls wirkungsmächtigen kulturkritischen Diskursen um »Rassentheorien«, »Rassenideologien« und »Rassenanthropologie« kann hier Patrik von zur Mühlen herangezogen werden, der bereits 1977 schrieb, dass »die Konstruktion der Rasse […] ein neues, den naturwissenschaftlichen Prinzipien des 19. Jahrhunderts angepasstes Legitimationsprinzip der sozialen Ungleichheit dar[stellte].«[60] Der Einfluss der »Rassentheorien« überschritt dabei die Grenzen der politischen Thematik, fand Widerhall in etlichen akademischen Disziplinen – wie auch der »Rassenhygiene«[61] – und erzeugte Durchschlagskraft in der öffentlichen Meinung.[62] Auch Thomas Etzemüller befasst sich mit der zeitgenössischen anthropologischen Bevölkerungspolitik, weist aber deutlicher als von zur Mühlen sowohl auf eine Heterogenität innerhalb der »Rassenanthropologie« als auch eine Differenzierung von anderen, wie zum Beispiel den »rassenhygienischen« Diskursen

55 Vgl. Kroll, Geburt der Moderne, S. 71.
56 »Die Rede vom bürgerlichen Zeitalter sollte nicht darüber hinwegtäuschen, dass das Bürgertum, was seinen Anteil an der Bevölkerung des Kaiserreichs betraf, nur eine Minderheit darstellte.« Ullrich, Die nervöse Großmacht, S. 280.
57 Vgl. Kroll, Geburt der Moderne, S. 79.
58 Ebd., S. 80.
59 Diethart Kerbs/Jürgen Reulecke, Einleitung. In: dies. (Hg.), Handbuch der Deutschen Reformbewegungen 1880–1933, Wuppertal 1998, S. 10–18, hier 10.
60 Patrik von zur Mühlen, Rassenideologien. Geschichte und Hintergründe, Berlin 1977, S. 176.
61 Vgl. ebd., S. 177.
62 Vgl. ebd., S. 9.

der Zeit hin.[63] Jene waren ihrerseits wiederum in unterschiedlichen Ländern und für ganz unterschiedliche Gruppierungen interessant, denn »Konservative, Sozialdemokraten, Sozialisten, Frauenbewegung, alle verbanden mit der Eugenik die Hoffnung, soziale Probleme lösen zu können.«[64] Christian Geulen untersucht mit dem Verhältnis von »Rassendiskurs und Nationalismus« ebenfalls »die Kontroversen eines historischen Feldes, auf dem rassenbiologisches Wissen politisch wirksam werden konnte«.[65] Er schlägt dazu vor, die radikalen und rassistischen Texte der – in seinem Interessenfokus liegenden – Völkischen Bewegung nicht auf eine Anklage zu reduzieren, sondern gerade die »innere Logik« und die moderne politische Rationalität hinter der vordergründigen Irrationalität herauszuarbeiten,[66] um in seiner Arbeit zum »Rassendiskurs« und Nationalismus im späten 19. Jahrhundert einen »Querschnitt durch die Vielfalt der Kontexte« zu geben.[67] Diese Herangehensweise wurde in der vorliegenden Arbeit ebenfalls gewählt.

Die Völkische Bewegung wird vor allem im »Handbuch zur ›Völkischen Bewegung‹ 1871–1918«[68] und im zweiteiligen »Handbuch der völkischen Wissenschaften«[69] zum Gegenstand des Interesses. In beiden umfangreichen Bänden erheben die Autoren – in Anbetracht der Komplexität des Problems – zwar keinen Anspruch auf Vollständigkeit, untersuchen jedoch die mannigfachen Konzepte, Institutionen, Organisationen, Zeitschriften und Biografien dieser Sammelbewegung[70] äußerst breitgefächert und einleuchtend strukturiert im jeweiligen historischen Kontext. Die »Rassenhygiene« bzw. »Eugenik« wird hier als eine gesellschaftsbiologische Teildisziplin diesem Komplex zugeordnet, die jedoch »Rasse« nicht so sehr in systematisch-klassifikatorischer Hinsicht verstand, wie es die »Rassenanthropologie« und nach 1920 die »nordische Bewegung« tat,[71]

---

63 »Außerdem gab es eine Reihe anderer Fächer, die ebenfalls das Ding ›Bevölkerung‹ zu profilieren versuchten, etwa die Völkerkunde, die Volkskunde, die Sprachforschung, die Rassenkunde oder die Eugenik.« Thomas Etzemüller, Auf der Suche nach dem Nordischen Menschen. Die deutsche Rassenanthropologie in der modernen Welt, Bielefeld 2015, S. 19.

64 Ebd., S. 92; vgl. Rolf Peter Sieferle, Rassismus, Rassenhygiene, Menschenzuchtideale. In: Puschner/Schmitz/Ulbricht (Hg.), Handbuch zur »Völkischen Bewegung« 1871–1918, S. 436–448, hier 446.

65 Christian Geulen, Wahlverwandte: Rassendiskurs und Nationalismus im späten 19. Jahrhundert, Hamburg 2004, S. 24.

66 Vgl. ebd., S. 37.

67 Ebd., S. 368.

68 Vgl. Puschner/Schmitz/Ulbricht, Handbuch zur »Völkischen Bewegung«.

69 Vgl. Michael Fahlbusch/Ingo Haar/Alexander Pinwinkler/David Hamann (Hg.), Handbuch der völkischen Wissenschaften. Akteure, Netzwerke, Forschungsprogramme, Teilband I: Biographien, 2. Auflage, Berlin 2017; dies. (Hg.), Handbuch der völkischen Wissenschaften. Teilband II, Forschungskonzepte – Institutionen – Organisationen – Zeitschriften, 2. Auflage, Berlin 2017.

70 Vgl. Uwe Puschner/Walter Schmitz/Justus H. Ulbricht, Vorwort. In: dies. (Hg.), Handbuch zur »Völkischen Bewegung« 1871–1918, S. IX-XXIII, hier XI.

71 Vgl. Sieferle, Rassismus, Rassenhygiene, Menschenzuchtideale, S. 444.

»sondern als vitale Einheit, als Population mit einem bestimmten (physischen und mentalen) Begabungsniveau«[72], wie es im besprochenen Zeitrahmen international durchaus üblich war und hier umfassend untersucht werden soll. Uwe Hoßfeld und Michael Šimůnek resümieren stellvertretend: »Ein Sonderfall und weltweit einzig war schließlich die Verbindung von Eugenik, Rassenhygiene und politischem Rassismus – speziell in seiner antisemitischen Variante – in der NS-Zeit.«[73]

»Rassenhygiene« und »Eugenik«: Seit Ende der 1980er-Jahre befasst sich die Forschung intensiv mit der Aufarbeitung der nationalsozialistischen Verbrechen und im Zusammenhang mit der nationalsozialistischen »Euthanasie« und »Rassenzüchtung« auch mit der Entwicklung der »Rassenhygiene« im Kaiserreich.[74] Wie bereits anhand der soeben besprochenen Werke zu den Körperdiskursen deutlich geworden, handelt es sich dabei um ein kontrovers diskutiertes Forschungsgebiet mit vielen unterschiedlichen Perspektiven und möglichen Herangehensweisen.

Ernst Klee, Klaus-Dietmar Henke, Frank Hirschinger und Andreas Hedwig/Dirk Petter[75] legen dabei beispielsweise den Schwerpunkt auf die »rassenhygienischen« Kontexte nach der nationalsozialistischen Machtübernahme, während Paul Weindling, Hans-Peter Kröner, Manfred Kappeler, Ignacio Czeguhn/Eric Hilgendorf/Jürgen Weitzel, Stephanie Westermann/Richard Kühl/Dominik Groß, Sheila Faith Weiss und Hans-Walter Schmuhl[76] sich überblickend auf die Entwicklung von den frühen Anfängen der »Rassenhygiene« über ihre Blüte in der Weimarer Republik[77] bis hin zum Nationalsozialismus konzentrieren. Sie behandeln und begreifen diesen weiten Zeitraum in einem großen thematischen

72 Ebd., S 445.

73 Uwe Hoßfeld/Michal V. Šimůnek, Rassenbiologie. In: Fahlbusch/Haar/Pinwinkler/Hamann (Hg.), Handbuch der völkischen Wissenschaften. Teilband II, S. 1114–1162, hier 1118.

74 Vgl. Paul Weindling, Einleitung zur 1. Auflage. Volk und Forschung: eine Wissenschaft für die Nation. In: Fahlbusch/Haar/Pinwinkler/Hamann (Hg.), Handbuch der völkischen Wissenschaften. Teilband 1, S. 1–8, hier 3.

75 Vgl. Ernst Klee, »Euthanasie« im NS-Staat. Die »Vernichtung« lebensunwerten Lebens, 17.–18. Tsd., ungekürzte Ausgabe, Frankfurt a. M. 1991; Klaus-Dietmar Henke (Hg.), Tödliche Medizin im Nationalsozialismus. Von der Rassenhygiene zum Massenmord, Köln 2008; Frank Hirschinger, »Zur Ausmerzung freigegeben«: Halle und die Landesheilanstalt Altscherbitz 1933–1945, Köln 2001; Andreas Hedwig/Dirk Petter (Hg.), Auslese der Starken – »Ausmerzung« der Schwachen. Eugenik und NS-»Euthanasie« im 20. Jahrhundert, Marburg 2017.

76 Vgl. Weindling, Health; Hans-Peter Kröner, Die Eugenik in Deutschland von 1891 bis 1934, Münster 1980; Manfred Kappeler, Der schreckliche Traum vom vollkommenen Menschen. Rassenhygiene und Eugenik in der sozialen Arbeit, Marburg 2000; Czeguhn/Hilgendorf/Weitzel (Hg.), Eugenik und Euthanasie 1850–1945; Stephanie Westermann/Richard Kühl/Dominik Groß (Hg.), Medizin im Dienst der »Erbgesundheit«, Berlin 2009; Weiss, The Nazi Symbiosis; Schmuhl, Rassenhygiene, Nationalsozialismus, Euthanasie; Hans-Walter Schmuhl (Hg.), Rassenforschung an Kaiser-Wilhelm-Instituten vor und nach 1933, Göttingen 2003.

77 Vgl. Klee, »Euthanasie« im NS-Staat, S.18 f.; Rauschenfels, Eugenik, S. 3.

Sinnzusammenhang, in dem die »Rassenhygiene« vor 1914 als ein »Prozess wissenschaftlicher Entmenschlichung [...], ohne dessen Kenntnis diese Verbrechen schwer verständlich bleiben müssen«,[78] nachvollziehbar als Vorgeschichte behandelt wird. Die Herausgeber des 2009 erschienenen Bandes »Medizin im Dienst der ›Erbgesundheit‹. Beiträge zur Geschichte der Eugenik und ›Rassenhygiene‹« konstatieren jedoch, dass für viele Fragestellungen im Themenfeld Medizin und Nationalsozialismus es bisher an systematischen Analysen der Kontinuitäten und Diskontinuitäten für die Zeit vor 1933 mangelt.[79]

Jürgen Kroll beschränkt sich auf die Entstehung der »Rassenhygienebewegung« bis 1933, klärt im Zeitraum vor dem Ersten Weltkrieg vor allem auch deren von Rassismus und Antisemitismus unabhängige Entwicklung. Er konzentriert sich in erster Linie aber kontextual und überblickend auf deren Institutionalisierung und Positionierung in der zeitgenössischen öffentlichen Meinung und Wissenschaft. So wird gewissermaßen der institutionelle Rahmen um den Fokus der vorliegenden Arbeit gebildet. Kroll beschreibt die frühe »Rassenhygiene« pointiert als »Gewebe von Interessenverbindungen«.[80] Jenes Gewebe folge durchaus humanistischen Idealen, habe aber stets mit völkischer Infiltration zu kämpfen und könne mit seinem Fokus weg vom einzelnen Menschen hin zur Gesamtheit des Volkes fraglos als »latent totalitaristisch« beschrieben werden.[81]

Reinhard Moceks Untersuchung beschäftigt sich mit der Rezeption des Biologismus und der »Rassenhygiene« durch die Arbeiterbewegung und erörtert die Kontroversen zum Verhältnis von Marxismus und »Darwinismus«.[82] Hier wird unter anderem die soziale, ökonomische, politische und geistig-kulturelle Situation in der zweiten Hälfte des 19. Jahrhunderts in Deutschland konstruktiv mit der Rezeptionsgeschichte der zeitgenössischen sozialistischen Intelligenz verknüpft. So werden die biologistisch-naturwissenschaftlichen Überlegungen der Zeit im historischen Kontext weit über die Arbeiterbewegung hinaus nachgezeichnet und mit Nachbardiskursen wie der »Frauenfrage« in Beziehung gesetzt.

78 Ebd., S. 10.

79 Vgl. Dominik Groß/Heiner Fangerau/Hans-Ulrich Thamer, Medizin und Nationalsozialismus. Anmerkungen zu einer neuen Buchreihe. In: Westermann/Kühl/Groß (Hg.), Medizin im Dienst der »Erbgesundheit«, Berlin 2009, S. 5–9, hier 5.

80 Jürgen Kroll, Zur Entstehung und Institutionalisierung einer naturwissenschaftlichen und sozialpolitischen Bewegung: Die Entwicklung der Eugenik/Rassenhygiene bis zum Jahre 1933, Tübingen 1983, S. 235.

81 Vgl. ebd., S. 310.

82 Vgl. Reinhard Mocek, Biologie und soziale Befreiung. Zur Geschichte des Biologismus und der Rassenhygiene in der Arbeiterbewegung, Frankfurt a. M. 2002.

Hannelore Bublitz/Christine Hanke/Andrea Seier verstehen das »Geschlecht« als den historischen Ort heterogener Diskurse um die biologische Zukunft des Menschen. Die Frau spielt demnach in der Moderne eine kulturbildende Rolle, die den Mann als bisherigen Kulturträger bedroht, was daher als der »Kulturverfall« um 1900 empfunden wurde.[83] Sie arbeiten ebenso wie Anette Herlitzius[84] heraus, dass der »Sozialdarwinismus« als Schnittstelle der Rationalisierung von Bevölkerungspolitik und Sexualität funktionierte. Dabei bezogen sich auch jene Positionen auf den »rassenhygienischen« Diskurs, denen es mit der »freien Liebe«, dem Schutz der unverheirateten Mutter und ökonomischer und geistiger Unabhängigkeit der Frau um – im heutigen Sinne – moderne Forderungen ging.[85] Auch Barbara Beuys bevorzugt in diesem Zusammenhang eine differenzierte Sicht auf die frühe »Rassenhygiene« und betont, dass »der neue Mensch« sowohl bei den überwiegend männlichen Theoretikern der Zeit als auch bei Agnes Bluhm und Henriette Fürth keinen »germanischen Herrenmenschen« darstelle, sondern »gesund- und deshalb glücklichgeborene« Menschen, die eine zufriedene Gesellschaft bilden. Das solle allerdings nicht darüber hinwegtäuschen, dass auch vor 1914 bereits erste Anzeichen für eine völkisch-nationalistische Vereinnahmung der »Rassenhygiene« erkennbar waren[86] und auch antifeministische Tendenzen spätestens mit Kriegsbeginn zunahmen, was die vielfach gewünschte Vereinbarkeit von Feminismus und »Rassenhygiene« erschwerte.[87] Hier werden aus der genderspezifischen Sichtweise die Dimensionen der »biologisch-rassenhygienischen« Überlegungen deutlich, die nahezu alle gesellschaftlichen Diskurse der Zeit mit einbeziehen und auch in der folgenden Analyse besondere Beachtung finden werden.

Darüber hinaus betrachtet Maria A. Wolf in ihrer Quellenkunde zwischen 1900 und 1938 die »Eugenische Vernunft«[88] aus dem österreichischen Blickwinkel und erörtert darin ähnlich wie Michael Haller/Martin Niggeschmidt[89] erhellend die psychologischen Grundlagen der »Eugenik« als Sozialtechnologie – wiederum als Resultat der in der Auflösung befindlichen sozialen Zusammen-

83 Vgl. Hannelore Bublitz, Einleitung. In: dies./Christine Hanke/Andrea Seier (Hg.), Der Gesellschaftskörper. Zur Neuordnung von Kultur und Geschlecht um 1900, Frankfurt a. M. 2000, S. 10–18, hier 14.

84 Vgl. Herlitzius, Frauenbefreiung und Rassenideologie.

85 Vgl. Hannelore Bublitz, Die Gesellschaftsordnung unterliegt »dem Walten der Naturgesetze«: Sozialdarwinismus als Schnittstelle der Rationalisierung von Arbeit, Bevölkerungspolitik und Sexualität. In: dies./Hanke/Seier (Hg.), Der Gesellschaftskörper, S. 236–324, hier 299.

86 Vgl. Barbara Beuys, Die neuen Frauen – Revolution im Kaiserreich: 1900–1914, München 2014, S. 219.

87 Vgl. ebd., S. 274.

88 Vgl. Wolf, Eugenische Vernunft.

89 Vgl. Michael Haller/Martin Niggeschmidt (Hg.), Der Mythos vom Niedergang der Intelligenz. Von Galton zu Sarrazin: Die Denkmuster und Denkfehler der Eugenik, Wiesbaden 2012.

hänge und Bindungen vor allem in der Zeit nach 1914. Aurelia Weikert[90] und die Sammelbände von Heinz Eberhard Gabriel/Wolfgang Neugebauer[91] und Gerhard Baader/Veronika Hofer/Thomas Mayer[92] befassen sich ebenfalls mit den Besonderheiten der biopolitischen Strukturen Österreichs zwischen 1900 und 1945. Auch dort wird die »Eugenik« als innerlicher Bestandteil der Moderne enthüllt, der sich unter anderem mit den konservativen Tendenzen des zeitgenössischen Katholizismus auseinanderzusetzen hat.

Die Schweiz spielte in der »Rassenhygienebewegung« sogar eine bahnbrechende Rolle, was nach Thomas Huonker maßgeblich auf Auguste Forel zurückgeht, den er als Pionier »der Einpflanzung dieser darwinistischen oder sozialdarwinistischen, rassistischen Theorien in das Wirken von schweizerischen Institutionen« bezeichnet.[93] Das Augenmerk liegt in dieser Untersuchung explizit auf der »Unfruchtbarmachung« und es wird anhand vieler praktischer Beispiele aus der schweizerischen Psychiatrie der Einfluss »eugenischer« Ideen bis weit in die Nachkriegszeit illustriert. Interessant ist hier vor allem aber die Betrachtung des medizinisch-juristischen Netzwerkes, das die Direktoren der psychiatrischen Klinik Burghölzli und deren Schüler über die Jahre aufbauten und somit Zürich zu einem europäischen Knotenpunkt der »Eugenik« etablieren konnten, an dem auch die deutschen »Rassenhygieniker« der Zeit partizipierten.[94]

Über den »rassenhygienischen« Kerndiskurs und vor allem über den zeitlichen Rahmen von 1945 hinaus bewegen sich Jürgen Reyer,[95] Peter Propping/Georg Lilienthal[96] und Peter Weingart/Kroll/Kurt Bayertz[97] in ihren Werken. Bei Weiss[98] und vor allem bei Kühl[99] und Grimm[100] sind darüber hinaus die Entwicklung der »Eugenik«-Bewegungen in ihren Kernländern und die Etablierungs- und Vernetzungsversuche internationaler Bewegungen vor und nach dem Ersten

90 Vgl. Aurelia Weikert, Genormtes Leben – Bevölkerungspolitik und Eugenik, Wien 1998.

91 Vgl. Heinz Eberhard Gabriel/Wolfgang Neugebauer (Hg.), Vorreiter der Vernichtung? Eugenik, Rassenhygiene und Euthanasie in der österreichischen Diskussion vor 1938, Wien 2002.

92 Vgl. Gerhard Baader/Veronika Hofer/Thomas Mayer (Hg.), Eugenik in Österreich. Biopolitische Strukturen von 1900 bis 1945, Wien 2007.

93 Thomas Huonker, Diagnose: »moralisch defekt«: Kastration, Sterilisation und Rassenhygiene im Dienst der Schweizer Sozialpolitik und Psychiatrie 1890–1970, Zürich 2003, S. 80.

94 Vgl. ebd., S. 85.

95 Vgl. Jürgen Reyer, Alte Eugenik und Wohlfahrtspflege. Entwertung und Funktionalisierung der Fürsorge vom Ende des 19. Jahrhunderts bis zur Gegenwart, Freiburg 1991.

96 Vgl. Peter Propping/Georg Lilienthal (Hg.), Wissenschaft auf Irrwegen: Biologismus – Rassenhygiene – Eugenik, Bonn 1992.

97 Vgl. Weingart/Kroll/Bayertz, Rasse, Blut und Gene, S. 27.

98 Vgl. Weiss, The Nazi Symbiosis.

99 Vgl. Stefan Kühl, Die Internationale der Rassisten. Aufstieg und Niedergang der internationalen eugenischen Bewegung im 20. Jahrhundert, 2. Auflage, Frankfurt a. M. 2014.

100 Vgl. Christian Grimm, Netzwerke der Forschung. Die historische Eugenikbewegung und die moderne Humangenetik im Vergleich, Berlin 2012.

Weltkrieg nachzulesen. Christian Grimm versucht in seiner Netzwerkanalyse, »die wichtigsten Akteure der historischen Eugenik bzw. der modernen Humangenomik zu identifizieren und zu analysieren, wie diese miteinander interagierten bzw. interagieren.«[101] Turda bezeichnet die »Eugenik« als »trans-national modernist philosophy«[102] und unterzieht eine Reihe von Ländern einer chronologischen und vergleichenden Untersuchung, während Alison Bashford/Philippa Levine in ihrem Sammelband sogar einen weltweiten Überblick über die Geschichte der »Eugenik« geben,[103] weshalb die genannten Werke für die vorliegende Arbeit weiterführende Literatur zu einer von Anfang an internationalen Bewegung der Moderne bilden.

Auch Richard Nate vergleicht die »eugenischen« Diskurse in den Kernländern Deutschland, Großbritannien und den USA bis 1945, wobei er den deutschen Diskurs in die Phasen vor 1918, zwischen den Kriegen und nach 1933 sinnvoll einteilt. Neben der pointierten Erörterung der geistigen Grundlagen sowohl der kulturpessimistischen als auch der fortschrittsoptimistischen europäischen Denktraditionen, zeichnet dessen Veröffentlichung besonders die Analyse des zeitgenössischen »rassenhygienischen« Schrifttums aus, woran die vorliegende Arbeit anknüpft: »Eine Analyse dieser Quellen kann, über die Institutionengeschichte hinausgehend, Aufschluss darüber geben, welche Eigenschaften den eugenischen Diskurs der Moderne auszeichnen und auf welche Weise er in der Kultur der europäischen Moderne verankert war.«[104]

Da Nate über die wissenschaftlichen Publikationen hinaus auch Alltagstexte, politische Reden und fiktionale Erzählungen aus den Kernländern der »Eugenik« mit heranzieht, verschiebt sich dessen Fokus in Richtung einer Erforschung der Verankerung des »eugenischen« Diskurses in der biologistischen und kulturkritischen Moderne. Deswegen hält er die komplette Lektüre des zeitgenössischen wissenschaftlichen Schrifttums – beispielsweise aus dem unten näher zu erläuterndem Archiv »für Rassen und Gesellschaftsbiologie« – nicht für erforderlich, um dem Gang der Argumentationen zu folgen. Für die Bearbeitung von Nates Forschungsfragen reichen daher auch dessen Darstellungen zu rein dokumentarischen Zwecken, wie er selbst schreibt.[105] Für den Anspruch der vorliegenden Forschungsarbeit reicht dies jedoch nicht aus, dennoch knüpft sie an Nates fruchtbaren Versuch an, die Komplexität der »eugenischen« Diskurse des frühen 20. Jahrhunderts zu fassen.[106]

101 Ebd.
102 Turda, Modernism and Eugenics, S. 4.
103 Alison Bashford/Philippa Levine, The Oxford Handbook of the History of Eugenics, Oxford 2010.
104 Nate, Biologismus und Kulturkritik, S. 20.
105 Vgl. ebd., S. 23.
106 Vgl. ebd., S. 14.

Lösch unterteilt die Kontinuitäten und Brüche der Humanwissenschaften von ihrer Entstehung bis in die Gegenwart zielführend in die Ordnung des Wissens, die Macht dieses Wissens und schließlich die Anwendung dieses Wissens und beschreibt die »Rassenhygiene« in ihrer ersten Phase als »Wissenschaft vom Menschen, in dem sie die Diskurse der ihr zeitgemäßen Medizin und (Sozial-) Hygiene, der physischen Anthropologie und Rassenanthropologie, den psychiatrischen Degenerationsdiskurs und die Diskurse des sozialdarwinistischen Evolutionismus miteinander verbindet.«[107]

Auch Dorothee Obermann-Jeschke ergänzt die bisherige Forschungsliteratur mit einem diskursgeschichtlichen Ansatz und analysiert die Kontinuitäten, Brüche und Transformationen der »Eugenik« von ihrer Entstehung bis zur Gegenwart. Sie arbeitet darüber hinaus in ihrer Betrachtung der Frühphase dieses Phänomens den Doppelcharakter der »Rassenhygiene« als »ernstzunehmende wissenschaftliche Disziplin« und als »soziale Bewegung« heraus, was ihrer Meinung nach in der bisherigen Forschung etwas vernachlässigt worden sei.[108]

Ebenfalls den neueren und aktuellen »Enhancement-Utopien« als auch deren historischen Vorläufern zur Konstruktion des »Neuen Menschen« widmet sich Sascha Dickel in seiner methodisch anspruchsvollen Semantikanalyse. »Rassenhygienische« Utopien hätten die Möglichkeit eröffnet, sowohl das Wohl der »Rasse« als auch soziale Rücksichten miteinander zu vereinen. Denn die »Hoffnung auf zukünftige technische Möglichkeiten, welche die Macht der Natur dem menschlichen Willen unterwerfen, erlaubt es, biologische und soziale Zukunftshorizonte wieder zu harmonisieren.«[109] Dickel eröffnet hier das Spannungsfeld zwischen Individuum und Kollektiv, zwischen Unterdrücktem und Unterdrücker, das als »Scheinkonflikt [erscheint], der vom wahren Gegner, den grausamen Evolutionsgesetzen, ablenkt. Dieser Feind kann nicht politisch, sondern nur mit technischem Sachverstand bezwungen werden.«[110] Dieser Umstand war bereits Ploetz – einem Begründer der »Rassenhygiene« – bewusst, wie weiter unten im Text thematisiert werden wird. Nach dem Zweiten Weltkrieg wurde dann zunehmend reflektiert, in welcher Katastrophe der mit »technischem Sachverstand« zu realisieren versuchte »Traum« vom »Neuen Menschen« geendet hatte.

Andrea Adams und Hans Jakob Ritter befassen sich in ihren Arbeiten mit den Diskursen um »Psychopathologie und ›Rasse‹«[111] bzw. »Psychiatrie

107 Vgl. Lösch, Tod des Menschen, S. 42.

108 Vgl. Obermann-Jeschke, Eugenik im Wandel, S. 15.

109 Sascha Dickel, Enhancement-Utopien. Soziologische Analyse zur Konstruktion den Neuen Menschen, Baden-Baden 2011, S. 177.

110 Ebd., S. 178.

111 Vgl. Andrea Adams, Psychopathologie und »Rasse«. Verhandlungen »rassischer« Differenz in der Erforschung psychischer Leiden (1890–1933), Bielefeld 2013.

und Eugenik«[112] und erörtern jeweils, wie hier das Wissen in der Psychiatrie, beeinflusst durch »rassische« und »eugenische« Denk- und Handlungsmuster, entstand. Dazu untersucht Adams die Orte, »Objekte« und Akteure des Diskurses und den Einfluss des unscharfen anthropologischen »Rassenbegriffs« auf die psychiatrische Diagnostik, während Ritter sich direkt auf die »eugenischen« Sichtweisen und Debatten der Schweizer Psychiatrie von 1850 bis 1950 konzentriert. Interessant ist bei den letztgenannten vor allem der diskursive Forschungsansatz, der nicht den Wahrheitsgehalt vergangener als »wissenschaftlich« deklarierter Erkenntnisse zu verifizieren oder falsifizieren sucht, sondern danach fragt, wie Wissen in diesen Themengebieten entsteht und sich daraus Denk- und Handlungsmuster entwickeln, die schließlich eine mehr oder weniger starke Deutungs- und Wirkungsmacht entfalten konnten.[113] Im Methoden-Kapitel (Kapitel II) wird gezeigt, dass die vorliegende Analyse methodisch ähnlich angelegt ist.

Stärker auf die wissenschaftliche Frühphase und vor allem auf die einzelnen Protagonisten und deren Netzwerke der frühen »Rassenhygiene« bezogen, rekonstruieren Hedwig Conrad-Martius und Tanja Reusch[114] akteurszentriert die Entstehung und Etablierung der neuen Disziplin. Dort werden die von den wichtigsten zeitgenössischen Autoren entwickelten Theorien und Denkmuster zueinander in Beziehung gesetzt und es wird die Möglichkeit gegeben, Konflikte in der »rassenhygienischen« Bewegung nachzuvollziehen. Vor allem aber Peter Emil Becker widmet sich in seinem zweibändigen Werk[115] ausführlich den in der »Rassenhygienebewegung« führenden Akteuren und verknüpft geschickt deren biografische und wissenschaftliche Karrieren mit ihren Geisteshaltungen und Argumentationen im Diskurs. Er verortet die frühe »Rassenhygiene« als intellektuelle Insel, die erst durch den Nationalsozialismus missbraucht,[116] allerdings

112 Vgl. Hans Jakob Ritter, Psychiatrie und Eugenik. Zur Ausprägung eugenischer Denk- und Handlungsmuster in der schweizerischen Psychiatrie, 1850–1950, Zürich 2009.

113 Vgl. Ritter, Psychiatrie und Eugenik, S. 105: »Die Eugenik war ein in der Vererbungslehre begründetes, wissenschaftliches Deutungs- und Handlungsmuster, mit dem abnormes Verhalten und Geisteskrankheit im Rahmen der Vererbungslehre gedeutet wurde und das Maßnahmen der Inklusion und Exklusion im Bereich von Sozial-, Gesundheits-, Geburten- und Bevölkerungspolitik begründete.«

114 Vgl. Hedwig Conrad-Martius, Utopien der Menschenzüchtung, Freising 1955; Tanja Reusch, Die Ethik des Sozialdarwinismus, Frankfurt a. M. 2000.

115 Vgl. Peter Emil Becker, Zur Geschichte der Rassenhygiene. Wege ins Dritte Reich, New York 1988; ders., Wege ins Dritte Reich. Teil 2: Sozialdarwinismus, Rassismus, Antisemitismus und Völkischer Gedanke, New York 1990.

116 Vgl. ders., Wege ins Dritte Reich [1], S. 196: »Im Dritten Reich ist Rassenhygiene missbraucht worden. Sie wurde praktiziert unter dem Dogma der Absolutsetzung der Rasse. Diese war in gewisser Weise vorbereitet durch eine Rassenwertung, wie Lenz sie vorgenommen hat. Aus dem Absolutheitsanspruch geht nur allzu leicht der intolerante Totalitätsanspruch hervor, der nichts neben sich duldet und damit eben doch zur Abwertung ›fremder Rassen‹ führt.«

auch salonfähig gemacht worden sei und konzentriert sich dabei auf die soziobiografische Verortung der einflussreichsten Protagonisten der Bewegung und deren Werdegang bis zum Ende des Zweiten Weltkrieges und zum Teil darüber hinaus.

Richard Weikart befasst sich in seinem Buch[117] ausführlich mit der »rassenhygienischen Entwicklungsethik« und dem »Monismus« und damit am intensivsten mit den moralischen Aspekten der Bewegung. Mit seiner Konzentration auf die darin enthaltene Entwertung des individuellen Lebens und auf den »race struggle« zwischen Darwins Evolutionstheorie und dem Ersten Weltkrieg sucht er gezielt nach den geistesgeschichtlichen Verknüpfungen der frühen »Rassenhygiene« und vor allem der »Rassenanthropologie« mit dem Gedankengut des jungen Adolf Hitlers, das später im Holocaust gipfelte, und wird hier auch vielfach fündig. Auch Heinz-Georg Marten zeichnete 1983 eine »direkte Kontinuität« von Ploetz, dem Begründer der deutschen »Rassenhygiene«, zur »Endlösung«: »Der Endlösung in Auschwitz lagen radikalisierte sozialdarwinistische Prinzipien eines bürgerlich-faschistischen Denkens zugrunde, deren Prämissen sich in einer langen biologistisch-rassistischen Tradition herauskristallisiert hatten.«[118]

Bei der Betrachtung dieses langen Zeitraumes der »Kristallisation« und der »Radikalisierung« der »Rassenhygiene« von Darwin zu Hitler, wie Weikart es beschreibt, ist die Frage gerechtfertigt, ob von einer linear verlaufenden homogenen »Rassenhygiene«-Bewegung gesprochen werden kann, deren Entwicklung unweigerlich in den »Euthanasie«- und Sterilisationsverbrechen und schließlich dem Holocaust enden musste. Immerhin fallen mit der Industriellen Revolution, dem Abwechseln verschiedener politischer Systeme, dem Ersten Weltkrieg, der Revolution 1918, der Weimarer Republik und schließlich der nationalsozialistischen Machtübernahme 1933 und dem Beginn des Zweiten Weltkrieges 1939 einschneidende historische Ereignisse mit weitreichenden Folgen in diesen großen Zeitrahmen, was die Vermutung nahelegt, dass sie die Genese des »rassenhygienischen« Diskurses beeinflusst und etwaige Entwicklungslinien zu späteren Ereignissen unterbrochen haben könnten.

Die jüngere Forschung zur nationalen und internationalen »Rassenhygiene« bzw. »Eugenik« hat nun diese Vermutung immer weiter erhärtet und nachgewiesen, dass es des Ersten Weltkrieges und der sozialen, wirtschaftlichen und politischen Krisen der Weimarer Republik bedurfte, um Teilen der »Rassenhygiene« zu

117 Vgl. Richard Weikart, From Darwin to Hitler. Evolutionary ethics, eugenics, and racism in Germany, New York 2004.

118 Dies tat er jedoch vor allem vor dem Hintergrund, dass der spätere nationalsozialistische »Rassenhygieniker« Fritz Lenz – den Marten allerdings erst nach dem Ersten Weltkrieg zitiert – Ploetz radikalster Schüler war. Diese direkt diagnostizierte Entwicklungslinie relativiert Marten wie oben zitiert sogleich wieder – bewusst oder unbewusst – als radikalste Ausprägung einer langen Tradition. Vgl. Heinz-Georg Marten, Sozialbiologismus. Biologische Grundpositionen der politischen Ideengeschichte, Frankfurt 1983, S. 183.

handlungsleitender Qualität zu verhelfen.[119] Sie sieht den Schluss der geradlinigen Entwicklungslinie von Darwin über die frühe »Rassenhygiene« bis hin zu den nationalsozialistischen Exzessen daher größtenteils kritisch und Henke bezeichnet dies sogar als »abwegige Suggestion«[120]. Auch Jochen-Christoph Kaiser/Kurt Nowak/Michael Schwartz, die in ihrer Quellendokumentation den Schwerpunkt auf »Euthanasie«, vor allem nach dem Ersten Weltkrieg legen, betonen ausdrücklich, dass eine geradlinige Teleologie vom »Sozialdarwinismus« über »Rassenhygiene« zur NS-»Euthanasie« nicht nachgewiesen werden könne.[121]

An einer derartigen Differenzierung zwischen früher »Rassenhygiene« und NS-»Rassenpolitik« ist auch Schwartz gelegen, da andernfalls die wissenschaftliche Aufarbeitung der »Eugenik« leide. Es »darf die Geschichte der Eugenik als szientistisch-sozialtechnologisches Programm einer nach erbgesundheitlichen Kriterien differenzierten Steuerung der Fortpflanzung einer bestimmten Population nicht länger einzig unter dem verengten und verzerrten Blickwinkel der NS-Praxis betrachtet werden«.[122]

Hier wird bereits die Interpretation der »Eugenik« als »bürgerliche Pseudowissenschaft« oder als schlechthin »präfaschistisch« ebenso abgelehnt, wie eine enge Verschränkung von »Eugenik« und Rassismus bzw. »Eugenik« und NS-»Euthanasie«. Dadurch werde laut Schwartz die »Rassenhygiene« lediglich als bestimmte Spielart des Rassismus subsumiert, was eine »Verzerrung« der Rekonstruktion des Phänomens zur Folge habe.[123] Der Untersuchungsfokus liegt hier zwar auf dem Zusammenspiel zwischen Sozialismus und »Eugenik« unter vorwiegender Konzentration auf die Zwischenkriegszeit, jedoch werden in der folgenden Arbeit dessen Thesen von einer differenzierten frühen »Rassenhygiene« aufgenommen und geprüft.

Für Gisela Bock erscheint es dennoch nützlicher, die Zusammengehörigkeit der inneren Keime der »Rassenanthropologie« und der »Rassenhygiene« zu präzisieren, als sie bloß begriffsgeschichtlich zu scheiden.[124] Sowohl der »anthropologische« als auch der »hygienische Rassismus«, wie sie es beschreibt, haben gemein, dass die Menschen nicht als Individuen, sondern als »Typen« wahrge-

119 Vgl. Uwe Kaminsky, Eugenik als Sozialutopie und Gesellschaftspolitik. In: Andreas Hedwig/Dirk Petter (Hg.), Auslese der Starken – »Ausmerzung« der Schwachen. Eugenik und NS-»Euthanasie« im 20. Jahrhundert, Marburg 2017, S. 13–26, hier 16.

120 Klaus Dietmar Henke, Einleitung: Wissenschaftliche Entmenschlichung und politische Massentötung. In: Henke (Hg.), Tödliche Medizin im Nationalsozialismus, S. 9–30, hier 13.

121 Vgl. Jochen-Christoph Kaiser/Kurt Nowak/Michael Schwartz, Eugenik, Sterilisation, »Euthanasie«. Politische Biologie in Deutschland 1895–1945. Eine Dokumentation, Berlin 1992, S. XXV.

122 Michael Schwartz, Sozialistische Eugenik. Eugenische Sozialtechnologien in Debatten und Politik der deutschen Sozialdemokratie 1890–1933, Bonn 1995, S. 11.

123 Vgl. ebd., S. 15.

124 Vgl. Gisela Bock, Zwangssterilisation im Nationalsozialismus. Studien zur Rassenpolitik und Geschlechterpolitik, Münster 2010, S. 61.

nommen werden. »Nicht nur der anthropologische Rassismus muss deshalb, wie heute meist anerkannt, als Phänomen der Sozial- und Kulturgeschichte gesehen werden, sondern auch der hygienische Rassismus.«[125] Bock lehnt daher die »heute verbreitete Meinung, die Rassenhygiene habe ein ›Programm der Wertfreiheit und Weltoffenheit‹, der ›Wertneutralität‹ oder ›Wertblindheit‹ vorgetragen«,[126] ab. Das ist durchaus verständlich, denn im Kern beider Bewegungen werden Menschen unabhängig von ihrer Individualität bewertet. Allerdings wird eine zwangsläufige Kombination zwischen »Rassenhygiene« und »Rassenanthropologie« – zumindest in dem hier betrachteten Zeitraum – von der jüngeren Forschung nachvollziehbar infrage gestellt.[127] Bereits Rolf Peter Sieferle bemerkte in diesem Zusammenhang: »Die Anwendung biologischer Kategorien zur Erklärung gesellschaftlicher und historischer Prozesse findet sich im ausgehenden 19. Jahrhundert in zwei Varianten, die häufig zusammengehen, jedoch in heuristischer Absicht isoliert werden können.«[128]

Wie weiter unten noch thematisiert werden wird, versuchte die Mehrheit der sich als »Wissenschaftler« verstehenden und präsentierenden »Rassenhygieniker« sowohl inhaltlich als auch methodisch von einseitig argumentierenden »rassenanthropologischen« Publizisten zu distanzieren. Auch wenn Stefan Breuer in dem Kapitel zu »Rassenhygiene« seiner Untersuchung zur Völkischen Bewegung eher die »rassenanthropologischen« Interpretationen beschreibt, charakterisiert er den hier interessierenden Unterschied jedoch treffend: »Im Unterschied zu den Vertretern der Rassenhygiene, die die Eugenik in den Dienst der Erhaltung *aller* Rassen stellen wollen und von der Bevorzugung eines bestimmten Typus warnen, geht es Günther um eben eine solche Bevorzugung.«[129]

Breuer beleuchtet hier die Divergenz am Beispiel Hans F. K. Günthers, der als Protagonist der »Nordischen Bewegung« erstens der »Rassenanthropologie« mehr Gewicht zugestand und dessen Ansichten zweitens erst nach dem Ersten Weltkrieg gedankliche Zuspitzung und Anerkennung erfuhren.[130] Die vermeintliche »Vermischung der Völker« wurde damals auch in großen Teilen der »Rassenhygiene« als ernstes, die »Rassegesundheit« bedrohendes Problem angesehen, aber nicht untrennbar davon und nicht mit jener Vehemenz und Zwangsläufigkeit des brutalen Rassenhasses nach 1918 oder gar 1933, auf den sich Bock in »Zwangssterilisation im Nationalsozialismus« konzentriert.

125 Ebd.
126 Ebd., S. 63.
127 Vgl. Henke, Wissenschaftliche Entmenschlichung, S. 14; Ritter, Psychiatrie und Eugenik, S. 21.
128 Sieferle, Rassismus, Rassenhygiene, Menschenzuchtideale, S. 444.
129 Stefan Breuer, Die Völkischen in Deutschland. Kaiserreich und Weimarer Republik, Darmstadt 2008, S. 116. Hervorhebung im Original.
130 Vgl. ebd., S. 115.

3. Erkenntnisinteresse

Die bereits angesprochene inhaltliche Transformation über einen größeren Zeitraum wird nachfolgend an dem prominenten Beispiel Alfred Hoches verdeutlicht. Er war Psychiater und Mitautor des 1920 erschienenen Buches »Die Freigabe der Vernichtung lebensunwerten Lebens«. Hoches persönliche Entwicklung zeichnet jenen geistigen Wandel nach, der sich durch die Erfahrung der »Urkatastrophe« des Ersten Weltkrieges und deren unmittelbarer Folgen, wie die wirtschaftliche Not und der subjektiv wahrgenommene moralische Verfall,[131] bei nicht wenigen Mitgliedern des Bildungsbürgertums vollzogen hatte. Dieser Wandel prägte entscheidend die weitere Entwicklung des Selbstverständnisses und die Konstruktion der »Rassenhygiene« als »Wissenschaft« und gleichzeitig deren tatsächliche Wirkungsmacht als Grundlagenwissen für die gesamte Sozialpolitik, wie Raphael es beschreibt.[132]

Im Jahre 1910 meinte Hoche, dass ein relatives Zunehmen der Zahl der »Geisteskranken« statistisch nicht zu belegen sei.[133] Denn die Zunahme der Aufnahmen in »Irrenanstalten« resultiere aus den modernen weitergefassten Definitionen von »Geisteskranken« und der gewissenhafteren Fürsorge für dieselben.[134] Das beweise zwar auch nicht, dass die »Geisteskrankheiten« nicht zunähmen, allerdings hielt Hoche auch dies nicht für besonders bedenklich, da es sich hierbei häufig um nur oberflächliche Störungen und Hypochondrie handle – basierend auf den neuen Herausforderungen und Reizen der industrialisierten und urbanisierten Welt.[135] Die beste Anpassung daran sei die Gewöhnung und die derzeitige Jugend wachse bereits mit diesen neuen Lebensbedingungen auf:[136] »Wir sind wohl anders geworden, aber sicherlich spricht nichts dafür, dass wir heute im ganzen weniger geistig gesund wären als die Menschen früherer Jahrhunderte.«[137]

Offensichtliche »Keimgifte« wie Alkohol und Syphilis seien leicht bekämpfbar, der uneingeschränkte »Schutz der Schwachen« zwar nicht unbedenklich, spartanische »Auslese« aber auf jeden Fall abzulehnen.[138] Das betreffe auch Eheverbote: »Die Korrektur kann nur auf ethischem Wege erfolgen, dadurch, dass

131 Vgl. Boris Barth, Dolchstoßlegenden und politische Desintegration. Das Trauma der deutschen Niederlage im Ersten Weltkrieg 1914–1933, Düsseldorf 2003, S. 409f; Karl Binding/Alfred Hoche, Die Freigabe der Vernichtung lebensunwerten Lebens. Ihr Maß und ihre Form, Leipzig 1920.

132 Vgl. Raphael, Die Verwissenschaftlichung des Sozialen, S. 187.

133 Vgl. Alfred Hoche, Geisteskrankheit und Kultur. Eine akademische Rede, Freiburg i. Brsg. 1910, S. 9.

134 Vgl. ebd., S. 12f.

135 Vgl. ebd., S. 16–18.

136 Vgl. ebd., S. 22.

137 Ebd., S. 26.

138 Vgl. ebd., S. 32.

allmählich das wachsende persönliche Verantwortungsgefühl gegenüber der noch ungeborenen Generation die Ungeeigneten freiwillig auf die Eheschließung verzichten lässt.«[139]

Warnende Signale zu missachten sei sicher falsch, in Pessimismus zu verfallen und den Kulturaufstieg zu bremsen aber noch schlimmer,[140] weshalb Hoche 1910 dazu aufrief, sachlich und entspannt zu bleiben, statistische Erhebungen mit Vorsicht zu genießen und nicht vorschnell Zwangläufigkeiten zu formulieren, sondern mit Forschung und Aufklärung die Zusammenhänge zwischen Mensch, Milieu und Vererbung zu erhellen.

Zehn Jahre und einen Weltkrieg später hätte er die Frage, ob es Menschenleben gebe, »die so stark die Eigenschaft des Rechtsguts eingebüßt haben, dass ihre Fortdauer für die Lebensträger wie für die Gesellschaft dauernd allen Wert verloren« hätten, mit einem prinzipiellen, wenn auch stets differenziert zu betrachtenden »Ja« beantwortet.[141] Auch warf er nun der damaligen Kultur, in der durch das Christentum geprägte Wert- und Moralvorstellungen weiterhin ein großes Maß an Relevanz besaßen, eine »gefährliche Übertreibung« beim »Schutz der Schwachen« vor, die bestrebt sei, alles Leben unbedingt zu erhalten und obendrein offensichtliche »Defektmenschen«[142] nicht einmal von der Fortpflanzung auszuschließen. Denn die Frage, »ob der für diese Kategorien von Ballastexistenzen notwendige Aufwand nach allen Richtungen hin gerechtfertigt sei, war in den verflossenen Zeiten des Wohlstandes nicht dringend; jetzt ist es anders geworden, und wir müssen uns ernstlich mit ihr beschäftigen.«[143] Hoche verglich nun die schwierige Situation Deutschlands nach dem Ersten Weltkrieg mit einer Expedition, auf der nur Teilnehmer mitgenommen werden, die in Vollbesitz ihrer Kräfte sind – für »Schwächlinge« sei kein Platz. Es müsse nun endlich die Erkenntnis reifen, dass die Einzelexistenz gemessen am Interesse des Ganzen bedeutungslos sei, alle verfügbaren Kräfte gebündelt und unnötige Aufgaben abzustoßen seien.[144]

Karl Binding und Hoche erörterten in ihrem Werk die schwierigen juristisch- und ärztlich-moralischen Voraussetzungen für die »Vernichtung lebensunwerten Lebens« und arbeiteten dabei mit gefährlichen Argumentationen. Sie seien sich dabei auch völlig darüber im Klaren, dass sie nur theoretische Ansätze vorbrächten, und verwahrten sich davor, einen Antrag auf Durchführung zu stellen, weshalb sie die praktischen Voraussetzungen hier nur anrissen.[145] Bezeichnend zeigt sich aber der geistige Wandel Hoches in der Frage nach dem Umgang mit den

139 Ebd., S. 33.
140 Vgl. ebd., S. 38.
141 Vgl. Binding/Hoche, Die Freigabe zur Vernichtung, S. 48.
142 Ebd., S. 52.
143 Ebd., S. 51.
144 Vgl. ebd., S. 52.
145 Vgl. ebd.

»Ballastexistenzen«.[146] Bereits 1910 konnte Hoche auf eine längere medizinische Universitäts- und Psychiatriekarriere zurückblicken, was eine entsprechende Berufs- und Lebenserfahrung und somit eine Reifung und Festigung der eigenen wissenschaftlich-moralischen Grundsätze vermuten lässt. Die wirtschaftliche Not in und nach dem Krieg ließ aber bei Hoche – wie auch in der »Rassenhygienebewegung« – radikalere Tendenzen aufblühen und verhalf dieser neuen Bewegung zu verstärkter Aufmerksamkeit und zum späteren Einzug in die nationalsozialistische Staatsdoktrin: »Erst der Erste Weltkrieg ermöglichte in Europa den Schritt von einer rein intellektuellen Auseinandersetzung über die Möglichkeiten zur Rassenaufartung hin zu einer konkreten Umsetzung eugenischer Konzepte in die politische Praxis.«[147] Die gesellschaftliche Ausnahmesituation des Krieges, die an den ethisch-moralischen Grundsätzen des sozialen Zusammenlebens rüttelte und daher der »Rassenhygiene« andere gesellschaftliche Rahmenbedingungen verschaffte,[148] stellt deshalb einen Bruch im Bild einer kontinuierlichen Genese des Wissens und moralischen Problematisierung der »Rassenhygiene« von ihren Anfängen im späten 19. Jahrhundert bis zur Zwischenkriegszeit oder sogar zum Nationalsozialismus dar. Aus diesem Grund endet der Untersuchungszeitraum der vorliegenden Arbeit mit dem Kriegsausbruch 1914.

Während die frühe »Rassenhygiene« auf die »Auslese« von »gesunden« und »hochwertigen« Erbanlagen schlechthin, also eine »Aufartung« abzielte, war die »Rassenanthropologie« mit ihren »Rassentheorien« grundständig damit beschäftigt, bestimmte phänotypische Eigenschaften und Gemeinsamkeiten zu unterscheiden und den menschlichen »Einzelrassen« zuzuordnen, womit diesen ein höherer oder niedrigerer »Kulturwert« beigemessen wurde.[149] Die breite Strömung eurozentrischen Denkens im 19. Jahrhundert stellte den »Kulturwert« der »nordischen« oder »arischen Rasse« über den der »anderen«, sodass die »Aufnordung« auch das Ziel einiger »Rassenhygieniker« wurde.[150] Vor allem in Deutschland ging die »Rassenlehre« zwar eng einher mit der wertenden Anthropologie, doch keineswegs alle Autoren dieses Gebietes hießen dies gut,[151] sodass

---

146 Ebd., S. 51.

147 Kühl, Die Internationale der Rassisten, S. 69.

148 »Auch wenn die meisten nationalen eugenischen Gesellschaften es im Ersten Weltkrieg als ihre politische Pflicht ansahen, die Kriegsbemühungen ihrer jeweiligen Regierungen zu unterstützen [...], so bildete die gemeinsame Sorge über die kontraselektiven Auswirkungen des Krieges doch die Basis für eine Intensivierung der eugenischen Politik nach dem Krieg.« Ebd., S. 56.

149 Vgl. Reyer, Alte Eugenik und Wohlfahrtspflege, S. 29; Herlitzius, Frauenbefreiung und Rassenideologie, S. 31.

150 Vgl. Schmuhl, Rassenhygiene, Nationalsozialismus, Euthanasie, S. 30.

151 Vgl. z. B. Joseph Ritter von Neupauer, Ideen zur Entwicklungsgeschichte der Kultur. In: PAR, 2 (1903/04) 4, S. 288–296.

sich die Bewegung in den 1920er-Jahren schließlich in eine »Rassenhygiene« mit »arischem« Dogma und eine ohne spaltete.[152] Bereits 1904 wies mit Wilhelm Schallmayer, einer der anerkanntesten »Rassenhygieniker« jener Zeit, auf dieses Problem hin:

»Die ›biologische‹ (besser rassenhygienische) Richtung, die sich mit den verschiedenartigen selektorischen Einflüssen verschiedenartiger sozialer Stände und mit den durch Alkoholismus oder durch das Klima oder durch giftige Absonderungen gewisser mikroskopischer Parasiten bewirkten Änderungen der Keimqualitäten der Individuen befasst, erweist sich bei genauer Betrachtung als völlig unabhängig von den ethnologischen Rassentheorien, obwohl sie mit diesen leider noch vielfach verquickt wird.«[153]

Er bezog damit nochmals Stellung zu einer heftigen Diskussion in der Fachwelt, die zuvor vom Ausgang des von Friedrich Alfred Krupp 1900 initiierten Preisausschreibens zu dem Thema »Was lernen wir aus den Prinzipien der Deszendenztheorie in Beziehung auf die innerpolitische Entwicklung und Gesetzgebung der Staaten?« ausgelöst wurde. Nach Ansicht von Ludwig Woltmann und seinen Mitstreitern Georges Vacher de Lapouge, Otto Ammon, Ludwig Kuhlenbeck und Ludwig Wilser hätte dieser den ersten statt des dritten Platzes des Preisausschreibens verdient. Die anderen beiden höher platzierten Schriften, unter anderem von Schallmayer, würden ihrer Ansicht nach zu wenig die »rassenanthropologischen« Faktoren berücksichtigen.[154] Laut den Preisrichtern wie Heinrich Ernst Ziegler seien dagegen »Rassenanteile«, »Vermischungen«, Herkunft und »Reinheit« für die Beantwortung der Preisfrage unerheblich, weil zu ungewiss,[155] weshalb sich das Krupp'sche Preisgericht mit seinem Urteil also selbst von der wertenden »Rassenanthropologie« distanzierte.

In der folgenden Studie wird diese Kontroverse aufgenommen und daher der »rassenhygienische« gesondert vom »rassenanthropologischen« Diskurs betrachtet. Als weiteres Argument für eine sinnvolle und mögliche Unterscheidung dieser beiden Disziplinen drängt sich der Umstand auf, dass die »rassenhygienischen« Akteure – wie beispielsweise auf das rasante

152 Hirschinger, »Zur Ausmerzung freigegeben«, S. 35; Sieferle, Rassismus, Rassenhygiene, Menschenzuchtideale, S. 444.

153 Zit. nach kritische Besprechung von Wilhelm Schallmayer zu: Friedrich Hertz, Moderne Rassentheorien. Kritische Essays. Wien 1904. In: ARG, 2 (1905) 5/6, S. 860–866, hier 864.

154 Vgl. z.B. Ludwig Kuhlenbeck, Kritik der Jenenser Preisschriften. In: PAR, 3 (1904/05) 7, S. 427–436; Ludwig Wilser, Erklärung. In: PAR, 3 (1904/05) 7, S. 441f.; Ludwig Woltmann, Erwiderung. In: PAR, 3 (1904/05) 7, S. 442–448.

155 Vgl. Heinrich Ernst Ziegler, Zu den Kritiken über das Jenenser Preisausschreiben. In: PAR, 3 (1904/05) 7, S. 436–441. Weiterführend dazu Schallmayers Reaktion bzw. Stellungnahme: Wilhelm Schallmayer, Beiträge zu einer Nationalbiologie – Nebst einer Kritik der methodologischen Einwände und einem Anhang über wissenschaftliches Kritikerwesen, Jena 1905, S. 202–255.

Bevölkerungswachstum vor allem in den Großstädten[156] – auf tatsächliche zeitgenössische Phänomene[157] und ihnen folgende soziale Probleme – wie Kriminalität, Pauperismus, Alkoholismus, Säuglingssterblichkeit und Prostitution – reagierten.[158] Auch die frühe »Rassenhygiene« bediente sich dabei Methoden und Interpretationen, die damals einen wissenschaftlichen Anspruch erhoben,[159] aber zuweilen fehlerhaft waren. Zum Teil für die eigene Argumentation entsprechend von den Akteuren instrumentalisiert, sind sie daher heute durchaus kritisch zu betrachten. »Rassenhygienisch« motivierte Überlegungen im Sinne einer »Fortpflanzungshygiene« reagierten jedoch im Gegensatz zur »Rassenanthropologie« auf statistisch belegbare Entwicklungen wie Geburtenrückgang, Landflucht[160] oder Zunahme der Heil- und Pflegeanstaltspatienten: »Responding to modernity's ruinous effects on the national body – such as overpopulation, poverty, social transgression and so on – eugenics located the individual and national body within a specifically scientific discourse, one whose legitimacy stemmed from its preoccupation with improving the racial quality of the population and protecting its health.«[161]

Diese Entwicklungen wurden von vielen Zeitgenossen in der außen- und weltpolitisch angespannten Zeit vor 1914[162] – retrospektiv historisch gesehen gerechtfertigt oder nicht – als Bedrohungen für die »Wehrhaftigkeit« der »Nation«, des »Volkes« oder der »Rasse« wahrgenommen und sowohl einerseits sozialpolitisch und »rassenhygienisch« interpretiert als auch andererseits kulturkritisch instrumentalisiert.[163] Denn gleichzeitig fühlten sich die sozial »höher«gestellten bürgerlichen Schichten, die vermeintlich »ausstarben«, von dem tatsächlichen Anwachsen des anscheinend »fruchtbareren« Proletariates bedroht, dessen Ursachen, Auswirkungen und gegebenenfalls Steuerungsmöglichkeiten daher ebenfalls kontrovers »rassenhygienisch« diskutiert wurden.[164]

Diese kontroversen Theorien und Debatten sowie Prognosen und Bewertungen einer Vielzahl von Akteuren in zahlreichen Schriften, sowohl innerhalb der »Rassenhygienebewegung« als auch in Abgrenzung zu diversen Nachbardiskursen und nachfolgenden Diskursen, legen die Vermutung nahe, dass eine inter-

156 Vgl. Kroll, Geburt der Moderne, S. 69; Jörg Vögele, Sozialgeschichte städtischer Gesundheitsverhältnisse während der Urbanisierung, Berlin 2001, S. 170.

157 Vgl. Philipp Osten, Hygieneausstellung zwischen Volksbelehrung und Vergnügungspark. In: Deutsches Ärzteblatt, 102 (2005) 45, S. 3085–3088, hier 3086.

158 Vgl. Weiss, The Nazi Symbiosis, S. 23; Mocek, Biologie und soziale Befreiung, S. 3; Rottleuthner, Zum Wissenschaftscharakter der Eugenik, S. 45.

159 Vgl. Kaminsky, Eugenik als Sozialutopie, S. 16.

160 Vgl. Nonn, Das Deutsche Kaiserreich, S. 15.

161 Turda, Biology and Eugenics, S. 456.

162 Vgl. Nonn, Das Deutsche Kaiserreich, S 93; Marchand, Central Europe, S. 135.

163 Vgl. Nate, Biologismus und Kulturkritik, S. 38.

164 Vgl. ebd., S.31; Nonn, Das Deutsche Kaiserreich, S. 21.

und intraheterogene Diskussions- und Streitkultur entstand, die eine eingehende Analyse rechtfertigt.[165] Dem Anspruch der expliziten Differenzierung und der umfassenden Erörterung jener der frühen »Rassenhygiene« innewohnenden unterschiedlichen Ansätze, Tendenzen und Abstufungen wird die bisherige Forschung nur in Teilen gerecht. Das liegt einerseits an dem Fokus auf und der Suche nach den – zweifelsohne zahlreich vorhandenen – direkten theoretischen und praktischen Verbindungen zu späteren Entwicklungen,[166] sodass die Grenzen zwischen Vor- und Zwischenkriegszeit bzw. zwischen Kaiserreich und junger Republik in den überblickenden Publikationen schnell verschwimmen können. Außerdem fehlt es durch die Beschränkung auf die prominenten und direkt von den Nationalsozialisten zitierten »rassenhygienischen« Theoretiker bisher an einer eingehenderen Analyse und Ordnung der gesamten »rassenhygienischen« Literatur des deutschen Diskurses in diesem präzisierten Zeitraum. Denn die Auseinandersetzung damit, woher dieses – schließlich zur Menschenverachtung und -vernichtung verwendete – Wissen kommt und wie es entstanden ist, kann dazu beitragen, nachzuvollziehen, wieso die späteren Menschheitsverbrechen von einer so großen Zahl von Tätern »ruhigen Gewissens« mitgetragen wurden.

So an den bisherigen Forschungsstand anknüpfend, interessiert hier also das Meinungsspektrum der zeitgenössischen Akteure und welche Unterschiede es in den Theorien, Interpretationen oder sogar Forderungen gab. Wie entstand das »rassenhygienische Wissen«, das in der Folgezeit so häufig rezipiert und angewendet wurde? Waren sich die Protagonisten des Diskurses darüber hinaus der Tragweite ihrer Theorien bewusst? Reflektierten diese ihre Theorien überhaupt angesichts deren möglicher Einbettung in die bestehenden Wertesysteme? Gab es ein Problembewusstsein für potenzielle spätere Entwicklungen? In der folgenden Analyse werden diese Fragen daher in Anlehnung an Michel Foucault und Achim Landwehr entsprechend systematisiert und bearbeitet: Welche differenten Positionen zeichneten sich innerhalb des »rassenhygienischen« Diskurses ab und können diese Positionen nach deren Radikalität systematisch geordnet werden? Wo waren der theoretischen und vor allem praktischen Anwendung der Darwin'schen Selektionstheorie auf die menschliche Gesellschaft ethische und praktische Grenzen gesetzt? Welche unterschiedlichen Kritikpunkte und Forderungen wurden zur Lösung der damaligen sozialen und gesundheitlichen Probleme an die bestehende Gesellschaftsordnung formuliert? Brachen also »rassenhygienische« Positionen mit ihren Forderungen bereits mit bestehenden religiösen, politischen und gesellschaftlichen Moralvorstellungen? Wenn ja, wie

165 Vgl. Weinert, Der Körper im Blick, S. 4; Gregor Hufenreuter, Wege aus den »Inneren Krisen« der modernen Kultur durch »folgerichtige Anwendung der natürlichen Entwicklungslehre«. Die Politisch-Anthropologische Revue (1902–1914). In: Grunewald/Puschner (Hg.), Krisenwahrnehmungen in Deutschland um 1900, 281–293, hier 287 f.

166 Vgl. Adams, Psychopathologie und »Rasse«, S. 26.

bewusst und wie radikal? Welche Kontinuitäten und Transformationen des Wissens und der Wahrnehmung des Diskurses selbst gab es dabei innerhalb der Bewegung? Wie verhält sich der Diskurs dabei zu weiteren Nachbardiskursen? Welches Selbstverständnis und welchen Anspruch hatten also die »Rassenhygieniker« als »Wissenschaftler« und wie schätzten diese ihr Potenzial zu Gestaltung der künftigen Gesellschaften ein?

Ziel der nachfolgenden Arbeit ist es daher, den gesamten deutschen »rassenhygienischen« Fachdiskurs um die »Entartung und Höherzüchtung« der Menschheit zwischen 1891 und 1914 theoriebezogen aufzuschlüsseln. Demnach stehen hier nicht die persönlichen wissenschaftlichen Entwicklungen der einzelnen – als Ärzte, Psychiater, Juristen, Soziologen, Philosophen, Anthropologen, Zoologen, Kriminologen[167] usw., meist dem männlichen Bildungsbürgertum zugehörigen Akteure – im Fokus,[168] sondern es geht allein darum, deren vielfältiges »rassenhygienisches« Meinungs- und Wissensspektrum zur Beantwortung der oben gestellten Forschungsfragen zu erfassen und zu systematisieren. Angestrebt wird dabei, die in den zahlreichen Quellen lesbaren Strömungen und Tendenzen in Kategorien zu fassen, Autorengruppen zu bilden und Aussagen sowohl über das Verhalten in den einzelnen Themenbereichen als auch über das Gesamtbild und die Radikalität der zu dieser Zeit noch in ihren Anfängen steckenden »Rassenhygienebewegung« zu treffen. Speziell die elementare Problematik der Bekämpfung der vermeintlichen »Entartung« und der Erreichung des »neuen Menschen« soll hier als Kern der Diskussionen umfassend bearbeitet werden.

Diese Zielstellung wird in der vorliegenden Arbeit ausschließlich auf den deutschen Diskurs angewandt, da dieser hier bekanntermaßen die größte spätere Wirkungsmacht entfalten konnte. Jedoch soll dieser Fokus nicht darüber hinwegtäuschen, dass in allen anderen Industrienationen und deren Kolonien entsprechende Diskurse geführt und »rassenhygienische« Maßnahmen zum Teil früher und länger als in Deutschland diskutiert und mancherorts auch praktiziert wurden.[169] Die »Eugenik«-Bewegungen zeigten dabei in den unterschiedlichen Ländern verschiedene Ausprägungen, die aus dem Wechselverhältnis des jeweiligen soziopolitischen Systems zur wissenschaftspolitischen Binnenentwicklung der jeweiligen nationalen »Eugenik« resultierte.[170]

167 Sieferle spricht von sozialreformerisch orientierten Naturwissenschaftlern, darunter viele Mediziner. Vgl. Sieferle, Rassismus, Rassenhygiene, Menschenzuchtideale, S. 446.

168 Daher wird bei deren Erwähnung auch auf die jeweiligen Berufsbezeichnungen und akademischen Grade verzichtet.

169 Weiss gibt einen vergleichenden Überblick zu Entwicklung der »Eugenik« vor 1914 in den unterschiedlichen Ländern. Vgl. Weiss, The Nazi Symbiosis, S. 24–28. Vgl. Kühl, Die Internationale der Rassisten; Bashford/Levine, The Oxford Handbook of the History of Eugenics; Jürgen Peter, Der Einbruch der Rassenhygiene in die Medizin. Auswirkung rassenhygienischen Denkens auf Denkkollektive und medizinische Fachgebiete von 1918 bis 1934, Frankfurt a. M. 2004, S. 123; Kaminsky, Eugenik als Sozialutopie, S. 14; Geulen, Geschichte des Rassismus, S. 92.

170 Vgl. Schwartz, Sozialistische Eugenik, S. 17.

4. Begriffe

Bei der in der Gliederung vorgenommenen Betitelung dieser Unterteilungen handelt es sich bereits um die zeitgenössischen und im Diskurs verwendeten Begriffe, die mit ihrer Prägnanz bereits zur Charakterisierung des diskursiven Kontextes beitragen und daher übernommen wurden. Ausdrücke wie Sozialismus, Sozialdemokratie, Demokratie, Kapitalismus, Christentum usw. werden in der untersuchten Literatur häufig sehr dynamisch bzw. uneinheitlich und ohne definitorische Schärfe verwendet. Da aber jeweils von den Autoren erklärt und zitiert wird, was sich im Einzelnen im bestehenden System so schädlich für die »Rassengesundheit« oder Ähnlichem auswirken würde, wird dem Leser ersichtlich, was mit den inkonsistenten Begriffen tatsächlich kritisiert wird,[171] sodass eine Präzisierung hier weder möglich noch notwendig ist und mit den Oberbegriffen in der Zusammenfassung einzelner Kritikpunkte gearbeitet werden kann. Eine Definition dieser Ausdrücke in der heterogenen »rassenhygienischen« Kritik setzt eine in dieser Richtung detailliertere Auseinandersetzung mit dem semantischen Gehalt der Texte voraus, welche die vorliegende Arbeit weder zu leisten vermag noch beansprucht. Allerdings wäre jene zur Beantwortung der hier bearbeiteten Forschungsfrage nach der Heterogenität und Entschlossenheit der frühen »Rassenhygiene« in ihren detaillierten theoretischen Bemühungen und praktischen Forderungen zur Verhinderung der scheinbaren »Entartung« und der Erreichung der propagierten »Höherzüchtung« auch nicht sachdienlich.

Generell erfordert der Umgang mit den wichtigsten der dynamischen und auch heute noch kontrovers diskutierten Begrifflichkeiten jedoch eine präzise Definition derselben, um – zumindest für die vorliegende Arbeit geltend – zu verdeutlichen, welche Aspekte der komplexen Themenfelder denn nun im Einzelnen gemeint sind und wie die Äußerungen der zitierten Autoren gewertet und eingeordnet werden können.

– Wissenschaft: Die naturwissenschaftliche – das heißt eine systematisch geordnete, überschaubare[172] – Methode, der Entwicklungsgedanke und die mechanistische Weltauslegung sind laut Geulen die drei wichtigsten Prinzipien, auf welche die Wissenschaft der zweiten Hälfte des 19. Jahrhunderts ihre Deutungsmacht in Schulerziehung, öffentlicher Gesundheitspolitik und Volkshygiene stützte.[173] Auch ein Großteil der »Rassenhygienebewegung« unterschied sich von den anderen »Niedergangs-Konzeptionen« des 19. Jahrhunderts vor allem durch seinen expliziten Anspruch auf »Wissenschaftlichkeit«.[174] Das begründete er, neben

171 So z. B. den Parlamentarismus oder das Gleichheitsprinzip per se beim Begriff »Demokratie«.

172 Vgl. Albrecht Timm, Einführung in die Wissenschaftsgeschichte, München 1973, S. 15.

173 Vgl. Geulen, Wahlverwandte, S. 106.

174 Vgl. Weingart/Kroll/Bayertz, Rasse, Blut und Gene, S. 68.

seiner Affinität zu statistischen Methoden und dem frühzeitigen Versuch einer internationalen Verknüpfung,[175] vor allem mit dem Bezug auf die Darwin'sche Selektionstheorie und die Vererbungslehren, wie in Abschnitt IV.4.3 direkt am Text exemplifiziert wird. Der im Forschungsstand bereits zitierte Ritter beschreibt: »Die Eugenik [als] ein in der Vererbungslehre begründetes, wissenschaftliches Deutungs- und Handlungsmuster, mit dem abnormes Verhalten und Geisteskrankheit im Rahmen der Vererbungslehre gedeutet wurde und das Maßnahmen der Inklusion und Exklusion im Bereich von Sozial-, Gesundheits-, Geburten- und Bevölkerungspolitik begründete.«[176]

Da Darwin bis heute als einer der Hauptbegründer des modernen wissenschaftlichen Weltbildes[177] und als Symbol der Trennung von Wissenschaft und Religion gilt,[178] wundert es kaum, dass sich eine zeitgenössische auf Darwin beziehende Bewegung wie die »rassenhygienische« automatisch als »wissenschaftlich« konstruiert und dann auch zunehmend so wahrgenommen wurde.[179] Die Einbettung der eigenen »rassenhygienischen« Theorien und Argumentationen in den »überindividuellen Forschungsprozess« um die von Darwin formulierte Selektionstheorie und die sie stützenden Entdeckungen von August Weismann, Gregor Mendel usw. gab den einzelnen Akteuren eine Legitimation innerhalb eines kollektiven als »wissenschaftlich« wahrgenommenen Unternehmens,[180] welche die Wirkungs- und Deutungsmacht selbst von fehlgeleiteten Darwin-Rezeptionen wie der »rassenhygienischen« erklären kann. Da in der vorliegenden begrenzten Arbeit mit dem hier gewählten diskursiven Untersuchungsansatz jedoch nicht der Wahrheitsgehalt vergangener als »wissenschaftlich« deklarierter Erkenntnisse diskutiert werden, sondern danach gefragt werden soll, wie dieses später Macht erzeugende »Wissen« entstand, sei bei der Frage nach dem

175 Vgl. Kühl, Die Internationalität der Rassenforschung, S. 106.

176 Ritter, Psychiatrie und Eugenik, S. 105.

177 Vgl. Geulen, Wahlverwandte, S. 72. Laut Janet Brown verkörpere Darwin »die Macht wissenschaftlicher Beobachtung und Vernunft«. Janet Brown, Zur Erschaffung des prototypischen Wissenschaftlers. Porträts von Charles Darwin im 19. Jahrhundert. In: Schwarz (Hg.), Streitfall Evolution, S. 228–245, hier 229.

178 Vgl. ebd., S. 230.

179 Vgl. Stefan Kühl, Die soziale Konstruktion von Wissenschaftlichkeit und Unwissenschaftlichkeit in der internationalen eugenischen Bewegung. In: Heidrun Kaupen-Haas/Christian Saller (Hg.), Wissenschaftlicher Rassismus. Analysen einer Kontinuität in den Human- und Naturwissenschaften, Frankfurt a.M. 1999, S. 111–121, hier 113f.; Wolf, Eugenische Vernunft, S. 132f.; Monika Löscher, »… der gesunden Vernunft nicht zuwider …«. Katholizismus und Eugenik in Österreich vor 1938. In: Gabriel/Neugebauer (Hg.), Vorreiter der Vernichtung? S. 219–240, hier 220; Anna Bergmann, Die Rationalisierung der Fortpflanzung: Der Rückgang der Geburten und der Aufstieg der Rassenhygiene/Eugenik im Deutschen Kaiserreich 1871–1914. In: German History, 7 (1989) 1, S. 125–129.

180 Vgl. Geulen, Wahlverwandte, S. 90.

tatsächlichen Wissenschaftscharakter der »Rassenhygiene« bzw. »Eugenik« auf die einschlägige weiterführende Literatur verwiesen.[181] Herbert Rottleuthner weist an dieser Stelle beispielsweise nach, dass sich die »Eugenik« lange vor 1933 als eine Wissenschaft etabliert hatte.[182]

– »Rasse«: »Der Rassenbegriff zeichnete sich gegenüber anderen [...] Konzepten von Zugehörigkeit vor allem dadurch aus, dass er mit höchstem Anspruch auf Objektivität und Eindeutigkeit auftrat, faktisch aber das unschärfste und mehrdeutigste aller Zugehörigkeitskriterien darstellte«,[183] wie Geulen treffend feststellt. Und auch Levine bemerkt dazu, dass der Begriff »Rasse« um 1900 recht variabel benutzt wurde: »It could connote superficial differences among people in diverse locations, but it often simply meant the human race.«[184] Jedoch verdichtete sich der »Rassenbegriff« vor dem Hintergrund des Nationalismus und Imperialismus am Ende des 19. Jahrhunderts und in Folge der Schriften von Arthur de Gobineau und Ludwig Gumplowicz, die einen immerwährenden »Rassenkampf« beschrieben, zu einem Begriff für kollektive Zugehörigkeit zu einer abgegrenzten Gemeinschaft im Sinne eines »objektiven Volkstums« oder einer »ewigen ethnischen Einheit«.[185] Diese Zugehörigkeit ließ den »Rassenbegriff« Identität stiften und verlieh ihm eine naturgemäße und kämpferische Gesetzmäßigkeit, derer sich niemand entziehen könne,[186] denn: »Sein impliziter Verweis auf seine natürliche Ordnung macht ihn zu einem Legitimations- und Begründungsbegriff, der Menschengruppen fundamental voneinander abgrenzt.«[187] Mit der Übertragung der Darwin'schen Selektionstheorie war »die Zukunft der eigenen ›Rasse‹ [...] nicht mehr von Natur aus gesichert, sondern musste durch die gleichen Mechanismen, wie sie evolutionstheoretisch in der Natur am Werk waren, praktisch garantiert werden.«[188]

Hier greift Ploetz auf seine mehr oder weniger trennscharfe Unterscheidung in die »Systemrassen« und »Vitalrassen« zurück: Während erstere aus anthropologischer Sicht die »Menschenrassen« zu beschreiben, zu unterscheiden und zu werten suchte, diene der Begriff der »Vitalrasse« »rassengesundheitlichen« Untersuchungen innerhalb einer »Fortpflanzungsgemeinschaft«. Die Beziehungen

181 Vgl. dazu beispielsweise Kühl, Die soziale Konstruktion von Wissenschaftlichkeit und Unwissenschaftlichkeit, S.114; ders., Die Internationalität der Rassenforschung, S. 107; Mocek, Biologie und soziale Befreiung, S. 403; Levine, Eugenics, S. 2; Herlitzius, Frauenbefreiung und Rassenideologie, S. 30.

182 Vgl. Rottleuthner, Zum Wissenschaftscharakter der Eugenik, S. 48.

183 Geulen, Geschichte des Rassismus, S. 62.

184 Levine, Eugenics, S. 73.

185 Geulen, Wahlverwandte, S. 29.

186 Vgl. ders., Geschichte des Rassismus, S. 73.

187 Ders., Der Rassenbegriff, S. 23.

188 Ebd., S. 28.

der »Systemrassen« zueinander könnten dabei die Zusammensetzung der »Vitalrasse« beeinflussen.[189] Die »Rassenhygiene« begann nun nach Möglichkeiten zu suchen, in diese oben beschriebenen gesetzmäßigen, natürlichen und kämpferischen Prozesse steuernd einzugreifen,[190] und Ploetz beschreibt die »Rasse« in diesem Zusammenhang daher zusammenfassend mit »einer durch die Generationen lebenden Gesamtheit von Menschen im Hinblick auf ihre körperlichen und geistigen Eigenschaften«.[191] Dieser Begriff, der weitgehend mit dem heutigen biologischen Begriff der »Art« konform geht, findet im hier betrachteten frühen »rassenhygienischen« Diskurs am häufigsten Anwendung und wird daher auch im Folgenden so verstanden.

– »Sozialdarwinismus« steht für die konsequente Übertragung des Darwin'schen »Selektionsprinzips« auf alle soziokulturellen menschlichen Belange.[192] Neben den körperlichen, den biologisch vererbbaren Eigenschaften des Menschen, würden demnach auch tradierte soziale Institutionen wie Familien-, Staats- und Wirtschaftsordnung einer evolutionären Entwicklung unterliegen, das heißt auch hier würden im »Kampf ums Dasein« ungünstige Eigenschaften »aussterben« und günstige »fortgepflanzt«.[193] Gleichzeitig – und das ist für die Idee der »Rassenhygiene« wichtig – würde innerhalb der sozialen Institutionen eine »soziale Auslese« auf die menschliche Entwicklung wirken, da hier ebenfalls nur der »passendste« überlebe. Im betreffenden historischen Kontext wird von den »Sozialdarwinisten« die Ansicht vertreten, dass auch im kapitalistischen Wirtschaftssystem – als neuer »Kampf ums Dasein« – nur diejenigen Individuen überleben würden, welche die dafür passendsten Eigenschaften hätten.[194] Ob diese deckungsgleiche Anwendung der Darwin'schen Selektionstheorie auf die Menschheit und deren Gesellschaften zutreffend bzw. wie damit umzugehen ist, wird im »rassenhygienischen« Diskurs diskutiert. Denn »Sozialdarwinismus bedeutet strenggenommen Übertragung darwinistischer Vorstellungen auf gesellschaftliche Verhältnisse«.[195]

189 Vgl. Alfred Ploetz, Die Tüchtigkeit unserer Rasse und der Schutz der Schwachen. Ein Versuch über Rassenhygiene und ihr Verhältnis zu den humanen Idealen, besonders zum Socialismus, Berlin 1895, S. 2.

190 Vgl. ebd., S. 74.

191 Ploetz, zit. nach Weingart/Kroll/Bayertz, Rasse, Blut und Gene, S. 41.

192 Vgl. Herlitzius, Frauenbefreiung und Rassenideologie, S. 45; Ritter, Psychiatrie und Eugenik. S. 17; Wolfgang Benz, Antisemitismus. In: Fahlbusch/Haar/Pinwinkler/Hamann (Hg.), Handbuch der völkischen Wissenschaften. Teilband II, S. 945–957, hier 946.

193 Becker, Wege ins Dritte Reich [1], S. 6.

194 Vgl. ebd., S. 8.

195 Ebd., S. 9.

– »Rassenhygiene« bzw. »Eugenik« beinhaltet laut Becker währenddessen »das praktische Eingreifen des Menschen in seine Entwicklung aufgrund von Darwins Lehre und von Kenntnissen der Vererbungslehre oder Genetik«.[196] Vereinfacht dargestellt, wurden die Begriffe »Rassenhygiene« und »Eugenik« in Deutschland bis in die 1930er-Jahre synonym verwandt,[197] während in der Zeit des Nationalsozialismus der deutsche Begriff der »Rassenhygiene« ein Schlagwort wurde. In der Zeit nach 1945 und seit den Anfängen im nicht deutschsprachigen Ausland dominierte dagegen der Begriff »Eugenik« bzw. »Eugenics«.[198] Laut Heike Petermann wurden die beiden Begriffe vor 1930 von den meisten zeitgenössischen Autoren gleichbedeutend benutzt, wobei Galtons Verständnis von »Eugenics« hierbei die Grundlage bot: »Eugenics oder Eugenik kann definiert werden als die Wissenschaft, die sich mit jenen sozialen Kräften (Agentien) beschäftigt, welche die rasslichen Eigenschaften kommender Generationen geistig oder körperlich beeinflussen.«[199]

Ploetz erweiterte diesen Begriff um die »optimalen Erhaltungs- und Entwicklungsbedingungen« und die sozialen Konditionen, welche die Erhaltungsbedingungen der Eigenschaften beeinflussen würden. Da Galtons »Eugenik« bereits die von Ploetz betonte soziale Kontrolle enthält, handelt es sich aber um keinen wirklichen inhaltlichen Unterschied, auch wenn sich Ploetz mit einem deutschen Begriff abgrenzen wollte.[200] Der Einheitlichkeit halber und wegen der Beschränkung auf den deutschen Diskurs vor 1914 erhält der Begriff »Rassenhygiene« auch in der vorliegenden Arbeit in der Regel dann den Vorzug, wenn der Verfasser spricht.

– »Konstitution«: Der Begriff der körperlichen »Konstitution« wird hier so fixiert, wie er im 19. Jahrhundert verwendet wird und zwar im weitesten Sinne der allgemeinen »Körper- und Geistesbeschaffenheit«.[201] Die zeitgenössische Konstitutionslehre verband sich im Deutschen Reich nach 1900 zunehmend

196 Ebd.

197 Vgl. Stefan Kühl, Die Internationalität der Rassenforschung im 20. Jahrhundert. In: Foroutan/Geulen/Illmer/Vogel/Wernsing (Hg.), Das Phantom »Rasse«, S. 105–113, hier 106.

198 Vgl. Thomas Pickardt, Sozialdarwinismus: Ein Panoramabild deutscher bevölkerungskundlicher Fachzeitschriften vor dem Ersten Weltkrieg. In: Historische Mitteilungen, 10 (1997), S. 14–55, hier 17; Becker, Wege ins Dritte Reich [1], S. 58; Reyer, Alte Eugenik und Wohlfahrtspflege, S. 15; Levine, Eugenics, S. 72; Weiss, The Nazi Symbiosis, S. 27.

199 Zit. nach Heike Petermann, Der Wunsch nach »guter Abstammung«. Zur Geschichte des Begriffes »Eugenik« bei Medizinern und Biologen. In: Westermann/Kühl/Groß (Hg.), Medizin im Dienst der »Erbgesundheit«, S. 57–78, hier 61.

200 Vgl. ebd., S. 61 f.

201 Vgl. Konstitution. In: Otto Dornblüth, Wörterbuch der klinischen Kunstausdrücke. Für Studierende und Ärzte, Leipzig 1894, S. 68, Spalte 1; Stephan Heinrich Nolte, Komplexe Hintergründe: der Konstitutionsbegriff in Medizin und Homöopathie. In: Komplementäre und integrative Medizin, 49 (2008) 10, S. 22–26, hier 23.

mit der aufkeimenden »Rassenhygiene« und unterschied im Wesentlichen die unveränderbaren körperlichen Eigenschaften als »unabänderlich gegebene Reaktionsfähigkeit« (Konstitution) von jenen durch Milieueinflüsse veränderbaren Eigenschaften eines Individuums, die auf Reize reagieren (Kondition).[202] Im »rassenhygienischen« Kontext der Zeit wurde dieses Konzept dann darüber hinaus auf die »Rasse« bezogen und zwischen der Vererbung von Krankheiten bzw. der Vererbung der »Disposition« für bestimmte Krankheiten unterschieden, wie im Folgenden noch dargestellt werden wird. Peter Schwarz' scharfe Abgrenzung des sich auf das Individuum beziehenden Konstitutionsbegriffs nach Friedrich Martius und Julius Tandler von jenem der »rassenhygienischen« Konstitutionslehre, nach beispielsweise Ignaz Kaup,[203] kann hier nicht gefolgt werden. Denn gerade in Bezug auf Infektionskrankheiten wurde auch im »rassenhygienischen« Diskurs sehr kontrovers diskutiert, welche Krankheiten bzw. diese gegebenenfalls begünstigenden Eigenschaften und »Dispositionen« individuell vererbbar seien bzw. was davon durch exogene Einflüsse erwerbbar sei. Im Abschnitt III.2.2 wird dieser Aspekt eingehender beleuchtet.

– »Degeneration« bzw. »Entartung«: »Degeneration und Entartung bildeten offene Konzepte, die von wissenschaftlichen, literarischen und politischen Akteurinnen und Akteuren mit vielfältigen Inhalten gefüllt werden konnten.«[204] Um in der historischen Diskursanalyse die erforderliche Textnähe zu gewährleisten, wird der seit Mitte des 18. Jahrhunderts recht dynamisch genutzte Begriff[205] der »Degeneration« im Folgenden deshalb so verwendet, wie er in der analysierten zeitgenössischen Literatur von den Autoren und deshalb auch in der vorliegenden Arbeit gebraucht wird: »Die Degenerationen sind krankhafte Abweichungen vom normalen menschlichen Typus, sind erblich übertragbar und entwickeln sich progressiv bis zum Untergang«.[206] Es handelt sich hierbei also um einen weitreichenden Sammelbegriff von negativ konnotierten und vermeintlich vererbbaren Eigenschaften und betrifft in der zitierten Literatur unter anderem »Nervenleiden«, »Geisteskrankheiten«, »Dispositionen zu chronischen

202 Vgl. Peter Schwarz, Julius Tandler. Zwischen Humanismus und Eugenik, Wien 2017, S. 33; Labisch, Homo Hygienicus, S. 147. »Konstitution, in der Medizin gewöhnlich die einem Individuum eigentümliche Körperbeschaffenheit, namentlich in Bezug auf die Widerstandsfähigkeit gegen Krankheiten und schädliche Einflüsse im Allgemeinen. […] Man kann als K. bezeichnen die dauernde individuelle Eigenart eines Organismus, die sich in der individuell verschiedenen Reaktion gegenüber äußeren Einflüssen zu erkennen gibt.« Vgl. »Konstitution«. In: Meyers großes Konversationslexikon, 6. Auflage, Band 1: Kimpolung bis Kyzikos, Leipzig 1905, S. 430, Spalte 2.

203 Vgl. Schwarz, Julius Tandler, S. 34.

204 Becker, Furcht vor Niedergang und Entartung, S. 373.

205 Vgl. Weingart/Kroll/Bayertz, Rasse, Blut und Gene, S. 42–46.

206 Benedict Augustin Morel, zit. nach ebd., S. 47.

Infektionskrankheiten« und »mangelnde Widerstandsfähigkeit der Kinder gegen Erkrankungen«.[207] Legitimation erhielt dieses mit derartigen Inhalten gefüllte »offene Konzept« aus der evolutionsbiologischen Ableitung und »angesichts des scheinbar enormen Ausmaßes der Bedrohung und der Dringlichkeit des Handels rückten die von kritischen Zeitgenossen genährten Zweifel an der Tauglichkeit des Konzeptes in den Hintergrund«.[208] Der später gleichfalls zu einem »kulturellen Kampfbegriff avancierte«[209] Terminus der »Entartung« wird also – in Anlehnung an die Primärliteratur – im Folgenden synonym ebenfalls im biologisch-gesundheitlichen Sinne benutzt.

– »Utopie«: Thomas Schölderle erklärt die Intention zur unmittelbaren Sozialkritik als zwingendes Element aller Utopien und unterscheidet die »sozialpsychologische«, die »totalitarismus-theoretische« und die »klassische« Utopie.[210] Während der erheblich erweiterte Utopiebegriff der »sozialpsychologischen« Prägung in der ersten Hälfte des 20. Jahrhunderts Anwendung findet und mehr als eine Art Bewusstseinsform oder bloße Intention denn als greifbare Denktradition verstanden werden muss, reduziert der von Popper geprägte »totalitarismustheoretische« Utopiebegriff aus der zweiten Hälfte des 20. Jahrhunderts die Utopie auf die geistige Vorwegnahme späterer totalitärer Gesellschaftsformen.[211] Im Zusammenhang mit »rassenhygienischen« Utopien und dem Wissen über die folgenden Gewaltherrschaften des 20. Jahrhunderts scheint dieser Utopiebegriff anwendbar zu sein. Jedoch weist Schölderle darauf hin, dass man oft »die Entwürfe an den falschen Stellen ernst genommen und ihre Urheber leichtfertig zu irrationalen Fantasten oder zu totalitären Vordenkern des 20. Jahrhunderts verurteilt«.[212] Nach Schölderles Charakterisierung des »klassischen« Utopiebegriffes, würden die Urheber solcher Utopien jedoch keinen »Modellentwurf zur maßstabsgetreuen Totalrevision der Gesellschaft«[213] entwerfen und »schwerlich lässt sich allen historischen Utopieentwürfen ein totalitärer Gehalt, geschweige denn eine solche Funktion, und im Grunde nie: eine solche Intention nachsagen«.[214] In Kapitel II.5 wird dieses Problem vertieft.

207 Vgl. Gustav von Bunge, Alkoholvergiftung und Degeneration. In: PAR, 3 (1904/05) 7, S. 455 f., hier 455.
208 Becker, Furcht vor Niedergang und Entartung, S. 373.
209 Nate, Biologismus und Kulturkritik, S. 44.
210 Vgl. Thomas Schölderle, Geschichte der Utopie, 2. Auflage, Wien 2017, S. 12.
211 Vgl. ebd., S. 13.
212 Ebd., S. 14.
213 Ebd.
214 Ebd., S. 13.

Bei dem Utopie-Begriff der »klassischen Ausprägung« des ausgehenden 19. Jahrhunderts handelt es sich nämlich um »rationale Gedankenexperimente, die in erster Linie der zeitgenössischen Gesellschaft den Spiegel vorhalten.«[215] Fast alle klassischen Utopien beschreiben ein fiktives Gemeinwesen, das nach innen häufig von einer geschlossenen Gesellschafts- und Staatsordnung dominiert wird. Wie auf dem Reißbrett skizziert, kennen diese fiktiven Gesellschaften keinen sozialen Wandel und sind statisch und konfliktfrei, was die mathematische Berechnung und Darstellung kausaler Beziehungen in der Idealform ermöglicht.[216] Diese Gedankenexperimente sollen mit ihrer Sozialkritik Anstoß zur Reflexion geben und den sensiblen Blick für kontemporäre gesellschaftliche Probleme und Möglichkeiten schärfen. Auch die Utopien wurden Ende des 19. Jahrhunderts gleichsam von den Herausforderungen der sozialen Frage ergriffen, wie von der euphorischen Fortschritts- und Technikgläubigkeit,[217] sodass die zeitgenössische »klassische« Ausprägung des Utopie-Begriffes für den Kontext der vorliegenden Arbeit als die zutreffendste erscheint.

215 Ebd., S. 14.
216 Vgl. ebd., S. 13 f.
217 Vgl. ebd., S. 113 f.

II. Methode

1. Historische Diskursanalyse

Gelöst wird die in der vorliegenden Arbeit gestellte Aufgabe mit der Anwendung einer historischen Diskursanalyse, wie sie Landwehr 2001 beschreibt:

»Die historische Diskursanalyse geht von der Beobachtung aus, dass zu einem bestimmten historischen Zeitpunkt nur eine begrenzte Menge an Aussagen zu einem bestimmten Thema gemacht werden kann [...]. Es ist der Diskurs, der die Möglichkeiten von Aussagen zu einem bestimmten Gegenstand regelt, der das Sagbare und Denkbare organisiert. Vor diesem Hintergrund will die historische Diskursanalyse die Regeln der Regelmäßigkeiten des Diskurses, seine Möglichkeiten zur Wirklichkeitskonstruktion, seine gesellschaftliche Verankerung und seine historischen Veränderungen zum Inhalt der Untersuchung machen.«[1]

Maßgeblich zurückgeführt wird der stets umstrittene Begriff des Diskurses auf das Werk Foucaults, das mit seinen zwar vagen Konzeptionen jedoch neue methodologische Ansätze in die bisherigen Geistes- und Sozialwissenschaften brachte und auch für die Geschichtswissenschaften fruchtbar wurde.[2] Von Foucault selbst als eine »Werkzeugkiste« erklärt,[3] könne es zur Erforschung von Wissensproduktion und deren Verhältnis zur Macht dienen und wird hier daher im Kern angewandt. Vier Formationsregeln werden von ihm als Bedingungen erhoben, nach denen die Elemente des Diskurses angeordnet sind. Landwehr fasst diese wie folgt zusammen:

»1. Zunächst fragt Foucault nach den sozialen und institutionellen Zusammenhängen, in denen Aussagen des Diskurses auftauchen. Er fragt nach den Instanzen, die für die Abgrenzung eines Diskurses verantwortlich sind, und nach den Spezifikationsrastern oder Klassifikationsmustern, mit denen Elemente des Diskurses geschieden, eingeteilt und gruppiert werden [...].

1 Achim Landwehr, Geschichte des Sagbaren. Einführung in die historische Diskursanalyse, Tübingen 2001, S. 7.
2 Vgl. ders., Historische Diskursanalyse, Frankfurt a. M. 2008, S. 66.
3 Ebd., S. 78.

2. Darauf folgt die Frage nach dem Subjekt, das die Aussage macht. Wer verfügt die (tatsächliche oder angemaßte) Möglichkeit, sich zu einem Diskursgegenstand zu äußern? In welchem institutionellen und medialen Umfeld spricht das Subjekt? Welches Verhältnis nimmt das Subjekt zu den Gegenständen des Diskurses ein?
3. [...] Die zu einem bestimmten Gegenstand geäußerten Worte werden nach bestimmten Prinzipien geordnet, wobei es sich um Schemata der Verallgemeinerung, um fortschreitende Spezifizierungen, um chronologische Anordnungen, um Erzählungen und ähnliches mehr handeln kann.
4. Innerhalb der Diskurse lassen sich Strategien ausmachen, die zu ihrer Kohärenz beitragen. Dies sind zum einen Brüche innerhalb des Diskurses [...]. Zum anderen sind Strategien zu beobachten, mit denen sich ein Diskurs zu seinen Nachbardiskursen stellt. Schließlich ergibt sich die Frage nach dem Verhältnis des Diskurses zu nicht-diskursiven Praktiken, vor allem zu Entwicklungen und Institutionen.«[4]

Die Diskursanalyse wolle nach Foucault eine Aussage, die sich durch ihr regelmäßiges und wiederholtes Auftauchen auszeichnet, in der Form zur Kenntnis nehmen, wie sie zu einer bestimmten Zeit an einer bestimmten Stelle auftauchte und nicht anders.[5] Darüber hinaus sei es zunächst nicht nötig auf Intentionen, Mentalitäten oder Interessen zu schließen.[6] Der Diskurs werde durch seine Kopplung mit Macht, Institutionen, Praktiken und Politik aber zu einem Gegenstand der Geschichte. Foucault betont, dass das, was sich im Kopf eines Individuums oder einer Gruppe abspielt und was in ihren Diskursen geschieht, einen historischen Charakter habe:[7]

»Etwas sagen ist ein Ereignis. Einen wissenschaftlichen Diskurs halten, das ist nichts, was in einen Bereich oberhalb oder außerhalb der Geschichte fiele, sondern gehört zur Geschichte ebenso wie eine Schlacht, die Erfindung der Dampfmaschine oder eine Epidemie. Natürlich sind das Ereignisse unterschiedlichen Typs, aber es sind Ereignisse. Wenn irgendein Arzt dummes Zeug über den Wahnsinn äußert, gehört das ebenso zur Geschichte wie die Schlacht von Waterloo.«[8]

Für die vorliegende Arbeit gilt es demnach, parallel zu den oben zitierten Formationsregeln, zunächst die den Diskurs abgrenzenden Instanzen, die sozialen und institutionellen Zusammenhänge zu erläutern. Um den gesamten deutschen »rassenhygienischen« Diskurs vor dem Ersten Weltkrieg zu erfassen, werden diesem in der nachfolgenden Analyse daher Grenzen gesetzt.

4 Ebd., S. 68 f.
5 Vgl. ebd., S. 71.
6 Vgl. ebd., S. 70.
7 Vgl. ebd., S. 74.
8 Michel Foucault zit. nach ebd., S. 74 f.

2. Instanzen der Abgrenzung

Untersuchungszeitraum 1891 bis 1914: Darwins Vetter Galton formulierte den Gedanken einer praktischen Anwendung des »Selektionsprinzips«, durch welche die Menschen die Kontrolle über die eigene Evolution gewinnen könnten[9] und prägte dafür 1883 den Begriff »eugenics«.[10] Der Untersuchungszeitraum der vorliegenden Arbeit beginnt allerdings erst 1891, da in diesem Jahr Schallmayers Schrift »Über die drohende körperliche Entartung der Culturmenschheit« erschien, die als erste einschlägige deutsche, Darwin rezipierende Publikation gilt und dabei die wesentlichen Gedanken der »Rassenhygiene« bereits enthielt.[11] Hier wurde das Prinzip der »Auslese« auf die »menschliche Zuchtwahl« reflektiert und diskutiert, welchen Einfluss die kulturellen Errungenschaften darauf hätten. Nach Becker kam Schallmayer dabei zu dem Schluss, dass »die menschliche Intelligenz [...] begonnen [hat], das ›generative Interesse‹ zu gefährden«,[12] womit Schallmayer die Diskursstrukturen und -ebenen mehr oder weniger vorgibt.

Die zeitliche Zäsur von 1914 ergibt sich logisch aus dem historischen Kontext, der von der Steigerung eines »völkischen Nationalismus«, der anfänglichen Kriegseuphorie und der Not der in den Krieg ziehenden Nation geprägt ist. Auch verändert das mit Kriegsbeginn enorm ansteigende Interesse für Bevölkerungspolitik im Sinne der Erhaltung der »Volkskraft« den Diskurs,[13] wie oben mit dem Beispiel Hoches veranschaulicht wurde. Spätestens mit dem »Zusammenbruch der Heimatfront« und den Reparationsleistungsbedingungen des Versailler Vertrages wurden zum Beispiel die Debatten um die »Volksgemeinschaft« und »unnütze Esser« bedeutend angefacht[14] und der »rassenhygienische« Diskurs mit Binding und Hoches »Freigabe zur Vernichtung lebensunwerten Lebens«[15] in seiner Ausrichtung und Radikalität auf eine neue Stufe gehoben,[16] sodass von einem anderen oder einem zumindest stark modifizierten »rassenhygienischen« Diskurs gesprochen werden muss.[17] Denn nach dem verlustreichen Ersten Weltkrieg boten

9 Vgl. ebd., S. 36.

10 Aus dem Griechischem: »von der Abstammung her gut«; »mit erblich guten Eigenschaften versehen«. Rauschenfels, Eugenik, S. 5.

11 Vgl. Weingart/Kroll/Bayertz, Rasse, Blut und Gene, S. 38; Wilhelm Schallmayer, Ueber die drohende körperliche Entartung der Culturmenschheit und die Verstaatlichung des ärztlichen Standes, Berlin 1891.

12 Becker, Wege ins Dritte Reich [1], S. 15.

13 Vgl. Kroll, Zur Entstehung und Institutionalisierung einer naturwissenschaftlichen und sozialpolitischen Bewegung, S. 131.

14 Vgl. Barth, Dolchstoßlegenden und politische Desintegration.

15 Vgl. Binding/Hoche, Freigabe zur Vernichtung lebensunwerten Lebens.

16 Vgl. Kroll, Zur Entstehung und Institutionalisierung einer naturwissenschaftlichen und sozialpolitischen Bewegung, S. 308. Vgl. Barth, Dolchstoßlegenden und politische Desintegration, S. 472.

17 Vgl. Hoßfeld/Šimůnek, Rassenbiologie, S. 1118.

Vertreter der »Rassenhygiene« den Regierungen nun verstärkt die Möglichkeit sowohl der demografischen »Regeneration« als auch der »Wehrhaftmachung« im nun neu beginnenden »Überlebenskampf« an und drängten deshalb auf die Institutionalisierung der Bewegung und die praktische Anwendung ihrer Theorien:[18] »Many eugenicists saw the Great War as a redemtive process, allowing for their society and nation to start anew from its own biological ruins.«[19]

– »Rassenhygiene« vs. »Rassenanthropologie«: Die kontroversen biologischen und evolutionstheoretischen Überlegungen von Darwin, Jean-Baptiste de Lamarck, Hugo de Vries, Weismann, Haeckel usw. sind in der angestrebten Analyse nur dann von Interesse, wenn sich markante Unterschiede und Besonderheiten in deren Rezeption und praktischer Anwendung auf den Menschen und seine Gesellschaft erkennen lassen, die den zeitgenössischen Diskurs entscheidend beeinflussen.

Einige der Publikationen der gesichteten Literatur erhoben allerdings gar nicht den Anspruch von statistisch-naturwissenschaftlicher Korrektheit oder einer Fundierung in den Vererbungslehren,[20] sondern bestehen aus biologisch-philosophischen Überlegungen, Kausalketten und Ideenskizzen, die auf der Interpretation eigener oder fremder biologischer, medizinischer und soziologischer Erkenntnis basieren, aber gelegentlich auch in literarischen Utopien gipfeln.[21] Aus dem Grund einer differenzierteren Betrachtung soll in erster Linie die Darwin'sche Selektionstheorie als Grenze bzw. Indikator für die hier interessierende »rassenhygienische« Literatur mit dem damals formulierten Anspruch an neutraler und korrekter Wissenschaftlichkeit dienen, da das Darwin'sche Grundprinzip der »Auslese und Vererbung« damals derart revolutionär und wirkungsmächtig war und bis heute eine gewisse Gültigkeit besitzt.[22] Zwar wurden diese zeitgenössischen naturwissenschaftlichen Entdeckungen der Betrachtung des Tier- und Pflanzenreiches entnommen. Dennoch bildeten sie den Grundstein für die auf den Menschen angewandte »Rassenhygiene«.[23] Diesen derart hergeleiteten »wissenschaftlichen« Anspruch hatten auch die Herausgeber der beiden renommierten Fachzeitschriften »Politisch-Anthropologische Revue« (PAR) und »Archiv für Rassen- und Gesellschaftsbiologie« (ARG), weshalb die Veröffentlichung eines Textes in einer von ihnen ebenfalls ein Argument für die hier vorge-

---

18 Vgl. Turda, Biology and Eugenics, S. 465.

19 Ebd., S. 467.

20 »Chamberlains Lehre versteht sich nicht mehr als naturwissenschaftlich-materialistische Geschichtstheorie, sondern stellt die Rassentypen apriorisch-intuitiv fest, unter bewusster Absetzung von der empirischen Anthropologie zugunsten einer irrationalen ›Schau‹ des Wesens der Rasse.« Sieferle, Rassismus, Rassenhygiene, Menschenzuchtideale, S. 442.

21 Vgl. Nate, Biologismus und Kulturkritik.

22 Vgl. Becker, Furcht vor Niedergang und Entartung, S. 372.

23 Vgl. Geulen, Wahlverwandte, S. 182.

nommene Betrachtung darstellt. Nicht zuletzt, da diese ohnehin den publizistischen Rahmen des Diskurses bilden, wie im Nachfolgenden zum Quellenkorpus erläutert wird.

Für die späteren Gewaltherrschaften ebenfalls sehr wirkungsmächtige Denker[24] wie Gobineau,[25] Paul de Lagarde[26] oder Chamberlain[27] wurden in den hier untersuchten Blättern ebenfalls gelegentlich abgedruckt. Da diese den evolutionsbiologischen Rassenbegriff jedoch im Grunde ablehnten und eher ideell-mystisch fixiert – und nicht wie der bereits zitierte Ploetz – interpretierten, werden sie im Gegensatz zu dem nach der »Entwicklungsethik« fragenden Weikart in der folgenden Analyse ausgeklammert.[28] Die Letztgenannten stechen neben ihrer bewusst populär-»wissenschaftlichen« Tätigkeit vor allem durch die Fixierung auf die wertende »Rassenanthropologie« hervor und wegen der zwangsläufigen weltgeschichtlichen Schlüsse, die sie daraus zogen.[29] Sie widmeten dieser zuweilen »rassenantisemitischen« Polemik sehr viel Aufmerksamkeit und mehr Aufmerksamkeit, als die in der vorliegenden Arbeit zitierten der Selektionstheorie angehörenden »Rassenhygieniker«.

Aus dieser Verquickung resultierende abenteuerliche Analogieschlüsse und »rassentheoretische« Debatten und damit zusammenhängend anthropologische Studien über Einflüsse »arischer Rasseelemente« als »Kulturbringer« für »minderwertige Rassen« oder die »rassischen« Typologisierungen einzelner historischer Gestalten oder ganzer Geschlechter und Völker nehmen in vielen zeitgenössischen Diskursen einen recht großen Raum ein und gerade der »rassenhygienische« hatte hier vielfältige Verbindungen. Deshalb gibt es auch hier Kontroversen um »belegbare« Zusammenhänge und mythisch-rassistische Überzeichnungen. Viele »Rassenhygieniker« versuchten sich von letzteren Theorien zu distanzieren, was vor allem in der Voreingenommenheit der eurozentrisch geprägten ideologischen Spekulationen begründet lag, die sich auf bis dahin wenig repräsentative und professionelle statistische Methoden bei Schädelmessungen, Rekrutenmusterungen und Ähnlichem stützte.

Der Begriff der anthropologisch zu unterscheidenden »Rassen« spielt jedoch in der Forschungsrichtung der »Rassenhygiene« im Sinne einer »Fortpflanzungshygiene« oder »Erbhygiene« als medizinische Disziplin mit zumeist klinischer

24 Sieferle zieht eine direkte Rezeptionslinie von Chamberlain zu Alfred Rosenberg und dem Nationalsozialismus. Vgl. Sieferle, Rassismus, Rassenhygiene, Menschenzuchtideale, S. 443.

25 Vgl. Nate, Biologismus und Kulturkritik, S. 24.

26 Vgl. ebd., S. 66.

27 Vgl. ebd., S. 190.

28 So auch Alfred Damm, Johannes Unold und Max Nordau.

29 Vgl. bspw. Houston Stewart Chamberlain, Die Grundlagen des neunzehnten Jahrhunderts, Band 1 und 2, München 1899. Wolfgang Benz bezeichnet diese Arbeit als »ein umfangreiches Konvolut rassistischer germanozentrischer Ideen«, das »von der Wissenschaft abgelehnt [wurde]«. Benz, Antisemitismus, S. 950.

Orientierung[30] tatsächlich eine untergeordnete Rolle,[31] sodass der Fokus der vorliegenden Arbeit, wie auch des Diskurses auf der Hygiene innerhalb einer »Rasse« liegt,[32] was einen entscheidenden Unterschied zum Großteil der oben genannten Forschungsliteratur markiert. Zumal die Einbeziehung dieser »rassenanthropologischen« Diskussionen den Rahmen der geplanten Arbeit übersteigen würde. Außerdem ist die »Rassenanthropologie« der eigentlichen Frage nach den Ursachen der gefürchteten »Entartung« und den Chancen auf die als Rettung deklarierte sogenannte Höherentwicklung – als subsumierte Diskursebene – nur insofern dienlich, als sie den »Menschenrassen« bestimmte Wertungen zuschreibt und die »Rassenhygiene« somit eine Fortpflanzung zwischen unterschiedlichen »Rassen« als »ungünstige Rassenmischung« zu verhindern sucht oder als »günstige« befürwortet.

Das soll aber auch nicht darüber hinwegtäuschen, dass für einen ebenso großen Teil der am »rassenhygienischen« Diskurs teilnehmenden Autoren inklusive Ploetz und Schallmayer die Überlegenheit der »weißen Rasse« feststand, ohne darauf weiter kritisch eingehen und sich in methodisch fragwürdigen Abhandlungen angreifbar machen lassen zu müssen.[33] Hierbei standen sie ganz in der Tradition vorhergehender Geistesgrößen wie Carl Gustav Carus und Alexander von Humboldt,[34] die aber schon aus chronologischen Gründen nicht der »Rassenhygienebewegung« zugeordnet werden können.

3. Subjekt im medialen Umfeld

Akteure: Zu den Vertretern sowohl der »Rassenhygiene« als auch der »Rassenanthropologie« gehört Ludwig Woltmann, der 1902 die PAR gründete. Woltmann wurde 1871 in Solingen geboren, studierte Medizin, Philosophie und Theologie und galt als eindrucksvollste Persönlichkeit in der Auseinandersetzung von »Darwinismus« und Sozialismus Ende des 19. Jahrhunderts.[35] Er versuchte, die

30 Vgl. Hoßfeld/Šimůnek, Eugenik und Rassenhygiene in Europa, S. 437.

31 Vgl. Hans-Walter Schmuhl, Rasse, Rassenforschung, Rassenpolitik. Annäherung an das Thema. In: ders. (Hg.), Rassenforschung an Kaiser-Wilhelm-Instituten vor und nach 1933, S. 7–37, hier 29.

32 Vgl. Kroll, Zur Entstehung und Institutionalisierung einer naturwissenschaftlichen und sozialpolitischen Bewegung, S. 226.

33 Vgl. z.B. Ploetz, Die Tüchtigkeit unserer Rasse, S. 5; Wilhelm Schallmayer, Vererbung und Auslese in ihrer soziologischen und politischen Bedeutung. Preisgekrönte Studie über Volksentartung und Volkseugenik, 2. durchwegs umgearbeitete und vermehrte Auflage, Jena 1910, S. 382.Vgl. Nate, Biologismus und Kulturkritik, S. 74.

34 Vgl. Becker, Wege ins Dritte Reich. Teil 2, S. 22.

35 Kappeler hält ihn für »eine Schlüsselfigur im rassenhygienischen und eugenischen Diskurs der Sozialdemokratie vor 1914«, allerdings in der Literatur für unterschätzt: »Vielleicht war es aber auch angenehm ihn übersehen zu können, weil sein rassenhygienisches Denken mit

geistige Spannung zwischen beiden Strömungen zum Ausgleich zu bringen, und befasste sich daher ausgiebig mit Jesus, Immanuel Kant, Darwin und Karl Marx. Bereits in jungen Jahren in die Sozialdemokratische Partei eingetreten, verteidigte er lange Zeit den Sozialismus gegen die Angriffe des bürgerlichen »Darwinismus«, bis er sich mehr und mehr von den offiziellen sozialdemokratischen Parteidogmen entfernte und ein Anhänger der Revisionisten um Eduard Bernstein wurde.[36]

Aus vornehmlich wirtschaftlichen Gründen ließ er sich 1898 in Barmen als Augenarzt nieder, um sich nebenbei seinen philosophischen Überlegungen zu widmen. Dort publizierte er »Die Darwinsche Theorie und der Sozialismus«, diverse Aufsätze in den »Sozialistischen Monatsheften« und wandte sich durch Kontakte zu Haeckel, Ammon und Wilser merklich den »Rassentheorien« zu.[37] Als strenger Moralist ordnete er den »Darwinismus« und den Sozialismus der Kant'schen Ethik unter, wobei ihm beim Marxismus zusätzlich die ökonomische Fixierung nicht ausreichte und die anthropologische Kategorie fehlte. Sein Denken wandelte sich immer mehr zum Biologischen, wobei das sozialethische Weltbild zurückgedrängt wurde. Dieser geistige Wandel ging dahin, dass der Niedergang der »germanischen Rasse« und damit der Menschheit bei ihm die sozialistische Utopie von Freiheit, Gleichheit und Glückseligkeit schließlich überlagerte.[38] Denn »die kulturelle Geschichte [ist] an einen Rassenkampf gebunden. [...] Die Rassen verdrängen, unterjochen oder vermischen einander«,[39] und für Woltmann waren die Vertreter der »nordeuropäischen Rasse« ebenfalls »die vollkommensten Repräsentanten des Menschengeschlechts und das höchste Produkt der organischen Entwicklung.«[40]

Nach dem für Woltmann als Enttäuschung empfundenen dritten Platz des bereits thematisierten Preisausschreibens gründete er 1902 die PAR, die nun im Kampf um die geistige Weltanschauung und die politische Macht Orientierung nach naturgeschichtlichen, theoretischen, historischen und praktischen Gesichtspunkten geben sollte.[41] Sie sollte die Wissenschaften und die Politik auf ihren biologischen Wert und ihren Einfluss auf die Erhaltungsbedingungen der »Rasse« überprüfen und letztlich die ewige Frage nach der besten Regierungsform im Hinblick auf den letzten Endes biologischen Konkurrenzkampf zwischen den

---

Schärfe und auf intellektuellem Niveau das ungemildert auf den Punkt brachte, was bei Bebel, Kautsky und anderen in blumigen Wendungen und biederen Floskeln umschrieben wurde.« Vgl. Kappeler, Der schreckliche Traum, S. 276.

36 Vgl. Becker, Wege ins Dritte Reich. Teil 2, S. 329.

37 Vgl. ebd., S. 331 f.

38 Vgl. ebd., S. 329.

39 Woltmann, zit. nach ebd., S. 342.

40 Ders., zit. nach ebd., S. 344 f.

41 Vgl. ders., zit. nach ebd., S. 332 f.

Völkern beleuchten.[42] Nach dem schnellen Wiederaufgeben seiner Arztpraxis finanzierte Woltmann mit den Einnahmen als Herausgeber dieser Fachzeitschrift und durch diverse Bücher seine Forschungsreisen in den Mittelmeerraum. 1907 verstarb er dann mit knappen 36 Jahren überraschend beim Baden in Italien und es ist ungewiss, ob es sich hierbei um einen Unfall oder Suizid handelte.[43] Nach wechselnder Herausgeberschaft übernahm 1910 Otto Schmidt-Gibichenfels die Redaktion der PAR und richtete diese sogleich mit modifizierten Untertitel neu aus: »Monatsschrift für praktische Politik, für politische Bildung und Erziehung auf biologischer Grundlage«. Mit dem näher rückenden Ersten Weltkrieg wurden daher auch die Themen sowohl der PAR als auch der weiteren zeitgenössischen »rassenhygienischen« Fachliteratur praktischer sowie politischer und sie befassten sich häufiger mit den direkten und indirekten evolutionären Vor- und Nachteilen des Krieges,[44] wie in Abschnitt III.2.1.2 näher erläutert wird.

Nach Schmuhl vollzieht sich die Entstehung der »rassenhygienischen« bzw. »eugenischen« Bewegung in drei Phasen: In der »Konzeptualisierung« kommt der Diskurs in Gang und die Grundzüge des »eugenischen« Paradigmas treten hervor. In der »Formatierung« geben sich dann die am Diskurs Beteiligten eine organisatorische und institutionelle Plattform, sodass in der »Konsolidierung« die »eugenischen« Begriffe und Anschauungen auf andere Disziplinen und Gesellschaftsbereiche ausstrahlen und in die politische Praxis eingehen.[45] Demnach befinden sich die Anfänge der PAR zwischen der ersten und der zweiten Phase, da hier der Diskurs angestoßen wird bzw. einige Anschauungen schon recht gefestigt sind, es allerdings über den intellektuellen Rahmen einer Fachzeitschrift nicht hinausgeht.

Diesen Schritt zur zweiten Phase der Formatierung übernahm dann Alfred Ploetz, der nach seiner erfolgreicheren Konkurrenz-Zeitschrift[46] ARG (1904) auch die »Gesellschaft für Rassenhygiene« (1905) gründete, die wohl als erste nennenswerte deutsche organisatorische und institutionelle Plattform auf diesem Gebiet angesehen werden kann.[47]

Alfred Ploetz wurde 1860 in Swinemünde geboren,[48] studierte Nationalökonomie in Breslau sowie Medizin in Zürich, wo er Mitglied des »Züricher Kreises« war. Hier verkehrte er bereits mit Forel, Gustav von Bunge, Bluhm und Ernst

42 Vgl. ebd., S. 356 f.
43 Vgl. ebd., S. 330.
44 Vgl. Geulen, Wahlverwandte, S. 193.
45 Vgl. Schmuhl, Rassenhygiene, Nationalsozialismus, Euthanasie, S. 361.
46 Vgl. Becker, Wege ins Dritte Reich. Teil 2, S. 366.
47 Vgl. Schmuhl, Rassenhygiene, Nationalsozialismus, Euthanasie, S. 361.
48 Vgl. Becker, Wege ins Dritte Reich [1], S. 58.

Rüdin, die wichtige Akteure der späteren »Rassenhygienebewegung« waren und konturierte seine »rassenhygienischen« Ideen,[49] die 1895 als »Die Tüchtigkeit unserer Rasse und der Schutz der Schwachen« erschien und aus seinen Bedürfnissen als Arzt entsprungen sei:

»Aus zwiespältigen Gedanken und Empfindungen, wie sie sich wohl auch jedem anderen Aeskulapjünger und hilfsbereiten Menschen aufgedrängt haben, der einerseits die Schwächen und Krankheiten nicht nur in ihrer direkten nosologischen Verursachung, sondern auch in ihren Abhängigkeiten von angeborenen Anlagen und von sozialen und wirtschaftlichen Zuständen verstehen gelernt hat, und der andererseits mit Sorge auf die Gefahren blickt, mit denen der wachsende Schutz der Schwachen die Tüchtigkeit unserer Rasse bedroht.«[50]

Die darin enthaltene Begriffsprägung der »Rassenhygiene« und die konzeptionelle Vorarbeit des Buches sowie die Gründung des ARG[51] und der »Gesellschaft für Rassenhygiene«[52] brachte Ploetz später den Ruf des Begründers der deutschen »Rassenhygiene«[53] und deshalb auch eine hervorgehobene Stellung in der einschlägigen Forschungsliteratur ein. Sein langjähriger Freund und Anhänger Rüdin charakterisiert ihn folgendermaßen:

»Wissenschaft und Kunst, Politik und Wirtschaft, Krieg und Frieden, den Alltag und die selteneren Geschehnisse, Nahes und Entferntes, Persönliches und Unpersönliches, alles sah er in erster Linie und stets unter diesem Gesichtswinkel. Er hat nicht nur mit Freunden, sondern auch mit Fernstehenden kaum sich unterhalten, ohne dass er in irgendeiner Weise den Rassenhygieniker verriet. Alles brachte er mit Rassenhygiene in wohldurchdachte Beziehung, und ihr opferte er persönliche Kraft, Erholung, Zeit und Geld.«[54]

Ploetz' persönliche Ausrichtung entspricht also symptomatisch der von seinen Mitstreitern empfundenen Allgegenwärtigkeit des »rassenhygienischen« Gedankens im Leben der Menschen. Ebenso wie Woltmann beschäftigte er sich intensiv mit der Erforschung und der Reflexion der mittel- und unmittelbaren biologischen Einflüsse der Gesellschafts- und Sozialsysteme. Dabei diskutierte er ebenfalls sozialistische Ansätze für seine Reformidee,[55] untersuchte jahrelang den Einfluss von Alkohol auf die »Erbgesundheit« und – vor allem nach dem Ersten Weltkrieg – die »rassenhygienische« Bedeutung des Krieges.[56] Der von Ploetz bereits früher vorgetragene Pazifismus bleibt ihm dabei zwar erhalten,

49 Vgl. ebd., S. 60.
50 Ploetz, Die Tüchtigkeit unserer Rasse, S. V.
51 Vgl. Becker, Wege ins Dritte Reich [1], S. 103.
52 Vgl. ebd., S. 107.
53 Vgl. Weingart/Kroll/Bayertz, Rasse, Blut und Gene, S. 41.
54 Becker, Wege ins Dritte Reich [1], S. 65.
55 Vgl. ebd., S. 78.
56 Vgl. ebd., S. 117.

jedoch wandelte sich dieser in den 1930er-Jahren in einen – in Terminologie und Argumentation – für die Nationalsozialisten zweckmäßigen.[57] Das hatte zur Folge, dass sein Lebenswerk auch von den neuen Machthabern anerkannt und geehrt wurde[58] bis er kurz nach Ausbruch des Zweiten Weltkrieges im Alter von 80 Jahren starb. Becker und Kappeler beschreiben Ploetz' Verhältnis zum Nationalsozialismus daher als uneindeutig und ambivalent.[59]

Wie bereits betont, spielt – mit Ausnahme von Woltmann und Ploetz – das Subjekt an sich oder dessen soziobiografische Verortung, die ihm möglicherweise Deutungsmacht verschafft und nach der Foucault in seiner zweiten Formationsregel fragt, in der vorliegenden Analyse eine untergeordnete Rolle. So wird sich ausschließlich auf die Aussagen und Positionierung der beteiligten Akteure im Diskurs konzentriert.

Quellenkorpus: Ploetz' ARG widmete sich ebenso wie Woltmanns PAR der Frage nach den »optimalen Erhaltungs- und Entwicklungsbedingungen der Rasse«. Neben den üblichen »rassenhygienischen« und bevölkerungswissenschaftlichen Publikationen wurden auch zahlreiche Artikel zu methodologischen Überlegungen zur Humangenetik abgedruckt, die laut dem Humangenetiker Peter Emil Becker auch noch 1988 Gültigkeit hatten.[60] Ebenso wie die PAR[61] verwehrte sich das ARG explizit eines »wissenschaftlichen« oder politischen Korsetts[62] und auch antisemitische Positionen »nordischer Rassenphantasten« wurden erst in den 1920er-Jahren und spätestens durch die nationalsozialistische Infiltrierung in den 1930er-Jahren vertreten.[63] Außerdem grenzte sich Ploetz bereits im Vorwort zum ersten Band klar von den falschen »Analogie-Spielereien und kritiklose[n] Übertragung[en] eigenartiger und verwickelter anatomischer und physiologischer Verhältnisse und Vorgänge bestimmter Arten von Lebewesen auf die menschliche Gesellschaft«[64] bisheriger »unwissenschaftlicher« Beiträge in Fachzeitschriften ab.[65] Von extremen »rassenhygienischen« Utopien vor allem im »rassenanthropologischen« Sinne hat sich das ARG im Gegensatz zur PAR stets klar distanziert oder sogar eine Veröffentlichung derartiger Texte abgelehnt.[66] Jedoch waren diese Theorien auch in der PAR nie unumstritten.[67]

57 Vgl. ebd., S. 119.
58 Vgl. ebd.
59 Vgl. ebd., S. 121; Kappeler, Der schreckliche Traum, S. 149.
60 Vgl. Becker, Wege ins Dritte Reich [1], S. 105.
61 Vgl. Geulen, Wahlverwandte, S. 182.
62 Vgl. Alfred Ploetz, Vorwort (Unsere Ankündigung). In: ARG 1 (1904) 1, S. III–VI, hier VI.
63 Vgl. Becker, Wege ins Dritte Reich [1], S. 105.
64 Ploetz, Vorwort, S. V.
65 Vgl. ebd., S. III.
66 Vgl. Becker, Wege ins Dritte Reich [1], S. 105.
67 Vgl. Hufenreuter, Wege aus den »Inneren Krisen«, S. 287.

Mit der PAR[68] und dem ARG[69] dienen nun zwei einschlägige zeitgenössische »rassenhygienische« Fachzeitschriften der vorgenommenen historischen Diskursanalyse als Basis bzw. Eckpfeiler, da sie durch ihre Aktualität und Periodizität der einschlägigen monografischen Literatur überlegen waren[70] und den Diskurs mit fast allen seinen Akteuren im gewählten Zeitrahmen widerspiegeln. Laut Grunewald/Puschner fangen Zeitschriften »die Krisen- und Umbuchsstimmung nicht nur ein. Als Leitmedium des ausgehenden 19. und beginnenden 20. Jahrhunderts sind sie vielmehr maßgebliche gesellschaftliche Instanzen bei der Diagnose der Ursachen für Krise und Umbruch sowie bei der Formulierung von Krisenbewältigungs- und Zukunftskonzepten für deren Überwindung.«[71]

Die theoretischen, historischen und praktischen Ansprüche der PAR[72] standen unverhohlen unter dem Vorzeichen der Biologisierung. Sie war damit ein ziemliches Wagnis, da Woltmann noch über keine nennenswerte Anhängerschaft verfügte, jedoch wurde sie für die Etablierung der biologischen Anthropologie Anfang des 20. Jahrhunderts von herausragender Bedeutung,[73] weshalb sie sich gegen Ende des ersten Jahres mit über 2000 Abonnenten auch erfolgreich nennen konnte.[74] Zwei Jahre später folgte dann die Gründung des ARG und beide Organe pendelten sich bei einer Abonnentenzahl von durchschnittlich je 1200 in der Zeit vor dem Ersten Weltkrieg ein.[75]

Die zwei Zeitschriften erschienen in der Regel monatlich und liegen glücklicherweise in gebundenen Jahrgangsbänden vor, sodass problemlos eine lückenlose Sichtung der insgesamt 983 Aufsätze[76] von 371 verschiedenen Autoren durchgeführt werden konnte. Auf die PAR fallen davon 690 Texte von 250 Verfassern, während im ARG 147 verschiedene Autoren 293 Aufsätze veröffentlichten.

---

68 »Sie ist ein weites Anzeichen dafür, wie sich allmählich eine neue Weltanschauung zur Geltung durchringt, die den Liberalismus rein theoretischer Konstruktion, der die immer weiter verdünnte und verflachte Erbschaft der Aufklärungsepoche übernommen hat, abzulösen berufen ist.« O. V. [wahrscheinlich aber Schriftleiter Paul Samassa] über die PAR in: Paul Samassa (Schriftleiter), Alldeutsche Blätter – Mitteilungen des alldeutschen Verbandes, 17 (1902), S. 151.

69 Für Manfred Kappeler stellt das ARG das zentrale Forum des eugenischen Diskurses dar. Vgl. Kappeler, Der schreckliche Traum, S. 141 f. Neugebauer bezeichnet das Archiv als wichtigstes internationales Publikumsorgan. Vgl. Wolfgang Neugebauer, Die Wiener Gesellschaft für Rassenpflege und die Universität Wien. In: Gabriel/Neugebauer (Hg.), Vorreiter der Vernichtung? S. 53–64, hier 53.

70 Vgl. Rauschenfels, Eugenik, S. 5.

71 Grunewald/Puschner, Vorbemerkungen, S. 5.

72 Vgl. Ludwig Woltmann/Hans K.E. Buhmann, Naturwissenschaft und Politik. In: PAR, 2 (1902/03) 1, S. 1 f., hier 1.

73 Vgl. Hufenreuter, Wege aus den »inneren Krisen«, S. 282.

74 Vgl. Becker, Wege ins Dritte Reich. Teil 2, S. 357.

75 Vgl. Mühlen, Patrik von zur, Rassenideologien, S. 230.

76 Umfangreichere Aufsätze, die in Abschnitte aufgeteilt und in mehreren Monatsausgaben eines Jahrgangs abgedruckt wurden, wurden als ein Artikel gezählt.

Diese quantitativen Unterschiede rühren zunächst von den zwei Jahren, welche die PAR eher gegründet wurde. Außerdem wurde hier schlicht mehr abgedruckt. Bezeichnend für eine differente Ausrichtung der Fachzeitschriften ist, dass lediglich 26 Autoren in beiden Organen publizierten. Dies zeigt sich ebenfalls bei einer Gegenüberstellung der am häufigsten abgedruckten Autoren: Mit Woltmann, Wilser und Hans Fehlinger geben eher »germanophile Rassenanthropologen« den Ton in der PAR an, während mit Walter Claassen, Anastasius Nordenholz, Wilmhelm Weinberg und Ludwig Plate eher »Rassenhygieniker« im ARG schreiben, die sich vor allem mit den biologischen Zusammenhängen von »Erbgesundheit« und Gesellschaft befassen.

Beide Organe werden darüber hinaus durch zahlreiche aktuelle Tagungsberichte, Buchrezensionen und Mitteilungen ergänzt, die hier ebenfalls berücksichtigt worden sind. Außerdem fanden diskursrelevante Aufsätze aus thematischen Nachbarfachzeitschriften bei der Analyse Beachtung.

Neben diesen Zeitschriftenaufsätzen stellt die zwischen 1891 und 1914 erschienene »rassenhygienische« monografische Fachliteratur die zweite Hälfte des umfangreichen Quellenkorpus dar, was zusammengenommen mit publizierten Flugschriften und Vorträgen als auch Beiträgen in Sammelbänden und Handbüchern insgesamt nochmals 268 Veröffentlichungen von 44 verschiedenen Autoren entspricht. Wie bereits angedeutet, wurden auch davon nur jene Schriften und Autoren zitiert, die sich in den oben abgegrenzten »rassenhygienischen« Diskurs eingliedern lassen, das heißt der Darwin'schen Selektionstheorie folgen und sich nach der Frage der »Entartung und Höherzüchtung« in die unten näher zu erläuterten relevanten Diskursebenen einordnen. Derart bereinigt findet deshalb eine Auswahl von etwa 200 Autoren im folgenden Text Berücksichtigung.

Die verhältnismäßig kleine Zahl an in Monografien publizierenden Autoren zeigt deutlich, welchen Stellenwert die Zeitschriften als Publikationsorgan in diesem Diskurs hatten. Beispielsweise erscheinen Schmidt-Gibichenfels, Nordenholz oder Christian von Ehrenfels – in den Zeitschriften recht namhafte und aktive Diskutanten – kaum in der Liste der »rassenhygienischen« Monografien zwischen 1891 und 1914. Diesem und dem Umstand, dass sie immer wieder diese monografische Literatur zitieren, diskutieren und rezensieren, ist die herausragende Rolle des ARG und der PAR als Quer- und Längsschnitt durch den deutschen »rassenhygienischen« Diskurs geschuldet, was die oben genannte Auswahl jener als Eckpfeiler der Analyse rechtfertigt.

Die Wichtigkeit dieser Organe im Diskurs lässt vermuten, dass die am häufigsten in ihnen publizierenden Autoren – die meist auch die Stellung des Schriftleiters innehatten – jene Akteure des Diskurses mit der Meinungs- und Deutungshoheit darstellen. Nicht zuletzt deshalb, weil sie als verantwortliche

Herausgeber regulieren konnten, welche Artikel abgedruckt wurden und welche nicht.[77] Aus diesem Grund wurde jenen Autoren in der bisherigen Forschungsliteratur auch eine besondere Beachtung zuteil: Woltmann, der zusätzlich unter Pseudonymen publizierte,[78] Wilser, Ploetz, Schallmayer und andere sind im berücksichtigten Zeitraum zweifelsohne die herausragenden Theoretiker der »Rassenhygiene« und werden hier auch häufig zitiert, jedoch war keiner von ihnen bzw. keine ihrer Theorien unumstritten. Jeder musste sich mit seinen Äußerungen der Kritik aller Autoren des Diskurses stellen. Außerdem waren sowohl das ARG als auch die PAR darum bemüht, politisch unabhängig und objektiv zu sein, was die Auswahl ihrer Autoren und Themen angeht.[79] Das zeigt sich an dem bereits erwähnten Umfang der Autoren aus allen politischen und religiösen Lagern sowie unterschiedlichsten Fachbereichen und dem sehr breiten Meinungsspektrum, das im Folgenden analysiert werden soll und häufig in heftigen und direkten Diskussionen zu bestimmten Themen innerhalb einer oder mehrerer Monatsschriften gipfelte. Außerdem dienen mit den ausgewählten Zeitschriften zwei konkurrierende Publikationsorgane als Quellengrundlage, sodass auch nicht genehmigte Texte der einen Zeitschrift in der anderen erscheinen konnten. Zudem bot das Veröffentlichen einer Monografie die Möglichkeit, kritisch am Diskurs teilzunehmen, denn eine Reaktion darauf konnte prompt in den Buchrezensionen oder sogar mit einer direkten Stellungnahme in den Fachzeitschriften erfolgen.[80]

Dieses Prinzip untermauert den Anspruch der Akteure und vor allem der führenden Köpfe der Bewegung, ihrer neuen Disziplin durch die Gründung interdisziplinärer und streitbarer Fachzeitschriften, angereichert mit kontroversen Leitartikeln, Rezensionen, Fachdebatten, Tagungsberichten usw., eine Streitkultur und damit den Anschein einer »wissenschaftliche« Legitimationsgrundlage zu schaffen, die ihnen Deutungsmacht einbringt.[81]

---

77 Laut Maria Wolf greifen die Herausgeber »auswählend, ordnend und steuernd in den wissenschaftlichen Diskurs ein und bestimmen die Richtung wissenschaftlicher Produktion mit.« Wolf, Eugenische Vernunft, S. 20.

78 Vgl. Hufenreuter, Wege aus den »Inneren Krisen«, S. 290.

79 Vgl. ebd., S. 288; Geulen, Wahlverwandte, S. 190.

80 Siehe zum Beispiel den Disput zwischen Hentschel und Ploetz in der Frage zur künstlichen Zuchtwahl, der im Abschnitt III.3.2.2 angerissen wird.

81 Vgl. Rottleuthner, Zum Wissenschaftscharakter der Eugenik, S. 47; Kühl, Die soziale Konstruktion von Wissenschaftlichkeit und Unwissenschaftlichkeit, S. 114.

4. Untersuchungsraster

Diskursstränge und -ebenen: In der nachfolgenden Analyse werden demnach die Ursachen der wahrgenommenen »Entartung« und ihre »Bekämpfung« bzw. die vermeintlichen Chancen einer »Höherentwicklung« in der Literatur des so abgegrenzten deutschen zeitgenössischen »rassenhygienischen« Diskurses diskutiert. Dazu werden sämtliche nach den oben definierten Parametern als »rassenhygienisch« argumentierend zu bezeichnenden Autoren dieser Zeit – die sich zu den unten definierten Themen äußerten – wie in einem Koordinatensystem zwischen Diskursebenen und Radikalitätskategorien eingeordnet. Deren Theorien, Gedanken und Vorschläge werden außerdem gebündelt und dabei kommt es häufig vor, dass ein Autor mehreren Kategorien in den verschiedenen Diskursebenen angehören kann. Die unterschiedliche Häufigkeit der Wortmeldungen der Autoren, die in den Zeitschriften und in ihren Monografien agieren, stellt dabei kein Problem der Quantifizierung, sondern eine Ergänzung ihrer Vorstellungen bezüglich der Problematik dar, sodass die Aussagen umfassender gesammelt, die Kontroversen besser nachgezeichnet und die Autoren im konstruierten Raster und im abgesteckten Untersuchungsfeld besser eingeordnet werden können.

Dazu muss zunächst die Frage beantwortet werden, welche Ursachen die einzelnen »Rassenhygieniker« für die scheinbare »Entartung« der Menschen konstatiert haben. Die Bekämpfung dieser Ursachen deckt sich in der Mehrzahl der Fälle mit den erhofften Chancen der Höherentwicklung, denn die »Diagnose des Niedergangs galt als Basis einer Therapie.«[82] Es kristallisierten sich drei Haupttypen dieser Ursachen bzw. Chancen heraus, welche die drei großen zu untersuchenden Diskursstränge bilden: die »Kontraselektivität«, das Milieu und die »Blutmischung«.

Darwins »natürliche Zuchtwahl« durch das »Selektionsprinzip« und die Mendel'schen Gesetze dürfen als primäre naturwissenschaftliche Grundlage der zeitgenössischen »Rassenhygiene« gelten.[83] Demnach würden in einem speziellen Milieu vorteilhafte bzw. unvorteilhafte körperliche und geistige Eigenschaften über den »Kampf ums Dasein« bestimmen. Individuen mit vorteilhaften Eigenschaften wären denjenigen mit unvorteilhaften überlegen und hätten daher erhöhte Chancen auf das eigene Überleben und die Fortpflanzung. Da sich demnach überwiegend die Lebewesen mit den vorteilhaften Eigenschaften fortpflanzen können, wurde angenommen, dass sie ihre günstigen Merkmale an ihre Nachkommen weitergeben, sodass diese wiederum an die sie umgebende Umwelt besser angepasst seien und höhere Chancen hätten, sich ihrerseits fortzupflanzen.

82 Schmuhl, Rassenhygiene, Nationalsozialismus, Euthanasie, S. 68. Vgl. Weingart/Kroll/Bayertz, Rasse, Blut und Gene, S. 148.

83 Vgl. Becker, Wege ins Dritte Reich [1], S. 9.

Da sich immer nur Individuen einer Spezies untereinander fortpflanzen könnten, habe dieses Prinzip zur Folge, dass sich bestimmte, durch zufällige Variationen entstandene, vorteilhafte Eigenschaften über Generationen erhielten, während ebenso zufällig entstandene, aber unvorteilhafte »aussterben« würden.[84] Das könne zu einer fortschreitenden »Vervollkommnung« und »Höherentwicklung« der Individuen durch eine immer bessere Anpassung der Lebewesen an das Milieu führen.[85] Die Kritik der »Rassenhygiene« setzte bei diesem »Selektionsprinzip« an, das durch »kontraselektorische Einflüsse« der Kultur untergraben und unwirksam werden würde,[86] sodass sich auch unvorteilhafte Eigenschaften vermehrt fortpflanzten. Dies würde den Durchschnitt der »Qualität« der menschlichen Anlagen und die Chance auf die Entstehung günstiger Mutationen sinken lassen. Eine »Degeneration« wäre die Folge. Diese »Kontraselektion« als eine Schlüsselkategorie »rassenhygienischer« Theoriebildung[87] lässt sich wiederum in zwei Hauptdiskursebenen aufteilen, die im Abschnitt III.1 behandelt werden: »Falsche Humanität« und Geburtenrückgang.

Das Milieu habe laut »rassenhygienischer« Argumentation auf die »generative Entwicklung« der Menschheit ebenfalls einen gewissen Einfluss, da es durch seine Lebensbedingungen von außen die »Auslese« der Individuen bestimmen würde. Allerdings seien diese Lebensbedingungen in der industrialisierten und urbanisierten Kulturwelt keineswegs natürlich, sodass von einer »natürlichen Auslese« nicht mehr die Rede sein könne, und »Keimgifte« oder »Rassegifte«[88] auch Menschen mit an sich vorteilhaften Eigenschaften dergestalt schädigen würden, dass diese sterben oder sich zumindest nicht fortpflanzen könnten. Zu diesen durch das Milieu verursachten »Schädigungen« zählen die modernen Lebensbedingungen und die »Keimgifte« – der Umgang mit diesen Einflüssen wird im Punkt III.2 untersucht.

Der dritte Ansatzpunkt, die von vielen »Rassenhygienikern« befürchtete »Entartung« aufzuhalten und die Besserung versprechende »Höherentwicklung« des Menschen voranzutreiben, betrifft die Fortpflanzung selbst. Das beinhaltet neben Spekulationen über die Vereinigung »günstiger« oder »ungünstiger Erbanlagen« in einer Ehe von »rassisch« gleichen Menschen auch den Aspekt der Fortpflanzung zwischen verschiedenen »Rassen«. Abschnitt III.3 behandelt also die »Blutmischung« in den Diskursebenen »negative Eugenik« und »positive Eugenik«, wobei sich aus den genannten Gründen die Berücksichtigung »rassenanthropologischer« Argumentationen auf eine für den Analysegegenstand zweckmäßige beschränken wird.

---

84 Vgl. Darwin, Die Entstehung der Arten, S. 120f.
85 Vgl. Herlitzius, Frauenbefreiung und Rassenideologie, S. 42.
86 Vgl. Reyer, Alte Eugenik und Wohlfahrtspflege, S. 20.
87 Vgl. Herlitzius, Frauenbefreiung und Rassenideologie, S. 57.
88 Vgl. Weindling, Health, S. 170.

Radikalitäts-Kategorien: Die thematisch und zeitlich umgrenzte Literaturauswahl soll nun in der vorliegenden Arbeit dahingehend analysiert werden, ob die frühen »rassenhygienischen« Diskurspositionen im Detail bereits mit bestehenden religiösen, politischen und gesellschaftlichen Moralvorstellungen brachen, und wenn ja, in welcher Form und Intensität. Dazu wurde eine dreigeteilte Radikalitätskategorisierung vorgenommen,[89] die – weniger als starres Gerüst, denn als Orientierungshilfe verstanden – sich nach der Entschiedenheit und Radikalität der Autorenaussagen abstuft:[90]

Die erste Theorie-Kategorie lautet »Sozialpolitik vor ›Rassenhygiene‹«. Sie betrifft jene Autoren, die sich von den »rassenhygienischen« Ideen und Werten am weitesten entfernen. Begründet ist diese Haltung durch die Ansicht, dass Darwins bahnbrechende Theorie zwar richtungsweisend, aber auf dem Gebiet der Vererbung noch nicht annähernd der wissenschaftliche Stand erreicht sei, um daraus resultierende gesetzgeberische Maßnahmen zu rechtfertigen, die zum Beispiel die Fortpflanzung als intimste Form des Selbstbestimmungsrechtes des Menschen steuern. Deshalb seien sozialpolitisch gesteuerte hygienische Maßnahmen wie Mutterschutz, Kinderarbeitsverbot, Kampf gegen Alkoholismus und Geschlechtskrankheiten, Arbeitszeitverkürzung und Arbeitsschutzverbesserung usw.[91] den zu besprechenden »rassenhygienischen« Maßnahmen prinzipiell vorzuziehen. Die zweite Kategorie, »›Rassenhygiene‹ in bestehenden Wertesystemen«, ist durch die Bestrebung der Ausschöpfung »rassenhygienischer« Möglichkeiten in den bestehenden moralischen, sozialen und kulturellen Verhältnissen gekennzeichnet, während die dritte und radikalste Theorie-Kategorie, »Totale Biologisierung«, demnach die bestehenden Verhältnisse nicht berücksichtigt, sondern auf völlige Biologisierung und auf einen dafür notwendigen entsprechenden Wertewandel abzielt. Hier wurden bereits zur Jahrhundertwende Vorschläge, ja Notwendigkeiten und Zwangläufigkeiten formuliert, die im Grundgedanken den modernen totalitären Weltanschauungen der ersten Hälfte des 20. Jahrhunderts vorweggreifen.

89 Der Diskurs baut sich selbst auf, sodass sich Akzentuierungen, Kategorisierungen und Positionierungen teilweise erst im Forschungsprozess herausbilden. Vgl. Christine Hanke/Andrea Seier, Zweifelhafte Einheiten und verstreute Ereignisse: Zum diskursanalytischen Verfahren. In: Bublitz/Hanke/Seier (Hg.), Der Gesellschaftskörper, S. 97–111, hier 105 f.

90 Bezogen auf die Anwendung fortschrittsoptimistischer biologistischer »rassenhygienischer« Prinzipien auf die menschlichen Gesellschaften kategorisieren Kerbs/Reulecke das Spektrum der Zukunftsentwürfe in allen modernen Gesellschaften ähnlich: 1. Konservative, gelegentlich restaurative oder reaktionäre Strömungen zielen auf die Absicherung des Status Quo oder gar die Rückkehr zu Altbewährtem. 2. Die sehr heterogene Mitte der Reformer bevorzugt eine eher evolutionäre Veränderung der bestehenden Verhältnisse und propagiert den »Dritten Weg«. 3. Die revolutionäre Stoßrichtung möchte dagegen die geistige, rechtliche und institutionelle Basis der bestehenden Verhältnisse aufheben und so einen grundlegenden Neuanfang schaffen. Vgl. Kerbs/Reulecke, Einleitung, S. 15 f.

91 Vgl. Mocek, Biologie und soziale Befreiung, S. 245.

Ebenso wie die Radikalitätskategorisierung der Theorien und Autoren kristallisierten sich bei der Lektüre die Diskursstränge und -ebenen[92] heraus, die als konsequent angewendetes Untersuchungsraster benutzt, die Erfassung der umfangreichen Literatur ermöglichte. Dieses Analyseraster ist zugegebenermaßen konstruiert bzw. es konstruierte sich im Laufe der Lektüre induktiv, was aber bewusst zugelassen wurde, da »eine solche Fokussierung [...] nicht zu umgehen [ist], schließlich ist es weder möglich, sämtliche Zeugnisse eines solchen Bereiches erschöpfend auszuwerten, noch sind die Grenzen des Diskurses anders als durch eine solche Blende zu ziehen.«[93] Sowohl die Eingrenzung des Untersuchungsgebiets als auch die genaue Bestimmung des Analysegegenstands und die Beantwortung der Forschungsfragen macht es also unumgänglich, der Thematik durch die Einfassung in einen Diskurs »Gewalt anzutun«.[94] Jedoch kann die Fülle der Literatur nur unter dieser Blende zielführend systematisiert und umfassend analysiert werden.[95] Für die vorliegende Arbeit galt es nämlich zunächst »sich nicht vorschnell für eine Richtung der Lektüre zu entscheiden, sondern Polyvalenzen und Mehrdeutigkeiten herauszufiltern, die eine Einordnung in Diskurspositionen und Machteffekte offen bzw. in der Schwebe halten«,[96] sodass sich die Anwendung einer historischen Diskursanalyse anbietet. Nachfolgend wird das gewählte methodische Vorgehen mittels dieses Untersuchungsrasters anhand eines einschlägigen Textbeispiels erläutern.

92 Vgl. Siegfried Jäger/Jens Zimmermann (Hg.), Lexikon Kritische Diskursanalyse, Eine Werkzeugkiste, Münster 2010, S. 16 f.; Landwehr, Geschichte des Sagbaren, S. 106–108; Hannelore Bublitz, Zur Konstitution von »Kultur« und Geschlecht um 1900. In: dies./Hanke/Seier (Hg.), Der Gesellschaftskörper, S. 19–96, hier 32 f.

93 Dominik Schrage, Was ist ein Diskurs? Zu Michel Foucaults Versprechen, »mehr« ans Licht zu bringen. In: Hannelore Bublitz/Andrea D. Bührmann/Christine Hanke/Andrea Seier (Hg.), Das Wuchern der Diskurse. Perspektiven der Diskursanalyse Foucaults, Frankfurt a. M. 1999, S. 63–74, hier 68.

94 Michel Foucault, Die Ordnung des Diskurses. Inauguralvorlesung an dem Collège de France – 2. Dezember 1970, München 1970, S. 37.

95 »Die ersten Jahre des ›Archivs‹ sind von einer enormen thematischen Vielfalt der Veröffentlichungen geprägt, die eine zusammenfassende, richtungsbestimmende Beurteilung unmöglich erscheinen lässt.« Bernd Heuer, Eugenik/Rassenhygiene in USA und Deutschland – ein Vergleich des »Journal of Heredity« und des »Archiv für Rassen- und Gesellschaftsbiologie« zwischen 1910 bzw. 1904 und 1939 bzw. 1933, Remscheid 1989, S. 35.

96 Hanke, Zweifelhafte Einheiten, S. 108.

5. Beispieltext: »Der ideale Rassenprozess«

Als Beispiel für eine sehr radikale Stellungnahme soll ein Text vom erwähnten Ploetz dienen, den er in seiner Schrift »Die Tüchtigkeit unsrer Rasse und der Schutz der Schwachen« von 1895 als den »idealen Rassenprozess« bezeichnete.[97] Dieses fünfseitige Kapitel befindet sich in seinem vollen Umfang im Anhang (Kapitel VI) der vorliegenden Arbeit und wird im Folgenden eingehender analysiert. Der eigentlichen umfangreichen Diskursanalyse vorgeschaltet, dient die Bearbeitung des Textes gleich zweierlei Zwecken:

Erstens soll auf das Problem der Lesart von frühen »rassenhygienischen« Texten sowohl von den Zeitgenossen und späteren nationalsozialistischen Rezipienten als auch von der heutigen Forschungsliteratur hingewiesen werden. Als bezeichnendes Beispiel dient im angesprochenen Text Ploetz' Äußerungen zum Umgang mit »minderwertigem« Nachwuchs: »Stellt es sich trotzdem heraus, dass das Neugeborene ein schwächliches oder missgestaltetes Kind ist, so wird ihm von dem Ärzte-Collegium, das über den Bürgerbrief der Gesellschaft entscheidet, ein sanfter Tod bereitet, sagen wir durch eine kleine Dose Morphium.«[98]

Diese wirkungsmächtige Aussage wurde häufig als schlagkräftiger Beweis für die radikalen Forderungen von einflussreichen »Rassenhygienikern« wie Ploetz als »geistige Väter der Vernichtung lebensunwerten Lebens« hinzugezogen und meist für sich selbst sprechend und unkommentiert stehen gelassen.[99] Für Forscherinnen wie Siegrid Stöckel machen derartige Zitate sogar »deutlich, wie weit sie [die »Rassenhygieniker«] im Interesse einer ›starken Rasse‹ zu gehen gewillt waren«[100] und auch Philipp Blom zitiert in seinem vielfach aufgelegtem Werk die angesprochenen Textpassagen als konkrete Forderung Ploetz'.[101] Jedoch wurde Ploetz nicht müde zu betonen, dass es sich bei dem Kapitel »Der ideale Rassenprozess« im Gegensatz zum dem dann nachfolgenden Kapitel »Der heutige Rassenprozess« um eine bewusst überspitze »Utopie« handelt:

> »Es handelt sich also um die Grundlinien einer Art rassenhygienischer Utopie, über deren komisches und grausames Äußere der Leser nicht zu erschrecken braucht, es ist ja eben nur eine Utopie von einem einseitigen, durchaus nicht allein berechtigten Standpunkt aus, welcher nur den Konflikt der bis in ihre Konsequenzen verfolgter Anschauungen gewisser darwinistischer Kreise mit unseren Kulturidealen deutlich hervortreten lassen soll.«[102]

---

97 Vgl. Ploetz, Die Tüchtigkeit unserer Rasse S. 143–147.

98 Ebd., S. 144.

99 Vgl. z. B. Susanne Zimmermann (Hg.), Überweisung in den Tod. Nationalsozialistische »Kindereuthanasie« in Thüringen, 5. Auflage, Erfurt 2016, S. 36; Heinrich Zankl, Von der Vererbungslehre zur Rassenhygiene. In: Henke (Hg.), Tödliche Medizin im Nationalsozialismus, S. 47–63, hier 54.

100 Siegrid Stöckel, Säuglingsfürsorge zwischen sozialer Hygiene und Eugenik, Berlin 1996, S. 380.

101 Vgl. Philipp Blom, Der taumelnde Kontinent. Europa 1900–1914, 8. Auflage, München 2018, S. 399 und 403.

102 Ploetz, Die Tüchtigkeit unserer Rasse, S. 143 f.

Und zum Beginn des nachfolgenden Kapitels wiederholte er: »Gegenüber diesem utopischen Bilde [...] wollen wir nun in kurzen Grundlinien das Bild skizzieren, das unsere heutige Gesellschaft darbietet.«[103]

Ploetz zog sich mit diesem radikalen Programm auf eine explizit deklarierte utopische Konstruktion zurück und lehnte sich mit den darin geäußerten Paradigmen ziemlich eng an Platons »Der Staat« an. Bereits hier sollten die »Kinder der Schwächeren oder irgendwie missgestaltete [...] an einem geheimen und unbekannten Ort«[104] verborgen oder ein anderweitig »unerwünschter« Nachkomme »so behandelt werden, als ob für ein solches Kind keine Pflege vorhanden wäre.«[105] Auch in anderen weiter unten besprochenen Maßnahmen galt Platons Entwurf als offensichtliches Vorbild für den »idealen Rassenprozess«. Ploetz transportierte nun mit seinem Text und den darin enthaltenen medizinischen, technischen und statistischen Handlungsanleitungen diese bereits in der Antike geformte Denktradition an die Grenze des 20. Jahrhunderts, um den »Konflikt der bis in ihre Konsequenzen verfolgter Anschauungen gewisser darwinistischer Kreise mit unseren Kulturidealen«[106] aufzuzeigen. Er sprach damit vermutlich die ersten »sozialdarwinistischen« Rezipienten der Darwin'schen Evolutions- und Selektionstheorie wie zum Beispiel Herbert Spencer, Haeckel und Galton sowie alle ihnen folgenden Theoretiker an, welche die »natürliche Auslese« direkt auf die menschliche Entwicklung und Gesellschaft übertrugen.

So gelesen schrieb Ploetz ganz im Sinne des unter I.4 definierten »klassischen« Utopiebegriffes, nach dem er mit seinem Gedankenspiel Anstoß zur Reflexion gab und den sensiblen Blick für zeitgenössische gesellschaftliche Probleme und – in diesem Fall »rassenhygienische« – Möglichkeiten schärfte. Mit seinem radikalen Text griff Ploetz die bereits vorhandenen Argumentationen dieser »gewissen darwinistischen Kreise« auf und pointierte sie in seinem Gedankenspiel. Darin eröffnete er mit seiner ziemlich detailliert beschriebenen Vorgehensweise das Spannungsfeld zwischen den modernen medizinischen Möglichkeiten (»kleine Dose Morphium«), der bereits über Darwin hinaus und bis auf Platon zurückgehenden Denktradition und der gegenwärtigen offensichtlichen Undurchführbarkeit solcher Maßnahmen.[107]

103 Ebd., S. 148.

104 Platon, Der Staat, 460 c. Übersetzt und herausgegeben von Karl Vretska. Bibliographisch ergänzte Ausgabe, Stuttgart 2012.

105 Ebd., 461 c.

106 Ploetz, Die Tüchtigkeit unserer Rasse, S. 144.

107 »Die [...] gebrauchte Sprachform im Präsens soll nicht etwa Wunscherfüllung ausdrücken, sondern das Unmoralisch-Utopische dieses Entwurfes nur hervorheben.« Becker, Wege ins Dritte Reich [1], S. 69.

Ploetz schien sich selbst nicht zu dem Kreis der »gewissen Darwinisten« zu zählen und es bleibt nur zu vermuten, dass er als sozialismusfreundlicher »Rassenhygieniker« hier den bürgerlichen und prokapitalistischen »Sozialdarwinismus« angriff, allerdings distanzierte er sich weder vor noch innerhalb oder nach seinem Text von den darin erläuterten »Handlungsmöglichkeiten« und öffnete sich daher – bewusst oder unbewusst – für mindestens zwei Arten der Rezeption: Der Text kann als Handlungsaufforderung gelesen werden, die als Utopie getarnt ist und eher dem »totalitärtheoretischen« Utopiebegriff entspricht. Ebenso kann er als Spiegel – Becker nennt es eine »Karikatur«[108] – einer künftigen modernen Gesellschaft verstanden werden, welche die »rassenhygienischen« Maßnahmen bis zur letzten Konsequenz durchführt. In beiden Fällen stellt sich jedoch die Frage – und dies wird in Abschnitt IV.4.3 eingehender besprochen – ob Ploetz sich der Tragweite seiner an Platon angelehnten Überlegungen bzw. deren Rezeptionen durch seine fortschrittsoptimistischeren Kollegen bewusst gewesen ist. Denn gerade das Aufzeigen von vorstellbaren bevölkerungspolitischen Maßnahmen, die aber bei Berücksichtigung zeitgenössischer Moral- bzw. Wertvorstellungen und der erbbiologischen Kenntnisse nur als Utopie bezeichnet werden konnten, stellt ein Charakteristikum der gemäßigten zweiten Kategorie dar, während die hier definierte dritte Kategorie diese Handlungsmöglichkeiten als absolut notwendig, sofort realisierbar und eben nicht utopisch erachtet hätte.

Es wird nachzuweisen sein, dass die Mehrzahl der »geistigen Väter« der »Rassenhygiene« vor dem Ersten Weltkrieg ihre Überlegungen und Theorien, wenn überhaupt, auf Basis breiter erbbiologischer Forschungen und einer breiten Akzeptanz in der öffentlichen Meinung praktisch umgesetzt wissen und nicht bewusst mit den bestehenden Wertesystemen brechen wollten. Michael Schwartz spricht dieses Problem bereits 1996 an und kritisiert eine allzu einseitige Lesart der »kleine Dose Morphium«-Passage bei Conrad-Martius und Schmuhl. Schwartz betont dabei, dass das Kernziel der Ploetz'schen Überlegungen in der Verlegung der »Auslese« auf die »Keimzellen« – also auf der Ebene der Ei- und Spermazellen – gelegen hätte und eine »Lebendauslese« bei ihm vor 1914 nicht in Frage gekommen sei.[109]

Dennoch werden derartige Differenzierungen zwischen tatsächlichen konkreten realpolitischen Forderungen – wie es sie in dem gewählten Untersuchungszeitraum tatsächlich recht wenige gibt – und bewusst als Utopie deklarierte oder gar getarnte Gedankenspiele häufig nicht beachtet oder unterbewertet. Da das auch mit anderen wichtigen Autoren wie z. B. Schallmayer und von Ehrenfels ge-

108 Ebd.

109 Vgl. Michael Schwartz, ›Rassenhygiene, Nationalsozialismus, Euthanasie‹? Kritische Anfragen an eine These Hans-Walter Schmuhls. In: Westfälische Forschung, 46 (1996), S. 604–622, hier 607 f.

schieht, weshalb sie später im Text ebenfalls thematisiert werden, ist es demnach ein Ziel der nachfolgenden Arbeit, diese Unterscheidung in tatsächliche Durchführungsforderungen und »Utopien« bei der Radikalitätskategorisierung zu berücksichtigen. Vorgenommen wird dies an den einzelnen den Diskurssträngen untergeordneten Diskursebenen, sprich, an allen vom Diskurs erfassten bevölkerungs- und gesellschaftspolitischen Problem- und Fragestellungen.

Hier erfüllt der herausgenommene Beispieltext seine zweite Funktion, indem an ihm die Aufschlüsselung des komplexen Diskurses an dieser Stelle kurz exemplifiziert wird. Dazu werden im Folgenden je nach Ploetz' Positionierung in den jeweiligen Diskurssträngen und -ebenen diese den drei Radikalitätskategorien zugeordnet.

Kategorie I: Gesunde Wohnungen und Nahrung, bei ausreichender Bewegung an der frischen Luft und gleichzeitigem Verzicht auf »Keimgifte« wie Alkohol und Tabak würden laut Ploetz den Rahmen eines die »Rassengesundheit« fördernden »Milieus« bilden. Dieser städtehygienische und lebensreformerische Ansatz, der derartigen äußeren Einflüssen keinerlei positive »Auslesefunktionen« zuschrieb, wird in der folgenden Analyse der am wenigsten radikalen ersten Kategorie zugeordnet, weil diese sich von »rassenhygienischen« Paradigmen am weitesten entfernte.

Kategorie II: Die Ablehnung der Familiengründung als »launiger Zufall« und stattdessen die Durchführung nach wissenschaftlich geregelten Grundsätzen gilt der zweiten Kategorie zugehörig, da hier bereits in die Zeugung bzw. »Blutmischung« steuernd eingegriffen, jedoch »die zur Durchführung notwendigen Kenntnisse und Mittel der Präventiv-Praxis [...] durch die Gesellschaft Allen vermittelt und zugänglich gemacht [werden].«[110] Hier wurde auf die den gesetzgeberischen Maßnahmen vorgeschaltete Aufklärung abgehoben, die bei der »Beseitigung von minderwertigem Nachwuchs«[111] bereits vorausgesetzt wurde. Denn es wäre in dieser utopischen Gesellschaft Usus, dass Eltern nach einer derartigen »Fehlgeburt«, ohne zu hadern, stattdessen an das Wohl der »Rasse« denkend, einen erneuten Versuch unternehmen würden, wenn ein entsprechendes »rassenhygienisches« Zeugnis nicht dagegenspräche.[112]

Auch beim Thema »Krieg« wird im ausgewählten Text die gemischte zweite Kategorie vertreten, da zwar eine unnötige Zerstörung »guter« Individuen, aber nicht der kriegerische »Kampf der Völker ums Dasein« an sich abgelehnt wird. Die Lösung sucht Ploetz' Konstrukt in Söldnerheeren und einer Musterung, die

110 Ploetz, Die Tüchtigkeit unserer Rasse, S. 144.

111 Diese »Euthanasie« würde auch für Zwillingsgeburten und alle Kinder nach der sechsten Geburt bzw. dann gelten, wenn die Mutter das 45. und der Vater das 50. Lebensjahr überschritten hätten. Ebd.

112 Ebd.

auch »Minderwertige« als »Kanonenfutter« mit einbeziehen würde, damit die »guten Varianten« durch deren Kriegsdienst keinen so großen Nachteil im sozialen »Kampf ums Dasein« hätten.[113]

Kategorie III: Mutterschutz, Stillpflicht, bestes Alter der Eltern und sowohl körperliche als auch vor allem geistige und moralische Erziehung der heranwachsenden Generation trifft den Konsens der Bewegung. Radikal ist dagegen – neben der bereits erwähnten Kindstötung – die sogenannte zweite Prüfung im Kindesalter, nach dessen Ausgang entschieden würde, ob und wie viele Kinder diese Prüflinge wiederum auf die Welt bringen dürften. In der späteren Ehe ergäbe sich dann die erlaubte Kinderzahl aus dem Durchschnitt der Ergebnisse beider Elternteile.[114] Derartige schematische Methoden mit daraus resultierenden ehebeschränkenden Maßnahmen geben die dritte Kategorie in der Diskursebene »erbbiologische Erfassung« und »Eheverbote« wieder.

Auch sozialistische Kapitalismuskritik wird aufgegriffen, wenn Ploetz' Utopie Chancengleichheit durch Abschaffen des Erbrechtes und dadurch gewährleisten wollte, dass jedem Individuum ein gleicher Anteil aus den gesellschaftlichen Produktionsmitteln als Startkapital gewährt wird: »Unter solchen Umständen würde wohl manches Söhnchen reicher oder privilegierter Eltern einen schweren Stand haben.«[115] Wer unter diesen gleichen Voraussetzungen der »sozialen Auslese« nicht standhielte, würde der Armut anheimfallen und dann auch nur minimale staatliche Unterstützung erwarten können. Denn solche und andere »humane Gefühlsduseleien« würden nur die Wirksamkeit der »natürlichen Zuchtwahl« hindern oder verzögern, wenn derartige Zuwendungen Menschen zuteilwürden, die noch am »Fortpflanzungsgeschäft« beteiligt seien. Dieser Standpunkt rückt Ploetz in die radikalste Kategorie, da dieses Sich-selbst-Überlassen, mit den fortpflanzungsfähigen Bevölkerungsteilen, eine große Menge Menschen betreffen dürfte und einen konsequent biologistischen Standpunkt auf die »Kulturmenschheit« anwendet.

»Bei solchem oder ähnlichem Gewährleisten der natürlichen Zuchtwahl, die in unserem Beispiel noch durch eine künstliche verstärkt ist«, so Ploetz, »wäre eine rasche Vervollkommnung der Rasse zu erwarten.«[116] Diese stichpunktartige Einordnung der in dem kurzen Text dargestellten »rassenhygienischen« Maßnahmen soll die im Analyseteil angewandte Methode verdeutlichen, mit welcher der zeitgenössische »rassenhygienische« Diskurs wesentlich detaillierter aufgeschlüsselt wird. Die biologisch-philosophisch-argumentative Entwick-

113 Vgl. ebd., S. 147.
114 Vgl. ebd., S. 145.
115 Ebd., S. 146.
116 Ebd.

lung der zahlreichen angebotenen Theorien, Strategien und »Lösungsansätze« dieses Diskurses werden also zunächst durch Rekonstruktion und Konstruktion[117] gesammelt, entwirrt und geordnet. Das heißt, es werden empirisch die diskursrelevanten Aussagen ermittelt, indem Diskursfragmente gleichen Inhalts, getrennt nach Themen und Unterthemen bzw. Diskurssträngen und -ebenen,[118] aufgelistet werden.[119]

Anschließend wird mit der Beantwortung der Forschungsfragen in einer Charakterisierung und Kontextualisierung der herausgearbeiteten Diskurspositionen die Hinwendung zu jener »neuen Religion« der »Rassenhygiene« nachvollzogen, also nach Jäger/Zimmermann die Inhalte und Häufungen dieser Aussagen sowie ihre formale Beschaffenheit erfasst und interpretiert.[120] Es geht somit darum, in dem abgegrenzten, allerdings inhaltlich noch nicht gefestigten Wissensgebiet der »Rassenhygiene« in der »Bibliothek«[121] der »wissenschaftlichen« Fachliteratur die gemeinsamen Redeweisen und Aussagen der Akteure den Diskursebenen zuzuordnen und in den Radikalitätskategorien zu bündeln. In einem zweiten Schritt wird dann sowohl nach dem Verhältnis zu anderen Diskursen als auch nach der Radikalität und dem Reflexionsvermögen der Akteure gefragt. Die Absichten und Intentionen der Akteure, die bei Foucault zugunsten des Konzeptes einer regelhaften und anonym strukturierten Ordnung des Diskurses zurücktreten,[122] kommen jedoch im Gegensatz zu dessen Diskursanalyse im zweiten Abschnitt zu ihrer Geltung.

Die Arbeit ist schließlich also zweigeteilt: Zunächst werden die herausgefilterten und in Diskursebenen unterteilten Diskursstränge (»Kontraselektivität«, Milieu und »Blutmischung«) anhand der zahlreichen Aufsätze und Autoren besprochen, die unterschiedlichen Argumentationen zu den verschiedenen »rassenhygienischen« Problematiken herausgearbeitet und in der Radikalitätskategorisierung gebündelt (Kapitel III). Im zweiten Teil werden die Forschungsfragen aus Abschnitt I.3 bearbeitet, das heißt, die so herauskristallisierten Diskurspositionen der Autoren zusammengefasst, diskutiert und gewichtet (Abschnitt IV.1) und die herausgelesenen »rassenhygienischen« Kritikpunkte

---

117 Vgl. Hannelore Bublitz, Der Diskurs als Diskursgegenstand im Horizont der kritischen Ontologie der Gegenwart. In: dies./Bührmann/Hanke/Seier (Hg.), Das Wuchern der Diskurse, S. 49–62, hier 60.

118 Vgl. Jäger/Zimmermann, Lexikon Kritische Diskursanalyse, S. 16f.

119 »Diese ›verstreuten‹ Aussagen ordnen sich zu semantischen Komplexen, die perspektivisch strukturiert, Diskursen und Diskurssträngen zugeordnet werden können.« Bublitz, Zur Konstitution zu »Kultur« und Geschlecht, S. 32f.

120 Vgl. Jäger/Zimmermann, Lexikon Kritische Diskursanalyse, S. 16.

121 Michel Foucault, Archäologie des Wissens, Frankfurt a.M. 1973, S. 77.

122 Vgl. Ritter, Psychiatrie und Eugenik, S. 43.

am bestehenden Gesellschaftssystem[123] erläutert (Abschnitt IV.2). Die daraus resultierenden unterschiedlich wahrgenommenen Handlungszwänge der Akteure bestimmen deren Manövrierfähigkeit innerhalb des Diskurses ebenso wie deren Verweise auf Nachbardiskurse, wie Abschnitt IV.3 verdeutlichen wird. Abschnitt IV.4 geht dann auf das dem zugrunde liegende Selbstverständnis der jungen Bewegung ein, sodass sich abschließend der Beantwortung der Frage nach der Heterogenität, dem Reflexionsvermögen und der Kontinuität der am Diskurs beteiligten Akteure genähert werden kann (Kapitel V).

123 Als Eckpfeiler des »bestehendes Gesellschaftssystem« werden hier in den Abschnitten IV.2.1–IV.2.3 Christentum, Demokratie und Kapitalismus als exemplarisch und bestimmend herausgehoben. Selbstverständlich werden diese aber weniger als feste gesellschaftliche Dogmen, sondern die Religion als gesamtgesellschaftlich eher rückläufige und die wirtschaftspolitischen Spielarten als aufsteigende Tendenzen verstanden.

III. Analyse

1. »Kontraselektivität«

1.1 »Falsche Humanität«

1.1.1 »Schutz der Schwachen«

Die grundsätzliche Überzeugung der »Rassenhygiene« bestand darin, dass der »natürliche Ausleseprozess«, wie ihn Darwin beschrieb, gleichzeitig ein zielgerichteter Prozess der »Vervollkommnung« und »Höherentwicklung« sei, sodass die »Kontraselektion« – das heißt die Aufhebung oder die umgekehrte Wirkung der »Selektion« – im Umkehrschluss zur »Niederentwicklung« führe.[1] Ein großer »kontraselektiver« Faktor sei nun die »falsche Humanität«, im Sinne von Fürsorge für Gesellschaftsmitglieder, die dem Gemeinwesen mehr Kosten als Nutzen brächten, von denen keine Besserung zu erwarten sei und bei denen im Gegenteil die Gefahr bestehe, dass sie ihre Hilfsbedürftigkeit weitervererbten. Diese Individuen hätten in der »natürlichen Auslese« nicht überlebt oder sich fortpflanzen können.[2] Weismanns »Panmixie«[3] komme laut Woltmann hier zum Tragen, da sich durch die Fürsorge oder technische Hilfsmittel die äußeren Existenzbedingungen derart änderten, dass auch Organismen mit zum Beispiel »verkümmerten Organen« überleben könnten.[4] »Falsch« sei diese »Humanität« deshalb, weil sie diesen »schwachen« Gesellschaftsmitgliedern kostenintensiv die Fortpflanzung und somit die Weitergabe ihrer für ihre Notsituation verantwortlichen Anlagen an die Nachkommen ermögliche. Das schade der

1 Vgl. Reyer, Alte Eugenik und Wohlfahrtspflege, S. 19 f.

2 Vgl. Ludwig Woltmann, Die anthropologische Geschichts- und Gesellschaftstheorie VII. In: PAR, 2 (1903/04) 4, S. 284–288, hier 285.

3 Panmixie: allgemeine Kreuzung. Vgl. »Darwinismus«. In: Meyers großes Konversationslexikon, 6. Auflage, Band 4: Chemnitz bis Differenz, Leipzig 1904, S. 533, Spalte 1.

4 Vgl. Ludwig Woltmann, Die physische Entartung des modernen Weibes. In: PAR, 1 (1902/03) 7, S. 522–531, hier 524.

gesamten Gesellschaft direkt durch sinnlosen Ressourcenverbrauch, indirekt durch ein Sinken der »Qualität« des »Menschenmaterials« bzw. ein Steigen der vererbten »Entartung« und sei daher alles andere als »human«.[5]

Als Beispiel hierfür führten Woltmann und Bluhm die Gebär- und Stillfähigkeit der Frauen an. In der frühen »unkultivierten« Vergangenheit und gegenwärtig noch in den »Naturvölkern« habe es keinerlei Geburtshilfen gegeben, sodass so gut wie alle Unregelmäßigkeiten bei der Geburt, zum Beispiel ein deformiertes, zu enges Becken oder Entwicklungsstörungen durch Krankheiten, zum Tod des Kindes und auch oft zu dem der Mutter geführt hätten.[6] Das habe den »Vorteil«, dass sich diese Gebärunfähigkeit nicht weitervererben könne. Spätere künstliche Geburtenhilfe und Medizin würden dagegen mit der Rettung von Mutter und Kind helfen, diese »Mängel« erblich weiterzugeben. Das habe die Zunahme der weiblichen Unfähigkeit zu diesem jedoch »rasseerhaltenden« Vorgang in den künftigen Generationen zur Folge. Genauso schwerwiegend sei der schleichende Verlust der Stillfähigkeit, da durch künstliche Säuglingsnahrung auch jene Kinder erhalten würden, deren Mütter keine Milch geben könnten. Evolutionstechnisch sei die Stillfähigkeit quasi dann nicht mehr überlebensnotwendig, sodass sie aussterben könne. Dass aber die künstliche Säuglingsnahrung keinen Ersatz für die richtige Muttermilch darstelle, stand für die meisten Autoren außer Frage. Woltmann forderte hier, dass die Ärzte mehr »soziologisch geschult« sein müssten, um zu erkennen, dass alle technischen Hilfen die »natürliche Auslese« stören würden und die »Rasse« verschlechtern könnten.[7]

Schallmayer gestand trotz seiner ähnlichen Kritik am »Schutz der Schwachen«, den Kranken stets ein Recht auf Leben und Hilfe zu.[8] Die Medizin bringe diese darüber hinaus wieder in die Arbeitsfähigkeit, was der Gesamtheit nur nützen könne, sodass er die therapeutische Wirksamkeit und Wichtigkeit der Medizin für unantastbar erklärte.[9] Außerdem würden die ganz »Schwachen« auch trotz aller Fürsorge zugrunde gehen bzw. sich nicht fortpflanzen, sodass eine gewisse »natürliche Auslese« doch noch greife.[10] Die »Kulturvölker« müssten aber darüber hinaus mit einer rationalen »Fortpflanzungssteuerung« eine Kompensation für die mangelnde »Auslese« leisten, denn bisher hätten »unsere

5 Vgl. Schmuhl, Rassenhygiene, Nationalsozialismus, Euthanasie, S. 41.

6 Vgl. Woltmann, Die physische Entartung, S. 527; Agnes Bluhm, Zur Frage nach der generativen Tüchtigkeit der deutschen Frauen und der rassenhygienischen Bedeutung der ärztlichen Geburtshilfe. In: ARG, 9 (1912) 3, S. 330–346, hier 346.

7 Vgl. Woltmann, Die physische Entartung, S. 529 f.

8 Vgl. Wilhelm Schallmayer, Vererbung und Auslese als Faktoren zu Tüchtigkeit und Entartung der Völker, München 1907, S. 12.

9 Vgl. ders., Ueber die drohende körperliche Entartung der Culturmenschheit und die Verstaatlichung des ärztlichen Standes, Berlin 1891, S. 8.

10 Vgl. ders., Vererbung und Auslese als Faktoren zu Tüchtigkeit und Entartung der Völker, S. 13.

sozialen Verhältnisse [...] überwiegend die Wirkung, dass gerade die wertvolleren Naturen in der Fortpflanzung verhältnismäßig zurückbleiben.«[11]

Neben Schallmayer, Rüdin, Weiß, Hansemann und Gerhardt[12] äußerte sich Ammon in ähnlicher Weise zu diesem Problem, indem er es prinzipiell verurteilte, »Minderwertige« künstlich am Leben zu erhalten und zur Fortpflanzung zu verhelfen, da der Bestand und das Wohl der ganzen »Rasse« wichtiger wären, als sich »falscher Sentimentalität« hinzugeben. Jedoch erkannte er ähnlich wie Nordenholz[13] an, dass die Zuneigung der Artgenossen zueinander ebenfalls ein Ergebnis der »Naturzüchtung« sei und eine wichtige Fähigkeit im Wettstreit der »Völker« darstelle.[14] Georg Lomer war außerdem der Ansicht, dass die erste Fürsorge stets dem gesunden Menschen gelte, um »tüchtige« Nachkommen zu erzeugen, man die Kranken aber nicht dem »Kampf ums Dasein« überlassen könne.[15] Das habe eine Verpflichtung zu einer menschenwürdigen Unterbringung und Pflege zur Folge.[16] Damit stimmte er mit Woltmann überein, der die Sozialpolitik als Schutz ganzer Gruppen für unbedingt notwendig erachtete und der Meinung war, dass die beiläufige Erhaltung »Minderwertiger« keinen so großen Schaden verursache, wie die Vernachlässigungen der »Höherwertigen« bei der gänzlichen Aufgabe der sozialen Fürsorge. Solange sich die »Minderwertigen« nicht fortpflanzen würden, sei deren Existenzsicherung nur menschlich,[17] zumal die sozialpolitischen Entwicklungen jetzt nicht mehr rückgängig gemacht werden könnten.[18] Dem Vorwurf der »Kontraselektion« durch die Hygiene und Gesundheitspflege begegnete Johannes Orth mit dem einfachen Argument, »dass die vollwertigen Nachkommen des Gesunden sich nicht von den Nachkommen des Schwachen zur Seite schieben und unterdrücken lassen würden«.[19] Wirklich

11 Ebd., S. 18.

12 Vgl. F. von Gerhardt, Der Niedergang der arischen Rasse. In: PAR, 7 (1908/09) 2, S. 72–76; David von Hansemann, Ueber den Einfluss der Domestikation auf die Krankheiten der Tiere und der Menschen. In: PAR, 5 (1906/07) 8, S. 474–476; J. G. Weiß, Obligatorische Armenpflege und soziale Fürsorge. In: PAR, 12 (1913/14) 1, S. 17–25; kritische Besprechung von Ernst Rüdin zu: David von Hansemann, Über Rachitis als Volkskrankheiten. In: Berliner klinische Wochenschrift 1906 Nr. 9, S. 249. In: ARG, 3 (1906) 2, S. 276–278, hier 278; Wilhelm Schallmayer, Natürliche und geschlechtliche Auslese bei wilden und bei hochkultivierten Völkern. In: PAR, 1 (1902/03) 4, S. 245–272.

13 Vgl. Anastasius Nordenholz, Über den Mechanismus der Gesellschaft. In: ARG, 1 (1904) 1, S.110–123, hier 113.

14 Vgl. Otto Ammon, Führt die Hygiene zur Entartung der Rasse? In: PAR, 3 (1904/05) 4, S. 275.

15 Vgl. Georg Lomer, Krankheit und Ehe. In: PAR, 4 (1905/06) 4, S. 212–225, hier 224.

16 Vgl. ders., Die Geisteskrankheiten als sozialer Faktor. In: PAR, 7 (1908/09) 7, S. 363–368, hier 366.

17 Vgl. Ludwig Woltmann, Sozialer Schutz und natürliche Auslese. In: PAR, 4 (1905/06) 9, S. 523–525, hier 524.

18 Vgl. Gerhardt, Der Niedergang, S. 74.

19 Johannes Orth, Aufgaben, Zweck und Ziele der Gesundheitspflege, Stuttgart 1904, S. 42.

»Schwache« würden also auch trotz gleichmäßig verteilter Hygiene unterliegen, außerdem sogar häufig von »Gesunden« abstammen, hätten aber unter dem schlechten Milieu gelitten.[20] Ammon ging sogar noch weiter und erwartete sie zwar, lehnte aber die Zwangsläufigkeit des direkten Zusammenhangs zwischen Kulturhöhe und sinkenden Widerstandsfähigkeiten der Bevölkerung gegen Schädigungen ab, da diese nicht genau nachweisbar sei.[21] David Hansemann schlussfolgerte daher, »dass die Hygiene als höchste Blüte der Kultur die Schädigungen der Domestikation [im Sinne der Kultur] zu bessern und ihre Krankheiten zu vermeiden streben muss.«[22]

Somit gehören die genannten Autoren in die konstruierte zweite Kategorie, die das Darwin'sche »Selektionsprinzip« in der Frage nach dem »Schutz der Schwachen« auf den Menschen anwendete, aber ethische und biologische Grenzen eingestand und einhielt. Allerdings dürfte hierbei das Augenmerk auf praktisch-rationelle Motivationen die emotionalen Gegenargumente überwiegen.

Die Autoren der ersten Kategorie brachen keinesfalls mit Darwins Lehre, lehnen jedoch das »in der Luft schwebende Gesetz der Auslese«[23] und die deckungsgleiche Anwendung dessen auf den Menschen ab. Das betrifft in dem Untersuchungsrahmen neben der Fürsorge für »Schwache« vor allem die Konsequenzen aus dem »Kampf ums Dasein«, die ihrer Meinung nach nicht nur »humaner« Korrektur bedürften, sondern ausschließlich der Entwicklung der Tiere vorbehalten seien. Fehlinger ging davon aus, dass eine Verbesserung der Lebensbedingungen nicht nur die »Panmixie« fördere, sondern vor allem die schädlichen Einflüsse auf die »Keimernährung« unterbinde und der fortschreitenden »Entartung« entgegenwirke. Erich Becher fügte an dieser Stelle hinzu, dass das vorhandene »Menschenmaterial« viel zu kostbar, weil nicht reichlich genug vorhanden sei, um die »Auslese« durch den »Daseinskampf« ungehindert wirken zu lassen. Vor allem, weil in der gegenwärtigen Kultur – nicht zuletzt aufgrund der mangelnden Chancengleichheit – von einer »natürlichen Auslese« nicht mehr die Rede sein könne.[24] Im Gegensatz zu den Vertretern der zweiten und dritten Kategorie war er wie Alfred Grotjahn[25] davon überzeugt, dass Reformen, welche die Lebensbedingungen verbesserten, kein Schaden für die »Rasse« darstellen könnten. Das solle durch statistische Erfassung und sozialpolitische Schritte geschafft werden. Bereits »entartete« Individuen würden in einem ausgedehnten

20 Vgl. ebd., S. 43.
21 Vgl. Ammon, Führt die Hygiene zur Entartung der Rasse, S. 275.
22 Hansemann, Ueber den Einfluss der Domestikation, S. 481.
23 Alfred Grotjahn, Ueber Wandlungen in der Volksernährung. In: PAR, 1 (1902/03) 1, S. 65.
24 Vgl. kritische Besprechung von Rudolf Allers zu: Erich Becher, Der Darwinismus und die soziale Ethik (Vortrag), Leipzig 1909. In: ARG, 7 (1909) 4, S. 572 f., hier 573.
25 Vgl. Grotjahn, Ueber Wandlungen, S. 5.

Hospital- und Asylwesen gepflegt werden.[26] Friedrich Naumann erklärte es ganz pragmatisch: »Was für die Erhaltung der untersten Schichten gegeben wird, bedeutet eine Versicherung gegen größere Verluste der Gesamtheit«.[27] Denn wenn die Eltern fallen gelassen, würden auch die Kinder fallen, sodass sich die Schwächen potenzieren und der gesamten Rasse schaden würden.[28]

Dagegen war George Chatterton-Hill als Vertreter der dritten Kategorie davon überzeugt, dass »die Rasse [...] eben nur auf Kosten des Einzelnen gedeihen [kann]«[29] und dass »nicht Hebung des Einzelnen durch eine künstliche Modifizierung des Milieus, sondern Hebung der Rasse durch strenge Zucht, [...] der Wahlspruch der Eugenik [ist].«[30] Die Kultur fördere die »Degeneration« immer mehr, die man nur bekämpfen könne, indem man die »Degenerierten« verhindere. Die Senkung der Sterblichkeit durch Hygiene und Medizin würde die Zahl der Krankheitsfälle wachsen lassen.[31] Willibald Hentschel unterstützte diese These, als er behauptete, dass die Bekämpfung der Schwindsucht gleichbedeutend sei mit der Bekämpfung der »Gerechtigkeit des Lebens wie eine seiner letzten Hilfen«.[32] Denn derartige Leiden und Mängel würden zuerst die Armen und »Schwachen« treffen und somit eine kräftige »Auslese« darstellen.[33] Auch rationale Zucht funktioniere nicht ohne das Sterben der »Überzähligen« und Hentschel vertraute hier ganz auf die »Schädigungen der Natur«, die nicht durch »falsche Humanität« gehemmt werden dürften.[34] Dem gegenüber stehe allerdings die moderne Medizin, die sich zur Aufgabe gemacht habe, alles bestehende Leben zu konservieren und zur Fortpflanzung zu bringen. Dies sei höchst unnatürlich und habe ein Herabsinken der »rassischen Kraft der Völker« zur Folge, was die Zahlen der Militärtauglichkeit beweisen würden.[35] Hentschel beschuldigte hierfür die christliche Nächstenliebe, die zu verantworten habe, dass »schwache« und »gebrechliche« Menschen auf Kosten der »Starken« und zu Lasten der Allgemeinheit unterstützt würden.[36] Das sei eine völlige

26 Vgl. Hans Fehlinger, Die Gesetze der organischen Entwicklung und ihre Bedeutung für das Aufsteigen und den Niedergang der Völker. In: PAR, 8 (1910/11) 1, S. 20–36, hier 27.

27 Friedrich Naumann, Vortrag: Der Wert der Schwachen für die Gesamtheit. In: PAR, 1 (1902/03) 4, S. 312f., hier 313.

28 Ebd., S. 313.

29 Georges Chatterton-Hill, Die Anwendung der Mortalitäts- und Morbiditätsstatistik auf die Frage der Rassenentartung. In: PAR, 12 (1913/14) 9, S. 463–473, hier 466.

30 Ebd., S. 467.

31 Vgl. ebd., S. 473.

32 Willibald Hentschel, Vom aufsteigenden Leben. Ziele der Rassenhygiene, Leipzig 1910, S. 111.

33 Vgl. ebd.

34 Vgl. ders., Mittgart. Ein Weg zur Erneuerung der germanischen Rasse, 3. Auflage, Dresden 1911, S. 28.

35 Vgl. Hentschel, Vom aufsteigenden Leben, S. 112.

36 Vgl. Willibald Hentschels »Varuna«, zit. nach Gerhardt, Der Niedergang, S. 72.

Verkennung der medizinischen Wissenschaft und führe dazu, dass bald in den Krankenhäusern kein Platz mehr für »Starke« und an sich Gesunde geben werde, da die Kranken und »Elenden« immer mehr würden. Dies schwäche die »arische Rasse«, die deshalb von der von Osten her eindringenden »slawischen« und der »mongolischen Rasse« verdrängt werde. Das einzige Hilfsmittel zur Rettung der »arischen Rasse« sei Hentschel zufolge die Regeneration in »Mittgart«,[37] worauf später im Text eingegangen werden wird.

1.1.2 Säuglingssterblichkeit

Ein wichtiger Aspekt der soeben eingeführten Diskussion um den »Schutz der Schwachen« und die Vererbung von »Mängeln« ist die schon kurz angerissene Säuglingssterblichkeit, da diese Art der »Selektion« gewissermaßen den letzten großen Schritt vor der eigentlichen »Fortpflanzungsauslese« darstellte. Außerdem handelt es sich – abgesehen von der Schwangerschaftsunterbrechung und der Diskussion darum, wann das Leben im Mutterleib beginnt, – um die erste »Lebendauslese« und ein um die Jahrhundertwende real existierendes Problem, das eng mit der ebenso intensiv geführten Debatte um die »Brusternährung« verbunden ist.

Für von Bunge kristallisierte sich die Frage nach den Ursachen der Unfähigkeit zum Stillen sogar als wichtigste medizinische Frage der Gegenwart heraus und sie falle mit der Frage nach den Ursachen für den Untergang der »arischen Rasse« zusammen.[38] Die Muttermilch sei mit ihrer bei allen Säugern unterschiedlichen Zusammensetzung an die Bedürfnisse der Entwicklung des Säuglings angepasst und nicht austauschbar, weshalb von Bunge vehement gegen die künstliche Säuglingsernährung argumentierte.[39] Darüber hinaus leide beim Nicht-Stillen die Mutter-Kind-Beziehung, was eine höhere Kindersterblichkeit, zumindest aber eine schlechtere Entwicklung der Kinder zur Folge habe. »Die heidnischen Völker des Altertums gestatteten den Kindsmord, die christlichen Völker der Gegenwart quälen ihre Kinder langsam zu Tode.«[40] Die Ursachen für diese bedenkliche Entwicklung sah der recht polemisch argumentierende von Bunge in der wirtschaftlichen Not der proletarischen Mütter, vor allem aber in der zunehmenden physischen Unfähigkeit der Frauen, ihre Kinder vollständig zu stillen.[41] Da die künstliche Säuglingsnahrung erst seit dem 15. Jahrhundert

37 Vgl. ebd., S. 73. »Mittgart« siehe Abschnitt III.3.2.2.

38 Vgl. Gustav von Bunge, Die zunehmende Unfähigkeit der Frauen, ihre Kinder zu stillen. Die Ursachen dieser Unfähigkeit, die Mittel zur Verhütung. Vortrag gehalten am 1.7.1899 in Basel. Separatdruck der 5. Auflage mit einem polemischen Nachwort, München 1907, S. 4.

39 Vgl. ebd., S. 12.

40 Ebd., S. 13.

41 Vgl. ebd.

bekannt sei,[42] müsse es sich um ein recht junges Phänomen handeln, das sich durch die Vererbbarkeit der Stillunfähigkeit ausbreite[43] und seine Ursache vor allem in der »Trunksucht« des Großvaters des nicht gestillten Kindes habe.[44]

Die Einteilung der Meinungen in die konstruierten Kategorien entscheidet sich also anhand der Frage, ob es sich bei der Säuglingssterblichkeit um ein wirksames Instrument handle, das die Vererbung derartiger spezifischer »Mängel« wie der »Stillunfähigkeit« oder »allgemeiner Schwäche« verhindere, oder es vielmehr ein Relikt vormoderner Zeit sei, das durch die Hebung der Lebensbedingungen leicht beseitigt werden könne und müsse.

Eduard David vertrat hierbei die zur ersten Kategorie zu zählende und weitverbreitete Meinung, dass die Säuglingssterblichkeit erst dann »auslesend« wirken könne, wenn mit günstigen Lebensbedingungen weitgehende Chancengleichheit geschaffen wurde. Eine spätere »sexuelle Auslese« sei dann dennoch in der Lage »Untüchtige« von dem Fortpflanzungsprozess auszuschließen.[45] Walter Oettinger pflichtete ihm bei und stellte fest, dass auch in der »natürlichen Auslese« Situationsvor- und nachteile eine große Rolle spielten und die »Auslese der Besseren« keinesfalls selbstverständlich sei.[46] Übertragen auf die Kultur bedeute dies, dass eine Chancengleichheit notwendig sei, damit die möglichen »Besten« nicht aufgrund von Situationsnachteilen zurückbleiben würden.[47] Das gelte gerade im Bereich des Säuglings- und Kinderschutzes, denn »nicht die Güte und Kraft ihrer Organisation entscheidet über das Schicksal der Kinder, sondern der Zufall ihrer Situation.«[48] An dieser Stelle müsse mit sozialpolitischen Maßnahmen eingegriffen werden, um zum Beispiel mit Wohnungs- und Säuglingshygiene Chancengleichheit für den Nachwuchs zu gewährleisten, das eine Grundbedingung für eine erfolgreiche »Auslese« in der Kultur darstelle.[49] Alfred Hegar sah ergänzend dazu die »angeborene Unfähigkeit« als Hauptursache des Nicht-Stillens.[50] Obendrein würde die Frau durch diese Unfähigkeit schneller wieder empfänglich, was eine zeitnahe erneute Schwangerschaft nach sich ziehe. Das bedeute eine zu hohe Belastung für Kind und Mutter, was die Kindersterblichkeit und damit wieder die Fortpflanzungsintensität erhöhe.

---

42 Vgl. ebd., S. 14.

43 Vgl. ebd., S. 18.

44 Vgl. ebd., S. 23.

45 Vgl. Eduard David, Säuglingsfürsorge und Rassenhygiene. In: Die Neue Generation: Publikationsorgan des Deutschen Bundes für Mutterschutz und der Internationalen Vereinigung für Mutterschutz und Sexualreform, 6 (1910) 1, S. 2–8, hier 8.

46 Vgl. Walter Oettinger, Die Rassenhygiene und ihre wissenschaftlichen Grundlagen, Berlin 1914, S. 10.

47 Vgl. ebd., S. 11.

48 Ebd., S. 13.

49 Vgl. ebd., S. 14.

50 Vgl. Alfred Hegar, Der Geschlechtstrieb. Eine social-medicinische Studie, Stuttgart 1894, S. 68.

Wäre diese Säuglingssterblichkeit nun ein wirksamer »Auslesefaktor«, müsste die Sterblichkeit in späteren Jahren ja wieder abfallen, da nur die starken Säuglinge überleben würden. Angesichts der Tatsache, dass dies aber nicht der Fall sei und dass das Überleben der Kinder in erster Linie von guter Pflege und der Muttermilch abhängen würde, hielten Hegar, von Vogl und Hans Koeppe die Säuglingssterblichkeit ebenfalls für »kontraselektiv«.[51]

Nach Bluhm stellte das Nicht-Stillen keinen Ausdruck allgemeiner »Degeneration« dar, sondern sei ebenfalls sozial bedingt: In den höheren Schichten tendierte der Trend zur künstlichen Säuglingsnahrung und der Ablehnung des Stillens aus figürlichen Gründen, was zum Teil von den Ärzten unterstützt würde.[52] In den »unteren Schichten« fehle es dagegen oft an Zeit und Möglichkeit zum Stillen. Statt das unnötige und nutzlose Verbot der Frauenarbeit zu fordern, sprach sich Bluhm für eine Mutterschaftsversicherung zum besseren Säuglingsschutz aus. Der gesetzliche Wöchnerinnen-Schutz müsse auf alle Arbeiterinnen ausgedehnt werden und die Fabriken müssten mit Stillräumen und Kinderkrippen ausgestattet sein, weshalb an den sozialen Sinn der Arbeitgeber appelliert werden solle.[53] Auch wenn Bluhm vor allem soziale Faktoren für die Stillungsnot verantwortlich machte und das Selbststillen mit allen Mitteln fördern wollte, konnte sie die erbbiologischen Standpunkte durchaus nachvollziehen und bis zu einem gewissen Grad auch teilen: »Für einen Anhänger Weismanns, der mit Bunge und Hegar die Stillungsnot als ein Produkt der Stillunfähigkeit und diese wiederum als durch eine schlechte Brustdrüsenanlage bedingt ansieht, ist die dringende Forderung einer strengen Zuchtwahl einfach ein Akt der Logik und durchaus nichts Absurdes.«[54]

Josef Grassl tendierte noch mehr zur zweiten Kategorie, weil für ihn »das physiologische Minimum in der Kindersterblichkeit eines Volkes […] nicht das physische Optimum« darstellte, was im Klartext bedeutet, dass die Verfechter der Bekämpfung der Säuglingssterblichkeit zunächst nachweisen müssten, ob ein Sinken der Sterblichkeit gleichbedeutend sei mit dem Anstieg der Konstitution des »Volkes«.[55] Die derzeitigen humanen Ansichten würden es zwar verbieten, die Säuglingssterblichkeit nicht zu bekämpfen, nicht zuletzt, weil ihr auch die

51 Vgl. ebd., S. 70 f.; kritische Besprechung von Josef Grassl zu: v. Vogl, Die Sterblichkeit der Säuglinge in ihrem territorialen Verhalten in Württemberg, Bayern und Österreich und die Wehrfähigkeit der Jugend, München 1909. In: ARG, 6 (1909) 2, S. 257 f.; kritische Besprechung von Ernst Rüdin zu: Hans Koeppe, Säuglingsmortalität und Auslese im Darwinschen Sinne. In: Münchner medizinische Wochenschrift, 32 (1905). In: ARG, 3 (1906) 5, S. 746 f., hier 747.

52 Vgl. Agnes Bluhm, Die Stillungsnot, ihre Ursachen und die Vorschläge zu ihrer Bekämpfung. Eine kritische Übersicht, Leipzig 1909, S. 46.

53 Vgl. ebd., S. 52.

54 Ebd., S. 63 f.

55 Josef Grassl, Die Bekämpfung der Kindersterblichkeit vom Rassenstandpunkt. In: ARG, 7 (1910) 2, S. 188–213, hier 192.

»starken Kinder« zum Opfer fallen können, Grassl konnte ihr dennoch einen gewissen »Auslesewert« nicht absprechen.[56] Die schwierige Frage, ob es »sittlich« überhaupt erlaubt sei, »Tüchtige« unter Opferung »Schwacher« bewusst zu fördern, »überlasse man den Morallehrern.«[57] Damit aber – wenn überhaupt – nur die wirklich schwachen Kinder sterben würden, solle alles für den Säuglings- und Mutterschutz getan werden. Er verurteilte daher alle Faktoren, welche die natürliche Säuglingsernährung negativ beeinflussen, da »die verminderte Säuglingssterblichkeit [...] nur dann biologisch wertvoll [ist], wenn sie auf dem Wege der Häufigkeit und der Dauer der Brustdarreichung an das Kind erfolgt.«[58] Eine der wichtigsten Maßnahmen diesbezüglich sei es demnach, dass die Frauen der Oberschicht ihre Kinder selber aufziehen und stillen sollten. Denn das Ammenwesen zerstöre die Mutter-Kind-Bindung bei gleichzeitiger Sterilität der jungen Kindermädchen.[59]

Richard Thurnwald und Carl Röse ließen zwar ebenfalls ökonomische Gründe für die Säuglingssterblichkeit gelten, pflichteten Grassl jedoch in dem Punkt bei, dass die »Auslesewirkung« unter den nichtgestillten Kindern eine besonders kräftige sei, da hier wirklich nur die Stärksten überleben würden. Rüdin verwehrte sich zwar dagegen, dass auch »hochwertige« Kinder ohne die Mutterbrust von vornherein unwiederbringlich benachteiligt und gehemmt ins Leben treten müssten,[60] relativierte diese Kritik allerdings dahingehend, dass Faulheit und Unwillen zum Stillen tiefe psychische Ursachen hätten und aus einer schweren »Instinkt-Entartung« resultieren würden. Das betreffe im weitesten Sinne auch die Mütter von unehelichen Kindern, weil im Umkehrschluss »instinktstarke Familien« eheliche Kinder bekommen und diese auch stillen würden, sodass der Sterblichkeit von nichtgestillten und/oder unehelichen Kindern durchaus ein »positiver Selektionswert« zuzusprechen sei.[61] Die Konsequenz daraus lautete für die Vertreter der zweiten Kategorie, dass neben der Abschaffung aller äußeren Umstände, die das Stillen verhindern könnten – wie »Suggestion« oder materielle Not – eine vernünftige »sexuelle Zuchtwahl« dafür Sorge tragen müsse, dass »stillfeindliche innere Gefühls- und Triebanomalien« korrigiert würden.[62]

56 Vgl. ebd., S. 195.

57 Ebd., S. 196.

58 Ders., Einiges über den Generationswechsel. In: ARG, 9 (1912) 5, S. 718–729, hier 725.

59 Vgl. ders., Die Bekämpfung der Kindersterblichkeit, S. 207.

60 Vgl. kritische Besprechung von Ernst Rüdin zu: Carl Röse, Die Wichtigkeit der Mutterbrust für die körperliche und geistige Entwicklung des Menschen. In: Deutsche Monatsschrift für Zahnheilkunde (1905) 3. In: ARG, 2 (1905) 3, S. 440–449, hier 444; Richard Thurnwald, Stadt und Land im Lebensprozeß der Rasse. Eine orientierende Skizze. In: ARG, 1 (1904) 6, S. 840–885, hier 867.

61 Vgl. Rüdin, Die Wichtigkeit der Mutterbrust, S. 448.

62 Vgl. ebd., S. 449.

Da sie unter anderem die »Konstitutionskraft« der Eltern widerspiegele, sprachen namenhafte »Rassenhygieniker« wie Ploetz, Schallmayer, Ammon bei der Kinder- und Säuglingssterblichkeit von einem kräftigen »Selektionsprozess«[63] und vertreten damit die dritte Kategorie, die Sozialmaßnahmen nur dann für sinnvoll hielt, wenn sie sich an die »tüchtigen« Gesellschaftsmitglieder wenden würde. Die Säuglingssterblichkeit treffe hierfür eine wichtige »Vorauslese«, weshalb diese »Rassenhygieniker« sich für keinen übermäßigen, in ihren Augen unnatürlichen Säuglings- und Mutterschutz aussprachen.

1.1.3 Armenfürsorge, Verbrechensbekämpfung

Würden diese und andere »Auslesemechanismen« wegfallen, würden dem Gemeinwohl nach der oben genannten Logik weniger nützliche Gesellschaftsmitglieder wie Arme, Alkoholkranke und »Verbrecher« entstehen bzw. erhalten werden. Hier werden die dem »Sozialdarwinismus« eigenen Grenzen zwischen ökonomischer und körperlicher Schwäche verwischt, die David treffend problematisiert, als er schrieb: »Wer im Interesse der generativen Höherentwicklung das mitleidlose zugrunde gehen lassen der organisch schwachen Armen fordert, dürfte auch die Erhaltung und Fortbildung der organisch minderwertigen Reichen nicht zulassen.«[64]

Alfredo Niceforos konsequent »sozialdarwinistischer« Ansicht zufolge seien Menschen allerdings arm, weil sie »minderwertig« seien und äußere Umstände sie zusätzlich dazu zwingen würden. Wie bei den Infektionskrankheiten noch zu erörtern sein wird, sprach er auch bei der Armut von einer angeborenen Widerstandskraft gegen schlechte äußere Umstände.[65] Hegar forderte zum Schutz der Gesellschaft vor »Verbrechern« die Todesstrafe, glaubte aber ebenfalls an eine positive Wirkung des Milieus. So müsse der Mutter- und Säuglingsschutz, gute

---

63 Vgl. Alfred Ploetz, Lebensdauer der Eltern und Kindersterblichkeit. Ein Beitrag zum Studium der Konstitutionsvererbung und der natürlichen Auslese unter den Menschen. In: ARG, 6 (1909) 1, S. 33–43, hier 42; Schallmayer, Ueber die drohende körperliche Entartung, S. 46; Otto Ammon, Die natürliche Auslese beim Menschen. Aufgrund der Ergebnisse der anthropologischen Untersuchungen der Wehrpflichtigen in Baden und anderer Materialien, Jena 1893, S. 323; August Hallermeyer, Rassenveredelung und Sexualreform. In: Sexual-Probleme. Zeitschrift für Sexualwissenschaft und Sexualpolitik, 9 (1913) März-Ausgabe, Frankfurt a.M., S. 165–187, hier 181; M. Vladimir Schimkewitsch, Die Mutationslehre und die Zukunft der Menschheit (Vorläufige Mitteilung). In: Biologisches Zentralblatt, 26 (1906) 4, S. 97–115, hier 101.

64 Eduard David, Darwinismus und soziale Entwicklung. In: Wilhelm Bölsche/Max Apel (Hg.), Darwin – seine Bedeutung im Ringen um Weltanschauung und Lebenswert – 6 Aufsätze, Berlin 1909, S. 45–65, hier 50.

65 Vgl. Alfredo Niceforo, Anthropologie der nichtbesitzenden Klassen. Studien und Untersuchungen (autorisierte Übersetzung aus dem Italienischen und französischen Manuskript von Robert Michels und Adolf Köster), Leipzig 1910, S. 441.

Schulen, Turnunterricht und dergleichen gefördert, aber auch die »Schwachen« durch die Einrichtung von »Krüppelheimen« usw. von der sozialen Gesetzgebung berücksichtigt werden.[66] Ploetz und Ammon gaben zwar ebenfalls zu, dass es »selektorische« und »nonselektorische« Armut, angeborene und aufgezwungene Kriminalität gebe, die beide stark von den konjunkturellen Schwankungen der Wirtschaft abhingen, zählten sie prinzipiell aber zu den »Ausjäte«-Erscheinungen, denen die »Schwächsten« am ehesten zum Opfer fallen würden.[67]

Die soziale Frage bestimmte, wie eingangs bereits erwähnt, also auch im »Rassenhygiene«-Diskurs ganze Diskursstränge und ließ unterschiedliche Grade der Radikalität im Umgang mit den verschiedenen Gruppen der sozial »Schwachen« herauskristallisieren. Die gemäßigte, zweite Kategorie traf dabei wie immer den Konsens zwischen dem unbedingten Schutz jedes Individuums durch ausgedehnte soziale Maßnahmen und dem konsequenten Fokus auf die künftigen Generationen und wurde von J. Paulsen repräsentativ vertreten, der den »Schutz der Schwachen« aus ethischen Gründen nicht verwerfen konnte, aber kein gutes Haar an der gesamten Bandbreite der zeitgenössischen Sozialpolitik und Hygiene ließ: »Wohin wir blicken, überall das traurige Bild, dass für den Staat erwünschte Elemente im Nachteil gegenüber den Unerwünschten sind [...]. Und alle unsere sozialen Einrichtungen dienen dazu, diese Entwicklung zu beschleunigen und zu verstärken.«[68]

Laut seinem Kollegen Paul Christian Franze sei dies der »Scheideweg zwischen dem wahren und dem missverstandenen Begriff der Menschenliebe: bei näherer Einsicht in das Wesen der Dinge [...], wird jeder Vernünftige dem zustimmen, dass wahre Humanität alles daran setzen müsste, die Entstehung jener Unglücklichen zu vermeiden, die krank, siech, missgestaltet, mit dem unwiderstehlichen Hang zu Lastern und Verbrechen verschiedenster Art geboren werden.«[69]

Diese Berufung auf eine »wahre Humanität« wird in den folgenden Kapiteln noch häufiger thematisiert werden und unterstreicht – ob inszeniert oder ernst gemeint – zumindest den deklarierten Anspruch, der eigenen Bevölkerung bzw. der künftigen Menschheit helfend begegnen zu wollen. Dies markiert bereits eine wichtige Wegmarke eines für nötig erachteten Umdenkens in der Gesellschaft.

66 Vgl. Alfred Hegar, Zur chinesischen, deutschen und amerikanischen Kriminalstatistik. Der Kampf gegen Minderwertigkeit und Verbrecher, Wiesbaden 1914, S. 11.

67 Vgl. Ploetz, Die Tüchtigkeit unserer Rasse, S. 151; Ammon, Die natürliche Auslese beim Menschen, S. 281.

68 J. Paulsen, Die Herrschaft der Schwachen und der Schutz der Starken in Deutschland. Kritische Betrachtungen eines Arztes über soziale Fürsorge. In: ARG, 11 (1914) 2, S. 145–169, hier 162.

69 Paul Christian Franze, Das höchste Gut. Führer auf den Pfaden der Vollendung, Berlin 1912, S. 150.

»Geisteskrankheiten« und Verbrechen hätten laut Gustav Aschaffenburg dieselbe Wurzel, weshalb die frühzeitige Aufnahme von »Geistesgestörten« in Heil- und Pflegeanstalten und die Differenzierung von leicht »Schwachsinnigen« und »minderwertigen Verbrechern« von »stark Geisteskranken« nötig sei.[70] Das Strafsystem könne statistisch erwiesen dem wachsenden Verderben trotzdem keinen Einhalt gebieten, weshalb Vorbeugung durch eine Gesundung des »Volkes« anzustreben sei.[71] Da sich die »Rassenumgestaltung« aber zu langsam vollziehen würde und von außen mit künstlichen Mitteln nicht beeinflusst werden könne, bliebe nur die Arbeit am Milieu.[72] Bei Aschaffenburg bedeutete dies in erster Linie sowohl den Kampf gegen Alkohol und wirtschaftliche Missstände als auch Wohnungs- und Stadthygiene, sprich: Sozialpolitik.[73]

Ferdinand Goldstein sah besonders in der Zunahme des Proletariats »römische Verhältnisse« auf sich zukommen[74] und forderte daher neben ökonomischen Reformen vor allem eine Beschränkung der »proletarischen Fruchtbarkeit«,[75] »denn der Proletarier wird geboren, er ist kein Produkt der wirtschaftlichen Überlegenheit«, sodass die derzeitige Sozialpolitik ins Leere griffe.[76] Somit sprach er sich klar für die Legalisierung der Empfängnisverhütung, zum Beispiel durch Kondome aus, damit das Proletariat nicht derart rasant weiterwachse und der Sozialdemokratie damit der Nährboden entzogen werde.[77] Heinz Potthoff und Rüdin stimmten Goldstein zwar grundsätzlich darin zu, dass der Staat momentan »Schwache« auf Kosten »Starker« schützen und bevorteilen würde. Dies sei auch eine falsche Entwicklung, da der Staat sich nicht auf Mitleid und »christlicher Himmelssehnsucht« aufbauen, sondern nur aus realen irdischen Zweckmäßigkeitserwägungen handeln könne. Jedoch seien Lebensschwäche und Besitzlosigkeit nicht das Gleiche, sodass der eigentliche Gedanke der Sozialpolitik für Potthoff der Schutz der armen »Tüchtigen« sein müsse.[78] Aus rein nationalökonomischer wie aus biologischer Sicht müssten die enormen Investitionen in die Bevölkerung daher vor Ausbeutung der Arbeitskraft auf Kosten der »Volksgesundheit» verhindert werden, auch wenn das den »biologisch Schwachen«

70 Vgl. Gustav Aschaffenburg, Das Verbrechen und seine Bekämpfung. Kriminalpsychologie für Mediziner, Juristen und Soziologen, ein Beitrag zur Reform der Strafgesetzgebung, Heidelberg 1903, S. 152.
71 Vgl. ebd., S. 181.
72 Vgl. ebd., S. 41.
73 Vgl. ebd., S. 185.
74 Vgl. Ferdinand Goldstein, Die Überbevölkerung Deutschlands und ihre Bekämpfung, München 1909, S. 120.
75 Ebd., S. 128.
76 Vgl. ebd., S. 116.
77 Vgl. ders., Denkschrift zum Entwurf eines Gesetzes gegen Mißstände im Heilgewerbe, Berlin 1911, S. 11.
78 Vgl. Heinz Potthoff, Schutz der Schwachen? In: ARG, 8 (1911) 1, S. 86–91, hier 86.

ebenso zugutekomme wie den »biologisch Starken«.[79] Gerade der Volkswirt müsse also auch verlangen, dass die knappen Mittel nur da verwendet werden, wo sie sich auch rentieren könnten – alles darüber hinaus sei ein Luxus, den man sich in den seltensten Fällen leisten könne.[80] Diese Balance würde zugegebener Weise eine große Herausforderung darstellen, sodass »Rassenhygiene« und Volkswirtschaft »vereint gegen die herrschenden sittlichen Auffassungen und gegen unsere Unternehmensökonomie eine biologisch-volkswirtschaftliche Sozialpolitik« durchsetzen müssten.[81]

Für »Rassenhygieniker« der ersten Kategorie sei diese Herausforderung nicht zu bestehen, sodass sie, wie Grassl für eine ausgedehnte soziale Fürsorge plädierten, weil sie vor allem auch die »Starken« schütze.[82] Diese konsequente Haltung stellte in der »rassenhygienischen« Diskursebene des Umgangs mit Armut und Verbrechen aber eine Randposition dar. Die radikalste, dritte Kategorie, die dagegen dem Einfluss der Vererbung auf diese Phänomene einen hohen Stellenwert zuschrieb und daher in dieselbe steuernd eingreifen und dafür das »ressourcenfressende Flickwerk« am Milieu stark begrenzt wissen wollte, hatte in der hier betrachteten »Rassenhygienebewegung« wesentlich mehr Gewicht.

Für Ignaz Kaup bestand kein Zweifel daran, dass ein großer Prozentsatz der von der Armenfürsorge unterstützten Familien »erbbiologisch minderwertig« sei:[83] »Diese eigentümliche Gepflogenheit hat zu einer Bevorzugung der Eltern minderwertiger Kinder geführt, der prinzipiell im Interesse der Eugenik auf das schärfste entgegenzutreten ist.«[84] Dabei sollten die »minderwertigen« Eltern nach Kaups Meinung erst recht mit Lohnpfändung und Zwangsarbeit in die Pflicht genommen werden, gerade weil sie nicht für ihren »minderwertigen« Nachwuchs aufkommen würden.[85] Da in absehbarer Zeit auf gesetzliche Maßnahmen zur Sterilisation »Minderwertiger« nicht »gehofft« werden könne, bleibe nur die lebenslängliche Absonderung in Verwahrungsanstalten oder Arbeitskolonien eine Möglichkeit, um eine »schädliche Fortpflanzung« zu verhindern und entstandene Kosten teilweise zu decken. Aber auch für die allgemeine Akzeptanz dieser Maßnahme sei laut Kaup noch eine erhebliche Aufklärungsarbeit zu leisten.[86] Dennoch: »Unsere gesunde Nachkommenschaft hat das Recht auf Schutz vor

---

79 Ebd., S. 88.

80 Vgl. ebd., S. 90.

81 Ebd., S. 91.

82 Vgl. Josef Grassl, Blut und Brot. Der Zusammenhang zwischen Biologie und Volkswirtschaft bei der bayerischen Bevölkerung im 19. Jahrhundert, München 1905, S. 209.

83 Vgl. Ignaz Kaup, Was kosten die minderwertigen Elemente dem Staat und der Gesellschaft? In: ARG, 10 (1913) 6, S. 723–748, hier 741.

84 Ebd., S. 743 f.

85 Vgl. ebd., S. 744.

86 Vgl. ebd., S. 746.

einem Verderb durch Keimschädlinge, und jede vorwärtsstrebende Nation hat die Pflicht, den Ballast der Minderwertigenkosten möglichst zu vermeiden.«[87]

Hans Groß zählte ebenfalls, wie auch der Großteil der Autorenschaft, »Verbrecher« zu »entarteten« Individuen, die ihre »verbrecherischen Anlagen« fortpflanzen könnten, und kam daher zu dem Schluss, sie in »unkultivierte« Länder zu deportieren. Die harte »Naturerziehung« würden nur die am wenigsten »Degenerierten« überleben und sich fortpflanzen lassen, sodass sich dort daraus wieder eine »gesunde« Population entwickeln könnte. Das ursprünglich als »Verbrecherinsel« genutzte Australien sei hier das Vorbild.[88] Der spätere Herausgeber der PAR, Schmidt-Gibichenfels, pflichtete Groß bei diesem Problem bei.[89]

Forel verurteilte die Gedanken an Sühne und Vergeltung im Strafrecht als sinnlos und überholt und legte sein Augenmerk ebenfalls auf den Schutz der Gesellschaft durch »rassenhygienische« Prävention.[90] Es müsse mit Alkohol, »Geisteskrankheiten« und »schlechter Zuchtwahl« alles das bekämpft werden, was »verbrecherische Gehirne« erst hervorbringe. Er folgte hierbei – ähnlich wie Franze[91] – nicht Cesare Lombrosos[92] »übertriebenem« und »unwissenschaftlichen« Werk, erkannte aber dessen Grundintention an.[93] Ehrliche und arbeitsame Leute hätten das Recht, sich vor »Verbrechern« im weitesten Sinne zu schützen, und hierfür sei auch die Einschränkung gewisser Persönlichkeitsrechte durchaus legitim.[94] Konkret schlug Forel vor, »Alkoholiker« und »Geisteskranke« durch nach Geschlechtern getrennte Internierung vom Fortpflanzungsprozess auszuschließen. In landwirtschaftlichen Asylen könnten diese abstinent, gesund und sogar werktätig leben.[95] Die individuelle Freiheit sah er hier nicht eingeschränkter als bei allen anderen, denn der Fabrikarbeiter sei ebenfalls in der Fabrik, der Bergmann im Stollen, die Krankenschwester im Krankenhaus und der Soldat im Heer eingesperrt. Forel war sich der Differenzierung bzw. der Grenzziehung der Probleme bewusst, vertraue aber hier auf ausgedehnte Beobachtungen, Erfahrungen und Kontrollen in der Praxis.[96]

87 Ebd., S. 747.
88 Vgl. Hans Groß, Degeneration und Deportation. In: PAR, 4 (1905/06) 5, S. 281–286, hier 285.
89 Vgl. Otto Schmidt-Gibichenfels, Nächste Ziele und Wege gesunder deutscher Machtpolitik. In: PAR, 11 (1912/13) 11, S. 561–577, hier 572.
90 Vgl. August Forel, Verbrechen und konstitutionelle Seelenabnormitäten. Die soziale Plage der Gleichgewichtslosen im Verhältnis zu ihrer verminderten Verantwortlichkeit, München 1907, S. 10.
91 Vgl. Franze, Das höchste Gut, S. 151.
92 Vgl. Cesare Lombroso, Der Verbrecher in anthropologischer, ärztlicher, und juristischer Beziehung, Hamburg 1887.
93 Vgl. Forel, Verbrechen und konstitutionelle Seelenabnormitäten, S. 11.
94 Vgl. ebd., S. 16.
95 Vgl. ebd., S. 163.
96 Vgl. ebd., S. 177.

Paul Näcke leugnete äußere Einflüsse auf das Zustandekommen von Verbrechen nicht, bat aber ebenfalls darum, die Vererbung von »verbrecherischen Anlagen« zu berücksichtigen.[97] Hierbei spiele auch die »Rassenmischung« eine nicht unwesentliche Rolle, da stark differenzierte »Rassetypen« ungünstigere »Mischlinge« erzeugten, die eher charakterliche Probleme entwickeln würden, die wiederum zu »verbrecherischen« Handlungen führten.[98] Laut Hegar – und jener folgte hier Lombroso – habe man das dem Christentum zu »verdanken«, da »Verbrecher« statt hingerichtet, sehr milde behandelt würden, sodass diese sich und ihre »bösen Instinkte« und Erbanlagen noch fortpflanzen könnten. Dabei sei eine Besserung dieser »Verbrecher« gar nicht zu erwarten und der Schutz und die finanzielle Entlastung der Gesellschaft wesentlich sinnvoller. Ebenso wie bei den »Geisteskranken« seien bei den »Verbrechern« bestimmte geistige Funktionen unterentwickelt und deren Vererbung müsse schlicht mit Eheverboten Einhalt geboten werden.[99] Die »Auslese« habe ja das Strafrecht als mildere Form des »Daseinskampfes« geschaffen, weshalb es diejenigen, die in ursprüngliche rohe Kampfesformen – also gesellschaftsfeindliche Verbrechen – zurückverfallen würden, auch »ausmerzen« müsse, wie ihm Alfred Bozi hier beipflichtete.[100]

1.1.4 Fazit

»Solange charitative und nicht biologische Prinzipien die Richtlinien für die Aufzucht bilden, ist kaum ein besonderer rassenhygienischer Erfolg zu erwarten«[101] – könnte ein Fazit der oben nachgezeichneten Problematik lauten. Denn da der gesellschaftliche und technische Fortschritt der »Panmixie« förderlich sei, war man sich in »rassenhygienischen« Kreisen weitgehend darüber einig, dass die Gefahr der »Entartung« mit der Kulturhöhe proportional ansteigen würde: Wenn technische Ausrüstung Funktionen von Organen übernehmen, den »Schwachen« und »Verbrechern« aus ethischen Gründen die Existenz gesichert und Reichtum und Privilegien im Kampf um die Fortpflanzung anstelle der natürlichen Kräfte treten würden, herrschte ein »Auslesemangel«, der die

97 Vgl. Paul Näcke, Die Vererbung verbrecherischer Anlagen. In: Archiv für Kriminal-Anthropologie und Kriminalistik, 23/24 (1906) 4, S. 368–370, hier 369.

98 Vgl. ders., Rasse und Verbrechen. In: Archiv für Kriminal-Anthropologie und Kriminalistik, 25/26 (1906/07) 1/2, S. 64–74, hier 67.

99 Vgl. Alfred Hegar, Die Wiederkehr des Gleichen und die Vervollkommnung des Menschengeschlechts. In: ARG, 8 (1911) 1, S. 72–85, hier 80–82.

100 Vgl. Alfred Bozi, Die natürlichen Grundlagen des Strafrechts. Allgemeinwissenschaftlich dargestellt, Stuttgart 1901, S. 104.

101 Julius Tandler, Konstitution und Rassenhygiene. In: Zeitschrift für angewandte Anatomie und Konstitutionslehre, 1 (1914), S. 11–26, hier 26.

»Kulturmenschheit entarten« lassen würde.[102] Dass das Prinzip der christlichen Nächstenliebe aber nun nicht mehr rückgängig zu machen und ein Teil der menschlichen Kultur sei, erkannten die »Rassenhygieniker« der zweiten Kategorie bei aller Sorge um die »kontraselektiven« Folgen an. Das zeitgenössische »Massenelend« beschrieb Rutgers als drängenderes Problem als die Förderung einer »rassischen Elite«. Dies zu verkennen bzw. zu ignorieren sei keine »Rassenhygiene«, sondern »Rassenegoismus«, denn es sei eine altruistische Pflicht, den weniger »Hohen« bzw. den »Minderwertigen« helfend entgegenzukommen.[103] Die tatsächlich »Minderwertigen« müssten zwar von der Fortpflanzung ausgeschlossen werden, sollten aber nicht elendig zugrunde gehen, sondern entsprechende Pflege erhalten. Nicht zuletzt, da es nicht zu leugnen sei, dass kranke und schwache Geistesgrößen wie zum Beispiel Hermann von Helmholtz, Friedrich Schiller oder René Descartes Kulturfortschritt mit sich bringen würden.[104]

Diese Gruppe von Autoren versuchte anhand des »Sozialdarwinismus« mögliche »generative Folgen« aufzuzeigen und Handlungsspielräume zu eröffnen,[105] die auf einer Kombination von einer breiten Unterstützung für Gesellschaftsmitglieder mit »geringem Nutzen« für die Volkswohlfahrt und der gezielten Förderung der für das Gemeinwesen »wertvolleren« Familien basierte. Selten jedoch wurden für dieses ambitionierte Unternehmen detaillierte Forderungen und Maßnahmen kommuniziert. Martius, Heinrich Bayer und John B. Haycraft sprachen sich zum Beispiel für eine natürliche »Eugenik« unter guten Bedingungen aus und vertraten damit einen eher sozialpolitischen Standpunkt: »Schafft Kulturwerte, bessert das soziale Los der einzelnen und damit der Gesamtheit, helft den Schwachen und Elenden, aber lasst für die vitale Zukunft des Geschlechts – unter vernünftiger Beachtung biologisch-hygienischer Grundsätze – die allwaltende und ewig schaffende Natur selbst sorgen!«[106]

102 Vgl. Woltmann, Die physische Entartung, S. 525; M. L. Ettler, Körperkultur und Zuchtwahl. In: PAR, 3 (1904/05) 10, S. 624–629, hier 626; Schallmayer, Natürliche und geschlechtliche Auslese, S. 255 f.

103 Vgl. Johannes Rutgers, Rassenhygiene. In: Die Neue Generation: Publikationsorgan des Deutschen Bundes für Mutterschutz und der Internationalen Vereinigung für Mutterschutz und Sexualreform, 6 (1910) 6, S. 254 f., hier 255.

104 Vgl. Erich Becher, Der Darwinismus und die soziale Ethik. Ein Vortrag gehalten zur Hundertjahrfeier von Darwins Geburtstag vor der philosophischen Vereinigung in Bonn nebst Erweiterungen und Anmerkungen, Leipzig 1909, S. 35.

105 Vgl. Reyer, Alte Eugenik und Wohlfahrtspflege, S. 503.

106 Friedrich Martius, Neurasthenische Entartung einst und jetzt. Tröstliche Betrachtungen eines Kulturoptimisten, Leipzig 1909, S. 48. Vgl. Heinrich Bayer, Über Verbindung und Rassenhygiene. Ein allgemein orientierender Vortrag, Jena 1912, S. 3; John B. Haycraft, Natürliche Auslese und Rassenverbesserung, Leipzig 1895, S. 205.

Diese zweite Kategorie bildete mit ihrer eingeschränkten Bereitschaft zur Durchführung von Maßnahmen am Menschen, die auf der Anwendung des Darwin'schen »Ausleseprinzips« basierten, auch die größte Gruppe im »rassenhygienischen« Diskurs bzw. in den untergeordneten Diskursebenen der Sozialfürsorge. Während nur sehr wenige Autoren die praktische Anwendung komplett ablehnten und ebenso wenige Texte die konsequente Durchsetzung und Förderung des »Kampfes ums Dasein« in der menschlichen Gesellschaft präferierten. Diese Positionen nahmen aber auch in der »Rassenhygienebewegung« eher eine Außenseiterrolle ein, weil – wie zum Beispiel bei der Bewertung der Säuglingssterblichkeit – der damals verspürte und als Gefahr für die »Volkskraft« wahrgenommene Geburtenrückgang auch die radikalsten »Rassenhygieniker« zwang, dem Leben des einzelnen Individuums größeren Wert beizumessen.[107]

1.2 Geburtenrückgang

1.2.1 »Menschenökonomie«

Die Problematik der sinkenden Geburtenrate in den aufstrebenden Industrienationen um die Jahrhundertwende spielte eine große Rolle im »rassenhygienischen« Diskurs um das Aufhalten der vermeintlichen »Entartung« und die erhoffte »Höherzüchtung« des Menschen. Denn hierbei handelte es sich um das »Ausgangsmaterial« aller Diskussionen bezüglich der »Auslesewerte« verschiedener gesellschaftlicher Erscheinungen: um die gezeugten Menschen. Die Zivilisationshöhe verhalte sich umgekehrt proportional zur Geburtenrate, was sich sowohl im großen Stil auf die Völker als auch im Kleinen auf die Bevölkerungsschichten auswirke. Frankreichs geringer Geburtenüberschuss beweise dieses Prinzip ebenso, wie die niedrige Fruchtbarkeit der gesellschaftlich »höher« stehenden Familien.[108] Die Kategorisierung in dieser Diskursebene gliederte sich nun in jene Autoren der ersten Kategorie, die zunächst jedem einzelnen gezeugten oder auch nicht gezeugten Menschen einen Selbstzweck zuerkannten und ihn nicht als bloßes »Menschenmaterial« ansahen. Außerdem galten hier als Ursachen des Geburtenrückgangs in erster Linie Einflüsse des Milieus, danach erst die erbliche Veranlagung zur Fruchtbarkeit oder Unfruchtbarkeit.

Es sei demnach zwar Darwins unsterblicher Verdienst, dass er den Grundstein zur »wissenschaftlichen« Behandlung der gesellschaftlichen Probleme gelegt hätte.[109] Allerdings sei laut Goldscheid die kontinuierliche »Höherentwicklung« kein

107 Vgl. Stöckel, Säuglingsfürsorge, S. 110.

108 Vgl. Wilhelm Schallmayer, Die soziologische Bedeutung des Nachwuchses der Begabten und die psychische Vererbung. In: ARG, 2 (1905) 1, S. 36–75, hier 43.

109 Vgl. Rudolf Goldscheid, Darwin als Lebenselement unserer modernen Kultur, Wien 1909, S. 55.

Naturgesetz[110] und für den Menschen komme höchstens die präventive »Fortpflanzungsauslese« als Instrument der »Höherzüchtung« in Betracht. Zunächst aus Humanitätsgründen und des Weiteren, weil der Mensch nicht fruchtbar genug sei, um mit den einzelnen Individuen zu verschwenderisch umgehen zu können, wie es die Natur bei einzelnen Tierarten zeige.[111] Außerdem sei die Art der Erhaltung ein wesentliches Kriterium der Organisationshöhe und es sei daher absolut unumgänglich, dass jeder Generation auch ein Selbstzweck zuerkannt und sie nicht nur als Mittel behandelt werden dürfe.[112] Es müssten also zuallererst die zahlreichen Milieuschäden beseitigt und dann eine präventive »Fortpflanzungsauslese« betrieben werden, »welche aber nur bewerkstelligt werden kann, wenn man das kulturelle Niveau der Menschen hebt und damit ihr soziales Verantwortlichkeitsgefühl steigert.«[113] Havelock Ellis stimmte dem zu und erklärte die sinkende Natalität für kein »Degenerationszeichen«, sondern als unvermeidliche Folge höherer Zivilisation, denn das Bevölkerungswachstum müsse den Lebensbedingungen entsprechen, sodass ein Gleichgewicht aufrechterhalten würde.[114] Die Nationalökonomen und Staatsmänner würden stets nur auf »Quantität« statt »Qualität« bei der Volksvermehrung achten, dabei müsse die Höhe der Geburtenziffer auch den Möglichkeiten der Aufzucht entsprechen, bestätigte Hegar.[115] Da er direktes staatliches Handeln für »verbitterungsfördernd« und daher bedenklich halte, plädierte er für eine Aufklärung der Bevölkerung über diese Prinzipien.[116] Auch Julius Wolf ließ eher soziale und »pathologische« als biologische und »degenerative« Ursachen für den Geburtenrückgang gelten.[117] Das ändere aber nichts an der Tatsache, dass das Zweikindersystem die Gefahr einer mangelnden Regeneration berge, die schon den antiken Weltreichen zum Verhängnis wurde.[118] Unterstützung der Landbevölkerung, Wohnungshygiene und steuerliche Erleichterung für kinderreiche Familien sollten Wolf zufolge dem entgegenwirken.[119]

Die zweite Kategorie schätzte die Gefahr des Geburtenrückgangs noch höher ein und wollte sie daher direkter und energischer bekämpfen. Das hatte zur Folge, dass der Begriff »Menschenökonomie« wörtlich verstanden werden

110 Vgl. ebd., S. 59.
111 Vgl. ebd., S. 64.
112 Vgl. ebd., S. 66.
113 Ebd., S. 75.
114 Vgl. Ellis, Rassenhygiene und Volksgesundheit, S. 113.
115 Vgl. Hegar, Zur chinesischen, deutschen und amerikanischen Kriminalstatistik, S. 29.
116 Vgl. ebd., S. 30.
117 Vgl. Julius Wolf, Der Geburtenrückgang. Die Rationalisierung des Sexuallebens in unserer Zeit, Jena 1912, S. 30.
118 Vgl. ebd., S. 186.
119 Vgl. ebd., S. 201.

muss, dennoch die Grenzen des gesellschaftlich Möglichen in den »rassenhygienischen« Konzepten gewahrt blieben. Beispielsweise glaubten Pontus Fahlbeck und Schallmayer zwar auch nicht, dass die sinkende Geburtenrate auf die Fortpflanzungsfähigkeit zurückzuführen sei, da sich ein »Volk« nicht innerhalb weniger Generationen derart genetisch ändern oder erbtechnisch geschädigt werden könne.[120] Vielmehr seien dafür der wachsende Wohlstand, die Umgestaltung des Geschlechterverhältnisses und die Umwandlungen und Auflösungen von Weltanschauungen und Religionen verantwortlich.[121] Mit der Opferbereitschaft für das Kollektiv und dem Familiensinn verliere die »Rasse« jedoch an »Regenerationskraft«, was »fremden Elementen« die Infiltration ermögliche und zum »Untergang« des »Kulturvolkes« führe.[122] Fahlbeck erklärte den Neomalthusianismus[123] mit seiner Bevölkerungsbeschränkung also zum unzeitgemäßen und gefährlichen Irrglauben, da einzig eine hohe Geburtenrate kombiniert mit einer rationalen »Eugenik« das Elend und die »Entseelung« der Massen aufhalten könnten.[124] Die derzeitigen »Kulturvölker« hätten den entscheidenden Vorteil gegenüber Rom und Athen, dass sie die Gefahr kommen sehen würden und handeln könnten.[125] Auch Schallmayer bezeichnete in diesem Zusammenhang die Klugheit des Menschen als biologischen Fehler, der durch dieselbe Klugheit ausgeglichen werden müsse, indem wieder kulturelle Motive zu reicher und gesunder Fortpflanzung geschaffen würden.[126]

Die Existenz eines Volkes sei jedoch nach Max Hirsch viel mehr durch gute Eigenschaften als durch die schiere Anzahl seiner Glieder gewährleistet. Die Verfeinerung dieser Merkmale und die Erhöhung des persönlichen Verantwortungsgefühls gegenüber sich und den Nachkommen als Ausdruck fortgeschrittener Kultur senkten nun einmal die Geburtenrate.[127] Dieser Tendenz als Begleiterscheinung der kulturellen Entwicklung aber Einhalt zu gebieten, sei

120 Vgl. Pontus Fahlbeck, Der Neo-Malthusianismus in seinen Beziehungen zur Rassenbiologie und Rassenhygiene. In: ARG, 9 (1912) 1, S. 30–48, hier 31. Vgl. Schallmayer, Vererbung und Auslese, S. 175.

121 Vgl. Fahlbeck, Der Neo-Malthusianismus, S. 38.

122 Vgl. ebd., S. 39.

123 Malthus' Lehre (1798), im Interesse der Erleichterung für Eltern und Volk bewusst die Kinderzahl zu beschränken, wird im Neomalthusianismus durch den in der Ehe praktizierten Präventivverkehr ergänzt, da Thomas Robert Malthus' ursprünglich gepredigte Enthaltsamkeit zu geschlechtlichen Lastern und Krankheiten führe. Vgl. Bevölkerungstheorie und Bevölkerungspolitik. In: Meyers großes Konversations-Lexikon, 6. Auflage, 2. Band: Astilbe bis Bismarck, Leipzig 1904, S. 793, Spalte 1.

124 Vgl. ebd., S. 45.

125 Vgl. ebd., S. 48.

126 Vgl. Schallmayer, Vererbung und Auslese in ihrer soziologischen und politischen Bedeutung, S. 177.

127 Vgl. Max Hirsch, Fruchtabtreibung und Präventivverkehr im Zusammenhang mit dem Geburtenrückgang. Eine medizinische, juristische und sozialpolitische Betrachtung, Würzburg 1914, S. 2.

weder möglich noch wünschenswert. Gehemmter Zeugungswille, der durch »Genusssucht«, »Zügellosigkeit«, Abneigung gegen Kinder und Unlust entstünde, sei eine Ausnahme der »sittlichen Entartung« und dürfe laut Hirsch kein Vorwand für Kulturfeindlichkeit sein.[128] Um den Geburtenüberschuss wieder zu erhöhen, müsse also die Sterblichkeit gesenkt werden. Da hier eine Mindestgrenze nicht unterschritten werden könne, müssten die Geburten von »guter Qualität« sein, sodass die folgende Generation wiederrum lebenskräftiger und fruchtbarer sei, weshalb der Löwenanteil der Arbeit bei der »Rassenhygiene« verbleibe.[129] Die »Eugenik« erschien ihm und seinen Kollegen daher als besonders geeignet, die »Volkskraft« und Gebärfähigkeit zu heben, den Geburtenrückgang somit aufzuhalten und die trotzdem unvermeidlichen »quantitativen« Bevölkerungsverluste durch »qualitative« Gewinne aufzuwiegen.[130] Vor allem die fehlgeleitete staatliche Steuerpolitik sei für den Geburtenrückgang verantwortlich, da diese die Familiengründung und die Lebenserhaltung von Viel-Kinder-Familien deutlich erschweren würde. Verhütung, Abtreibung, Geschlechts- und Nervenkrankheiten seien daraus ebenso die logische Konsequenz, wie das Nicht-Stillen und die mangelnde Erziehung der Kinder aus wirtschaftlichen Gründen. Alle gesetzlichen Regelungen, die sich an diesen Symptomen abarbeiten würden, seien fruchtlos zum Scheitern verurteilt.[131] Hirsch schlussfolgerte daraus zwei Wege, um den Bestand des »Volkes« zu sichern und charakterisiert damit die zweite Kategorie: Durch »soziale Hygiene« müsse die Sterblichkeit reduziert werden, während eine rationale Fortpflanzung und »Rassenhygiene« für gesunde, lebenskräftige und fruchtbare Nachkommen sorgen würde.[132]

Johannes Rutgers und Friedrich von den Velden entgegneten der »rassenhygienischen« Forderung nach einem den »Auslesepool« füllenden kräftigen Geburtenüberschuss mit der Frage, ob nicht weniger mehr sei. Den Geburtenrückgang in den oberen Bevölkerungsschichten interpretierten sie als verfeinerte »Auslese«, da nur die »tüchtigsten«, lebensfrohesten und »rassenhygienisch günstigsten« Eltern den Kinderwunsch hegen und dem auch nachkommen würden. Die diesen Wunsch nicht verspüren, seien es demnach auch nicht »wert«, sich fortzupflanzen.[133] Darüber hinaus würden sich zu viele Kinder gegenseitig

128 Vgl. ebd., S. 3.
129 Vgl. ebd., S. 140.
130 Vgl. ebd., S. 182.
131 Vgl. ders., Der Geburtenrückgang. In: ARG, 8 (1911) 5, S. 628–654, hier 630–650.
132 Vgl. ebd., S. 654.
133 Vgl. Johannes Rutgers, Generative Ethik. In: ARG, 6 (1909) 4, S. 530–532, hier 530. »Im ganzen kann man sagen, dass eine Familie, die nicht aus äußeren, sondern aus inneren (konstitutionellen) Ursachen ausstirbt, wert ist, dass sie zugrunde geht.« Friedrich von den Velden, Aussterbende Familien. In: ARG, 6 (1909) 3, S. 340–351, hier 350.

in der Entwicklung beeinträchtigen und eine »bewusste Zuchtwahl« müsse gerade in den unteren Schichten für weniger, aber »besseren« Nachwuchs sorgen. Rutgers versuchte hier, eine »generative Ethik« mit dem Neomalthusianismus zu verschmelzen, um das bewusste Streben des modernen Menschen in die »richtigen Bahnen zu lenken«.[134] Schallmayer, an den diese Kritik auch direkt gerichtet war, antwortete prompt darauf, dass hauptsächlich äußere Einflüsse für die geringe Fruchtbarkeit der oberen Schichten verantwortlich seien und von einer »feineren Auslese«, wie Rutgers sie erkennen würde, nicht die Rede sein könne.[135] Schallmayer widersprach damit einem Theoretiker der dritten Kategorie, der biologistisch dachte, allerdings mit seinem Versuch der »rassenhygienischen« Nutzbarmachung des Neomalthusianismus seinen Mitstreitern einen recht kontroversen Denkanstoß gab.

Denn der Neomalthusianismus würde mit seiner freiwilligen Unfruchtbarkeit eine wesentlich größere Sorge der »Rassenhygiene« darstellen, als die relative Zunahme der »Minusvarianten«. Weil aus einer geringeren Geburtenrate geringere Chancen auf »Plusvarianten« folgen würden, würden diese stärker in Anspruch genommen und verbraucht werden.[136] Von Gruber schlug daher als Vertreter der dritten Kategorie Erziehungsbeiträge, Familienversicherungen und weitere Unterstützung ausschließlich für »generativ fleißige« und »tüchtige« Eltern vor. Die Männer müssten darüber hinaus mit einem erweiterten Wahlrecht und die Frauen mit Ehrentiteln belohnt werden. Finanziert würde das Ganze durch Junggesellen-, Kinderlosen-, Erbschafts-, Luxus-, Vergnügungs- und Militäruntauglichkeitssteuern.[137] Diese Steuern würden über die Unterstützung der Familien hinaus zur »sittlichen Gesundung« von innen heraus beitragen, zu einer »wahrhaft staatsbürgerlichen Gesinnung«, einer freiwilligen Unterordnung der Wünsche des Einzelnen unter das »Wohl der Gesamtheit« und zu einer Rückkehr zum einfachen Leben führen. Von Gruber zeichnete hier einen kompletten Gegenentwurf zum modernen individualisierten Leben, war sich aber vor allem des zu erwartenden Widerspruchs gegen seine »Auslese« bei der Verteilung der Fördermittel gewiss.[138] Nebenbei müsse jegliche Propaganda für

134 Vgl. Rutgers, Generative Ethik, S. 531.

135 Vgl. Wilhelm Schallmayer, Erwiderung auf vorstehende Bemerkungen des Herrn Dr. Rutgers. In: ARG, 6 (1909) 4, S. 532–536, hier 534.

136 Vgl. Max von Gruber/Ernst Rüdin, Fortpflanzung, Vererbung, Rassenhygiene – Illustrierter Führer durch die Gruppe Rassenhygiene der Internationalen Hygiene-Ausstellung 1911 in Dresden, 2. ergänzte Auflage, München 1911, S. 171.

137 Vgl. Max von Gruber, Ursachen und Bekämpfung des Geburtenrückgangs im Deutschen Reich. Bericht erstattet an die 38. Versammlung des Deutschen Vereins für öffentliche Gesundheitspflege am 19. September 1913 in Aachen, München 1914, S. 5; Friedrich Solger, Rassenhygiene und Reichsfinanzreform. In: ARG, 5 (1908) 4, S. 585–589, hier 585.

138 Vgl. von Gruber, Ursachen und Bekämpfung, S. 62.

das Zweikindersystem und die Herstellung, der Verkauf und die Anpreisung von Antikonzeptionsmitteln verboten werden. Abtreibungen sollten mit drakonischen Strafen belegt und jegliche »Keimgifte« bekämpft bzw. verboten werden.[139]

Für Friedrich Siebert führte vor allem die »demokratisch-proletarische Gleichmacherei« zur »Degeneration« der »natürlichen sozialen Instinkte« des Menschen, die sich in mangelndem Selbsterhaltungstrieb, schwindendem »Familien- und Volksempfinden«, in der weiteren Förderung neomalthusianischer Bestrebungen und im Hass gegen den Staat und seine Machtpolitik äußern und die gesamte Gesellschaftsordnung gefährde.[140] Aus diesem Grund müsse der Kinderreichtum entgegen diesem verhängnisvollen Trend direkt und indirekt durch Siedlungspolitik, Kinderlosen-Steuer, Wohnungs- und Arbeitshygiene und Steuervergünstigungen gefördert und willkürliche Schwangerschaftsverhütung mit allen Mitteln bekämpft werden.[141] Armin von Domitrovich forderte zu diesem Zweck – und Rüdin stimmte ihm zu – dringend ein Staatsamt, das die »Hebung und Mehrung der Volkskraft« sowie die Regeneration des physischen Volksbestandes energisch durchführe.[142] Die dritte und radikalste Kategorie zeichnete sich also durch einen Ansatz aus, der den Geburtenrückgang »biologisch-degenerativ« erklärte, einerseits durch die physische Unfruchtbarkeit, andererseits durch den mangelnden »rassischen Instinkt« zur Zeugung von Kinder zum Wohle der eigenen »Art«.

1.2.2 Sexualität

Die Homosexualität spielte in den »rassenhygienischen« Debatten keine große Rolle, da sie als »widernatürliche Verirrung« abgetan und nicht als fortpflanzungsrelevant betrachtet wurde. So gut wie alle Autoren, die sich mit ihr beschäftigt haben, waren sogar der Meinung, dass die strafrechtliche Verfolgung von Homosexualität nach § 175 des Strafgesetzbuches unnötig und falsch sei.[143] Die Diskussion um den Einfluss der Sexualität auf die »Entartung und Höherentwicklung« der Menschen beschränkte sich daher im Grunde auf die Gegenüber-

139 Vgl. ebd., S. 6.

140 Vgl. Friedrich Siebert, Der Neomalthusianismus und die öffentliche Ankündigung der Verhütungsmittel. In: ARG, 9 (1912) 4, S. 475–496, hier 485.

141 Vgl. ebd., S. 489.

142 Vgl. kritische Besprechung von Ernst Rüdin zu: Armin von Domitrovich, Mahnrufe an die führenden Kreise der deutschen Nation. Regeneration des physischen Bestandes der Nation, Leipzig 1905. In: ARG, 3 (1906) 2, S. 275 f., hier 275.

143 Vgl. z. B. Wilhelm Schrickert, Zur Anthropologie der gleichgeschlechtlichen Liebe. In: PAR, 1 (1902/03) 5, S. 379–382; Ludwig Woltmann/Hans K. E. Buhmann, Strafrecht und Homosexualität. In: PAR, 1 (1902/03) 12, S. 981 f.; Ernst Rüdin, Zur Rolle der Homosexuellen im Lebensprozeß der Rasse. In: ARG, 1 (1904) 1, S. 99–109.

stellung der unterschiedlichen biologischen und gesellschaftlichen Folgen von monogamer und polygamer Sexualordnung. Wenn sich auch verhältnismäßig wenige Autoren zu diesem Thema ausführlich zu Wort meldeten, kann hier ebenfalls die Radikalitäts-Dreiteilung vorgenommen werden:

Von Ehrenfels verfocht als dominantester Vertreter der dritten Kategorie in vielen ausführlichen Texten die Polygamie als notwendige Sexualordnung der Zukunft. Dies tat er mit der Begründung, dass zu einer »Höherentwicklung« des Menschen eine erfolgreiche »sexuelle Auslese« der Besten vonnöten sei, die sich umso effektiver darstelle, je größer die Anzahl der »auszulesenden« Individuen und damit die Chance auf »wertvolle Erbströme« ausfalle. »Quantität« und »Qualität« würden steigen, sodass »in nicht allzu ferner Zukunft [...] die Gewinnung des Gipfelpunktes der menschlichen Konstitution, oder – wenn dies überhaupt im Bereiche der Möglichkeit gelegen ist – der Aufschwung darüber hinaus, zur Beschaffenheit einer höheren Art zu erreichen [ist].«[144] Die Einehe und derzeitige soziale Verhältnisse würden diesem Prinzip entgegenstehen:[145] Zunächst einmal werde die Zeugungspotenz beider Geschlechter in der monogamen Ehe nicht voll ausgenutzt, denn im Schnitt könne eine Frau acht Kinder zeugen, ein Mann mindestens 120.[146] Außerdem wolle der Mann immer mehrere Frauen besitzen und da die Geschlechter zahlenmäßig etwa ausgeglichen seien, sei dafür eine »Auslese« nötig und logisch.[147] Monogame Verhältnisse würden jedoch die mögliche Wirksamkeit der »sexuellen Auslese« in jeder Generation auf ein Drittel reduzieren, zumal der Mann eine Frau heirate, von der er nicht einmal wisse, ob diese gebären kann.[148] Die starken polygamen Bedürfnisse der Männer machten eine Anpassung an eine monogame Ehe schwierig bzw. unmöglich, sodass eine schlechte Ehe mit wenig Kindern und mangelhafter Erziehung häufig die Folge sei.[149] Walther Borgius teilte diese Kritik an der Ehe mit dem Argument, dass »ein Vertrag, der jedem Teil den ausschließlichen Liebesbesitz des anderen zuspricht, [...] etwas psychologisch unmögliches [fordert] und [...] deshalb grundsätzlich verwerflich [ist].«[150]

Die Beseitigung der Monogamie also und die Ersetzung durch die Organisation einer progressiven, »sexualen Auslese« würde den »virilen Faktor«, also die überragende männliche Zeugungskraft bestätigen,[151] die sich nur damit erklären

144 Christian von Ehrenfels, Zuchtwahl und Monogamie. In: PAR, 1 (1902/03) 8, S. 611–619, hier 617.
145 Vgl. ebd., S. 619.
146 Vgl. ebd., S. 616.
147 Ders., Sexuales Ober- und Unterbewußtsein. In: PAR, 2 (1903/04) 6, S. 456–476, hier 467.
148 Vgl. ders., Zuchtwahl und Monogamie II. In: PAR, 1 (1902/03) 9, S. 689–703, hier 690.
149 Vgl. ders., Monogamische Entwicklungsaussichten. In: PAR, 2 (1903/04) 9, S. 706–718, hier 709.
150 Walther Borgius, Die Ideenwelt des Anarchismus, Leipzig 1904, S. 34.
151 Vgl. von Ehrenfels, Zuchtwahl und Monogamie II, S. 693.

lasse, dass die »höherwertigen« männlichen Varianten ihre »schwächeren« Nebenbuhler im Werbekampf verdrängten und somit die Nachkommen die besten Eigenschaften erhalten würden. Dieser virile Faktor sei nach von Ehrenfels sinnlos, wenn es von der Natur vorgesehen sei, dass die Männer die Frauen nach dem Prinzip der lebenslangen monogamen Ehe gerecht untereinander aufteilen.[152] Er kam deshalb zu folgendem Schluss: »Besäße der Mann die moralische Möglichkeit, im Verhältnis zu seinen hervorragenden persönlichen Eigenschaften, seinem kräftigen Werben, seiner größeren wirtschaftlichen Leistungsfähigkeit Liebe von Frauen zu erringen und Kinder in die Welt zu setzen und groß zu ziehen, so würden […] die meisten höherwertigen Männer dies als eigentliche Lebensaufgabe erwähnen und ihre Kraft […] gelangte zu lebenzeugender und rasseveredelnder Wirksamkeit.«[153]

Nach von Ehrenfels müsse man also den konstitutiv »höher Stehenden« eine ausgiebigere Fortpflanzung ermöglichen, ohne die bereits erreichte gesellschaftliche Solidarität zu gefährden, da eine Rückkehr zu alten, primitiven und antisozialen Formen des »Kampfes ums Dasein« und der Fortpflanzung unerwünscht sei.[154] Das sei nur in einer rechtlich und »sittlich« gestatteten Polygamie möglich, wobei Erbrechts-, Eifersuchts- und sonstige durch häufigen Partnerwechsel verursachte Probleme durch die völlige Unabhängigkeit der Frau vom Mann und einer nur auf die Zeugung beschränkte Beziehung zwischen beiden gelöst würde. Die somit alleinstehenden Mütter würden in von Ehrenfels' Vision von der »sexualen Reform« in einer »Assoziation der Frauen zum Zwecke der gegenseitigen Versicherung in der Ausübung der speziell weiblichen Funktionen im gesellschaftlichen Organismus«[155] vereinigt werden. Ihr ganzes Leben, von der Fortpflanzung und Sexualität über die Kindererziehung bis hin zur bedingten Anteilnahme am Erwerbsleben würde im wirtschaftlich sicheren und die Mutterschaft respektierenden Umfeld organisiert sein. Finanzieren würden das die Männer, die eine Art Taxe für die Liebesdienste der Frauen zu bezahlen hätten. Von Ehrenfels war die Analogie zum Bordell durchaus bewusst, jedoch würde seine Organisation dadurch nicht auf das Ansehen der Prostitution herabsinken, sondern die »notwendigen und unvermeidlichen« Bordelle würden auf eine kulturwürdigere Stufe emporsteigen.[156] Denn wohlhabende Männer könnten sich die weitaus höhere Gebühr der Frauenkongregation leisten, während »minderwertige« und weniger wohlhabende auf die – natürlich ärztlich kontrollierten – Bordelle zurückgreifen

152 Vgl. Christian von Ehrenfels, Ueber Björnsons »Monogamie und Polygamie« und die einschlägigen Forschungen Westermarks. In: PAR, 1 (1902/03) 12, S. 958–964, hier 963.
153 Ders., Monogamische Entwicklungsaussichten, S. 708.
154 Vgl. ders., Die sexuale Reform. In: PAR, 2 (1903/04) 7, S. 970–993, hier 972.
155 Ebd., S. 974.
156 Vgl. ebd., S. 977.

könnten, in denen dasselbe Prinzip wie bei der Frauenassoziation wirkte, nur ohne Fortpflanzung.[157] Das Recht zur Fortpflanzung als höchstes Gut würden nur alle »wahrhaften Idealisten« um die sozialen und wirtschaftlichen Stellen der Gesellschaft kämpfen lassen, sodass Reichtum als der Preis für beste Eigenschaften geachtet würde und die Bezahlung der Frauenverbände keine Beleidigung im Sinne der Prostitution darstelle. Im Gegenteil: Der Emanzipation der Frau würde Vorschub geleistet, da diese unabhängig vom Manne und höhergestellt würde, als die »versklavte« und von ihrem Ehemann bedrohte Ehefrau. Dieser Aspekt beinhaltet den im Diskurs weitverbreiteten, grundlegenden Gedanken, dass die Frauen in erster Linie ihrer »naturgemäßen« Aufgabe als Hausfrau und Mutter nachkommen müssten.[158] Lohnarbeit der Frau und Mutterschaft galten häufig als ein »rassenhygienischer« Grundwiderspruch,[159] worauf im folgenden Abschnitt näher eingegangen werden wird. Von Ehrenfels bewertete dies jedoch nicht als der Emanzipation gegenläufiges, reaktionäres Konzept, wie es viele Autoren taten, sondern als eine Art neuer Verehrung für die Leben schenkende Frau, die vor den Schädigungen der harten Berufswelt geschützt werden müsse.[160]

Da der Mensch sich also die ungünstigen vitalen »Auslesebedingungen« durch die sozialen und moralischen Institutionen selbst geschaffen hätte, müsse er laut von Ehrenfels auch für eine Rückkehr zur wirksamen »sexuellen Auslese« sorgen,[161] denn »ehe nicht eine kräftige Auslese Ersatz bietet, kann Hygiene und alles Verwandte unserer Konstitution nur zum Schaden gereichen.«[162] Von Ehrenfels war sich der Schwierigkeit der hier in Ansätzen[163] erläuterten Sexualreform durchaus bewusst, aber die Kulturentwicklung könne man nicht wieder rückgängig machen, sodass nur der Weg nach vorn bleibe, der sich als Wettkampf der psychisch und physisch »Leistungsfähigsten« um die Fortpflanzung bei der Beibehaltung allen hygienischen und technischen Fortschritts äußere.[164] Das sei der einzig mögliche Weg, »welcher beschritten werden muss, wenn es überhaupt gelingen soll, die Forderung einer Hebung der menschlichen Konstitution mit den Forderungen der Kultur zu verbinden.«[165]

157 Vgl. ebd., S. 986.
158 Vgl. z. B. Ludwig Wilser, Zuchtwahl beim Menschen. In: PAR, 1 (1902/03) 3, S. 181–191, hier 190.
159 Vgl. Herlitzius, Frauenbefreiung und Rassenideologie, S. 99.
160 Vgl. von Ehrenfels, Die sexuale Reform, S. 981.
161 Vgl. ders., Ueber Björnsons »Monogamie und Polygamie«, S. 964.
162 Ders., Die aufsteigende Entwicklung des Menschen. In: PAR, 2 (1903/04) 1, S. 45–59, hier 57.
163 Weiterführend zum Zusammenleben zwischen Mann und Frau in dieser Konstruktion vgl. ders., Das Mütterheim. In: PAR, 5 (1906/07) 4, S. 221–239.
164 Vgl. ders., Die aufsteigende Entwicklung, S. 58.
165 Ders., Die sexuale Reform, S. 976.

Kaspar Schmidh ist neben K. Drasto[166] und Hentschel,[167] die mit von Ehrenfels weitgehend übereinstimmten, ebenfalls in die dritte Kategorie einzuordnen, denn seiner Meinung nach zeigte die »Monopolisierung der geschlechtlichen Befriedigung für die patriarchalische, kirchlich oder mindestens staatlich konzessionierte, grundsätzliche monogamische und lebenslängliche Einehe«[168] ihr Versagen in der stark anwachsenden Zahl der Scheidungen, Prostitution, »Sittlichkeitsverbrechen«, »Perversionen« und unehelichen Kindern und würde in der Ungleichheit der sexuellen Potenz und Bedürfnisse zwischen den Geschlechtern begründet liegen.[169] Auch für Borgius bestätigten die Statistiken zu ledigen jungen Männern und Frauen, »dass die geltende Eheform, die offiziell als die allein moralische Art des Sexuallebens behandelt wird, in Wirklichkeit nicht entfernt mehr imstande ist, das gesamte Geschlechtsleben zu umfassen.«[170]

Daher hegte Schmidh »keinen Zweifel daran, dass die Hypothese des Monogamismus beim Kulturmenschen ein grandioser Selbstbetrug ist«,[171] der gerade vom Christentum in die Gesellschaft eingebrannt wurde. Er sprach von Ehrenfels darum durchaus richtige Ansätze zu und kam neben August Hallermeyer ebenfalls zu dem Schluss, dass die durch ähnliche Finanzierungspläne gewährleistete völlige wirtschaftliche Unabhängigkeit der Frau, eine Voraussetzung für einen Wandel der Sexualmoral darstellen würde.[172] So oder so würde »die Polygamie [...] unter allen Umständen siegen, die Frage ist nur: Welche Rasse wird sie – und damit sich selbst – zum Siege und zur Weltherrschaft führen?«[173]

Autoren der zweiten Kategorie sahen in der Diskursebene »Sexualität« bestimmte Mängel des bestehenden Systems der monogamen Dauerehe ein und sprachen polygamen Ordnungen theoretisch durchaus große Effektivität zu, konnten sich eine praktische Umsetzung jedoch nicht vorstellen. Zu diesen Autoren gehörte beispielsweise Wilser, der die Monogamie als beste Versöhnung zwischen Sinnlichkeit und »Sittlichkeit« und daher seit Ewigkeiten in der Menschheit verwurzelt sah, der Polygamie jedoch auch gute »qualitati-

166 Vgl. K. Drasto, Zur Frage der konstitutiven Verderblichkeit der Monogamie. In: PAR, 7 (1908/09) 7, S. 356–363.

167 Vgl. Willibald Hentschel, Zur Kritik von »Varuna«. In: PAR, 7 (1908/09) 4, S. 206–212. Siehe auch Abschnitt III.3.2.2.

168 Kaspar Schmidh, Gedanken zur Sexualpolitik. In: PAR, 5 (1906/07) 3, S. 168–175, hier 169.

169 Vgl. ebd., S. 173.

170 Walther Borgius, Mutterschutz und neue Ethik, Berlin 1909, S. 1.

171 Schmidh, Gedanken zur Sexualpolitik, S. 173.

172 Weiterführend zum Zusammenleben zwischen Mann und Frau in dieser Konstruktion vgl. ders., Die Mutterschaftsversicherung als Grundlage einer mutterrechtlich-polygamischen Sexualordnung. In: PAR, 5 (1906/07) 5, S. 282–293; August Hallermeyer, Rassenveredelung und Sexualreform. In: Max Marcuse (Hg.), Sexual-Probleme. Zeitschrift für Sexualwissenschaft und Sexualpolitik, 9 (1913) April-Ausgabe, S. 225–252.

173 Schmidh, Die Mutterschaftsversicherung, S. 293.

ve« Ergebnisse zutraute. Eine kräftige »Volksvermehrung« und eine gesunde »Rassebildung« ermöglichten allerdings auch monogame Verhältnisse, was historisch nachweisbar sei.[174] Schallmayer attestierte der Monogamie bei der richtigen Anwendung deshalb eine durchaus positive »selektive Wirkung« und bewertete von Ehrenfels' Reformvorschläge als unrealistisch. Die Polygamie könnte zwar die quantitative »Volksreproduktion« erheblich steigern, die Kultur könnte aber nicht garantieren, dass die »eugenisch« tatsächlich »besten« Männer viele Nachkommen zeugen.[175] Das schwerwiegendste Argument der beiden gegen von Ehrenfels' Idee der neuen »sozialen Auslese« war jedoch, dass den Männern die freie Partnerwahl verwehrt würde, was sie sich auf keinen Fall gefallen lassen würden.[176] Kuhlenbeck war sich dagegen fast sicher, dass gewisse Veränderungen in von Ehrenfels' Sinne realisiert werden könnten, in welchem Grad jedoch, sei »eine Frage des rein politischen Taktgefühls.«[177] Er gehörte damit zu jenen zahlreichen Autoren der zweiten Kategorie, welche die Polygamie ausschließlich aus Mangel an praktischer Durchführbarkeit ablehnten, deren Nützlichkeit und Vorteile aber klar hervorhoben.

Franze hielt die romantische Liebe sogar für eine Wahnidee, die nur erlaubte, ein einziges Individuum als geeignetsten Gatten anzuerkennen, obwohl völlig klar sei, dass andere Vertreter desselben Typus ebenso gut geeignet wären. Diese Liebe sei also nur eine Fremd- oder Autosuggestion und die »geeignete Gattenwahl« vielmehr ein Instinkt, dessen Ausprägung parallel zur »Rassenqualität« zunehme.[178] Da die »richtige Gattenwahl« aber der entscheidende Punkt sei und die Polygamie in der jetzigen Gesellschaft noch nicht akzeptiert werde, könne und müsse die derzeitige Ehe zumindest reformiert werden. Es müsse vorzugsweise den »guten« ledigen Frauen die Ehe erleichtert und den »unpassenden« und unfruchtbaren die Scheidung ermöglicht werden.[179] Außerdem müsse mit dem Missstand der Ungleichberechtigung unehelicher Mütter und Kinder aufgeräumt und beiden die vollste Fürsorge zugesichert werden.[180]

174 Vgl. Ludwig Wilser, Zur Frage: Zuchtwahl und Monogamie. In: PAR, 1 (1902/03) 12, S. 1003 f., hier 1003.

175 Vgl. Schallmayer, Vererbung und Auslese, S. 415 f.

176 Vgl. Wilser, Zur Frage, S. 1004.

177 Ludwig Kuhlenbeck, Zuchtwahl und Monogamie. In: PAR, 2 (1903/04) 2, S. 170–172, hier 172.

178 Vgl. Paul Christian Franze, Höherzüchtung beim Menschen auf biologischer Grundlage. Vortrag gehalten auf der 81. Versammlung Deutscher Naturforscher und Ärzte in Salzburg 1909, bedeutend erweitert und umgearbeitet, Leipzig 1910, S. 66.

179 Vgl. ebd., S. 69.

180 Ebd., S. 70.

Auch Forel forderte eine neue Sexualmoral, die den modernen Verhältnissen Rechnung tragen solle. Früher sei auch beim Menschen die Begattung gleichbedeutend mit der Zeugung, was eine Vielzahl von Kindern mit einer nahezu ebenso hohen Sterblichkeit zur Folge gehabt habe. Mit der gegenwärtigen Aufhebung der brutalen »Zuchtwahl« überlebten aber sehr viele »Schwache«, was von vornherein verhindert werden müsse, indem die Befriedigung des Sexualtriebes von der Kinderzeugung scharf getrennt würde.[181] Dies würde sich am einfachsten und sichersten mit der Empfängnisverhütung durch Kondome bewerkstelligen lassen.[182] Dazu hielt Forel die monogame Dauerehe ebenfalls für die beste und hygienischste Form des Zusammenlebens von Mann und Frau und der Kindererziehung, allerdings nur, wenn diese frei von allen wirtschaftlichen und standesgemäßen Zwängen geschlossen würde. Die künftigen Eltern sollten sich lieber gut kennenlernen, was den Charakter, die Eigenschaften und die Gesundheit beträfe, bevor sie die Ehe schließen.[183] Vor allem die Frauen, als die künftigen Mütter, müssten sich ihre Männer richtig aussuchen.[184]

Die erste Kategorie zog nun die Monogamie der Polygamie in jedem Fall vor, weil sie wie Lomer in der monogamen Dauerehe schlicht die hygienisch beste Form der Befriedigung des Geschlechtstriebes erkannt hätten[185] und wie Helene Stöcker jegliche polygame Reformvorschläge kategorisch ablehnten, da diese zur Verrohung der »Sitten« durch Orgien, Lieblosigkeit, Neid und Hass führen würden. Sie seien eine Verkennung der menschlichen Natur und nichts weiter als eine männlich-egoistische Verblendung[186] und laut Ploetz sogar »anthropozentrischer Größenwahn«.[187] Dass verheiratete Männer weniger durch Alkohol und Geschlechtskrankheiten gefährdet seien und »hochgradig Minderwertige« ohnehin ledig bleiben würden, stellte für Jørgen Peter Müller und Max von Gruber dagegen das gewichtigere Argument für die Monogamie dar.[188] Um letzte-

181 Vgl. August Forel, Die Sexuelle Frage. Eine naturwissenschaftliche, psychologische, hygienische und soziologische Studie für Gebildete, München 1905, S. 414.

182 Vgl. ebd., S. 416.

183 Vgl. ebd., S. 425.

184 Vgl. ebd., S. 522.

185 Vgl. Lomer, Krankheit und Ehe, S. 213.

186 Vgl. Helene Stöcker, Der Bund für Polygamie. In: Die Neue Generation: Publikationsorgan des Deutschen Bundes für Mutterschutz und der Internationalen Vereinigung für Mutterschutz und Sexualreform, 7 (1911) 10, S. 552–555, hier 553.

187 Alfred Ploetz, Bemerkungen zu der Abhandlung Professor v. Ehrenfels' über die konstitutive Verderblichkeit der Monogamie. In: ARG, 4 (1907) 6, S. 859–861.

188 Vgl. kritische Besprechung von Ernst Rüdin zu: Max von Gruber, Hygienische Bedeutung der Ehe. In: Julius Friedrich Lehmann (Hg.), Darstellungen der Beziehungen zwischen Gesundheitsstörungen und Ehegemeinschaft, München 1904. In: ARG, 2 (1905) 2, S. 294–299, hier 294; kritische Besprechung von Rudolf Allers zu: Jørgen Peter Müller, Geschlechtsmoral und Lebensglück (Ein populär gehaltener Beitrag zur Lösung der sexuellen Frage), Kopenhagen. In: ARG, 6 (1909) 5, S. 796–708, hier 707.

res zu garantieren sprach sich von Gruber zusätzlich für entsprechende Ehe- und Fortpflanzungsverbote aus, die später noch thematisiert werden.[189]

Auch Grassl sah in der Ehe in erster Linie ein »Ausleseinstitut«, da die »Minderwertigen« am ehesten von ihr ausgeschlossen würden. Außerdem würde die Ehe das Zeugungsalter hinausschieben, was der Reife der Eltern zugutekomme und den »Minderwertigen« die Chance gebe, vor einer »rassenhygienisch verhängnisvollen Fortpflanzung« zu sterben.[190] Bleibt eine Ehe unfruchtbar, geschehe dies aus gutem Grund, weshalb unfruchtbare Ehen für Grassl ebenfalls »auslesend« wirken würden. Die gänzlich Unverheirateten hätten die Rolle der »Arbeitsbienen« inne und würden die Produkte für das »Volk« schaffen, was eine wichtige Voraussetzung für eine höhere Kulturfähigkeit bilde.[191] Denn »nur in der monogamen Dauerehe werden die sonst für das Geschlechtsleben notwendigen Kräfte der Vorbereitungsperiode frei zur Entwicklung wahrer Kultur und zur Anhäufung von Nahrungsmitteln.«[192]

Die meisten Autoren warfen bei der Verteidigung der Monogamie sowohl das Argument der Emotion als auch jenes der biologischen Vorteile in die Waagschale: Da bei einer lebenslangen Beziehung am ehesten auf die wichtigen körperlichen und geistigen Eigenschaften geachtet werde, könne »die Ehe, das dauernde Zusammenleben der Gatten, der Eltern mit den Kindern, […] offenbar in dieser Richtung der Sexualauslese die größten Dienste leisten.«[193] Die Monogamie sei schon im menschlichen Gefühlsleben begründet und am besten für das Wohl der Kinder, weshalb die von Ehrenfels' fein ausgesponnene Utopie an der menschlichen Natur scheiterte.[194] Alles, was der Ehe und Familie schadet, sei auch unvereinbar mit einer wahrhaft »eugenischen« Ethik, pflichtete Bluhm hier Becher in dessen Kritik an von Ehrenfels bei.[195] Auch Leopold Katscher und Eduard Westermark vermuteten die Polygamie zu allen Zeiten der menschlichen Geschichte als Ausnahmeerscheinung, da sie ein Überwiegen der männlichen Geburten und zugleich einen widernatürlichen Mangel an Eifersucht voraussetzte.[196] Woltmann hielt von einer polygamen Sexualordnung ebenfalls nicht viel, da sie zu Charakterlosigkeit führen würde, denn »Charakter im wahrsten Sinne kann […] nur in monogamischer Ehe und unter dem Einfluss der engeren Inzucht

189 Vgl. Rüdin zu: von Gruber, Hygienische Bedeutung der Ehe, S. 295.

190 Vgl. Josef Grassl, Volkserneuerung. In: ARG, 8 (1911) 2, S. 178–197, hier 180.

191 Vgl. ebd., S. 182.

192 Ders., Zur Frage der Fruchtfähigkeit und der Mutterschaft. In: ARG, 5 (1908) 4, S. 498–525, hier 511.

193 Becher, Der Darwinismus und die soziale Ethik, S. 48f.

194 Vgl. ebd., S. 53.

195 Vgl. Agnes Bluhm, Ethik und Eugenik. In: Frauenbewegung und Sexualität. Beiträge zur modernen Ehekritik, (1909), S. 118–131, hier 130.

196 Vgl. Leopold Katscher, Die neuesten Forschungen über die Naturgeschichte der Ehe und Familie. In: PAR, 1 (1902/03) 6, S. 438–447, hier 446.

durch mehrere Generationen gezüchtet werden.«[197] Wilhelm Peter Johannes Mensinga legte sich sogar darauf fest, dass die Beseitigung der Monogamie in diesem Jahrhundert, ja in diesem Jahrtausend nicht zu realisieren sein würde, da sie als Sakrament der christlichen Moral zu stark sei.[198] Er beschränkte sich daher auf die »rassenhygienische« Auswahl und den Schutz der Mütter, sodass diese möglichst viele gesunde Kinder gebären könnten.[199]

Bei der Diskussion um die beste Sexualordnung zeigte die Tendenz klar in Richtung Monogamie; auch wenn einige »Rassenhygieniker« die erhöhte Effektivität der Polygamie in der Kinderzeugung anerkannten, wichen sie jedoch vor praktischen und ethischen Grenzen zurück. Viele der Autoren, die eine polygame Ordnung ablehnten, begründeten dies nur oberflächlich oder gar nicht, sondern hielten sich bei dem »so argwöhnisch wie fasziniert beäugte[m]«[200] Tabuthema Sexualität eher zurück. Von Ehrenfels meldete sich im »rassenhygienischen« Diskurs dagegen nahezu ausschließlich zu diesem Thema zu Wort und dominierte auch die Diskussion darüber. Obwohl er mit seiner klaren Befürwortung der Polygamie mit Hentschel und Schmidh die Außenseiterrolle innehatte, wurden seine Reformvorstellungen in der vorliegenden Arbeit, wenn auch nicht erschöpfend, jedoch eingehender nachgezeichnet. Denn Autoren wie Wilser, die der Polygamie skeptisch, aber nicht gänzlich abgeneigt gegenüberstanden, fragten, was unter den gegebenen Verhältnissen »rassenhygienisch« zu erreichen sei. Von Ehrenfels strebte jedoch danach, diese Verhältnisse mit seiner Sexualreform so zu ändern, dass noch viel mehr möglich wäre. Die Vertreter der dritten Kategorie waren in dieser Diskursebene zwar in der Unterzahl, befanden aber einen Wertewandel für notwendig, um Tabus und »festgefahrene Traditionen«, die meist dem Christentum »zu verdanken« seien, zu sprengen, um den Weg frei und die Öffentlichkeit empfänglich für Polygamie als Voraussetzung für »rassenhygienische« Prinzipien zu machen.

1.2.3 Frauenfrage

In der Frauenfrage differierten die Meinungen dahingehend, ob die wirtschaftliche und soziale Unabhängigkeit der Frau der »Rassengesundheit« förderlich oder hinderlich sei. An diesen Einschätzungen orientiert sich in dieser Diskursebene auch die Kategorisierung: Autoren der ersten Kategorie begrüßten die Emanzipation der Frau, da deren Unabhängigkeit die Grundlage für eine

197 Woltmann, Die physische Entartung, S. 547.

198 Vgl. Wilhelm P. J. Mensinga, Zuchtwahl und Mutterschaft. In: PAR, 2 (1903/04) 8, S. 630–639, hier 630.

199 Vgl. ders., Kindersterblichkeit und Mutterschutz. In: PAR, 4 (1905/06) 3, S. 150–155.

200 Geulen, Geschichte des Rassismus, S. 76.

»rassenhygienisch günstige Gattenwahl« darstelle. Die gegenläufige konservative Position der dritten Kategorie fürchtete die konsequente Entfernung der Frau vom »Mutterberuf« und daher einen Rückgang in »Qualität« und »Quantität« der kommenden Generationen.

Von Gruber legte deshalb ein klares Veto gegen die Frauenbewegung ein, da die volle ökonomische, soziale und politische Unabhängigkeit der Frau und ihre Gleichstellung mit dem Mann auf die bewusste und unbewusste Zerstörung der Familie und Unfruchtbarkeit zusteuern würden. Die Frauenemanzipation nage also an nichts weniger als an der »Wurzel der Volkskraft«.[201] Der Kapitalismus sei hier ein mächtiger Gönner der Frauenbewegung, weil er billige Arbeitskräfte benötige und die Frauen durch die Verschärfung der sozialen Lage zur Arbeit zwinge.[202] Die Zunahme von Kinderlosigkeit, Fehlgeburten, Stillunfähigkeit und »kränklichen Nachkommen« sowie die Vernachlässigung der Erziehung und Ehe seien die unverkennbaren Folgen der Doppelbelastung durch Mutterschaft und Berufsleben. Außerdem würden die Frauen als billige Arbeitskräfte auf dem Arbeitsmarkt in Konkurrenz mit den Männern treten, was die Löhne drücke und deren Familiengründung wiederum erschwere.[203] Rüdin und Paul Julius Möbius pflichteten ihm hier bei und hielten jene für Familie, Staat und »Rasse« verhängnisvolle Theorie von der Gleichheit und daraus folgender Gleichberechtigung der Geschlechter für falsch und gefährlich. Denn aus der Ungleichheit der Geschlechter würden sich unterschiedliche Rechte und Pflichten ergeben, die nicht »dem Weibe« gegenüber ungerecht seien, sondern im Gegenteil ihrer wahren Bestimmung entsprechen würden. Das Leben und Zusammenleben der Geschlechter hätte eine wesentlich größere Chance auf Glück und Zufriedenheit, wenn man diese natürlichen Gegebenheiten einfach akzeptieren würde.[204] Von Gruber sah also die Hauptaufgabe der Mädchenerziehung darin, sie zu Familienmüttern auszubilden, was in erster Linie die Erhaltung und Förderungen der eigenen Gesundheit betreffe.[205] Die Mädchen müssten vor den Gefahren für ihre Nachkommen vor und nach der Geburt, vor den Risiken eines kranken Gatten gewarnt und für die Ehrenarbeit des »Mutterberufes« an sich wieder begeistert werden. Sie müssten verstehen, dass ein kräftiger und »tüchtiger« Nachwuchs viel wichtiger als alle Güterproduktion und alles Männerwerk sei.[206]

201 Max von Gruber, Mädchenerziehung und Rassenhygiene. Ein Vortrag, München 1910, S. 5.
202 Vgl. ebd., S. 6.
203 Vgl. ebd., S. 8 f.
204 Vgl. kritische Besprechung von Ernst Rüdin zu: Paul Julius Möbius, Über den physiologischen Schwachsinn des Weibes, Halle 1905. In: ARG, 3 (1905), 1, S. 153 f., hier 153.
205 Vgl. von Gruber, Mädchenerziehung, S. 22.
206 Vgl. ebd., S. 25.

Rudolf Arndt betrachtete die Problematik am radikalsten – da rein biologisch – und beschrieb die »Entartung« auch als von der »Sitte und Art« der Menschen abweichendes Verhalten, weshalb die Frauenemanzipation ebenfalls ein »Entartungszeichen« darstelle, denn normalerweise würde die »gesunde, richtige, tüchtige Frau […] die Gefährtin, die Genossin ihres Mannes sein«[207] wollen. Claassen sah darüber hinaus die Abnahme der Zahl der stillenden Mütter ebenfalls als ein »Entartungszeichen« an. Sowohl der Rückgang der physischen Fähigkeit als auch der psychischen Bereitschaft zum Stillen sei dieser »Entartung« geschuldet und außerdem die Quelle weiterer Fehlentwicklungen.[208]

Die Hauptaufgabe des weiblichen Geschlechts sei demnach biologisch begründet die Fortpflanzung der Menschheit, weshalb auch für Moritz Alsberg und Grassl die Selbstbehauptung der Frau und ihr Streben nach höchster geistiger Vervollkommnung eine Gefahr für Familie und Gesellschaft darstelle. Ziel der Frauenrechtlerinnen müsse es daher sein, die Frauen erwerbsfähig zu machen, ohne dabei die Mutterrolle aus den Augen zu verlieren.[209] Die natürliche Mutter-Kind-Beziehung inklusive langem Stillen und die volle Konzentration auf die Kinderaufzucht sei die beste Säuglingsfürsorge und der beste Mutterschutz in einem, da den Säuglingen die bestmögliche Versorgung zuteil und die stark beanspruchte Mutter vor Erschöpfung und zu schneller erneuter Schwangerschaft geschützt würde.[210] Alsberg und Grassl versuchten daher die »eugenischen« Ziele mit denen der Frauenbewegung vereinbar zu machen, weshalb sie in die zweite Kategorie eingeordnet werden können. Die Frau sei infolge ihres schwächeren Triebes ohnehin den »eugenischen« Hemmungsvorstellungen wesentlich zugänglicher als der Mann, sodass sie ohne wirtschaftlichen Zwang zur Heirat viel eher auf die Ehe verzichten würde, wenn sie oder ihr Partner »untauglich« wären.[211] Aus diesem Grund hielt es Bluhm für ungemein wichtig, die aktuelle Frauenbewegung für die »eugenischen« Ideale zu gewinnen bzw. in deren Sinne zu steuern.[212] Die Gleichstellung, Vollerziehung und Unabhängigkeit der Frauen liege auch nach Forel nur im Interesse der »Rassenhygiene«, da emanzipierte Frauen automatisch eine »bessere Gattenwahl« treffen und als

207 Rudolf Arndt, Biologische Studien 2. Artung und Entartung, Greifswald 1895, S. 261.

208 Vgl. Walter Claassen, Die Frage der Entartung der Volksmassen aufgrund der verschiedenen, durch die Statistik dargebotenen Maßstäbe der Vitalität. In: ARG, 3 (1906) 4, S. 540–553, hier 551.

209 Vgl. Moritz Alsberg, Die geistige Leistungsfähigkeit des Weibes im Lichte der neueren Forschung. In: ARG, 4 (1907) 4, S. 476–492, hier 491; Grassl, Zur Frage der Fruchtfähigkeit, S. 522.

210 Vgl. ders., Der Erfolg alter und neuer ehelicher Geschlechtssitten in Bayern. In: ARG, 10 (1913) 5, S. 595–627, hier 626 f.

211 Vgl. kritische Besprechung von Agnes Bluhm zu: J. Borntraeger, Der Geburtenrückgang in Deutschland, seine Bewertung und Bekämpfung, Berlin 1912. In: ARG, 9 (1912) 5, S. 664–671, hier 668.

212 Vgl. ebd., S. 669.

Mütter einsichtiger für eine rationale »Eugenik« sein würden.[213] Rutgers verurteilte zwar »eine feministisch verfeinerte Kultur [als] ein entkräftendes, wenn nicht tödliches Volksgift«,[214] begrüßte die Emanzipation der Frau aber ebenfalls insofern, als dass diese selber über den Nachwuchs entscheiden könne. Sie würde viele Kinder zeugen, wenn sie sich stark genug, weniger, wenn sie sich zu schwach dazu fühle. Aus diesem Grund sei die mütterliche »Auslese« wohl die beste.[215]

Diesen letzten Punkt vertrat jene in der Frauenfrage dominante erste Kategorie konsequenter, die der emanzipierten Frau zutraute, ihrer Rolle als Spenderin von »rassenhygienisch wertvollem Leben« gerecht zu werden. Zum Beispiel sah Goldstein – bei allen »berechtigten Bedenken« der Frauenarbeit gegenüber – in dieser keine Gefahr für die »Rasse«.[216] Die modernen Frauen würden auch neben ihrem Beruf ihre Weiblichkeit und den Kinderwunsch nicht verlieren, weshalb er – bei vernünftigen Arbeitsbedingungen, Mutter- und Säuglingsschutz – die berufstätige Frau als ein enormes Plus an Kraft einschätzte.[217] Kaup forderte als Grundlage dafür aber eine Konzentration der »Volkswohlfahrt« auf den Mutter- und Familienschutz, vor allem im Zusammenhang mit der Vereinbarkeit von Beruf und Familie, denn »tatsächlich vorhandene rassenförderliche Momente sind daher bei der jetzigen Form weiblicher Erwerbsarbeit kaum nachzuweisen, dagegen eine große Zahl schädigender Momente, die für die Zukunft der Nation von größter Bedeutung sind.«[218] Je sparsamer dagegen mit dem »Menschenmaterial« umgegangen werde, desto mehr mildere sich laut Goldscheid der notwendige »Gattungsdienst« der Frau, was positiv zu bewerten sei, da diese dann mehr Kräfte für andere Betätigungen zur Verfügung habe, was wiederum ihrer Emanzipation förderlich sei.[219] Alles, was der Frauengleichberechtigung entgegenarbeitet, sei deshalb derzeit völlig irrational.[220] Zum Beispiel werde dem Frauenwahlrecht entgegengehalten, dass die geistigen Leistungen des »Weibes« unter denen des Mannes stehen würden, aber »wird denn das Wahlrecht

213 Vgl. August Forel, Malthusianismus oder Eugenik? Vortrag gehalten im neomalthusianischen Kongreß zu Haag (Holland) am 29. Juni 1910, München 1911, S. 28.

214 Kritische Betrachtung von Wilhelm Schallmayer zu: J. Rutgers, Rassenverbesserung, Malthusianismus und Neomalthusianismus, Dresden 1908. In: ARG, 5 (1908) 5/6, S. 827–835, hier 834.

215 Vgl. Johannes Rutgers, Rassenverbesserung. In: Die Neue Generation: Publikationsorgan des Deutschen Bundes für Mutterschutz und der Internationalen Vereinigung für Mutterschutz und Sexualreform, 4 (1908/09) 1, S. 24–28, hier 28.

216 Vgl. Kurt Goldstein, Über Rassenhygiene, Berlin 1913, S. 72.

217 Vgl. ebd., S. 73.

218 Ignaz Kaup, Frauenarbeit und Rassenhygiene (Sozialistische und nationalbiologische Beiträge zur Frauenarbeit): Vortrag gehalten auf dem Handlungsgehilfentage in Frankfurt a.M., Hamburg 1913, S. 41.

219 Vgl. Rudolf Goldscheid, Friedensbewegung und Menschenökonomie, Berlin 1912, S. 34.

220 Vgl. ders., Frauenfrage und Menschenökonomie, Wien 1914, S. 1.

heute noch nach geistigen Leistungen abgestuft?«[221] Die Senkung der Geburtenrate durch die Frauenemanzipation sei also bei gleichzeitiger Senkung der Sterberate durch verbesserte Lebensbedingungen zu begrüßen, da somit der Wert des einzelnen Menschenlebens steigen, ferner ein Umdenken und eine vernünftige Politik automatisch folgen würden.[222] Goldscheid forderte daher die volle politische und bürgerliche Gleichberechtigung der Frau als Voraussetzung für eine organisierte Selbsthilfe der Gesellschaft,[223] denn »der bewusste Hinaufpflanzungsprozess erfordert aber eine bewusste Frau, eine Frau, die auf der vollen Höhe der Zeit stehend, sich klar ist über ihre hohe Mission im gesellschaftlichen Entwicklungsdrang.«[224] Solange die Frau aber nicht zum Selbstzweck geworden sei, werde ihre Gatten- und Mutterschaft, auch nach Woltmanns Überzeugung, weiterhin eine Art Sklaverei bleiben.[225] Aus diesem Grund sprach er sich zusätzlich für den Präventivverkehr zur Selbstbestimmung von Frau und Familie aus.[226]

Westermarck konstatierte wie die meisten »Rassenhygieniker« der Zeit, dass die Ehe und die Familie ohnehin ihren gesellschaftlichen Stellenwert verloren habe: Wurde Ehelosigkeit früher in allen Religionen und Kulturen mit Pflichtverletzung gleichgesetzt und mit sozialer Ausgrenzung bestraft, so stehe sie heute unter einem anderen Licht.[227] Die Verbindung zwischen Mann und Frau werde nun der Gefühlssache der Individuen überlassen, anstatt dass die Ehe zu den Bürgerpflichten gerechnet werden könne. Allerdings sei es heute auch für die »unteren« Klassen schwerer, eine Familie zu ernähren, bei gleichzeitiger verschwenderischer Lebensweise und Genusssucht der »oberen« Klassen, die einer Familiengründung ihrerseits entgegenstehe. Außerdem sei es bei der Verfeinerung der Kultur gegenwärtig für Mann und Frau wesentlich schwerer, einen wirklich passenden Lebensgefährten zu finden.[228] Ellis hoffte deshalb wie viele andere Autoren, dass »der Wechsel in der Stellung der Frau [...] durch Verleihung wirtschaftlicher Unabhängigkeit sicher der Zuchtwahl ihre gebührende Bedeutung in der menschlichen Entwicklung wiedergeben [wird].«[229] Das begründete Ellis damit, dass unvorteilhafte »Geldehen« unnötig werden, mensch-

221 Ebd., S. 3.
222 Vgl. ebd., S. 19.
223 Vgl. ebd., S. 25.
224 Ebd., S. 31.
225 Vgl. Ludwig Woltmann, System des moralischen Bewußtseins mit besonderer Darlegung des Verhältnisses der kritischen Philosophie zu Darwinismus und Socialismus, Düsseldorf 1898, S. 351.
226 Vgl. ders., Die Darwinsche Theorie und der Sozialismus. Ein Beitrag zur Naturgeschichte der menschlichen Gesellschaft, Düsseldorf 1899, S. 367.
227 Vgl. Eduard Westermarck, Moralbegriffe und Ehelosigkeit. In: ARG, 5 (1908) 2, S. 221–234, hier 222.
228 Vgl. ebd., S. 224.
229 Ellis, Rassenhygiene und Volksgesundheit, S. 134.

liche Gefühle bei der »Gattenwahl« die bevorzugte Rolle spielen und deshalb die Prostitution zurückgedrängt werden würde.[230] Hentschel begründete dies hingegen damit, dass mit der Emanzipation von der christlich diktierten Ehe eine wirklich freie und daher »rassenhygienisch rationale Gattenwahl« erst möglich werden würde.[231]

1.2.4 Fazit

Die »Krise der Kultur« erschien zur Wende vom 19. zum 20. Jahrhundert als Krise der Sexualmoral der Geschlechter und der Ehe als Fortpflanzungsgemeinschaft. Außerehelicher Geschlechtsverkehr, Prostitution, Geschlechtskrankheiten sowie Säuglingssterblichkeit in den »unteren« und die niedrige Geburtenrate der »oberen« Bevölkerungsschichten bildeten hier die gemeinsamen Nenner. Eine »neue sexuelle Ethik« wurde daher gefordert.[232] Darüber hinaus verkörperte »›die Frau‹ […] auf ambivalente Weise das Bedrohungs- und Produktivitätspotenzial der Moderne, mit dem das männliche Subjekt als Träger von Kultur, Zivilisation und technischem Fortschritt konfrontiert ist.«[233]

Sowohl diese Dynamiken der Bevölkerungsentwicklung als auch jene des Geschlechterverhältnisses waren in ihrem Schnittpunkt des Geburtenrückganges tief mit dem zeitgenössischen »Rassenhygiene«-Diskurs verflochten, der mit seinen differierenden Positionen enge Beziehungen zu Nachbardiskursen wie der »Gebärstreikdebatte« von 1913[234] einging. Die Bewertung dieser Phänomene unterschied sich im »rassenhygienischen« Diskurs im Wesentlichen dadurch, ob gesellschaftliche oder biologische Ursachen für die sinkenden Geburtenraten verantwortlich seien und bestimmte die diskutierten Handlungsspielräume.

Der Tenor in diesem Bereich deutete in der »Rassenhygiene« in die Richtung eines selbstbestimmten Lebens, in dem jedem Individuum und jeder Generation ein Selbstzweck zuerkannt, eine frei von finanziellen oder ständischen Grenzen gewählte Ehe gewährt und der Frau ein der »Rassengesundheit« förderlicher

230 Vgl. ebd., S. 135.
231 Vgl. Hentschel, Vom aufsteigenden Leben, S. 98.
232 Vgl. Bublitz, Die Gesellschaftsordnung, S. 288.
233 Dies., Einleitung, S. 14.
234 Zum Ende des 19. Jahrhunderts begannen Frauen eigenständig Fortpflanzung und Sexualität mit illegaler Abtreibung oder sexueller Verweigerung zu trennen. Weil dies die Männer sowohl in Sachen Sexualität als auch Familienplanung in eine passive Rolle drängte, lösten die rückläufigen Geburtenziffern vor dem Ersten Weltkrieg eine Panik in der patriarchischen Gesellschaft aus. Die sozialdemokratischen Ärzte Julius Moses und Alfred Bernstein nutzten diese Ängste, um mit dem Aufruf zu einem »Gebärstreik« Verbesserungen im Bereich der Gesundheits- und Familienpolitik zu erzwingen. Vgl. Anna Bergmann, Frauen, Männer, Sexualität und Geburtenkontrolle. Zur »Gebärstreikdebatte« der SPD 1913. In: Katrin Hausen (Hg.), Frauen suchen ihre Geschichte, 2. Auflage, München 1987, S. 83–109, hier 93–95.

Umgang mit der eigenen Sexualität und Fruchtbarkeit zugetraut wurde. Auch wenn sich bei den Überlegungen dazu teilweise einer zeitgenössischen frauendiskriminierenden Terminologie bedient wurde, dominierte in dieser Diskursebene die erste Kategorie. Diese liberal erscheinenden Ansätze dürfen aber auch nicht darüber hinwegtäuschen, dass ihnen stets der Gedanke eines biologischen und »rassenhygienischen« Zwecks zugrunde lag und vor allem die zweite Kategorie angesichts bestehender gesellschaftlicher Zwänge und Moralvorstellungen versucht hat, Salonfähigkeit zu wahren bzw. zu erlangen. Ebenso darf die zeitgenössische Abseitsstellung mancher biologistischer Extrempositionen, wie sie zum Beispiel von Ehrenfels vertrat, nicht verhehlen, dass derartige Denksysteme eines ganzheitlichen Wertewandels vielen zunächst gemäßigt wirkenden Diskurspositionen ebenfalls bereits zugrunde lagen. Diese grundlegenden Denksysteme gingen jedoch mit Maßnahmen wie Ehehemmnissen und -förderungen einher, die heutigen Vorstellungen von individueller Selbstbestimmung absolut konträr gegenüberstanden. An anderer Stelle wird dies zu vertiefen sein.

Auch wenn »Stammes-, Volks- und Rassenunterschiede« die regionalen Unterschiede in der menschlichen Fruchtbarkeit beeinflussen würden,[235] sah eine Vielzahl an »Rassenhygienikern« wie Thurnwald den Rückgang der Geburten in den Städten vor allem in dem Milieu begründet. Denn neben schlechten Wohn- und Ernährungsverhältnissen sowie Geschlechts- und Berufskrankheiten, die zur physiologischen »Schwächlichkeit« oder Unfruchtbarkeit führten, würden auch finanzielle Gründe sowie »Genusssucht« und kurzsichtiger Egoismus in der Gesellschaft die empfängnisverhütenden Maßnahmen vorteilig erscheinen lassen.[236] Derartig identifizierte Einflüsse des Milieus auf die Bevölkerung werden im Folgenden von den zeitgenössischen Autoren diskutiert.

2. Milieu

2.1 Moderne Lebensbedingungen

2.1.1 Landflucht und Stadthygiene

Das »Milieu« beschreibt alle äußeren Umstände der unmittelbaren Umgebung, die auf die Menschen Einfluss üben. Das betraf zum betrachteten Zeitraum und mit Blick auf die Masse der Menschen vor allem die durch die Industrialisierung und die Urbanisierung verursachten schädlichen, unhygienischen Einflüsse.[237] Schlechte Wohnbedingungen, mangelnde Körperhygiene und Ernährung waren Ursachen für Krankheiten aller Art und eine hohe Anfälligkeit für Alkoholab-

235 Vgl. Thurnwald, Stadt und Land im Lebensprozeß der Rasse, S. 856.
236 Vgl. ebd., S. 858.
237 Vgl. Ullrich, Die nervöse Großmacht, S. 139–141.

hängigkeit und »Unsittlichkeit« unter den Arbeitern. Die Beschäftigung mit diesen Problemen stellte eine gemeinsame Schnittmenge der zeitgenössischen (Stadt-)Hygienebewegung und der hier diskutierten »Rassenhygienebewegung« dar. Während die Hygieniker alles daran setzten, moderne Technik, Medizin und Sozialfürsorge einzusetzen, um die Verhältnisse von vielen Perspektiven her zu verbessern, gab es neben denjenigen »Rassenhygienikern«, die ebenfalls danach strebten, auch jene, die in den modernen Lebensbedingungen eine neuzeitliche »natürliche Auslese« entdeckt haben wollten und daher Zurückhaltung bei der künstlichen Verbesserung der Verhältnisse in den Städten wünschten. Letztere werden daher der dritten Kategorie, während Erstgenannte der ersten Kategorie zugeordnet werden. Vertreter der zweiten Kategorie stellen wie in den anderen Fällen auch eine Mischung zwischen beiden Polen dar. Kollidierten die hier formulierten Forderungen bereits mit dem bestehenden gesellschaftlichen Konsens wie zum Beispiel des Strebens nach allgemeiner Lebensstandarderhöhung und der Krankheitsbekämpfung?

Wie oben bereits angedeutet kann das Leben in der Stadt bzw. in der Großstadt als zunehmend beherrschendes Milieu der Zeit und daher als eine erklärte Hauptquelle des beschriebenen Elends betrachtet werden, worüber sich auch alle Autoren weitgehend einig waren.[238] Obwohl im »Stadtproletariat« ein »Siebungsprozess« stattfinde, würden doch genügend »Menschentorsi« wie Blinde, Taubstumme und »Krüppel« überleben, sodass die ganze »Volksgruppe« »entarten« würde. Das nervenzehrende und ungesunde Stadtleben fördere mit seiner egoistischen, rücksichtlosen und »rassenfeindlichen« Moral diesen Effekt zusätzlich und übe somit »Raubbau an der Menschheit«.[239] Albert Reibmayr und Hegar warfen dem Stadtleben vor allem die »Verunstaltung der Jugend« vor, da dessen unharmonische Erziehungsmethoden die Kinder geistig und körperlich »verkrüppeln« würden.[240] Gemeint ist hier zum Beispiel das viel zu lange Sitzen in schlecht belüfteten Klassenräumen, was nur eine Ursache für die schlechte körperliche Verfassung der Kinder sei, die sich auch auf die Geschlechtsdrüsen übertragen und sich fortpflanzen würde.[241] Auch sei eine disharmonische Geschlechtsentwicklung die Folge, die sich in Früh- oder Spätreife äußerte und zu späterer Impotenz oder »perversen Neigungen« führen könne.[242]

238 Vgl. Giuseppe Marina, Anthropologische Untersuchungen an jugendlichen Personen Zweiter Teil: Physische Entwicklung. In: PAR, 1 (1902/03) 12, S. 913–944.

239 Stephan, Ärztliche Beobachtung bei einem Naturvolke. In: ARG, 2 (1905) 5/6, S. 799–811.

240 Vgl. Albert Reibmayr, Die körperliche Schädigung der heutigen studierten Jugend. In: PAR, 3 (1904/05) 9, S. 552–567, hier 553; kritische Betrachtung von Ernst Rüdin zu: Alfred Hegar, Zur Verbreitung, Entstehung und Verhütung des engen Beckens. In: Münchner medizinische Wochenschrift (1908). In: ARG, 5 (1908) 5/6, S. 808 f., hier 809.

241 Vgl. Reibmayr, Die körperliche Schädigung, S. 558.

242 Vgl. ebd., S. 562.

Rekrutierungsergebnisse würden diese Befürchtungen bestätigen und zeigen, dass vor allem Stadtbewohner von derartigen »Disharmonien« betroffen seien und diese weitervererbten, was der ganzen »Rasse« schaden würde.[243] Aus diesem Grund sei laut Reibmayr die Rückkehr zum Ausgleich der körperlichen und der geistigen Entwicklung unbedingt notwendig. Systematische Gymnastik und eine natürlichere Lebensweise könnten schlecht geerbte Muskel- und Knochenbildungen bedeutend verbessern.[244] Auch L. B. Bachmann forderte eine Rückkehr zu gesünderen Verhältnissen, ähnlich denen auf dem Bauernhof: Frische Luft, natürlichere Kleidung und Ernährung, mehr Bewegung, Verzicht auf Alkohol, Tabak oder Kaffee würden Alkoholismus, Geistes-, Geschlechts- und Infektionskrankheiten, Säuglingssterblichkeit, Suizide, »Unsittlichkeit« sowie körperliche und »moralische Schäden« minimieren.[245] Grotjahn war ebenfalls davon überzeugt, dass die schädlichen Wirkungen des Stadtlebens erfolgreich durch Stadthygiene und Sozialpolitik vermindert und die drohende »körperliche Entartung« aufgehalten werden könne.[246] Die positiven Beispiele der erkennbaren Besserungen in den Londoner Arbeitervierteln stimmten ihn und seine Mitstreiter der ersten Kategorie hier optimistisch.[247]

Nach Willy Hellpach seien die Großstädte bzw. der Stress in Form von Lärm, Licht und Qualm, den diese verursachten, die Hauptursache der »Nervosität«, die wahrscheinlich einer der stärksten »Hebel der Entartung« sei.[248] Daher sei die Erhaltung zahlreicher Kleinstädte und Landgemeinden wichtig für die geistige »Volksgesundheit«,[249] weshalb Hellpach gegenwärtige stadtplanerische Maßnahmen wie Flächenerweiterung und die Aussiedlung in die Vorstadt nur begrüßen könne.[250] Auch Wilser sprach sich für stadthygienische Maßnahmen aus, die auch die »untersten« Bevölkerungsschichten betreffen und plädierte zusätzlich für eine auf »Kolonisation« außerhalb der Landesgrenzen gestützte Ausdehnung der Wohngebiete, die einen lebenskräftigen Bauernstand als »Stütze der Gesellschaft« ermöglichen würde.[251] Er gehörte damit ebenfalls zur zweiten Kategorie, die neben städtehygienischen Maßnahmen auch die Landbevölkerung als »biologische Reserve« fördern wollte. Die Sterblichkeit sei in den Großstädten

243 Vgl. ebd., S. 565.
244 Vgl. ebd., S. 560.
245 Vgl. L. B. Bachmann, Das Entartungsproblem. In: PAR, 7 (1908/09) 9, S. 496–500, hier 500.
246 Vgl. Alfred Grotjahn, Soziale Hygiene und Entartungsproblem. In: Th. Weyl, Handbuch der Hygiene, vierter Supplement-Band, Soziale Hygiene, Jena 1904, S. 727–790, hier 766.
247 Vgl. ebd., S. 768.
248 Vgl. Willy Hellpach, Soziale Ursache und Wirkungen der Nervosität. In: PAR, 1 (1902/03) 2, S. 126–134, hier 128.
249 Vgl. ebd.
250 Vgl. ebd., S. 132.
251 Vgl. Ludwig Wilser, Rasse und Gesundheit. In: PAR, 1 (1902/03) 1, S. 67.

in allen Altersgruppen erwiesenermaßen höher als auf dem Land, weshalb auch Ludwig Bauer dem Konzept der Erweiterung der Stadthygiene mit einer entsprechenden Sozialgesetzgebung beipflichtete.[252] Gleichzeitig schlug dieser vor, durch Hebung des hygienischen und kulturellen Lebensstandards auf dem Land dessen Attraktivität zu steigern, um der allgegenwärtigen Landflucht und damit Übervölkerung der Städte entgegenzuwirken.[253] Wenn dann noch die Verkehrsinfrastruktur entsprechend ausgebaut würde, wäre eine gleichmäßigere Verteilung der Bevölkerung folgerichtig und eine gesündere, der Natur wieder etwas nähere Lebensweise durchaus realisierbar.[254]

Von Gruber warf an dieser Stelle ein, dass die jüdische Bevölkerung seit Jahrhunderten oft unter hygienisch schlechten Bedingungen in den Städten wohne, aber aufgrund ihrer bewunderungswerten gesunden und für das Volk aufopfernden Lebensweise physisch ungeschwächt bleibe.[255] Seine Verbesserungsvorschläge zielten daher vor allem auf die Beseitigung der vermeidbaren Schädigungen durch »Keimgifte« und ungesunde Lebensweise der Großstädte ab. Mehr »Lebensraum« für die einzelnen Familien, zum Beispiel in Gartenstädten,[256] könne dies fördern.[257] Für Ellis waren verbesserte Lebensbedingungen sogar eine Vorbedingung der rationalen »Rassenhygiene«. Auch wenn erworbene Eigenschaften nicht vererbt würden, handle es sich hierbei um eine wichtige Bedürfnisbefriedigung der zivilisierten Welt, die unbedingt Berücksichtigung finden müsse. Dieses Zugeständnis zerstöre auch nicht die wohltätigen Ergebnisse der »natürlichen Auslese«.[258] Im Gegenteil würden schlechte Existenzbedingungen zusätzlich die »Starken« schwächen, sodass alle immer schwächer würden, womit niemandem gedient sein könne.[259] Hier pflichtete ihm

252 Vgl. Ludwig Bauer, Der Zug nach der Stadt und die Stadterweiterung. Eine rassenhygienische Studie, Berlin 1904, S. 26.

253 Vgl. ebd., S. 31.

254 Vgl. ebd., S. 131; Ignaz Kaup, Ernährung und Lebenskraft der städtischen Bevölkerung. Tatsachen und Vorschläge, Berlin 1910, S. 575.

255 Vgl. kritische Besprechung von Wittermann zu: Max von Gruber, Kolonisation in der Heimat, München 1907. In: ARG, 5 (1908) 2, S. 284 f., hier 284.

256 Ebenezer Howard stellte in seinem 1898 erschienenen Buch »Tomorrow. A Peaceful Path to Real Reform« dem »Moloch Großstadt« den »blühenden Garten« gegenüber: Im Vorfeld von Städten sollten planmäßig angelegte, stark durchgrünte und politisch autonome Gartenstädte mit sämtlichen notwendigen öffentlichen Einrichtungen, einem zentralen Park und baumbepflanzten Einfamilienhausstraßen entstehen. Vgl. Kristina Hartmann, Gartenstadtbewegung. In: Kerbs/Reulecke (Hg.), Handbuch der Deutschen Reformbewegungen 1880–1933, S. 289–300, hier 290 f.

257 Vgl. Wittermann zu: von Gruber, Kolonisation in der Heimat, S. 285; Max von Gruber, Kolonisation in der Heimat. Vortrag, gehalten in der Generalversammlung des Deutschen Vereins für Volkshygiene in Berlin am 21. September 1907, München 1908, S. 34.

258 Vgl. Ellis, Rassenhygiene und Volksgesundheit, S. 12.

259 Vgl. ebd., S. 13.

Walter Kruse bei, der bessere Lebensbedingungen, Hygiene, Ernährung und wirtschaftliche Verhältnisse sowohl in der Stadt als auch auf dem Land als Grundbedingungen für einen kräftigen und gesunden Nachwuchs ausmachte.[260] Ammon bemängelte ohnehin, dass die gesunde Landbevölkerung als Hüter der »väterlichen Sitte« und überlieferten Ordnung dem Untergang preisgegeben, während die »minderwertige« jeglicher Form geschützt und bevorzugt werden würde.[261] Der Bauernstand erhalte nämlich zu wenig staatliche Unterstützung und wenn, dann oftmals kontraproduktive, da die derzeitige Bildung die Bauern ja nur in die Stadt treibe, anstatt sie auf dem Land zu binden.[262]

Die Tendenz weise also – resümierten Claassen und Alsberg – in jene Richtung, dass die städtische Industrie dem Land »qualitativ« und »quantitativ« die besten Kräfte entziehe.[263] Die städtischen Berufe würden die Intelligenz überdurchschnittlich beanspruchen, was zwar zu einer »geistigen Auslese«, aber auch zur Erschöpfung dieser »frischen Landkräfte« führe.[264] Die einseitige Belastung bzw. das Brachliegen anderer Fähigkeiten stelle in Tateinheit mit dem »lasterhaften«, von Prostitution und Genussmitteln geprägten Stadtleben also ein Hauptgrund für die »Degeneration« dar.[265] Die sozialen Verhältnisse würden daran einen geringeren, aber keinen unwesentlichen Anteil haben, weshalb den sozialpolitischen Maßnahmen nur mäßige Erfolgsaussichten bescheinigt wurden.[266] Claassen gab abschließend aber zu bedenken, dass auch nicht alle ungünstigen Lebensbedingungen eine »gute Auslese« bewirken würden, da sich die Lebenszwecke der Kulturmenschheit vielfältiger als bei Tieren gestalten. Beispielsweise passe sich der Mensch in der Stadt langsam an eine sitzende Haltung im Gewerbe an, worunter wiederum seine Militärtauglichkeit leide – ein Nullsummenspiel.[267] Die Darwin'sche Theorie vom Überleben der Passenden treffe auch beim Menschen zu, denn zum Beispiel könnten bei einer Hungersnot diejenigen, die durch ihre im üblichen »Daseinskampf« nachteilig wirkende Passivität Energie

260 Vgl. Walter Kruse, Rassenhygiene. In: Walter Kruse/Paul Selter (Hg.), Die Gesundheitspflege des Kindes. Für Studierende, Ärzte, Gesundheitsbeamte und alle Freunde der Volksgesundheit, Stuttgart 1914, S. 402–415, hier 414.

261 Vgl. Otto Ammon, Die Bedeutung des Bauernstandes für den Staat und die Gesellschaft. Sozialanthropologische Studie, Berlin 1894, S. 6 f.

262 Vgl. ebd., S. 9

263 Vgl. Walter Claassen, Die Frage der Entartung der Volksmassen aufgrund der verschiedenen, durch die Statistik dargebotenen Maßstäbe der Vitalität. In: ARG, 3 (1906) 6, S. 825–860, hier 830; Moritz Alsberg, Militärtauglichkeit und Großstadt-Einfluss. In: ARG, 5 (1908) 5/6, S. 729–742.

264 Vgl. Claasen, Die Frage der Entartung, S. 827.

265 Vgl. ebd., S. 834.

266 Vgl. ebd., S. 835–838.

267 Vgl. ebd., S. 844.

sparen würden, eher überleben als aktive schöpferische Naturen. Schlechte Lebensbedingungen könnten also auch »Schwache« »züchten«.[268]

Für Reibmayr und Hegar waren die landflüchtenden Bevölkerungsteile sogar bereits »minderwertig«, was längst »Kulturschäden« auf dem Land offenbare, denn man dürfe »eben nicht wahre Kultur mit Zivilisation und gesunde harmonische Kulturentwicklung mit disharmonischer Überkultur und beginnenden Verfallszeiten verwechseln.«[269] Als klassisches Gegenmodell zum ungesunden Stadtleben und der monotonen und einseitig belastenden Fabrik- oder Geistesarbeit huldigte deshalb Reibmayr der Abwechslung und Freude der Landarbeit und dem geregelten Landleben als Hauptschutz gegen die grassierende »Entartung« in der Stadt.[270] Außerdem propagierte er – ähnlich wie Walter Abelsdorff und Max Robert Gerstenhauer – die bestmögliche Festhaltung aller irgend verwendbaren Kräfte in der Landwirtschaft und die möglichst große Annäherung der Lebensweise der gewerblichen Bevölkerung an das Landleben. Gewisse Beschränkungen der Freizügigkeit und wirtschaftliche Bindung der Bevölkerung an das Land auf der einen und Ausdünnung der Stadtbevölkerung nach dem Gartenstadtprinzip auf der anderen Seite könnten »Therapien« darstellen.[271] Derartige angedeutete Steuerungsmaßnahmen zur zwanghaften Förderung der Landbevölkerung markierten den Übergang von der zweiten zur dritten Kategorie in dieser Diskursebene.

Denn die dritte Kategorie hatte die Stadt bereits aufgegeben und sah ausschließlich das Land im Fokus der Bemühungen: Der beständige Drang der Bevölkerung zur Großstadt sei nach Woltmann deshalb schädlich, weil es sich dabei meistens um die »besten Elemente« handle, sodass das Niveau auf dem Land sinke und in der Stadt steige. Jedoch würden die städtische Einwanderung und der Wettbewerb zu einer gesteigerten Anstrengung und »Auslese« des Gehirns führen.[272] Dieser extreme geistige Wettbewerb würde zwar »hervorragende intellektuelle Elemente« in der Stadt hervorbringen, diese aber auch »aufreiben«. Eine Erschöpfung ihrer Nerven sei die Folge, was auch an deren Nachwuchs nicht spurlos vorübergehe, falls überhaupt welcher folge.[273] Die »hochwertige«

268 Vgl. ebd., S. 846.

269 Albert Reibmayr, Die wichtigsten biologischen Ursachen der heutigen Landflucht. In: ARG, 8 (1911) 3, S. 349–376, hier 353. Vgl. Hegar, Der Geschlechtstrieb, S. 81.

270 Vgl. ebd., S. 374; Claasen, Die Frage der Entartung, S. 852.

271 Vgl. kritische Besprechung von Walter Claassen zu: Moritz Alsberg, Militäruntauglichkeit und Großstadteinfluß. Hygienisch-wirtschaftliche Betrachtungen und Vorschläge, Leipzig 1909. In: ARG, 7 (1910) 2, S. 252–254, hier 252; Walter Abelsdorff, Die Wehrfähigkeit zweier Generationen mit Rücksicht auf Herkunft und Beruf, Berlin 1905, S. 73–75; Max Robert Gerstenhauer, Rassenlehre und Rassenpflege, Leipzig 1913, S. 34f.

272 Vgl. Ludwig Woltmann, Die anthropologische Geschichts- und Gesellschaftstheorie VII, S. 287.

273 Vgl. ebd., S. 286; kritische Besprechung von Ernst Rüdin zu: Emil Kräpelin, Zur Entartungsfrage. In: Zentralblatt für Nervenheilkunde und Psychiatrie (1908). In: ARG, 6 (1909) 2, S. 254–257, hier 255.

Landbevölkerung werde laut Röse also in der Großstadt über wenige Generationen »verheizt«. Denn viele kluge Köpfe scheiterten dort an den widrigen Umständen oder heirateten »minderwertige« Frauen aus dem »unausgeglichenen städtischen Rassengemische«, sodass sie ihre eigenen guten Eigenschaften nicht auf die Kinder vererben könnten. Schuld daran sei die großkapitalistische Entwicklung der Industrie. Entgegengewirkt werden könne dem nur durch die staatliche Erziehung der männlichen Landjugend bzw. durch die Bindung letzterer an das Land, damit die »geistige Mutterlauge« nicht allzu sehr verdünnt werde.[274] Anreize dazu könnten in der allgemeinen Einführung des »allgermanischen Anerbenrechts« und der Bereitstellung neuer Bauernstellen durch »innere Kolonisation« geschaffen werden.[275]

Hentschel und »Das Land« gingen bei dieser oben prognostizierten »Verheizung« der wertvollen Bevölkerung sogar von nur drei Generationen aus,[276] weshalb die Städte nicht nur die Herde der Zivilisation, sondern auch deren »Massengräber« seien.[277] Röse teilte diese kulturkritische Meinung und stellte ergänzend fest, dass »unsere heutige, in einseitigem Überwachstum begriffene Industrie [...] geradezu einen Raubbau an der geistigen und körperlichen Kraft der Landbevölkerung [treibt].«[278] Er konstatierte weiter, dass der Industrieentwicklung und seinen Begleiterscheinungen kaum entgegenzuwirken sei und befürchtete, dass es irgendwann keinen »frischen Nachschub« mehr vom Land geben werde, da ja nur die »Dummen und Schwachen« zurückbleiben würden. »Und darum ist die Erhaltung eines gesunden, kräftigen Bauernstandes geradezu eine Lebensbedingung für die Weiterentwicklung der deutschen Industrie.«[279] Ein besonderes Erbrecht für ländlichen Besitz würde auch seiner Meinung nach helfen, die Landflucht einzudämmen,[280] womit er mit Fehlinger übereinstimmte.[281] Adolf Bartels und Paul Samassa gingen noch weiter und schlugen vor, landwirtschaftlichen Boden teilweise staatlich zu binden und für die »innere Kolonisation« durch »germanische Landarbeiter« zu reservieren sowie außerdem Land auf ehemals

274 Vgl. Röse, Beiträge zur europäischen Rassenkunde (1906), S. 108.

275 Vgl. ebd., S. 109.

276 Vgl. Willibald Hentschel, Zucht – eine Lebensfrage für die weiße Rasse. In: PAR, 8 (1909/10) 5, S. 231–243, hier 241; o. V., Der Bevölkerungsstrom nach der Großstadt. In: PAR, 2 (1903/04) 2, S. 184 f., hier 185.

277 Vgl. Woltmann, Die anthropologische Geschichts- und Gesellschaftstheorie VII, S. 288; Carl Röse, Beiträge zur europäischen Rassenkunde und die Beziehungen zwischen Rasse und Zahnverderbnis. In: ARG, 2 (1905) 5/6, S. 689–798, hier 797.

278 Carl Röse, Beruf und Militärtauglichkeit. In: PAR, 4 (1905/06) 3, S. 124–150, hier 131.

279 Ebd., S. 138.

280 Vgl. ebd., S. 140.

281 Vgl. Hans Fehlinger, Untersuchungen über die körperliche Entartung des britischen Volkes. In: PAR, 5 (1906/07) 3, S. 127–145, hier 132.

polnischem Boden dafür zu gewinnen.[282] Hermann Gustav Holle forderte ebenfalls eine Bodenreform und ländliche Ansiedlungen.[283] Eine »Ansiedlungskommission« solle die Bodenpreise kontrollieren und das Land verteilen. Er sei sogar Enteignungen nicht abgeneigt,[284] denn »gesunde und die für unser Volkstum grundlegenden Rasse gemäße Keimanlagen gedeihen und vermehren sich [...] nur auf dem Lande.«[285] Begründet auf dieser Annahme legte auch Hentschel sein Augenmerk auf ein gesteuert verstärktes Bevölkerungswachstum auf dem Land, ohne sich auch nur annähernd einer Verbesserung der städtischen Lebensbedingungen zu widmen.[286] Schmidt-Gibichenfels betrachtete die Landflucht ebenfalls argwöhnisch und fürchtete auch, dass die Landbevölkerung diese Abwanderung nicht kompensieren könne.[287] Diese Entwicklung müsse aufgehalten werden, indem »eigenvölkischen Landarbeitern« Land gegeben würde, auf dem sie in einfacher Lebensweise hart arbeiten und gesund mit der Natur leben sollten. Die Bauern müssten in strenger Disziplin gehalten werden, um diese Lebensweise und damit den »Jungbrunnen der Rasse« zu bewahren.[288] Wenn dann ein Überschuss an »rassisch gesunder Landbevölkerung« gezeugt wurde, solle dieser nicht in die schädlichen Städte abwandern, sondern in andere »rasseschwache« Landgemeinden umgesiedelt werden. Dem Arbeitermangel in der Stadt könne durch weniger »wertvolle« und zur Not auch durch »fremde Elemente« begegnet werden, da sie dort, fernab von der »ländlichen Rassewurzel«, keinen Schaden anrichten könnten und »aussterben« würden.[289]

Die Art des Wohnens wirke sich nach dem Gesagten unmittelbar auf das körperliche und seelische Wohl der Bevölkerung aus und habe damit sowohl positive als auch negative »selektive Konsequenzen« auf dieselbe. Denn das dichte Nebeneinanderwohnen fördere unmittelbar den Wettbewerb und damit einen großen »sozialen Siebungsprozess«[290]. Da aber schlechte Wohnverhältnisse diesen Vorgang verzerren und der Nachschub an gesunden Menschen vom Land

282 Vgl. Adolf Bartels, Rassenzucht. In: PAR, 7 (1908/09) 12, S. 629–642, hier 639; Paul Samassa, Ueber »Herren-Siedlung« und »Bauern-Siedlung«. In: PAR, 11 (1912/13) 3, S. 161–163, hier 162.

283 Vgl. Hermann Gustav Holle, Wie können wir zur Erhaltung und Förderung unseres Volkstums wirksam mitarbeiten? In: PAR, 11 (1912/13) 1, S. 14–22, hier 22.

284 Vgl. ders., Was ist Lebenskunst? In: PAR, 11 (1912/13) 6, S. 293–301, hier 299.

285 Ebd., S. 297.

286 Vgl. Hentschel, Zucht, S. 241.

287 Vgl. Otto Schmidt-Gibichenfels, Der Wiederaufbau des Bauernstandes auf biologischer Grundlage. In: PAR, 12 (1913/14) 7, S. 337–349, hier 338.

288 Vgl. ebd., S. 341.

289 Vgl. ebd., S. 343.

290 Kritische Besprechung von Richard Thurnwald zu: Ludwig Bauer, Der Zug nach der Stadt und die Stadterweiterung. In: W. Kohlhammer (Hg.), Eine rassenhygienische Studie, Stuttgart 1904. In: ARG, 2 (1905) 2, S. 300–304, hier 300.

bald nicht mehr ausreichen würde, bestehe erheblicher Handlungsbedarf.[291] Den schlechten Wohnungsverhältnissen und den ungesunden Lebensstilen der Großstädte beizukommen, gleiche in der damaligen Zeit einer unbezahlbaren und sinnlosen »Sisyphusarbeit«, und die Landflucht treibe immer mehr Menschen in diese »Massengräber«, weshalb sich der Großteil der offerierten Handlungsmöglichkeiten auf die Sicherung der »ländlichen Reserve« konzentriere.

2.1.2 Krieg

Hugo Meisner ließ sich im Gegensatz zu den Diskutanten um die Stadt-Land-Debatte auf keine Spekulationen um zwangsläufige Zusammenhänge zwischen der Militärtauglichkeitsziffer und demografischen Komponenten ein. Weder Bevölkerungsdichte noch uneheliche Geburten oder die Sterblichkeit würden einen direkten Einfluss auf die »Tauglichkeit« der Rekruten erkennen lassen.[292] Auch die Zu- und Abnahme der Bevölkerung habe regional zu unterschiedlichen Einfluss und nicht einmal das »Gespenst« der Landflucht wirke überall negativ auf die Rekrutierungszahlen. Da die Milieueinflüsse also in sehr unterschiedlicher Weise wirksam seien, würden sich für Meisner alle diese Erscheinungen in ihrer Gesamtheit kaum anders als durch »Rasseneinflüsse« erklären lassen. Denn regionale Unterschiede in der »Tauglichkeit« bei gleichem Milieu könnten ihre Ursachen nur in den »Rassenverhältnissen« haben.[293] Auch für Klaus Wagner stand fest, dass sich das Leben der »Völker« nach den Naturgesetzen, unter dem Einfluss der »Rasse« und des Bodens und nicht nach geschichtsphilosophischen, soziologischen und ökonomischen Mustern entwickeln würde. Im stetigen »auslesenden Kampf« würden nur die »tüchtigsten Völker« fortbestehen. Das betreffe zwar die »künstliche Auslese« im friedlichen Wettkampf ebenso, wie die »natürliche Auslese« im Krieg,[294] aber gerade letzterer würde die allgemeine wirkliche »Tüchtigkeit« offenbaren, also die Überlebensfähigkeit und die Freude am Leben eines »Volkes«. Aus diesem Grund würden auch alle Friedens- und Weltpolitik in der Realpolitik ins Leere greifen. Meisner und Wagner werden aufgrund derartiger Argumentationen in der Diskursebene Krieg der dritten Kategorie zugeordnet.

291 Vgl. ebd., S. 302 f.

292 Vgl. Hugo Meisner, Rekrutierungsstatistik. Mit einem Kartogramm und einer Kurve. In: ARG, 6 (1909) 1, S. 59–72, hier 64.

293 Vgl. ebd., S. 68 f.

294 Vgl. kritische Besprechung von H. Meisner zu:, Klaus Wagner, Krieg, Jena 1906. In: ARG, 3 (1906) 4, S. 607 f., hier 607.

Ebenso Franz Kühner, der den Krieg als einen »Diener der konstitutionellen Auslese« beschrieb, da »entartete« Soldaten oft geringfügigeren Verletzungen erliegen würden, die gesunde überleben könnten. Als Beispiel führt er Napoleons Winterfeldzug von 1806/07 an, bei dem widerstandsfähige russische Bauern schwere Wunden überstanden hätten, obwohl sie tagelang und ohne Nahrung im Schnee gelegen hätten. Krieg sei bei aller Hygiene, Medizin und Fürsorge das letzte Überbleibsel der »natürlichen Auslese« und daher absolut notwendig: »Was wir vielfach nicht wissen, ist, dass für müde und erschöpfte Nationen ein Krieg, vor allem ein unglücklicher, oft das letzte Heilmittel ist.«[295] Und es »ist traurig, aber unabänderlich, dass die Kulturarbeit mit politischer und kriegerischer Betätigung auf das engste zusammenhängt.«[296]

Damit stimmt Eberhard Kraus überein, aber auch Rudolf Steinmetz und Schmidt-Gibichenfels maßen dem Krieg kulturbildende Wichtigkeit zu, da deren Meinung nach die Steigerung der Wehrkraft zugleich die Lebens- und Kulturfähigkeit eines »Volkes« erhöhe. Menschen, »Völker«, ja die gesamte Menschheit würden ihre natürlichen und kulturellen Kräfte verlieren, sobald sie sich nicht mehr auf einen Krieg vorzubereiten hätten. Außerdem sei die »Kriegsprobe« der sicherste und genaueste Gradmesser für die »sittliche«, geistige und leibliche Kraft und die politische, soziale und ökonomische Gesundheit eines »Volkes«.[297] Der andauernde Frieden dagegen führe zur Überzüchtung des »Gehirnmenschen«, ähnlich der aus dem »Kampf ums Überleben« herausgenommenen Haustiere.[298] Diese vermeintliche enorme ethische Bedeutung von kriegerischen Auseinandersetzungen betonte Adolf Harpf, als er behauptete, dass die Bereitschaft in den Krieg zu ziehen, welche auf Ehre, Patriotismus, Treue usw. basiere, einen Urgrund allen ethischen Empfindens des Menschen überhaupt darstelle. Der häufig erwünschte ewige Friedenszustand könne dagegen nur durch die Löschung dieser natürlichen Triebe mittels »Verschmelzung aller Völker und Rassen« erreicht werden, was »Blutbande«, »Ahnenkult« und Familie unwichtig werden lasse.[299] Diese gelöschten Triebe würden neben der Opferbereitschaft, die zur »Vaterlandsverteidigung« notwendig seien, auch jene verschwinden lassen, die zur Familiengründung und Kinderaufzucht antreiben würden. Wozu solle man sein Leben im Krieg oder bei der Geburt eines

295 Franz Kühner, Die Diskreditierung des Krieges. In: PAR, 7 (1908/09) 5, S. 267–270, hier 270.

296 Eberhard Kraus, Krieg und Kultur in der Lebensgeschichte der Rasse. In: PAR, 5 (1906/07) 12, S. 682–698, hier 693 f.

297 Vgl. Otto Schmidt-Gibichenfels, Zur gefälligen Beachtung. In: PAR, 10 (1911/12) 12, S. 617; Klaus Wagner, Krieg. Eine politisch-entwicklungsgeschichtliche Untersuchung, Jena 1906, S. 134; Sebald Rudolf Steinmetz, Der Krieg als sociologisches Problem, Amsterdam 1899, S. 21 f.

298 Vgl. Otto Schmidt-Gibichenfels, Der Krieg als Kulturfaktor. In: PAR, 11 (1912) 8, S. 393–408, hier 397.

299 Vgl. Adolf Harpf, Die Zeit des ewigen Friedens, eine Apologie des Krieges als Kultur- und Rassenauffrischer, Rodaun 1908, S. 7.

Kindes dann aber noch aufs Spiel setzen?[300] Ammon verteidigte den Krieg ebenfalls als unentbehrliche Wohltat der Menschheit und als »majestätischste Form des Daseinskampfes«, als »Auslese der tüchtigsten und bestorganisierten Völker«.[301] Das militärische »Führerprinzip« und die »Manneszucht« würden das kämpfende »Volk« zur Höchstleistung zwingen und die sozialen Anlagen des Menschen ungetrübt zum Ausdruck bringen. Das stabilisiere die Gesellschaft durch die Erziehung der Jugend ebenso, wie ein klar definiertes Gewaltmonopol. Die »harte Auslese« der Offiziere beispielsweise, die unbewusst auf die Erbanlagen achteten, komme in Friedenszeiten auch der Zivilverwaltung zugute.[302] Die steigende Geburtenziffer der Überlebenden nach dem Krieg beweise das Prinzip, dass »kurze Kriege [...] entschieden als reinigende Gewitter auf die Bevölkerung« wirken.[303]

Heinrich Schwiening schloss daraus, dass die »positiven« Folgen eines Krieges, unabhängig davon, ob er verloren oder gewonnen werde, die oben genannten »kontraselektiven Wirkungen« kompensieren könnten, da Kriege stets eine Erweiterung des Krankenhauswesens, der Krankenpflege und Nahrungsmittelhygiene zur Folge hätten. Außerdem erweckten sie die »Volksseele« zu neuem Leben, was sich in der Zunahme der Ehen und Geburten nach einem Krieg äußern würde. Die für den Krieg notwendige Sammlung der Kräfte fördere darüber hinaus ein ständeübergreifendes Zusammengehörigkeitsgefühl.[304] Vor allem den letzten Gedanken teilt Steinmetz dahingehend, dass der Krieg alle Kräfte des »Volkes« kollektiv anstrengen und eine Hingabe, Heroisierung sowie patriotische Gefühle fördern würde, die dem Zusammenhalt der Gesellschaft zugutekämen. Außerdem seien auch die sozialen Kräfte, die einem »Volk« über ein anderes zu siegen verhelfen, in letzter Instanz immer auf »Rasseneigenschaften« zurückzuführen.[305] »Diejenigen Eigenschaften aber, welche allen unterlegenden Völkern eigen sind, allen siegreichen abgehen, werden allmählich ganz ausgejätet, die künftige Menschheit wird sie nicht mehr besitzen.«[306]

300 Vgl. ebd., S. 8; Steinmetz, Der Krieg als sociologisches Problem, S. 29.

301 Otto Ammon, Die Gesellschaftsordnung und ihre natürlichen Grundlagen. Entwurf einer Sozial-Anthropologie zum Gebrauch für alle Gebildeten, die sich mit sozialen Fragen befassen, 3. Auflage, Jena 1900, S. 164.

302 Vgl. ebd., S. 154–158.

303 Ebd., S. 166.

304 Vgl. kritische Besprechung von H. Meisner zu: Heinrich Schwiening, Krieg und Frieden. Besonderer Abdruck aus dem Handbuch der Hygiene. In: Theodor Weye (Hg.), Handbuch der Hygiene, Vierter Supplementband: Soziale Hygiene, Jena 1904. In: ARG, 2 (1905) 3, S. 453–455, hier 454.

305 Vgl. kritische Besprechung von Wilhelm Schallmayer zu: Rudolf Steinmetz, Die Philosophie des Krieges. Bd. IV der »Natur- und kulturphilosophischen Bibliothek«, Leipzig. In: ARG, 5 (1908) 3, S. 434–439, hier 436.

306 Ebd., S. 438.

Becher beurteilte Kriege dagegen nur dann als »positiv selektiv« wirkend, wenn »verschiedenwertige Völker« gegeneinander kämpften. »Gleichwertige Nationen« würden sich im Krieg miteinander nur gegenseitig schwächen und für »niedere Völker« angreifbar machen, vor allem, weil sie bei ihrer geringeren Geburtenrate nicht so viele »Tüchtige« entbehren könnten. Die bekannten Nachteile der Wehrpflicht – die im Folgenden noch erläutert werden – veranlassten Becher zusätzlich zu einer Krieg ablehnenden Haltung.[307] Otto Schulz erkannte dieses Prinzip ebenfalls an, da die Geschichte der Hochkulturen dies bestätige, war jedoch der Meinung, dass mittlerweile der »Verkehr« im Sinne des friedlich aufbauenden »Wettkampfes der Völker« den Krieg als Antrieb ersetzen könne.[308] Becher und er sind daher zur zweiten Kategorie zu zählen, die diejenige »Rassenhygieniker« betraf, die den Krieg in dieser Beziehung als zweischneidiges Schwert ansahen, nicht zuletzt weil sie hinsichtlich der Kriegsart differenzierten. So zum Beispiel Schallmayer, der den »Auslesewert« von Kriegen von der Kulturhöhe der Völker abhängig machte, weil diese die Art der Kriegsführung beeinflusse.[309] Gemeint ist hier die »kontraselektiv« wirkende Massenvernichtung in den Schützengräben, die mit dem Säbelkampf Mann gegen Mann, aus dem der Beste hervorgehe, nichts mehr gemein habe. Schallmayer stimmte zwar dem Argument zu, dass der Krieg die Besten innerhalb der kriegführenden Parteien »kontraselektiv« dahinraffe, hielt aber für die gesamte Menschheit insgesamt eine »positive Auslesewirkung« für denkbar, wenn der Sieger sich nach dem Krieg entsprechend ausbreite.[310] Allerdings sei letzteres nur möglich, wenn der Krieg aufgrund der »überlegenden Erbqualität des Siegervolkes« gewonnen werde.[311] Je weiter jedoch die Menschheit sozial und kulturell fortgeschritten sei, desto mehr werde die kriegerische Überlegenheit von der Militärtechnik, als von Mut, Körperkraft und Intelligenz der Soldaten abhängen.[312] Das habe logischerweise zur Folge, dass auf den höheren Kulturstufen die »Kollektivauslese« des Krieges nicht immer »züchterisch« wirken könne.[313] So fasste Schallmayer zusammen:

»Obwohl aber demnach die Kollektivselektion des Krieges mit der Zunahme der Kultur viel von ihrem früheren biologischen Wert eingebüßt hat, so ist sie doch noch von gewaltiger Bedeutung, indem sie die Ausbreitung der für Aneignung und Fortbildung höherer Kultur begabteren Menschenrassen zur Folge hat, stärker heruntergekommene Zweige derselben ausmerzt und so das Gesamtniveau der psychischen Begabung der Menschheit entweder erhöht oder doch vor dem Sinken bewahrt.«[314]

307 Vgl. Becher, Der Darwinismus und die soziale Ethik, S. 43.
308 Vgl. Otto Schulz, Auf dem Weg zur kriegslosen Zeit. In: PAR, 8 (1909/10) 8, S. 425–430, hier 428.
309 Vgl. Schallmayer, Natürliche und geschlechtliche Auslese, S. 255.
310 Vgl. ders., Der Krieg als Züchter. In: ARG, 5 (1908) 3, S. 364–400, hier S. 367.
311 Vgl. ebd., S. 378.
312 Vgl. ebd., S. 383.
313 Vgl. ebd., S. 386.
314 Ebd., S. 389.

Auch Schwiening machte den »Selektionswert« von der Kriegsführung abhängig, da traditionelle Kriege durch die »Ausjätung der Landsknechte«[315] zur Milderung der »Sitten« beigetragen hätten, im Zeitalter der »Volksheere« jedoch nur die »Alten und Schwachen« zuhause bleiben würden. Allerdings sah er im Gegensatz zu den Vertretern der ersten Kategorie im Sterben innerhalb des Heeres eine wirksame »Auslese«. Es blieb auch bei ihm die Frage, ob sich diese gegensätzlichen Faktoren gegenseitig aufheben würden oder nicht. Deutschland habe im Gegensatz zu England 1870/71 seinen Krieg gehabt, dennoch hätten beide Nationen ähnliche Aushebungsresultate an Körpergröße und Leistungsfähigkeit. Der Autor ließ diese Frage also offen.[316] Paul von Kaempffe verwendete einen anderen – sehr biologistischen – Ansatz und unterschied zwischen Krieg als »willkommenen Aderlass«[317] für die »Rasse« bei zahlenmäßig großen, aber »qualitativ minderwertigen« Völkern, wie zum Beispiel Russen, und als »verheerendes Ausbluten der Rasse«[318] bei kleinen Völkern wie den Buren,[319] bei denen jedes Individuum kostbar zum Erhalt der »Rasse« sei.

In der Diskursebene »Krieg« vertraten Autoren der ersten Kategorie die Meinung, dass sich Krieg negativ, also – um in der Terminologie zu bleiben –, »kontraselektiv« auf die Bevölkerung auswirke und daher nicht zu tolerieren sei. Dazu gehörte zum Beispiel Petermann, denn er war der Ansicht, dass die »minderwertigen« und ausgemusterten Männer die freien Stellen im Beruf besetzen und sich unter geringerem Konkurrenzdruck eine Frau suchen würden. Währenddessen würden die gemusterten »Höherwertigen« erst später und deshalb benachteiligt am Rennen um Karriere und Familie teilnehmen können, sich durch ihr lediges Soldatenleben Geschlechtskrankheiten zuziehen oder sogar auf dem Schlachtfeld sterben. Ihre normalerweise vorteilhaften Eigenschaften würden diesen Männern quasi zum Verhängnis, was den »kontraselektiven« Charakter des Militärdienstes bzw. des Krieges verdeutliche.[320]

Nach Forel sei der Krieg sowohl obsolet als auch direkt und indirekt »kontraselektiv«.[321] Das spartanische Beispiel der »Ausleseideale« nach Lykurgus schaffe zwar ein kräftiges Kriegervolk, allerdings seien diese nur einseitig auf

315 Heinrich Schwiening, Der Einfluss des Krieges auf die Bevölkerung. In: PAR, 5 (1906/07) 4, S. 251 f., hier 251.

316 Vgl. ebd., S. 251 f.

317 Paul von Kaempffe, Die politische Auslese im Leben der Völker. In: PAR, 1 (1902/03) 5, S. 346–351, hier 347.

318 Ebd., S. 350.

319 Unter Buren verstand man die »Bevölkerung holländischen Ursprungs in der Kapkolonie, Oranje River- und Transvaalkolonie, in die sich 1687 auch eine Anzahl von Hugenotten mischte.« Zit. nach Meyers großes Konversationslexikon, 6. Auflage, Band 3: Bismarck-Archipel bis Chemnitz, Leipzig 1903, S. 615, Spalte 1–2.

320 Vgl. Theodor Petermann, Die Wohlgebornen. In: PAR, 6 (1907/08) 6, S. 352–363, hier 359.

321 Vgl. Forel, Die Sexuelle Frage, S. 454.

Körperkraft ausgelegt, während die eigentliche Arbeit von Sklaven und Heloten verrichtet wurde, was kein Ideal sein könne. Borgius vertrat dieselbe Meinung, da der Krieg eine gewaltige einseitige Steigerung der Sterblichkeit der in ihrer Blüte stehenden männlichen Bevölkerung zur Folge habe. Die »Auslese« innerhalb des Heeres verliere an Bedeutung, da der moderne Krieg alle Soldaten, auch diejenigen mit besseren Eigenschaften dahinraffe. »Verbrecher und Ballast« würden auch nicht vom Krieg beseitigt, da diese Individuen nicht eingezogen würden. Hinzu kämen die erwähnten Nachteile auf dem Heiratsmarkt.[322] War der Krieg also einst »selektorischer Faktor par excellence«, wurde dieser Rutgers zufolge im Laufe der Jahrhunderte immer mehr zum »antiselektorischen Faktor par excellence«, da er rücksichtslos gerade die jungen und tüchtigen Männer dahinraffe.[323] Für Ploetz und Richet war deshalb der moderne Krieg, dessen Verlauf nichts mit dem »Überleben der Besten« oder der »Ausrottung der Schlechten« zu tun habe, mit den Hauptforderungen der »Rassenhygiene« unvereinbar, sodass sie einhellig rieten, diesen tunlichst zu vermeiden.[324]

Die vermehrte Wendung der Fachzeitschriften und der übrigen zeitgenössischen »rassenhygienischen« Literatur zu Tages- und außenpolitischen Themen[325] entfernte sich zwar von Woltmanns und Ploetz' ursprünglicher Idee, die theoretischen und praktischen Zusammenhänge zwischen Gesellschaft und »Rassenhygiene« zu diskutieren, entsprach aber mit dem Näherrücken des Ersten Weltkrieges der Stimmung in Europa. Die Wettrüstung und der Kampf um Kolonien führte im Vorfeld mehrmals beinahe zur Eskalation, sodass die Kriegsgefahr allgegenwärtig schien und viele Bereiche des Lebens beeinflusste; selbstverständlich auch die »rassenhygienischen« und bevölkerungspolitischen Diskussionen, da »Quantität und Qualität« der Bevölkerungen der beteiligten Nationen über den Ausgang eines drohenden Krieges entscheiden würden. »Rassenhygienische« Argumentationen, die einer möglichst großen Bevölkerungszunahme zuwiderliefen, hatten in dieser Frage einen schweren Stand, da die exklusive »Auslese« der »Höherwertigen« zur »Verbesserung« der längerfristigen »Konstitution« der Deutschen dem enormen militärischen Verlangen nach »Menschenmaterial« widersprach. Die Frage der »Auslese« bedeutete immer die Frage um das Verhältnis zwischen »Qualität und Quantität« und ausgerechnet in einer Zeit, in der sich das »umklammerte« Reich jederzeit militärisch behaupten können müsse,

322 Vgl. Walter Borgius, Eine Rehabilitierung des Krieges? In: PAR, 7 (1903/04) 3, S. 151–156, hier 152.

323 Vgl. Rutgers, Rassenverbesserung, S. 26.

324 Vgl. Ploetz, Die Tüchtigkeit unserer Rasse, S. 62; Charles Richet, Ist der Krieg ein wissenschaftliches Gesetz entsprechend der natürlichen Zuchtwahl? In: Das Monistische Jahrhundert. Zeitschrift für wissenschaftliche Weltanschauung und Weltgestaltung. Im Auftrag des Deutschen Monistenbundes, 1 (1912/13) 2, S. 48–53.

325 Vgl. auch dazu Geulen, Wahlverwandte, S. 193.

sollte die Fortpflanzung – dem Großteil der »rassenhygienischen« Theorien und Maßnahmen nach – auf »Qualität« statt »Quantität« gesteuert werden. Umgekehrt werde in den modernen Kriegen die männliche Zukunft des Landes an die Front und oft in den sicheren Tod geschickt, was unvereinbar mit der »Aufzucht« einer starken Population sei. Die »Schwachen« würden zurückbleiben und die »minderwertige Basis« der nächsten Generation bilden. Wie bereits erwähnt, hielten auch nicht wenige »Rassenhygieniker« gerade dieses »Verheizen« für eine »positive Selektion«, da der Krieg der letzte verbliebene »Auslesemechanismus der Kulturmenschheit« sei und nur so die wirklich Tüchtigen ausgesiebt werden könnten. Die meisten Autoren des Diskurses betrachteten den »Selektionswert« des Krieges daher ambivalent und machten ihn von der Kriegsführung und den kriegführenden Völkern abhängig, sodass die zweite Kategorie – wenn auch nur leicht – dominierte.

Auch wenn Weikart[326] und Stefan Kühl[327] diese Kriegsgegner als »rassenhygienisch«-rationell argumentierende Pazifisten kritisieren und dieser Pazifismus – wie bei den meisten Deutschen – zu Kriegsbeginn 1914 auch schnell verfliegen konnte, kann diese überwiegend kritische Sichtweise auf die massenweise Vernichtung von »Menschenmaterial« in modernen kriegerischen Auseinandersetzungen als ernst gemeint interpretiert werden. Geulen hält diesen Pazifismus daher ebenfalls für keinen bloßen Trick und ihn »erstaunt das Ausmaß, in dem ausgerechnet auf den Seiten der PAR der Pazifismus als eine im Grunde natürliche und nur durch Politik korrumpierte Eigenschaft gerade der Nationen verteidigt wurde, die sich auf ihre ethnische Reinheit und nationale Besonderheit beriefen.«[328]

Bereits in den außenpolitischen Debatten vor dem Ersten Weltkrieg büßten »Rassenhygieniker« wie Schallmayer mit derartigen kriegskritischen Standpunkten daher erheblich an Popularität ein,[329] die sie sich für ihre Bewegung so dringend wünschten.

326 Vgl. Weikart, From Darwin to Hitler, S. 164.

327 »Im Gegensatz zu der überwiegend moralisch geführten allgemeinpolitischen Diskussion zwischen ›Pazifisten‹ und ›Militaristen‹ war den beiden Richtungen innerhalb der eugenischen Bewegung gemein, dass sie die Geschichte und Politik letztlich auf einen Teilaspekt der Biologie reduzierten.« Kühl, Die Internationale der Rassisten, S. 61.

328 Geulen, Wahlverwandte, S. 194.

329 Vgl. Becker, Wege ins Dritte Reich [1], S. 51.

2.1.3 Exkurs I – Der Russisch-Japanische Krieg 1905

Als einer der aussagekräftigsten Indikatoren für die vermeintlichen Auswirkungen der im bereits besprochenen endogenen und exogenen Faktoren auf die menschliche Konstitution wurde im Diskurs die Militärtauglichkeit behandelt, die angesichts der zeitgenössischen außenpolitischen Lage stets die Überlegungen beeinflusst hatte: »Politisch werden wir, auf die Dauer nur eine Rolle spielen können, wenn wir, eingeschlossen von allen Seiten von waffenstarrenden Großstaaten und mit natürlichen Hilfsquellen für unsere wirtschaftliche Entwicklung weniger gesegnet als mancher anderer Staat, wenigstens über einen gesunden Volkskörper verfügen.«[330]

Ploetz bemerkte jedoch, dass sich vor allem ausländische Akteure explizit dann neomalthusianischer Argumente bedienen und für Bevölkerungsbeschränkung und Familienplanung eintreten würden, wenn über die deutsche demografische Entwicklung diskutiert werde: »Dabei ist merkwürdig, dass selbst die billig Denkenden unter unseren Nachbarn es für ganz selbstverständlich halten, zu wünschen, dass Deutschland, welches noch kein einziges eigentliches Siedlungsgebiet besitzt, sich durch eine Art Selbstkastration die Fähigkeit nähme, den Weg anderer Kulturvölker zu betreten [...], um ihrem Volkstum die größten Ausdehnungsmöglichkeiten zu schaffen.«[331]

Wie Paulsen und Ploetz sah auch von Gruber Deutschland von Feinden umgeben und an sich auch dazu bereit, jederzeit »das Schwert zu ziehen«.[332] Dazu benötige es allerdings Charakter, mutige und beherzte Menschen, was jedoch nur ein an Körper und Geist gesundes »Volk« leisten könne: »Wenn wir uns die Gefahr vergegenwärtigen, die unser Vaterland beständig bedroht, dann wird uns klar, dass es keine wichtigere Aufgabe gibt, als sicher zu stellen, dass wie die Masse des Volkes, so auch die führende Klasse körperlich und geistig gesund ist und sich durch gesunden Nachwuchs ausreichend ergänzt.«[333] Die Gewährleistung dessen sah er angesichts der mangelnden Gesundheit der Stadtbevölkerung, des »Aussterbens« der hervorragenden Familien und der sinkenden Geburten- und »Tauglichkeitsziffer« jedoch als stark gefährdet an.[334]

Die Angst vor der Einkreisung durch äußere Feinde und die gefühlte Benachteiligung bei der Kolonisation der Welt waren bekanntermaßen keine ausschließlich der deutschen »Rassenhygienebewegung« eigenen Emotionen und »es steht uns auch nicht an, die wilhelminische Generation ob dieser Gefühle

330 Paulsen, Die Herrschaft der Schwachen, S. 169.

331 Alfred Ploetz, Auf dem Internationalen Kongreß für Neomalthusianismus in Dresden vom 24.–27.9.1911. In: ARG, 8 (1911) 4, S. 547.

332 Max von Gruber, Die Pflicht gesund zu sein. Ein Vortrag, München 1909, S. 1–3.

333 Ebd., S. 6.

334 Vgl. ebd., S. 7.

zu verurteilen, sie des mangelnden Weitblickes, des kurzsichtigen Optimismus zu zeihen.«[335] Allerdings ist der Ausgang des Japanisch-Russischen Krieges 1905 und »der unerwartete Sieg des agilen Zwerges über den trägen und stark verlotterten Riesen Russland [...] allen rassenbewussten ›Ariern‹ stark in die Knochen gefahren.«[336] Martius selbst hielt die seit jenem Krieg wieder erheblich auflebende Angst vor der »gelben Gefahr«[337] zwar für übertrieben, da es sich bei dem »Gesamtkeimplasma der Rasse« um einen jahrtausendealten, fast unerschöpflichen Schatz biologisch kräftiger Erbwerte handle, dem äußere Einflüsse einer Kultur oder Überkultur so schnell nichts anhaben könnten.[338] »Rassenhygieniker« wie von Ehrenfels hat dagegen der Ausgang des Krieges schwer erschüttert und den Ausblick in die Zukunft verdüstert. Dessen anfängliche Euphorie sei einem Pessimismus gewichen und er würde sich angesichts der neuesten Entwicklungen dazu gezwungen sehen, seine Sexualreform (siehe Abschnitt III.1.2.2) nicht mehr auf die gesamte Menschheit, sondern nur auf die »christlich erzogene weiße Rasse« zu beziehen.[339] Offensichtlich habe er in den letzten fünf Jahren seiner Propagierung derselben die Schädlichkeit der »christlich diktierten monogamen Ehe« noch erheblich unterschätzt. Der größte Schaden bestehe in der mangelnden Schärfe der »Auslese«, die durch die Verschwendung der »männlichen Potenz« unter das zur Erhaltung der »Rassentüchtigkeit« unentbehrliche Maß herabsinken würde.[340]

Schallmayer führte die »beängstigende asiatische Rassentüchtigkeit« dagegen auf kulturelle Bedingungen zurück, denn er glaube nicht, dass der »gattungsdienstliche Instinkt der gelben Rasse« höher als jener der »weißen Rasse« veranlagt sein könne. Eher hätten ein jahrtausendealter Ahnenkult und hochgeschätzte Familienehre zur Folge, dass freiwillige Ehelosigkeit in Asien gesellschaftlich verpönt sei.[341] Darüber hinaus würden enge Familienbande und bessere soziale Aufstiegschancen dazu führen, dass auf »Qualität« und »Quantität« des Nachwuchses seit jeher großer Wert gelegt werde. Weil also »höhere« Familien mehr Kinder besser versorgen könnten, würden diese auch mehr Nachwuchs bekom-

335 Vgl. Winfried Baumgart, Deutschland im Zeitalter des Imperialismus 1890–1914. Grundkräfte, Thesen und Strukturen, 5. Auflage, Stuttgart 1986, S. 46 f.

336 Martius, Neurasthenische Entartung, S. 10.

337 Der zeitgenössische Begriff der »gelben Gefahr« ist eine pejorativ-imperialistische Umschreibung u. a. der asiatischen Migration in Europa und den USA im 19. Jahrhundert. Vgl. weiterführend dazu z. B. Heinz Gollwitzer, Die gelbe Gefahr. Geschichte eines Schlagwortes. Studien zum imperialistischen Denken, Göttingen 1962.

338 Vgl. Martius, Neurasthenische Entartung, S. 47.

339 Vgl. Christian von Ehrenfels, Die konstitutive Verderblichkeit der Monogamie und die Unentbehrlichkeit der Sexualreform. In: ARG, 4 (1907) 5, S. 615–651, hier 615.

340 Vgl. ebd., S. 616.

341 Vgl. Wilhelm Schallmayer, Kultur und Entartung (Schluß). In: Soziale Medizin und Hygiene, 1 (1906) 10, S. 544–554, hier 549.

men. Die »minderwertigeren« Familien wären aber so realistisch und verantwortungsbewusst, dass sie nicht mehr Kinder zeugten, als sie tatsächlich vernünftig versorgen könnten.[342] Die suggestive Macht der »Sitte« und der öffentlichen Meinung würden laut Schallmayer hier dem in Deutschland so schädlich wirkenden antagonistischen Verhältnis zwischen kultureller und »generativer Volksentwicklung« entgegenwirken.[343] Wieder wurde der Ruf nach »Volksaufklärung« und einem grundlegenden Wertewandel laut.

Claassen ordnete das oben Gesagte in den großen »völkergeschichtlichen« Kontext ein, indem er die damaligen Aussichten für das Deutsche Reich mit einer resignierenden Nüchternheit wie folgt zusammenfasste: »Zwar trifft der Niedergang alle Kulturmächte ungefähr gleichmäßig, sodass die nur für den nächsten Tag wirkende Politik unserer Tage ja über die Erhaltung des ›status quo‹ beruhigt sein kann.« Wenn allerdings »jemals die heute in passiver Ruhe, aber in ungebrochener Lebenskraft verharrenden Mächte: Russland und China ihre aktiven Führer finden, dann hat die Stunde des Untergangs der europäischen Zivilisation geschlagen.« Und wenn es darüber hinaus »Japan gelingt, seine leidenschaftliche Aktivität in wirtschaftlicher Beziehung einzudämmen und aufs militärische Gebiet zu beschränken, kann es nicht zweifelhaft sein, dass diese Nation der Testamentsvollstrecker des Panslavismus sein wird.«[344]

Ammon unterstützte diese biologisch interpretierten außenpolitischen »Nullsummenspiel-Mechanismen« und brachte auch bei dem Thema der Verdrängung durch »genügsame Rassen« die Pflanzenanalogie an: »Jeder Landwirt weiß, dass Unkräuter durch ihre Zähigkeit häufig den Nutzpflanzen gefährlich werden, wenn man ihnen nicht mit Gewalt zu Leibe geht.«[345]

Diese martialisch formulierten Prognosen für die »Entwicklung der Völker« und der Weltgeschichte basierten auf »evolutionsbiologisch« vorausgesetzten Zwangläufigkeiten in der Interaktion von sich gegenüberstehenden und gegeneinander ausschließenden »Rassen«. Derartige Kausalitätsketten wurden in mehr oder minder stringenter Form bis zu den vielfältigen und feinen Details des menschlichen Zusammenlebens geknüpft. Sie eröffneten formulierte Handlungsmöglichkeiten und -zwänge, die als Erklärung für die unterschiedlichen Argumentationsstrukturen der »Rassenhygieniker« dienen können. Wie im auswertenden Teil der Arbeit ab Kapitel IV gezeigt werden wird, pendelten die hierfür sicherlich auch emotional bestimmten Antriebe zwischen euphorischem Aktionismus, über flammende Apelle und Warnungen bis hin zu pessimistischer Resignation, die wie bei Oswald Bumke schon an Fatalismus grenzt, als er

342 Vgl. ebd., S. 550.

343 Vgl. ebd., S. 552.

344 Claassen, Die Frage der Entartung der Volksmassen, S. 860.

345 Ammon, Die Gesellschaftsordnung und ihre natürlichen Grundlagen, S. 12.

schrieb: »Haben innere Gesetze unserer Rasse das Schicksal bestimmt, durch die mongolische dereinst abgelöst zu werden, so wird uns keine Rassenhygiene und keine Änderung des Eherechts zu retten vermögen.«[346]

2.1.4 Fazit

Hygiene und Stadthygiene ließen im 19. Jahrhundert alte Epidemien zurücktreten, die allerdings durch andere, weniger verheerende Krankheiten ersetzt wurden. Das betraf vor allem Erkrankungen der Atemorgane, die dem ständigen Aufenthalt in geschlossenen Räumen und den staubigen und verqualmten Städten geschuldet waren. Berufskrankheiten wie Tuberkulose bei den Fabrikarbeitern ließen direkte Zusammenhänge zwischen Stadtleben und Krankheiten erkennen.[347] Krebs und »Geisteskrankheiten« traten in den Städten konzentrierter auf als auf dem Land und Geschlechts- und Alkoholkrankheit seien einem Großteil der zeitgenössischen »Rassenhygieniker« zufolge direkte »Symptome der Entartung« des geselligen Lebens der Städte.[348] Letzte würden als vom Menschen selbst geschaffene Lebensbedingungen mit ihren »keimvergiftenden Effekten« direkt in die menschliche Fortpflanzungsfähigkeit eingreifen und hätten dabei größere Auswirkungen auf die Schwankungen der Reproduktion als »physiologisch-rassische Ursachen«.[349]

Die erste Kategorie ging also mit den Hygienikern konform und wollte sowohl die Stadthygiene als auch die medizinische Versorgung und soziale Fürsorge auch für die »untersten« Stadtbevölkerungsschichten verbessern und verurteilte den Krieg als obsolete Verschwendung wertvoller Ressourcen.[350] Es sollten sowohl die Lebensbedingungen für die bestehende als auch für die folgenden Generationen derart verbessert werden, dass unter ihnen gesund und menschenwürdig gelebt werden könnte. Als logische Folge dessen würde die »Gesamtqualität« der Bevölkerung und die Zahlen der »Militärtauglichen« auch wieder ansteigen. Die Autoren der zweiten Kategorie hielten ebenfalls eine Steigerung der Lebensqualität in den Städten für notwendig, plädierten aber zusätzlich dafür, die Landflucht durch entsprechende Anreize zu verhindern. Sie wollten das Problem also ursächlicher und von zwei Seiten angehen, indem sie die Last des enormen Bevölkerungszustroms von den Städten nehmen, die Lebensbedingungen dort durch hygienische Maßnahmen verbessern und parallel dazu in ländlichen Regionen eine »gesunde

346 Oswald Bumke, Über nervöse Entartung, Berlin 1912, S. 105.
347 Vgl. Richard Thurnwald, Stadt und Land im Lebensprozeß der Rasse (Fortsetzung). In: ARG, 1 (1904) 5, S. 718–737, hier 719.
348 Vgl. ebd., S. 729.
349 Ebd., S. 732.
350 Vgl. Goldstein, Über Rassenhygiene, S. 30.

Population« als »Reserve« fördern würden. Die dritte Kategorie konzentrierte sich dagegen ausschließlich auf den letzten Punkt und strebte danach, durch eine »innerstaatliche Kolonisation« künstliche Landgemeinden zu schaffen, in die nur Menschen mit bestimmten – als für die Zukunft der »Rasse wertvoll« angesehenen – körperlichen und geistigen Eigenschaften aufgenommen würden und sich fortpflanzen dürften. Auf diese Art sollte eine starke und militärtaugliche Landbevölkerung gefördert werden, welche die »Wurzel der gesamten Rasse« bilden könnte, während in der Stadt alles bleiben würde, wie es ist. Der Krieg würde diese Bevölkerungsstrukturierung unterstützen, indem er die »Minderwertigen« vernichten und den »höherwertigen und patriotischen Kräften« die vermehrte Chance zur Fortpflanzung ihrer das »Rassen- und Gemeinwesen« fördernden Eigenschaften gäbe.

Im Diskurs waren zwar die Kriegsgegner bzw. -kritiker in der Mehrzahl, jedoch war bei der Frage zur Stadthygiene und Landflucht die dritte Kategorie am häufigsten vertreten. Die »wahllose« Verbesserung der Lebensbedingungen für die bereits »Entarteten« wurde von ihnen zunehmend als ein mühseliges Bearbeiten der Symptome und eine »Sisyphusarbeit« empfunden, die bei einer konsequenten Nutzung des »Landbevölkerungsprogramms« jedoch unnötig würde, da die Basis dann stark genug wäre, um die Verluste durch Kriege und Landflucht zu kompensieren. Sowohl die reaktionäre Bindung der Landbevölkerung an die ländlichen Schollen durch staatliche Anreize und Hemmnisse als auch »innere Kolonisation« und die Überlegungen zur »Lebensraumgewinnung« im Osten bildeten Maßnahmenkataloge, die mit zum Teil erheblicher Steuerung auf die Bevölkerungsentwicklung einwirken sollten und an spätere Um- und Ansiedlungsprojekte der Nationalsozialisten erinnern. Die Tendenzen zum Aufgeben bzw. Sich-selbst-Überlassen des städtischen Proletariats als »minderwertige Arbeitermasse« bei gleichzeitiger »Züchtung« einer ländlichen »Regenerationsgemeinde« lässt biologistische, das Individuum und ganze Bevölkerungsgruppen verachtende Ansätze erkennen, wie sie auch in den »völkischen« und »alldeutschen« Nachbardiskursen hervortraten und später noch genauer analysiert werden.

2.2 »Keimgifte«

2.2.1 Infektionskrankheiten

Als »Keimgifte« oder auch »Rassegifte« wurden im zeitgenössischen Diskurs jene Einflüsse zusammengefasst, die mit ihren krankmachenden Eigenschaften nicht nur das Individuum direkt körperlich und geistig schädigen, sondern auch dessen Keimzellen und damit indirekt das Erbgut der kommenden Generationen schwächen würden.

Mit der Untersuchung des »Selektionswertes« prüften die zeitgenössischen Autoren auf dieser Diskursebene, welches Potenzial die um 1900 akuten Infektionskrankheiten zur Vererbbarkeit oder zur »Schwächung« der nachfolgenden Generation besaßen. Die Referenten bewegten sich damit dicht zwischen dem Thema der »falschen Humanität« (vgl. Abschnitt III.1.1), da der »Auslesewert« der Krankheiten und der Nutzen der Medizin zur Debatte stand, und zwischen der Diskussion um die »Ehegesetze«, (vgl. Abschnitt III.3.1). Das hat zur Folge, dass die Kategorisierung in diesem Abschnitt ambivalent vorgenommen werden muss. Außerdem wurden viele Gedanken über die »falsche Humanität« bereits formuliert, sodass sich hier ausschließlich auf die Aussagen über den Umgang mit diesen »Volkskrankheiten« konzentriert wird. Die erste Kategorie lehnte sowohl die »Ehegesetze« als auch den »positiven Auslesewert« jener Krankheiten wie Tuberkulose, Cholera und Syphilis ab. Die zweite Kategorie sprach sich für Einschränkungen aus, während die dritte unbedingt für konsequente »Ehegesetze« plädierte und gleichzeitig Krankheiten zu einer Art der »natürlichen Auslese« erklärte.

Schallmayer sah die Geschlechtskrankheiten von zwei Seiten. Sie hätten einerseits eine »selektive Wirkung«, da sie ihre Hauptopfer, die Prostituierten, unfruchtbar machten, sodass diese ihre »zweifelhafte Moral« und oft noch andere »minderwertige Anlagen« nicht weitervererben könnten. Andererseits würden sich aber auch gutsituierte Männer an ihnen anstecken. Tuberkulose, Blattern, Cholera und Typhus maß er jedoch eine äußerst »auslesende Wirkung« bei, da sie vorzugsweise »Schwache« befallen würden. Wenn infizierte Kinder isoliert, aufgepäppelt und geheilt würden, verlängere sich zwar deren Lebensdauer, jedoch wären deren Nachkommen ebenfalls geschwächt. Durch die verminderte Schärfe der »Auslese« würde die »Durchschnittsqualität« der kommenden Generationen sinken. Die Heilkunde und Hygiene würden daher bis jetzt noch im Dienst nur des individuellen und sozialen Interesses stehen und die »Interessen der Rasse schädigen«. Doch Schallmayer zeigte sich zuversichtlich, da es auch die allgemeine Aufgabe der Hygiene sei, Krankheiten soweit wie möglich zu verhüten. Zudem gehöre die Verhütung innerer, vererbbarer Krankheiten ebenfalls in diesen Bereich, was durch Aufklärung, Schärfung des öffentlichen Gewissens und bestimmte Gesetzgebungen bald allgemein anerkannt werde.[351] Bis auf die minimale Einschränkung bei den Geschlechtskrankheiten hielt Schallmayer die infektiösen Volkskrankheiten für »selektiv«, da ihnen vornehmlich die »Schwachen« und »Unmoralischen« zum Opfer fallen würden.

351 Vgl. Schallmayer, Natürliche und geschlechtliche Auslese, S. 262–265.

Sein Kollege Rüdin stützte ihn, indem er sich vergegenwärtigte, welche ungeheure, allseitige Körperleistung zur Abwehr von Infektionskrankheiten aufgebracht werden müsse und dass dies normalerweise nur »Tüchtige« bewerkstelligen könnten. Die »Untüchtigen« würden an diesen Krankheiten zugrundegehen, was einer »natürlichen Auslese« entspreche. Da sich der Ausgang der Infektion also nach der Konstitution und nicht nach dem Zufall entscheide, sei in Fachkreisen die Behauptung, dass die Infektionen gerade die »Tüchtigsten« dahinraffen, längst nicht mehr haltbar.[352] Zur guten Gesamtkonstitution gehöre auch die »Nerventüchtigkeit«, weshalb »die Ausmerzung mangelhafter Gesamtkonstitutionen auch der Beschaffenheit des Zentralnervensystems der überlebenden Rasse zugutekommen«[353] müsse. Gustav Ratzenhofer stellte in diesen Zusammenhang kompromisslos fest, dass mit dem Sieg über die Tuberkulose nicht nur nichts erreicht, sondern auch noch eines der letzten Elemente der »natürlichen Auslese« unterdrückt werde.[354]

Ebenfalls zur dritten Kategorie gehört Martius, denn für ihn war die »Disposition« – also die Anfälligkeit für Tuberkulose – erblich und könne allein durch den Verzicht auf Fortpflanzung bekämpft und schließlich »ausgerottet« werden.[355] Hegar war zusätzlich bezüglich der Syphilis, Bluterkrankheit und sämtlichen »Geisteskrankheiten« der gleichen Meinung.[356] Ähnlich sah dies A. F. Brügner: Die Senkung der Todesfälle an Tuberkulose sei laut ihm kein Erfolg, da sie keinen Beweis dafür sei, dass die Zahl der Erkrankungen abgenommen habe. Außerdem könnten oberflächlich geheilte Tuberkulöse sogar »erblich belastete« Kinder zeugen. Lungenheilanstalten und dergleichen seien daher keine geeigneten Mittel, der Tuberkulose Herr zu werden, denn nur der Ausschluss der tuberkulös Kranken aus dem Fortpflanzungsprozess sei dazu imstande. Wenn es kein gesetzliches Eheverbot für derartige Fälle gebe, dann müsse wenigstens die öffentliche Aufklärung über die Erblichkeit dieser Krankheit vorangetrieben werden.[357] Die direkte Bekämpfung der Geschlechtskrankheiten sei dagegen recht einfach, da diese eng mit der Prostitution verbunden seien. Würde diese moralisch anerkannt, staatlich legalisiert, geschützt und ärztlich kontrolliert werden, würde die Verbreitung von Geschlechtskrankheiten und damit die Zahl der kinderlosen Ehen

352 Vgl. Ernst Rüdin, Über den Zusammenhang zwischen Geisteskrankheit und Kultur. In: ARG, 7 (1910) 6, S. 722–748, hier 735.

353 Ebd., S. 736.

354 Vgl. Gustav Ratzenhofer, Die Rassenfrage vom ethischen Standpunkte. In: ARG, 1 (1904) 5, S. 737–748, hier 742.

355 Vgl. Friedrich Martius, Erbliche Disposition zur Tuberkulose. In: PAR, 1 (1902/03) 1, S. 68.

356 Vgl. Alfred Hegar, Die Untauglichkeit zum Geschlechtsverkehr und zur Fortpflanzung. In: PAR, 1 (1902/03) 2, S. 86–105, hier 96.

357 Vgl. A. F. Brügner, Aufgaben der Volkshygiene. In: PAR, 3 (1904/05) 5, S. 317–325, hier 318; o. V., Die Anzeigepflicht bei Tuberkulose. In: PAR, 1 (1902/03) 2, S. 147.

rapide abnehmen, denn fast die Hälfte dieser Ehen sei auf frühere Geschlechtserkrankungen des Mannes zurückzuführen.[358]

Fritz Lämmerhirt vertrat grundsätzlich die Ansicht, dass die Bestrebungen der zielbewussten »Rassenhygiene« von der ärztlichen Seite zu begrüßen, auf ihren Wert zu prüfen und im gegebenen Falle zu unterstützen seien. Dabei sah auch er das bekannte Dilemma, dass der Arzt den Gebrechlichen helfen solle, obwohl er damit aus den genannten Gründen indirekt der »Rasse« schade, was keinesfalls sein Ziel sein könne. Doch weder der Arzt noch der menschliche Egoismus und Selbsterhaltungstrieb des Patienten seien daran schuld. »Schwache«, Kinder, Alte und Kranke zu vernachlässigen, würde nur grausam die Symptome bekämpfen. Er könne sich durchaus vorstellen, dass eine staatliche Oberaufsicht über die Eheschließungen eine einfache und plausible Methode sei, eine Vererbung derartiger Krankheiten einzudämmen. Allerdings mahnte er auch zur Vorsicht und warnte vor Willkür, denn die Methode müsse Schritt für Schritt und im Einklang mit der Wissenschaft erprobt werden, und welche Krankheiten von sozialer und »entartender Wirkung« seien, müsse für jede einzelne beantwortet werden.[359] Außerdem gab er zu bedenken, dass eine Steigerung des außerehelichen Geschlechtsverkehrs eine Zunahme der Geschlechtskrankheiten zur Folge haben könne. Auch würden bestimmte Vererbungsfaktoren eine Generation überspringen, sodass ein effektives Eheverbot generationsübergreifend gestaltet sein müsse, was große Erbitterung in der Bevölkerung hervorrufen würde, da es einen »Verzicht auf eine der höchsten Errungenschaften der Kultur, das Recht der Selbstbestimmung« darstelle.[360] Im Falle der Tuberkulose war er sich zwar recht sicher, dass eine Anfälligkeit für diese Krankheit vererbbar sei und sie vornehmlich in bestimmten unhygienischen Verhältnissen ausbreche, weshalb er für eine Wohnungsreform und Aufenthalte der Patienten in der Natur plädierte.[361] Da aber gerade das Anfangsstadium der Tuberkulose ohne Symptome verlaufe und die Mediziner nicht in der Lage seien, absolut sicher festzustellen, ob jemand von der Krankheit komplett geheilt sei, sei eine sichere Diagnose und damit die konsequente Durchführung eines entsprechenden Ehegesetzes unmöglich. Hygienische Maßnahmen und medizinischer Fortschritt seien daher zur Bekämpfung der Tuberkulose vorzuziehen.[362]

Mit seiner zwiespältigen Ansicht der Probleme der »Selektion« und der Ehegesetze die »Volkskrankheiten« betreffend, gehörte Lämmerhirt in die diese Diskursebene dominierende zweite Kategorie. Sie erkannte die »rassenhygie-

358 Vgl. Brügner, Aufgaben der Volkshygiene, S. 319.
359 Vgl. Fritz Lämmerhirt, Erblichkeit und familiärer Faktor bei den tuberkulösen Erkrankungen. In: PAR, 1 (1902/03) 10, S. 789–798, hier 790.
360 Vgl. ebd., S. 796.
361 Vgl. ebd.
362 Vgl. ebd., S. 798.

nischen« Prinzipien grundlegend an, begrenzte jedoch deren Möglichkeiten zur praktischen Anwendung auf den Menschen. Dazu zählte auch Rudolf W. Friedel, für den die Tuberkulose in allen »Kulturvölkern« der »Arbeits- und Wehrkraft« eines Volkes großen Schaden zufüge.[363] Die zahlreichen Maßnahmen zur Heilung und Wiedereingliederung durch Heilanstalten und Familienhilfen seien zwar ein Anfang, aber zu einseitig, da die Darwin'sche Entwicklungstheorie für ihn noch zu wenig Einfluss auf die Medizin habe. Von einer »günstigen Auslese« könne noch nicht die Rede sein,[364] denn es müssten zunächst größere geschlossene Gruppen, wie zum Beispiel das Militär oder Beamtenstände, durch gezielte Ausmusterung erblich von der Tuberkulose bzw. der »Disposition« zu ihr befreit werden. Eine »eheliche Auslese« wäre langfristig gesehen ebenfalls ratsam, da alles andere nur »Flickwerk« darstellen würde.[365] Rothschild beschränkte seine Forderung nach einer Verweigerung der Eheerlaubnis auf tuberkulöse Menschen, die ein Fortschreiten des Erkrankungsprozesses zeigen. Leichte Ausprägungen der Krankheiten könnten vernachlässigt werden, zumal die zwingende Hygiene der Ehe einen leicht tuberkulösen Mann seiner Ansicht nach heilen könne. Außerdem würden dessen Kinder nicht tuberkulös zur Welt kommen, wenn ihre Mutter gesund ist, sodass sie durch See-Kuren und zeitweilige Isolation vom kranken Vater vor dem Ausbruch der Tuberkulose geschützt werden könnten.[366]

Ein großes Hindernis auf dem Weg zu Maßnahmen der Verhütung von erblichen und das »Keimplasma« schädigenden Krankheiten stellte in den Augen der zitierten Autoren die häufig kritisierte ärztliche Schweigepflicht dar. Ärzte, die zum Beispiel Geschlechtskrankheiten bei einem Ehepartner feststellten, würden die geplante Ehe nicht verhindern können. Eduard Ludwig Schmidt forderte daher eine Änderung der Gesetzgebung (weiterführend dazu Abschnitt III.3.2.3). Bis es soweit sei, könnte die Genehmigung der Ehe davon abhängig gemacht werden, ob die jeweiligen Partner über eine Lebensversicherung verfügten, die sie nur mit ärztlichem Attest erhalten würden.[367] Auch er forderte Reformen, welche die Medizin und Hygiene von individuellen Interessen zu den »Rasseninteressen« lenkten.[368] Denn die »Volkskrankheiten« seien zwar zweifellos eine »Ausleseerscheinung«, was sich daran zeigte, dass ihnen in der Regel die »besser Situierten« weniger erliegen würden, dies sollte aber aus Gründen

363 Vgl. Rudolf W. Friedel, Der gegenwärtige Stand der Tuberkulose-Bekämpfung. In: PAR, 1 (1902/03) 5, S. 368–372, hier 368.
364 Vgl. ebd., S. 370.
365 Vgl. ebd., S. 371.
366 Vgl. Rothschild, Das Heiraten Tuberkulöser. In: PAR, 1 (1902/03) 7, S. 584.
367 Vgl. Eduard Ludwig Schmidt, Medizin und Recht. In: PAR, 1 (1902/03) 3, S. 292–295, hier 293.
368 Vgl. ebd., S. 295.

des Milieu-Einflusses auch nicht überschätzt werden.[369] Die durch die modernen industriellen Entwicklungen entstandene Gefahr für die »Güte der Rasse« müsse laut Ferdinand Hueppe die präventiven Methoden der Hygiene durch die Maßnahmen der »positiven Eugenik« ergänzt werden.[370] Dass die sozialpolitischen Entwicklungen nun nicht mehr rückgängig zu machen seien, erkannte er also ebenso wie Claassen an.[371] Letzterer widersprach jedoch dem Einwand, dass die Infektionskrankheiten oft auch die »Stärksten hinwegraffen« würden, damit, dass es dann offensichtlich nicht die »Stärksten« gewesen seien und legte sich schließlich darauf fest, dass diese Krankheiten auch noch bis in die Gegenwart zu einem gewissen Grade eine »auslesende« Wirkung beibehalten hätten.[372]

Dem entgegnete Robby Kossmann, dass Infektionskrankheiten keinen positiven »Auslesewert« besitzen könnten, da Schwache und Starke zugleich getroffen würden. Selbst wenn es vererbbare Immunitäten gäbe, wären zu große Opfer notwendig, um diese Erbanlage »herauszuzüchten«. Es würden derartig viele Menschen dabei sterben, dass zu wenige übrigblieben, um eine neue gesunde Population aufzubauen, zumal sich dann andere »Minderwertigkeiten« vermehrt fortpflanzen würden. Auch wenn die Heilkunst also ebenso »infektiöses Leben« rette und so zur Fortpflanzung bringe, grenze sie doch auch die massenhafte Ansteckung ein und bringe daher mehr Nutzen als Schaden.[373] Er gehörte daher wie Fehlinger und Ludwig Müller[374] in die erste Kategorie, die der Medizin und Krankheitsbekämpfung zwangsläufig das Potenzial zur »Verbesserung der Rasse« bescheinigte.

Luftverschmutzung sowie schlechte Arbeits- und Wohnverhältnisse würden ja auch »Taugliche«[375] schädigen, denn »schwächliche Konstitutionen« würden zum Beispiel Berufe mit hoher Tuberkulose-Ansteckungsgefahr meiden, während starke dies nicht tun und deshalb erkranken würden, was offensichtlich »kontraselektive Auswirkungen« hätte.[376] Für Becher und Weinberg stand daher fest, dass das Milieu die Hauptrolle bei der Verbreitung von Tuberkulose innehatte und diese weitverbreitete Infektionskrankheit mit Gewerbe- und Stadthygiene am wirksamsten bekämpft werden könne und müsse.[377] Auch

369 Vgl. Ferdinand Hueppe, Rassenhygiene. In: Die Zukunft, 13 (1895), S. 498–503, hier 502.
370 Vgl. ders., Allgemeine Betrachtungen über die Entstehung der Infektionskrankheiten. In: ARG, 1 (1904) 2, S. 210–218, hier 218.
371 Vgl. Claassen, Die Frage der Entartung der Volksmassen, S. 848.
372 Vgl. ebd., S. 843.
373 Vgl. Robby Kossmann, Züchtungspolitik, Berlin 1905, S. 141–143.
374 Vgl. Ludwig Müller, Die natürliche Grundlage der sozialen Ethik. In: PAR, 8 (1909/10) 11, S. 594–606, hier 601.
375 Vgl. Fehlinger, Untersuchungen, S. 134.
376 Vgl. Becher, Der Darwinismus und die soziale Ethik, S. 39.
377 Vgl. Wilhelm Weinberg, Die Kinder der Tuberkulösen, Leipzig 1913, S. 158.

A. Goldstein[378] und Hugo Ribbert erachteten die Bekämpfung von Krankheiten aufgrund deren erheblichen Schadens für Familie, Gemeinde, Staat und »Rasse« für sehr wichtig und unterschieden in diesem Zusammenhang zwei Handlungsmöglichkeiten: Die erkrankten Eltern zu heilen, hielten sie aufgrund des medizinischen Forschungsstandes zwar für schwierig und unsicher, zumal man »Dispositionen« zu Krankheiten gar nicht heilen könne. Sie daran zu hindern, Nachkommen zu zeugen, sahen sie allerdings noch problematischer, da auch hier die Bedingungen für die Krankheitsvererbung noch nicht hinreichend bekannt seien.[379] Außerdem sei im Beispiel der Tuberkulose die Zahl der Betroffenen und daher von der Ehe Auszuschließenden viel zu hoch, sodass eine rigorose Gesetzgebung unmöglich erscheine. Etwaige Einschränkungen, die sich am Grad der Krankheitsausprägung orientierten, würden das Problem der Grenzziehung zwischen Eheverbot und -erlaubnis aufwerfen. Hinzu komme, dass auch oberflächlich gesunde Eltern die »Disposition« zur Tuberkulose in sich tragen und weitervererben und auch deutlich erkrankte Eltern gesunde Kinder zur Welt bringen könnten. »Ehegesetze« würden angesichts dieser Möglichkeiten an Schlagkraft verlieren. Ähnliche Probleme sah Ribbert auch bei der Alkoholkrankheit und bei den »Geisteskrankheiten«, weswegen er Eheverbote eher ablehnte und seine Hoffnungen in Aufklärung und Appell setzte.[380] Noch größere Zuversicht bezog er aus dem Umstand, dass die Übertragung von Erbkrankheiten in keinem Fall über unendliche Generationen stattfinden, sondern mit zunehmender Schwere des Krankheitsgrades die Fruchtbarkeit der Erkrankten abnehme, was die Ausbreitung der Krankheit eindämmen würde: »Die Menschheit als Ganze schüttelt gleichsam die Krankheiten immer wieder von sich ab, sie entartet nicht.«[381] Dieser optimistische Standpunkt fußte auf der Auffassung, dass sich die Krankheiten durch die Schädigung der Menschen im Laufe der Zeit selbst den Nährboden entziehen und somit aussterben oder zumindest eingedämmt werden würden.

Das Problem des »Auslesewertes« der Infektionskrankheiten stellte eine Spezialisierung des Diskursstranges der »falschen Humanität« dar und wurde vergleichsweise selten im Diskurs diskutiert. Es wurde meistens über den Umgang mit »Minderwertigen«, »Schwachen« und »Kranken« geschrieben, was eine große Anzahl an Menschen betreffen dürfte. Diese Ungenauigkeit könnte daher rühren, dass sich zu diesem Thema – das sehr viele Menschen betraf – festzulegen bedeutet, sich tatsächlich klar zu positionieren. Die erste Kategorie lehnte einen »Selektionswert« ab und sprach den Krankheiten ausschließlich

378 Vgl. A. Goldstein, Ueber Krankheiten und natürliche Auslese. In: PAR, 6 (1907/08) 2, S. 154 f., hier 155.
379 Vgl. Hugo Ribbert, Die Vererbung von Krankheiten. In: PAR, 3 (1904/05) 2, S. 85–101, hier 99.
380 Vgl. ebd., S. 101.
381 Ebd., S. 99.

schädlichen Einfluss für die Bevölkerung zu. Mit zum Beispiel Fehlinger, A. Goldstein und Ludwig Müller war dies eine recht kleine Gruppe, da sie sich von der »Rassenhygiene« entfernte.

Die dritte Kategorie lehnte quasi eine Behandlung im Sinne der Heilung von Patienten, die an Tuberkulose, Cholera, Typhus, Blattern oder Syphilis litten, ab. Kosten würden eingespart und ein Sterben der Betroffenen würde die Vererbung der Krankheiten bzw. deren Anlagen verhindern. Nun bestand scheinbar ein Gegensatz zwischen dem gewünschten »positiven Auslesewert« der Krankheiten und den Ehegesetzgebungen, die ein Ausbreiten dergleichen ja verhindern sollten. Das erklärt sich dadurch, dass »selektionsfreundliche Rassenhygieniker« den Krankheiten durch Ehegesetze den Nährboden entziehen wollten, indem ihnen in der nächsten Generation gesunder und starker Nachwuchs trotzt. Gleichzeitig würden Tuberkulose usw. aber die bereits vorhandenen »Schwachen« mit deren Anlagen beseitigen, sodass sie sich selbst die Grundlage entziehen würden. Das entsprach der totalen Anwendung der »Auslese« auf den Menschen, da nur die »Besten« sich fortpflanzen dürften und »Schwache« der Krankheit zum Opfer fallen würden.

Direkt forderte dies, wie auch im Abschnitt III.1.1 »falsche Humanität« gezeigt wurde, in der untersuchten Literatur kein Autor bzw. verwehrten sich die Autoren explizit gegen diesen harten Standpunkt, aber Schallmayer, Rüdin und Ratzenhofer argumentierten sehr dicht an diesem Gedanken und stellten damit in Bezug auf die Infektionskrankheiten eine Minderheit im Diskurs dar. Es ist anzunehmen, dass das Eingeständnis fehlenden medizinischen Wissens sowie ethische Grenzen für den Mangel an klaren Aussagen den Ausschlag gab, zumal Menschen normalerweise versuchen, Krankheiten zu heilen.[382] Um diesem heiklen und unbequemen Thema bzw. den inhumanen Konsequenzen auszuweichen, bot sich – wie bei vielen sozialen Problemen der Zeit – die eigentliche »Rassenhygiene« als Universallösung an. Durch eine Kontrolle der Fortpflanzung könnte das Problem dieser Krankheiten ganz einfach ursächlicher behandelt und menschenunwürdiger Umgang mit »Elenden« vermieden werden. Wie »attraktiv« diese Möglichkeit damals erschien, zeigt Abschnitt III.3.

382 Rudolf Allers gesteht diesen Mangel bzw. dieses Paradox ein und hofft auf die weitere Erforschung derartiger Zusammenhänge: »Diese Fragen können heute noch nicht entschieden werden, weil es uns an umfassenden, gründlich vergleichenden Untersuchungen über die Physis der Völker gebricht.« Kritische Besprechung von Rudolf Allers zu: Max von Gruber, Einleitung zum Handbuch der Hygiene Bd I, S. 1–16, Leipzig 1911. In: ARG, 9 (1912) 4, S. 524–526, hier 525.

Im Bereich der Infektionskrankheiten war die zweite Kategorie jedoch am stärksten vertreten, da hier diese neue Option erkannt, aber gleichzeitig vor Risiken und Problemen gewarnt wurde. Claassen fasste diesen Zwiespalt pointiert zusammen, indem er zugab, die Frage, inwieweit die Hygiene schuldig an der »Entartung« sei, nicht abschließend beantworten zu können, dass jedoch die Statistiken – auch bei ihm – ein starkes Misstrauen gegen die Hygiene und die Abnahme der Sterblichkeit schüren würden, da es doch immerhin möglich sei, »dass die Infektionskrankheiten, die in Berlin durch die Kanalisation beschränkt sind, eine auslesende Wirkung im günstigen Sinne geübt haben.«[383]

2.2.2 »Geistes- und Nervenkrankheiten«

Der Diskurs um die Ursachen und Wirkungen der »Geistes- und Nervenkrankheiten« verlief im Grunde parallel zu dem vorhergehenden, die Infektionskrankheiten betreffenden. Auch hier wurde die biologische Bedeutung der Krankheiten für die Gesundheit der kommenden Generationen kontrovers diskutiert. Die Meinungen und erörterten Handlungsspielräume pendelten erheblich zwischen einer Therapie der Erkrankten und dem Gedanken des direkten und indirekten Schutzes der Gemeinschaft durch aktive und passive Ausgrenzung vom sozialen Leben und vor allem der Fortpflanzung. Gerade die neuere zeitgenössische Forschung und Erfahrung auf dem Gebiet der Psychiatrie förderte um die Jahrhundertwende eine »deterministische Sichtweise von Delinquenz und die Ausweitung psychiatrischer Deutungsansprüche auf bis dato nicht von Institutionen erfasste von der ›Norm‹ abweichende Menschen«, die »mit dem Argument der zu schützenden Gesellschaft zu einer Radikalisierung von Präventionsvorstellungen« vor allem in der »Rassenhygiene« führte.[384] Zu den von der »Norm« abweichenden Menschen gehörten neben den in Abschnitt III.1.1.3 behandelten »Verbrechern« – je nach Argumentation in den Kategorien – auch Prostituierte, deren Freier und Alkoholkranke. Außerdem wurden enge kausale Zusammenhänge zwischen den durch die Prostitution verbreiteten Geschlechtskrankheiten und der »Geisteskrankheit« vermutet. Ebenfalls unterschiedlich enge Zusammenhänge wurden zwischen »Geisteskrankheit« und Alkoholismus gesehen, die nun analysiert werden sollen.

Laut St. Leonhard würden sich zweifellos ein großer Teil der Prostituierten aus »entarteten bzw. geisteskranken Mädchen« rekrutieren, weshalb sowohl deren Sterilisation und die Abtreibung derer Nachkommen als auch von

383 Claassen, Die Frage der Entartung der Volksmassen, S. 843.

384 Vgl. Sophie Ledebur, Die österreichische Irrenrechts- und Strafrechtsreformbewegung und die Anfänge eines eugenischen Diskurses in der Psychiatrie um 1900. In: Baader/Hofer/Mayer (Hg.), Eugenik in Österreich, S. 208–235, hier 235.

anderen »Untauglichen« aus »rassenhygienischem« Antrieb gesetzlich durchgesetzt werden sollten.[385] Er vertrat damit die dritte Kategorie und befand sich dort in Gesellschaft von Rüdin und Schallmayer, die eine weitläufige Vermehrung der »Geisteskrankheiten« vermuteten und diese mit »züchterischen« Mitteln statt mit Therapie eindämmen wollten. So kritisierten sie die hochentwickelte Psychiatrie dafür, dass sie zur Vermehrung von »Geisteskrankheiten« beitrage, indem sie die »Geisteskranken« vor gerichtlicher Strafe, Suizid oder sonstigen Gefahren beschütze und den als »geheilt« Entlassenen sogar noch die Fortpflanzung ermögliche. Menschen mit Suizidabsichten würden »gerettet«, kranke »Nahrungsverweigerer« künstlich ernährt und »Verbrecher« »kuriert« anstatt gehängt werden, was in ihren Augen absolut »kontraselektiv« sei. Diese Entwicklung wäre im Naturzustand undenkbar und würde kurz- und langfristig eine große ökonomische Last für den Staat darstellen.[386] Sie plädierten jedoch nicht dafür, diese Kranken sich selbst zu überlassen oder gar zu töten, sondern wollten darauf hinarbeiten, die Quelle derer Krankheiten durch eine angemessene »Zuchtwahl« zum Versiegen zu bringen, was bedeute, durch Forschung und Aufklärung die Einführung von »Ehegesetzen« gesellschaftlich möglich zu machen.[387] Gegründet war diese wahrgenommene Notwendigkeit zum Handeln auf Schallmayers und Rüdins Überzeugung, dass sich die »höheren Kulturvölker« in einem körperlich schlechteren Zustand befinden würden als die Naturvölker. Denn das habe auch Einfluss auf die geistige Gesundheit, da hier enge Abhängigkeiten bestehen würden.[388] Neben äußeren Einflüssen, wie »Keimgiften« sowie Geschlechts- und Infektionskrankheiten, würden auch ererbte und »an erzeugte Dispositionen zur Geisteskrankheit« dieselben zunehmen lassen.[389] Zumindest Syphilis und Alkoholismus seien relativ neue Kulturerscheinungen und hätten »Geistesstörungen« zur Folge, die sich durch den modernen »Schutz der Schwachen« auch vererben würden.[390] Im Zusammenhang mit der verhältnismäßig stärkeren Anforderung an die geistigen Fähigkeiten in der derzeitigen Gesellschaft, die auch schwere körperliche Defekte scheinbar zu kompensieren vermöge, herrsche eine breite »Panmixie«.[391] Diese einseitige geistige Belastung bei gleichzeitiger Vernachlässigung der körperlichen »Tüchtigkeit« habe Rüdin

385 Vgl. kritische Besprechung von Rudolf Allers zu: St. Leonhard, Die Prostitution, ihre hygienische, sanitäre, sittenpolizeiliche und gesetzliche Bekämpfung, München 1912. In: ARG, 10 (1913) 3, S. 402 f., hier 402.

386 Vgl. Schallmayer, Ueber die drohende körperliche Entartung, S. 13; Rüdin, Über den Zusammenhang zwischen Geisteskrankheit und Kultur, S. 729.

387 Vgl. Schallmayer, Ueber die drohende körperliche Entartung, S. 14.

388 Vgl. Rüdin, Über den Zusammenhang zwischen Geisteskrankheit und Kultur, S. 722.

389 Vgl. ebd., S. 726.

390 Vgl. ebd., S. 727.

391 Vgl. ebd., S. 736.

zufolge direkten Einfluss auf die Zunahme der »Geisteskrankheiten«,[392] die sich in »abnormalen« Sexualtrieben und sinkendem »Selbsterhaltungs- und Familientrieb« äußern würde. Das habe langfristig eine geringere Geburtenrate in den höheren Bevölkerungsschichten, somit auch weniger »Menschenmaterial« zur »Auslese« und deshalb wiederum indirekten Einfluss auf die Zunahme der »Geisteskranken« zur Folge.[393] Die »Proletarisierung« würde in den »unteren« Schichten mit ihren ganzen schädlichen Folgen und der Überreizung in der Großstadt ebenfalls die »Auslese« negativ beeinflussen, sodass Rüdin vor einem »Teufelskreis«[394] und Georg Buschan vor einer eindeutigen Entwicklung warnten. In der Menschheitsgeschichte gehe die Kulturentwicklung Hand in Hand mit der Zunahme der Hirn- und Schädelgröße, was auf geistige Kapazitäten als »Auslesefaktor« bzw. als Vorteil im »Kampf ums Dasein« hinweise. Jedoch berge die im Leben eines Menschen viel früher einsetzende und stärker wirkende Beanspruchung der geistigen Kräfte auch die Gefahr der Überbeanspruchung und deshalb der vermehrten »Geisteskrankheit«. Äußere Einflüsse des modernen Lebens wie Genussmittel, »Sinneskitzel«, Finanzspekulation oder Ähnliches mehrten mit ihrem Stress die geistige Belastung und damit das Erkrankungspotenzial.[395] Diese Mechanik verdeutlichte Buschan am Beispiel der Sklavenbefreiung in den Kolonien, denn das »geregelte« Leben der »Schwarzen« in der Sklaverei hätte geringes Stresspotenzial gehabt und dieselben geistig nicht sonderlich beansprucht. Mit dem Augenblick ihrer Befreiung seien die »Schwarzen« jedoch in einen geistigen »Kampf ums Dasein« mit den »überlegenen Weißen« getreten, dem sie nicht gewachsen seien. Die sprunghafte Zunahme der »Geisteskrankheiten« unter der »schwarzen Bevölkerung« sei die offenkundige Folge daraus. Buschan machte also die Zivilisation der »schwarzen Kolonien« direkt für deren »Entartung« verantwortlich.[396]

Diese Zusammenhänge seien in ihrer Zwangsläufigkeit angesichts der mangelnden Erfahrung mit statistischen Methoden noch recht ungewiss, relativierte Rüdin, aber es handle sich dennoch um ernst zu nehmende Vermutungen, die er für wahrscheinlich genug einschätzte, um nachdrücklich auf die Gefahr der »Panmixie« und vor allem des Rückgangs der Fruchtbarkeit eines »Kulturvolkes« hinzuweisen.[397] Deshalb unterstützte er, wie auch Schallmayer und

392 Vgl. ebd., S. 737.
393 Vgl. ebd., S. 740.
394 Vgl. ebd., S. 741.
395 Vgl. Georg Buschan, Kultur und Gehirn (Vortrag gehalten auf der XXXV. Versammlung Deutscher Anthropologen zu Greifswald). In: ARG, 1 (1904) 5, S. 689–702, hier 698.
396 Vgl. ebd., S. 700.
397 Vgl. ebd., S. 745.

Heinrich Schüle,[398] die Forderung Wilhelm Weygandts – eines Autors der zweiten Kategorie – nach einer Meldepflicht für Ärzte und folglich einem Eheverbot für »Geisteskranke«.[399] Allerdings lehnte er dessen Einwand, dass die Ehe eines »Kranken« mit einem gesunden Menschen förderlich für ersteren sei, ab.[400] Da die Ehe bzw. die »Kreuzung« eines »geisteskranken« mit einem gesunden Menschen die »krankhafte« Anlage des ersten nicht heilen könne, sei nach Juliusberger die Ehe dieser Menschen unter allen Umständen zu verhindern und es sei eine zu verurteilende Gemeinheit, seine Krankheiten vor dem Ehepartner zu verheimlichen.[401] Dazu bedürfe es aber einer umfassenden Aufklärung der Bevölkerung über die Vererbung und den Einwirkungen des Milieus auf diese Vorgänge. Denn die Vererbung machte »den Boden locker, worin die Umwelt ihre Saatkörner zu traurig-fruchtbarem Keimen und Sprießen ausstreuen kann.«[402] Im Abschnitt III.3. werden diese Gedanken vertieft.

Weygandt und Willy Vierath sprachen den Anforderungen und »Giften« des modernen Lebens vor allem in der Großstadt einen großen Anteil an den Ursachen der »Geisteskrankheiten« zu und rieten, diesen Schädigungen durch Stadthygiene, Mutterschutz usw. entgegenzuwirken.[403] Für Magnus Möller würden die »Siech- und Unfruchtbarmachung durch Geschlechtskrankheiten« unaufhörlich »Minderwertige« aus dem »Rassenprozess« »aussieben«.[404] Auch wenn das vor allem sowohl die Prostituierten als auch deren Kundschaft betreffe, habe die »Auslese« – ähnlich wie beim Alkohol – die Kehrseite, dass nicht ausschließlich »Minderwertige« betroffen seien. Aus diesem Grund plädierte Möller ebenfalls für eine frühzeitige Aufklärung, Erziehung und Bildung, welche die »Tüchtigen« davor retten könnten, in die falschen Bahnen zu geraten. Weil es dagegen genauso sinnlos sei, die »minderwertigen Triebgesteuerten« mit dieser Aufklärung zu erreichen, wie die Prostitution zu verbieten, müssten die Geschlechtskrankheiten energisch isoliert und behandelt werden, um eine Übertragung auf die »Tüchtigen« zu vermeiden.[405] Gleichzeitig sollten bereits

---

398 Vgl. Heinrich Schüle, Über die Frage des Heiratens von früher Geisteskranken. In: ARG, 1 (1904) 5, S. 769 f., hier 769.

399 Vgl. kritische Besprechung von Ernst Rüdin zu: W. Weygandt, Verhütung der Geisteskrankheiten (1904). In: ARG, 1 (1904) 5, S. 767–769, hier 767.

400 Vgl. ebd., S. 787.

401 Vgl. Otto Juliusberger, Zur sozialen Bedeutung der Geisteskrankheiten. In: Otto Juliusberger (Hg.), Gegen den Alkohol. Gemeinverständliche Ansätze, Berlin 1904, S. 12–39, hier 17.

402 Ebd., S. 16.

403 Vgl. Willy Vierath, Geistesstörungen, deren Ursachen, Behandlung und Verhütung, Oranienburg 1908, S. 18–20; Wilhelm Weygandt, Verhütung der Geisteskrankheiten. In: Würzburger Abhandlungen aus dem Gesamtgebiet der praktischen Medizin, Würzburg 1904, S. 167–198.

404 Kritische Besprechung von Ernst Rüdin zu: Magnus Möller, Der ständige Kundenkreis der Prostituierten. In: Zeitschrift für Bekämpfung der Geschlechtskrankheiten, 1908. In: ARG, 5 (1908) 3, S. 432 f.

405 Vgl. ebd., S. 433.

»Erkrankte« gut gepflegt und therapiert statt weggesperrt werden.[406] Allerdings müsse ein entsprechendes Gesundheitszeugnis Bedingung für das Eingehen einer Ehe sein, da »erbliche Belastungen« letztlich die Hauptrolle bei den seelischen Erkrankungen spielen würden.[407] Max Hackl hielt ebenfalls nichts von einem Verbot der Prostitution, sondern wollte sie stattdessen regulieren und kontrollieren, um die Geschlechtskrankheiten zu bekämpfen.[408] Zusätzlich sprach er sich in diesem Zusammenhang für die Legalisierung von Kondomen und für die Bekämpfung von Alkohol aus. Beides solle allerdings auf dem aufklärerischen statt dem gesetzgeberischen Wege geschehen.[409]

Für L. W. Weber könne dagegen die rasante Entwicklung der Kultur und damit verbunden die Ausbreitung der Prostitution in den Großstädten nicht zwangsläufig für das Zunehmen von »Geisteskrankheiten« verantwortlich gemacht werden.[410] Das betreffe aktuell die letzten fünfzig bis hundert Jahre, was eine biologisch viel zu kurze Zeitspanne für eine »pathologische« Veränderung des Nervensystems sei, eine derartige Entwicklung des Gehirnes benötige wesentlich größere Zeiträume. Hinzu komme, dass eine wachsende Zahl an »Irrenanstalten« und Patienten lediglich für eine bessere Fürsorge, denn eine wachsende Zahl an »Geisteskranken« sprechen würde, womit er die angesprochenen statistischen Schwierigkeiten als ein Hauptargument aufgriff.[411] Der stärkere soziale Wettbewerb und die komplizierteren Lebensbedingungen würden darüber hinaus nicht neue »Geisteskranke« hervorbringen, sondern es geistig leicht erkrankten Menschen erschweren, sich im Leben zurechtzufinden, sodass eine Anstaltseinweisung mittlerweile die bessere Lösung darstelle. Hand in Hand mit dieser Entwicklung liefe die wesentliche Erweiterung des medizinischen Begriffs der »Geisteskrankheit«, was ebenfalls die Patientenzahlen erhöhe.[412] Dieses ganze Umdenken in der »Irrenfürsorge« habe auch eine höhere Lebenserwartung der Kranken zur Folge, was ein weiteres statistisches Phänomen darstelle, das die subjektiv wahrgenommene Zunahme der »Geisteskrankheiten« erklären würde.[413] Das führte dazu, dass Weber als Vertreter der ersten Kategorie zur Gelassenheit in dieser Frage aufrief, denn die »Geisteskranken« seien auch bei »schwächerer Auslese«

406 Vgl. Vierath, Geistesstörungen, S. 22.

407 Vgl. ebd., S. 25 f.

408 Vgl. Max Hackl, Das Anwachsen der Geisteskranken in Deutschland, München 1904, S. 99.

409 Vgl. ebd., S. 100.

410 Vgl. L. W. Weber, Läßt sich eine Zunahme der Geisteskranken feststellen? Vortrag, gehalten in der Ausstellung des internationalen Kongresses zur Fürsorge für Geisteskranke. In: ARG, 7 (1910) 6, S. 704–721, hier 705.

411 Vgl. ebd., S. 708.

412 Vgl. ebd., S. 709.

413 Vgl. ebd., S. 712.

den Gesunden in ihrer Ausbreitung unterlegen, sodass von einer »Degeneration« durch »Geisteskrankheiten« nicht die Rede sein könne.[414]

Mit dieser Meinung nahm er allerdings eine ausgesprochene Ausnahmeposition ein, da es zum »rassenhygienischen« Konsens gehörte, dass die Gefahr der körperlichen und geistigen »Entartung« der Kulturmenschheit tatsächlich akut bestehe und durch aktives Eingreifen abgewendet werden müsse. In der Diskursebene »Geistes- und Nervenkrankheiten« konzentrierten sich daher die Autorenmeinungen gleichmäßig verteilt in den zwei radikalsten Kategorien. Sie unterschieden sich lediglich dadurch, mit welchen Zwangläufigkeiten sich diese Krankheiten entwickeln und welche Personengruppen mit ihrer Fortpflanzung eine Gefahr für die künftigen Generationen und die Gesellschaft darstellen würden und ob bzw. inwieweit sie an der Kinderzeugung gehindert werden sollten.

2.2.3 Alkoholismus

Wie bei den Diskussionsebenen Krieg und Infektionskrankheiten orientiert sich beim Alkoholismus die Kategorisierung nach der Beimessung eines »Selektionswertes«. Die kontroverseste Wortmeldung in der PAR dazu stammte dabei von Rüdin, der 1903 den »Internationalen Kongress gegen Alkohol« schockte.[415] Zwei fundamentale Tatsachen würden ihm zufolge für die Rolle des Alkohols als »Rassereiniger« sprechen: Seine lebensfeindliche, giftige Wirkung und die Tatsache, dass sich vornehmlich Individuen mit »rassenachteiligen Eigenschaften« dem Alkohol hingezogen fühlen würden.[416] Die »Trunkfähigkeit« sei als direkte oder indirekte Folge »krankhafter oder minderwertiger Veranlagung« nachweisbar. Zumindest jedoch sei ein Zusammentreffen zwischen Alkoholismus und »Defekten« sichtbar. Denn vielfach würden Epilepsie, Manie, angeborener oder erworbener »Schwachsinn«, Stoffwechselanomalien, Vergiftungen, Syphilis usw. der »Trunksucht« vorausgehen oder ihr zugrunde liegen. Aber auch ohne derartige »Defekte« würden »Alkoholiker« bei genauerer Betrachtung »pathologische oder minderwertige Grundlagen« im Vorleben zeigen. Also fielen dem Alkoholismus nur Menschen zum Opfer, die ihm durch ihre erblich bedingten zu starken Triebe oder mangelnde Intelligenz nicht widerstehen könnten. Der Alkoholismus sei daher nur ein Symptom tiefer liegender »organischer oder physiologischer Minderwertigkeit«.[417] Wenn diese »Minderwertigkeit« ihren Besitzer viel Alkohol trinken ließe, so könne dies »zu einem wirksamen Hebel

414 Vgl. ebd., S. 720.
415 Vgl. Weindling, Health, S. 185.
416 Vgl. Ernst Rüdin, Der Alkohol im Lebensprozeß der Rasse. In: PAR, 2 (1903/04) 7, S. 553–563, hier 553.
417 Ebd., S. 554.

der Beseitigung unbrauchbarer Elemente aus der Rasse werden.«[418] Die Ehe- oder Kinderlosigkeit der Betroffenen sei also »zum Wohle der Rasse« zu begrüßen, selbst wenn der Trinker sonst begabt sein sollte. Denn es müsse strikt zwischen »kultureller« und »rassebiologischer« »Tüchtigkeit« unterschieden werden. So würde »die Alkohol-Ausjäte zur Geißel für das Individuum, zum Segen für ein Volk«.[419]

Hätte Rüdin seine Argumentation an dieser Stelle beendet, wäre er klar der dritten Kategorie zuzuordnen, die das »Selektionsprinzip« schrankenlos auf den Menschen anwendete und den Alkoholismus als einen wirksamen Hebel der »natürlichen Auslese« begrüßte. Jedoch gab er auch zu bedenken, dass sich ebenso noch nicht »Minderwertige« dem Alkohol aussetzen könnten oder diesem ausgesetzt würden, was wiederum kontraproduktiv sei. Er dachte dabei an bestimmte kürzere Lebensabschnitte wie die Studienzeit oder den Trinkzwang in bestimmten Berufsgruppen wie Alkoholgewerbetreibende oder Handelsreisende. Die leichte Beeinflussbarkeit der Jugend, ihre Unwissenheit, Unaufgeklärtheit und Sorglosigkeit in Tateinheit mit der Allgegenwart, dem geringen Anschaffungspreis und der aufdringlichen Empfehlung des Alkohols verführten auch »tüchtige Individuen« zum mäßigen Alkoholgenuss.[420] Der Schritt zum übermäßigen Konsum sei dann ein sehr kleiner. Auch könnten »Tüchtige« durch den Alkoholismus anderer Schaden nehmen, etwa durch alkoholbedingte Gewalt, Unfälle oder »Unzucht«.[421] Das größte Manko an der Theorie des Alkohols als »Rassereiniger« liege jedoch in dem langsamen Tempo dieser Art der »Ausmerzung«, was eine »Degeneration« statt einer wirksamen »Auslese« zur Folge habe.[422] Das liege daran, dass in den »unteren« Bevölkerungsschichten der Alkoholismus weniger ein Ehehindernis sei, sodass »Säufer« »frisches Blut« heiraten und lebensfähige, aber »belastete Kinder« zeugen könnten.[423] Selbst wenn diese Kinder durch das Trauma eines »Trinker-Elternhauses« selbst dem Alkohol abgeneigt sein würden, zeugten diese wieder »belasteten Nachwuchs«, sodass sich eine »schleichende Degeneration« fortsetze.[424] Rüdin kam daher zu dem Schluss, dass der Alkoholismus zwar auch »Minderwertige« dahinraffen könne, in seiner modernen Form aber mehr den »Tüchtigen« schaden würde und daher keinen »positiven Selektionswert« besitze und zu bekämpfen sei.[425] Er gehörte damit in die zweite Kategorie, da er in seinen Überlegungen dem

418 Ebd., S. 555.
419 Ebd.
420 Vgl. ebd., S. 556–558.
421 Vgl. ebd., S. 555.
422 Vgl. ebd., S. 558.
423 Vgl. ebd., S. 559.
424 Ebd., S. 560.
425 Vgl. ebd.

Alkohol schon einen »positiven Selektionswert« beimaß, aber erkannte, dass der negative überwiegen würde. Mit dieser Haltung stimmte er mit Ploetz und Fehlinger überein, die eine »Auslese« in der Unfruchtbarkeit der Mehrheit der »chronischen Alkoholiker«[426] bzw. in der erhöhten Kindersterblichkeit bei Alkoholabhängigen sahen, aber auch eingestanden, dass diese Effekte den »entartenden Folgen« des Alkoholismus unterliegen würden.[427]

Bei aller Schädlichkeit des Alkohols und deren Vererbbarkeit würden laut Jenö Kollaritis, Hegar[428] und E. Roth allerdings alle bisherigen Beobachtungen dafürsprechen, »dass man, um ausgesprochener Trinker zu werden, vor allem als solcher geboren sein muss.«[429] Auch Heinrich Driesmans,[430] Haycraft und Vladimir H. Schimkewitsch erkannten dieses Prinzip an und bewerteten den Alkohol daher als einen die »Auslese« begünstigenden Faktor, »der beständig die Reihen der schwachen ihm verfallenden Naturen lichtet und die Individuen mit gesundem Geschmack und normalen sittlichen Dispositionen frei lässt.«[431] Neben diesem gesundheitlichen Faktor hätten »Säufer« auch geringere Chancen, eine Familie zu gründen, was den »Auslese«-Gedanken unterstütze.[432] Thurnwald wollte diesen Effekt noch verstärken, indem er ganz einfach eine höhere Besteuerung für Rauschmittel vorschlug. Denn diejenigen, welche die erhöhten Preise für Alkohol unter anderem aufgrund ihrer »moralischen Schwäche« und ihrer geringen Widerstandskraft gegen die Versuchung dennoch bezahlten, hätten durch die finanzielle Mehrbelastung einen Nachteil im »sozialen Auslesekampf«. Das Steuersystem sollte quasi Persönlichkeiten mit für die Gesamtheit »nützlichen Eigenschaften« begünstigen und jene mit »weniger nützlichen« benachteiligen, so dass eine »direkte soziale Auslese« durch die Steuern und somit eine »indirekte Auslese« durch den Alkoholismus erfolgen würde.[433]

Die Letztgenannten müssen am ehesten der dritten Kategorie zugeordnet werden, da sie den Alkoholismus mit einer körperlichen und geistigen »Entartung« gleichsetzten und durchaus mit seinen biologischen Schädigungen für

426 Alfred Ploetz, Der Alkohol im Lebensprozeß der Rasse. In: PAR, 2 (1903/04) 7, S. 597 f., hier 597.

427 Vgl. Fehlinger, Untersuchungen, S. 143.

428 Vgl. kritische Besprechung von Ernst Rüdin zu: Jenö Kollarits, Beiträge zur Kenntnis der vererbten Nervenkrankheiten. In: Deutsche Zeitschrift für Nervenheilkunde, 30 (1906), S. 293–363. In: ARG, 3 (1906) 5, S. 751 f., hier 751; Hegar, Die Wiederkehr des Gleichen, S. 77.

429 Kritische Besprechung von E. Roth zu: Th. Rybakow, Alkoholismus und Erblichkeit. In: Monatsschrift für Psychiatrie und Neurologie, 20 (1906). In: ARG, 4 (1907) 6, S. 889.

430 Vgl. Heinrich Driesmans, Rasse und Milieu, 2. Auflage, Berlin 1909, S. 178.

431 Haycraft, Natürliche Auslese und Rassenverbesserung, S. 91.

432 Vgl. ebd., S. 94; Schimkewitsch, Die Mutationslehre und die Zukunft der Menschheit, S. 102.

433 Vgl. Richard Thurnwald, Steuern und Rassenhygiene. In: ARG, 2 (1905) 5/6, S. 936–940, hier S. 937.

den menschlichen Organismus – wenn auch wenig differenziert – als »Rassereiniger« beurteilten, womit sie sich jedoch klar in der Unterzahl befanden. Alle anderen Autoren, die sich in der untersuchten Literatur zum Thema Alkoholismus äußerten, sind der ersten Kategorie zuzurechnen, da sie ihm ausschließlich negativen Einfluss auf die Menschen und die »Rasse« zuschrieben: Die menschliche Kultur, ihr Fort- oder Rückschritt werde laut Sims Woodhead vom menschlichen Gehirn getragen, sodass dessen »Entartung« zuerst bekämpft werden müsse. Ursache für diese »Entartung« sei in erster Linie die Schädigung des Keimplasmas der Erzeuger. Das würde vornehmlich durch Äthylalkohol geschehen, denn eine Vielzahl von »Idioten« und »Epileptikern« würde von Eltern stammen, die regelmäßig Alkohol konsumierten.[434] Dass Alkoholkonsum eine »auslesende Wirkung« habe, da »Schwache« und »Trunksüchtige« an ihm zugrunde gehen und nur die »Starken« sich an ihn gewöhnen würden, sei unhaltbar. Das würde deshalb schon nicht funktionieren, weil die »Trunksüchtigen« selten vor der Geschlechtsreife tatsächlich sterben würden und noch Nachkommen zeugen könnten, zumal mäßige Alkoholkonsumenten überhaupt nicht daran sterben, aber auch belastete Kinder bekommen würden.[435] Dem pflichtete Brügner[436] bei und auch für Schallmayer stellte der Alkohol als »Errungenschaft« höherer Kultur eine große Schädigung für die körperlichen und geistigen Erbanlagen dar, die auch die Gesunden betreffe.[437] Domenico Bezzola fundierte dies mit der Nachzeichnung eines direkten Zusammenhangs zwischen dem Trinkverhalten und den Geburten von »Schwachsinnigen« in der Schweiz, denn alkoholreiche Zeiten, wie Karneval, Hochzeiten oder Weinlese hätten vermehrte »Schwachsinns-Geburten« zur Folge.[438] Experimente hätten darüber hinaus gezeigt, dass Alkohol die Lebensvorgänge im Protoplasma hemmte und dadurch die Hirn- und Keimzellen geschädigt bzw. zumindest beeinträchtigt würden.[439] Auch 80 Prozent der jugendlichen »Verbrecher« würden aus einem »Alkoholikerhaushalt« stammen[440] und die »Disposition« zu Krankheiten wie der Tuberkulose stiege durch Alkoholkonsum an.[441]

---

434 Vgl. Sims Woodhead, Alkohol, Entartung und geistige Leistungen. In: PAR, 5 (1906/07) 6, S. 363.

435 Vgl. o. V., Die Alkoholsucht als Kultur- und Rasseproblem. In: PAR, 1 (1902/03) 3, S. 229f., hier 229.

436 Vgl. Brügner, Aufgaben der Volkshygiene, S. 321.

437 Vgl. Schallmayer, Natürliche und geschlechtliche Auslese, S. 266.

438 Vgl. Domenico Bezzola, Alkoholismus und angeborener Schwachsinn. In: PAR, 1 (1902/03) 4, S. 320.

439 Vgl. ders., Vortrag in Chur 1901. In: PAR, 1 (1902/03) 6, S. 487.

440 Vgl. o. V., Statistik der jugendlichen Verbrecher. In: PAR, 1 (1902/03) 10, S. 822f., hier 823.

441 Vgl. o. V., Ueber Alkohol und Tuberkulose. In: PAR, 1 (1902/03) 10, S. 824.

Röse und von Bunge vertraten die nicht unumstrittene Meinung,[442] dass neben dem Alkoholismus der Mutter eines Kindes jener des Großvaters dieses Kindes die erste Ursache für die Stillunfähigkeit der Mutter sei. Denn besonders auffällig sei die stetige Zunahme der tatsächlichen physischen Unfähigkeit der Frauen zum Stillen. Das würde in Deutschland und der Schweiz bereits mehr als fünfzig Prozent der jungen Mütter betreffen und die Säuglingssterblichkeit in die Höhe treiben.[443] Ursache dafür sei der Alkoholismus des Großvaters und, dass die dadurch erworbene Unfähigkeit vererbbar sei. Der Alkoholismus habe auch weitere oben bereits genannte Symptome der allgemeinen »Degeneration«, wie Nervenleiden, »Geisteskrankheiten«, Dispositionen zu chronischen Infektionskrankheiten und mangelnde Widerstandsfähigkeit der Kinder gegen Erkrankungen, zur Folge. Da sich diese »Entartungserscheinungen« von Generation zu Generation steigerten und dem Geschlecht keine »Selektion«, sondern nur Qual und Untergang bescherten, sei die Abschaffung des Alkohols das oberste Gebot.[444] Damit vertrat von Bunge, wie die zahlreich genannten vorstehenden Autoren, nicht nur die erste Kategorie, die dem Alkoholismus jeden »Selektionswert« absprach, sondern auch die zwischen 1890 und 1914 an Bedeutung gewinnende[445] und im »rassenhygienischen« Diskurs oft thematisierte Abstinenzbewegung.[446] Diese zeitgenössische Bewegung deklarierte die Alkoholfrage als wichtigste soziale Frage und im »rassenhygienischen« Zusammenhang als Frage der »Erhaltung der Rasse«, weshalb sie nicht nur Trinksitten und Trinkzwang, sondern die ganze im Hintergrund wirkende Industrie bekämpfen wollte.[447]

Auch Georg Fock war ein vehementer Vertreter der Abstinenzbewegung, da der Alkoholismus einen Teufelskreis zwischen »Keimschädigung« und »Disposition« des Nervensystems zum Alkoholismus einleite.[448] Von Bunges Forschung zum Alkohol und der Stillunfähigkeit würden die fatalen Schäden dieser gefährlichen Entwicklung zeigen und sei daher von weltgeschichtlicher Bedeutung.[449] Der Alkohol würde eben nicht vor der Fortpflanzungsfähigkeit »ausmerzen«

442 Vgl. kritische Besprechung von Otto Diem zu: Gustav von Bunge, Die zunehmende Unfähigkeit der Frauen ihre Kinder zu stillen. Die Ursachen dieser Unfähigkeit, die Mittel zur Verhütung, 5. Auflage, München 1907. In: ARG, 4 (1907) 1, S. 111–114, hier 113.

443 Vgl. Else Röse, Alkohol und Stillvermögen. In: PAR, 2 (1903/04) 4, S. 338 f., hier 338; Gustav von Bunge, Ueber Alkoholismus und Degeneration. In: PAR, 3 (1904/05) 3, S. 204.

444 Vgl. von Bunge, Alkoholvergiftung und Degeneration, S. 455.

445 Vgl. Paul Weindling, Hygienepolitik als sozialintegrative Strategie im späten Deutschen Kaiserreich. In: Alfons Labisch/Reinhard Spree (Hg.), Medizinische Deutungsmacht im sozialen Wandel des 19. und frühen 20. Jahrhunderts, Bonn 1989, S. 37–55, hier 41.

446 Vgl. Ferdinand Hueppe, Alkoholmißbrauch und Abstinenz. In: PAR, 3 (1904/05) 9, S. 592 f.; Ludwig Stein, Ueber die Frage der Erhaltung der Rasse auf dem X. internationalen Kongreß gegen Alkoholismus. In: PAR, 5 (1906/07) 11, S. 653 f.

447 Vgl. von Bunge, Alkoholvergiftung und Degeneration, S. 456.

448 Vgl. Georg Fock, Alkohol und Rassenhygiene, Basel 1903, S. 5.

449 Vgl. ebd., S. 6.

und schädige durch seine Suggestion auch die an sich »Tüchtigen«, sodass er in klarer Gegnerschaft zu »rassenhygienischen« Bestrebungen stehe.[450] Da auch geringe Dosen Alkohol auf die Keime schädigend wirken bzw. mäßiges Trinken schnell zu übermäßigem Alkoholkonsum führen würde, plädierten auch Forel und Magnus Hirschfeld für die Totalabstinenz. Alkohol sei zwar nicht ganz so giftig wie manch andere Drogen, aber mindestens genauso gefährlich, weil legal zu beschaffen.[451] Hinzu komme der »sittliche Verfall«, der zu Geschlechtskrankheiten, Verbrechen, »Unzucht« und »sexuellen Perversionen« führe.[452] In diesem Zusammenhang malte Forel das in diesen Kreisen beliebte Bild von der »römischen Dekadenz« im Gegensatz zur nüchternen »gelben Gefahr«.[453] Hentschel erkannte ebenfalls diese vermeintliche Gefahr, bescheinigte der Abstinenzbewegung allerdings wenig Erfolg im modernen Leben und forderte deshalb neue »rassendienliche Lebensinhalte«, in denen Rauschmittel keine Rolle mehr spielen würden.[454]

Als Begleiterscheinung der mit der fortgeschrittenen Industrialisierung einhergehenden Phänomene Urbanisierung und Pauperismus galt der Alkoholismus – vor allem in den »unteren« Bevölkerungsschichten. Wie auch die Infektions-, Geschlechts- und »Geisteskrankheiten« betraf diese Erscheinung weite Teile der Bevölkerung und böte sich daher zur flächendeckenden »Auslese« an. Aus demselben Grund schreckte dieser Umstand aber die überwiegende Mehrzahl der »Rassenhygieniker« ab, von einem »willkommenen Hebel der Selektion« zu sprechen. Noch im stärkeren Maße als die Krankheiten könne nämlich der Alkoholismus wirklich jeden betreffen, da städtehygienische Maßnahmen hier nicht greifen würden. Dass Alkohol die Menschen und ihr Erbgut schwer schädige, aber selten vor der Fortpflanzung töte, ließ auch die radikalsten »Selektionsfreunde« nicht konsequent für ihn als »Rassereiniger« eintreten und prägte die erste Kategorie am stärksten aus. Vertreter für die »positiv-selektive« Wirkung des Alkohols seien laut dem strikten Abstinenzler Ploetz hauptsächlich unter den englischen Biologen zu finden,[455] aber auf dem falschen Weg, denn »alle drei Tendenzen, die Herabsetzung des Geburtenüberschusses, die der Gesamtleistung und die Vermehrung der inneren Reibung, nehmen […] der Rasse ganz direkt einen Teil ihrer Spannkraft.«[456]

450 Vgl. ebd., S. 11.

451 Vgl. August Forel, Alkohol, Vererbung und Sexualleben, Vortrag gehalten auf dem X. internationalen Kongress gegen den Alkoholismus, Berlin 1905, S. 16; Magnus Hirschfeld, Die Gurgel Berlins, Berlin 1907.

452 Vgl. Forel, Alkohol, S. 22.

453 Vgl. ebd., S. 30.

454 Vgl. Hentschel, Vom aufsteigenden Leben, S. 82.

455 Vgl. Alfred Ploetz, Zur Bedeutung des Alkohols für Leben und Entwicklung der Rasse. In: ARG, 1 (1904) 2, S. 228–253, hier 229.

456 Ebd., S. 244.

Martius und Lenz[457] zeichneten dem Trend entgegen ein recht entspanntes Bild, da mäßiger Alkoholgenuss nicht zwangsläufig zur unaufhaltsamen »Rassendegeneration« führe. Die toxische Keimschädigung bei übermäßigem Alkoholgenuss sei bewiesen, aber gerade die Keimdrüsen seien von allen Organen am meisten geschützt, sodass der Alkohol mehr dem jeweiligen Individuum schade, nicht zuletzt, weil tatsächlich durch Alkohol »degenerierte« Nachkommen sowieso »aussterben« würden.[458] Im Großen und Ganzen beurteilte Martius die Problematik recht optimistisch, da das Keimplasma der »Rasse« einen durch die »Jahrtausende aufgespeicherten, fast unerschöpflichen Schatz biologisch kräftiger Erbwerte«[459] besitze, den Milieu, Kultur oder Unkultur nicht zerstören könnten.

2.2.4 Fazit

Die oben genannte Autorenschaft behandelte mit dem Einfluss der »Keimgifte« auf den Menschen in Form von Infektions-, »Geistes- und Nervenkrankheiten« sowie Alkohol ein zum Ende des 19. Jahrhundert weitverbreitetes gesellschaftliches Phänomen, das sich parallel mit der Enge, Armut und Schnelllebigkeit in den Städten, aber auch den Fortschritten auf dem Feld der Psychiatrie entwickelt hatte.

Diese Phänomene hatten auch in der »Rassenhygiene« eine wichtige Stellung inne, da sie als Milieuerscheinung überwiegend als exogene Einflüsse auf die Menschen betrachtet wurden, worauf ein ebenso von außen erfolgender Zugriff einfacher möglich sein sollte. Denn laut Rudolf Goldscheid sei es längst bewiesen, dass milieubedingte Mangelernährung und sonstige schlechte Lebensbedingungen die Abwehrfähigkeiten gegen Infektionskrankheiten herabsetzen, weshalb von einer vererbten »Disposition« zu diesen Krankheiten keine Rede sein könne. Daraus folgerte er, dass die Immunität durch die Verbesserung der Bedingungen gehoben werden müsse, da es äußerst zweifelhaft sei, ob dies durch entsprechende »Auslese« geschehen könne.[460] Es müssten also zuerst äußere Schädigungen beseitigt werden, bevor eine eventuelle Vererbung der Folgen verhindert werden könne.[461] Die »Auslese« komme als Hauptmotor der »Vervollkommnung« nicht mehr in Betracht, denn »es macht [...] die Größe des mensch-

457 Vgl. kritische Besprechung von Fritz Lenz zu: August Forel, Alkohol und Keimzellen (Blastophtorische Entartung) Vortrag 1911. In: ARG, 9 (1912) 5, S. 643–645.

458 Vgl. Friedrich Martius, Die Bedeutung der Vererbung für Krankheitsentstehung und Rassenerhaltung (Tier- und Menschenzüchtung). Vortrag. In: ARG, 7 (1910) 4, S. 470–488, hier 480 f.

459 Ebd., S. 488.

460 Vgl. Goldscheid, Darwin als Lebenselement unserer modernen Kultur, S. 75.

461 Vgl. ebd., S. 78.

lichen Leistungsvermögens aus, dass wir in weitem Umfange imstande sind, die Konstanz der Vererbung zu umgehen.«[462] Goldscheid sprach hier nicht vom vielzitierten »Schutz der Schwachen«, sondern vom »Schutz vor Schwächung«, den er für absolut notwendig hielt in der modernen, industrialisierten Kultur.[463] Man dürfe Darwins Entwicklungstheorie nicht rückwärts »historizistisch« interpretieren, denn »das Gewesene bildet kein sicheres Kriterium für das Künftige.«[464]

Dieser zusammenfassenden Interpretation der ersten Kategorie entgegnete die dominierende zweite Kategorie durch Rüdin resümierend: »Die ererbte Konstitution wird durch die Lebens- und Ernährungsweise nach dieser oder jener Seite beeinflusst und bis zu einem gewissen Grade verbessert oder verschlechtert, und daraus ergibt sich das Maß des Widerstandes, den sie äußeren Schädlichkeiten, Giften, Infektionen […] entgegensetzen kann. Die Hauptursache aber bleibt, immer wie geartet der Körper ist, an dem jene Schädlichkeiten ihre Kraft versuchen.«[465]

Die Bekämpfung von Infektionskrankheiten, Geschlechtskrankheiten und »Keimgiften« bedeute laut Grassl also die Vernichtung eines Feindes, der Kräfte binde, die für andere, »edlere Kämpfe« frei werden würden. Die Hygiene bedeute daher kein Aufgeben dieses Kampfes, sondern eine Verlagerung auf ein anderes Gebiet, weshalb sie nicht »kontraselektorisch«, sondern »heteroselektorisch« wirke und zu begrüßen sei.[466] Die Kultur würde dabei zwar die »harte Naturauslese« schmälern, weil sie Kranke und »Schwache« am Leben lasse, die »Keimgifte« würden allerdings auch die »Tüchtigen« schwächen und sogar neue »Minusvarianten« hervorbringen.[467] Aus diesem Grund sprachen sich von Gruber und die Mehrzahl der zitierten Autoren für die Kombination von »eugenischer« Prävention und einer Hebung der hygienischen Lebensbedingungen zur Schaffung einer »kräftigen und fruchtbaren« Bevölkerung aus.[468] In den kommenden Abschnitten werden die angebotenen Möglichkeiten dieser bereits vielfach angesprochenen »eugenischen« Prävention zum Gegenstand der Analyse.

462 Vgl. ebd., S. 91.
463 Vgl. ebd., S. 98 f.
464 Ebd., S. 107.
465 Kritische Besprechung von Ernst Rüdin zu: Friedrich von den Velden, Krankheitszusammenhänge. In: Die Therapie der Gegenwart (1908). In: ARG, 5 (1908) 5/6, S. 811 f.
466 Vgl. Grassl, Volkserneuerung, S. 183.
467 Vgl. Max von Gruber, Vererbung, Auslese und Hygiene. In: Deutsche Medizinische Wochenschrift, 35 (1909) 46, S. 1993–1996, hier 1994–1996.
468 Vgl. ders., Vererbung, Auslese und Hygiene. In: Deutsche Medizinische Wochenschrift, 35 (1909) 47, S. 2049–2053, hier 2052.

3. »Blutmischung«

3.1 »Negative Eugenik«

3.1.1 »Rassenmischung«

Eine grundsätzliche Überzeugung der »Rassenhygiene« war, dass das »Blut« alles bestimme. In diesem Diskursstrang der »Blutmischung« wurde zur Beantwortung der Frage nach der Radikalität in der Bekämpfung der angeblichen »Degeneration« bzw. dem Streben nach der »Höherzüchtung des Menschen« gefragt, was die Mischung des Blutes beeinflusse und ob man diese daher steuern könne und solle. Es gab zum Beispiel Stimmen, die behaupteten, dass selbst die politische Gesinnung angeboren sei, da eine konservative oder liberale Ausrichtung nicht von Zufall, Klima, Erziehung oder Milieu abhängen würde, sondern in »erster Linie eine Wirkung des ererbten Blutes ist.«[469] Auch seien zum Beispiel »Unterwürfigkeit« oder das »Herrschertalent« von Bevölkerungsgruppen gezüchtet.[470] Daraus resultiert die weitere Überzeugung von der »natürlichen Ungleichheit der Menschen«.[471] Diese seien im »Kampf ums Überleben« schon immer ungleich »bewaffnet« gewesen und seien es auch immer noch. »Klassen- und Rassengegensätze« würden sich daher niemals ausgleichen lassen[472] und ohne diese sei weder Kultur noch Fortschritt möglich, da sie Differenzierung voraussetzten.[473] Die bereits erwähnte Kritik Woltmanns am Marxismus wird hier deutlich: Laut Marx würde sich der Klassenkampf um die Produktionsmittel und Produktivkräfte drehen, die von der geografischen Lage, also dem Milieu, bestimmt würden. Für Woltmann waren die verschiedenen »Wirtschaftsniveaus« der einzelnen »Rassen« nun kein passiver »Abklatsch« des geografischen Milieus, sondern die »begabten Rassen« würden naturgestaltend auf das Milieu zurückwirken. Daraus schlussfolgerte er, dass alle »Klassenunterschiede« aus den unterschiedlichen Milieubeherrschungsfähigkeiten der »Rassen« resultieren würden und deshalb die Klassenkämpfe schlicht eine kultivierte Fortsetzung der »Rassenkämpfe« wären.[474] Nichts sei daher falscher, als eine moralische und intellektuelle Gleichwertigkeit der »Rassen« anzunehmen, wie die christliche und aufklärerische Idee es

469 Albert Reibmayr, Über den Einfluss der Inzucht und Vermischung auf den politischen Charakter einer Bevölkerung. In: PAR, 1 (1902/03) 1, S. 21–37, hier 22.

470 Vgl. ebd., S. 28.

471 Vgl. Alfred Vierkant, Ueber den Einfluss der Mittelschule auf unseren Volkstypus. In: PAR, 2 (1903/04) 1, S. 231–235, hier 235; Weiß, Obligatorische Armenpflege, S. 18.

472 Vgl. zit. nach Julius Lange, Bücherbesprechungen. In: PAR, 1 (1902/03) 1, S. 75.

473 Vgl. Jörg Lanz von Liebenfels, Die Urgeschichte der Künste. In: PAR, 2 (1903/04) 2, S. 134–156, hier 154; Ludwig Woltmann, Die Rassen- und Klassentheorie in der Soziologie. In: PAR, 4 (1905/06) 8, S. 417–424, hier 424.

474 Vgl. Ludwig Woltmann, Marxismus und Rassentheorie. In: PAR, 4 (1905/06) 5, S. 268–280, hier 270.

tue.[475] Es sei vielmehr ganz logisch und natürlich, dass sich die unterschiedlichen »Rassen« fremd und feindlich gesinnt seien.[476]

Bartels und Schmidt-Gibichenfels sahen durch ungünstige »Rassenmischungen« das »Deutschtum« schwinden und plädierten daher dringend für die Wiederherstellung der »Rassenreinheit«. Dieser würden sie auch durchaus gute Chancen zugestehen, wenn nicht die kapitalistischen Interessen viele fremde, vor allem »slawische« Elemente als Arbeitskräfte ins Land lockten, welche die Trübung dieser »Rassenreinheit« forcierten und das »deutsche Volkstum« immer mehr »entwurzeln« würden.[477] Aus diesem Grund hielt Grassl auch die »Rassenhygiene« für ein Bedürfnis des Staates, das seiner Meinung nach nie so dringend gewesen sei, wie im Augenblick, da die »Rassenmischung« an den Charaktereigenschaften und der Lebensfähigkeit des Nationalstaates nagen würde. Auf dem Wege der Arbeit würden die Nachbarvölker für die niederen Tätigkeiten eindringen, die Gesellschaft infiltrieren und somit die »Gleichblütigkeit« zerstören.[478] Friedrich Solger warnte vor dieser Entwicklung ausdrücklich, da das Eindringen »minderwertiger fremder Elemente« aus »rassenhygienischer« Sicht noch gefährlicher sei als das Vorhandensein »minderwertiger« Deutscher, denn die freie Tierwelt zeige ihm, dass die Natur »reine Rassen« wolle. Er erwog darum eine Besteuerung von Einwanderern oder deren Arbeitgebern, denn was nützte eine von »Fremdarbeitern« gestützte Volkswirtschaft, wenn sie die Entwicklung des »deutschen Volkes« negativ beeinträchtige?[479]

Wenn nicht bald eine »Artennächstenliebe« und künstliche Erhaltung der »wünschenswerten Rasse« eingreifen würde, sei diese in zwei bis drei Generationen verschwunden. Der Staat müsse also laut Gerstenhauer zum eigenen Erhalt die »planmäßige Zucht« von »tüchtigen« Menschen der »heroischen Rasse« vorantreiben.[480] Auch Fehlinger bewertete die »Rassenkreuzung« beim Menschen als eine der wichtigsten Ursachen der befürchteten »Entartung«. Das würden Beobachtungen in Ländern mit »Mischlingsbevölkerung« zeigen. In Indien zum Beispiel sei die Kultur durch die »Rassenkreuzung« stetig zurückgegangen und im Grunde würden »Entartungen« am häufigsten da hervortreten, wo »Rassenmischungen« den höchsten Grad erreichten. Die genaue Ursache dafür sei zwar noch unklar, sicher sei jedoch, dass bestimmte »Rassen« auf bestimmte Lebensbedingungen ausgerichtet seien. Wenn sich diese mit anderen

475 Vgl. Julius Wolf, Das Rassenproblem in der Weltwirtschaft. In: PAR, 2 (1903/04) 3, S. 261.
476 Vgl. Paul Näcke, Kultur- und Rassenpsychologie. In: PAR, 3 (1904/05) 8, S. 523 f., hier 524.
477 Vgl. Adolf Bartels, Der deutsche Verfall. Vortrag, gehalten am 21. Januar 1913 zu Berlin, Leipzig 1913, S. 185 f.; Otto Schmidt-Gibichenfels, Wen soll ich heiraten?, Berlin 1907, S. 200.
478 Vgl. Grassl, Volkserneuerung, S. 184.
479 Solger, Rassenhygiene und Reichsfinanzreform, S. 587.
480 Vgl. Gerstenhauer, Rassenlehre und Rassenpflege, S. 28.

»Rassen« kreuzten, die keine für die Lebensbedingungen günstigen Eigenschaften besäßen, würden sich die Voraussetzungen der Nachkommen und damit der »Rasse« verschlechtern, sich unter den gegebenen Bedingungen fortzupflanzen. Auch würden soziale Probleme in einem Gemeinwesen aus der Vereinigung von Angehörigen differenzierter »Rassen« resultieren, da die Einrichtungen des Gemeinwesens, also die Lebensbedingungen, nur für den einen Teil der Bevölkerung passend wären.[481]

Auch G. Prosoroff vertrat die Ansicht, dass mit steigender Heterogenität der »gekreuzten Rassen« auch die Schwächung der Nachkommen in der Konstanz ihrer »Rassenmerkmale« wachsen werde, was sie ungeeigneter für bestimmte Lebensumstände werden ließe.[482] Vittorio Macchioro unterfütterte diese Theorie mit einem damals beliebten Beispiel und machte – ganz in der Tradition Gobineaus – eine ungeheure negative »Rassenmischung« für den Untergang des Römischen Reiches verantwortlich, da die »Vermischung nichtgleichwertiger Rassen« den Verfall der höheren zwangsläufig zur Folge habe. Der römischen Kultur mangelte es demnach an der Fähigkeit zur »Verschmelzung«, um sich die verschiedenen Elemente der eroberten Gebiete einverleiben zu können. Sie wäre kosmopolitisch geworden, universell und hätte dabei laut Macchioro das eigene Gepräge verloren, ohne andere »positive Eigenschaften« in sich aufzunehmen – sie »entartete«.[483] Durch den vielfältigen Sklavenhandel hätten die »fremden Elemente« immer mehr überwogen und diese wären meist fruchtbarer gewesen als die einheimischen Römer, sodass die »Vermischungsfähigkeit der Rasse« immer mehr zugenommen hätte.[484] Die Fruchtbarkeit und die Lebensfähigkeit der so zahlreich entstandenen »Mischlinge« hätte sich durch die erneuten »Kreuzungen« mit der »Mutterrasse« erhalten können. Durch die sich potenzierende Zunahme an »minderwertigen Mischlingen und Fremden« wäre der Anteil der »höheren, römischen Rasse« mit jeder Generation geringer geworden, sodass die langsame, aber unabwendbare »Entartung« der römischen Gesellschaft die logische Konsequenz dargestellt hätte.[485]

Solche »Entartung« würde M. L. Ettler schon ganz profan im Mangel an körperlicher Schönheit erkennen. »Rassisch« bedingte, gegensätzliche körperliche Eigenschaften würden nämlich seltsame »Mischungen« hervorbringen, die sich durch »Hässlichkeit« und »Dysfunktionalität«, wie zum Beispiel schiefe

481 Vgl. Fehlinger, Die Gesetze der organischen Entwicklung, S. 30.

482 Vgl. G. Prosoroff, Die Methoden der rassischen Hochzucht. In: PAR, 10 (1911/12) 1, S. 45f., hier 46.

483 Vgl. Vittorio Macchioro, Die anthropologischen Grundlagen des römischen Verfalls zur Kaiserzeit. In: PAR, 5 (1906/07) 10, S. 557–581, hier 564.

484 Vgl. ebd., S. 567–571.

485 Vgl. ebd., S. 578.

Zahnstellung oder Knochenerkrankungen, auszeichneten.[486] Deshalb sollten »unfreundliche, hässliche, lieblose Weiber [...], auch wenn sie reich und ›von Stand‹ sind, aus dem Rasseprozess ausgeschieden werden.«[487] Allerdings glaubte er nicht, »dass in dieser Hinsicht viel reformiert werden kann. Vernünftige Aufklärungen und Einsichten haben wenig Wirkung auf den Willen, und Zwang ist ausgeschlossen.«[488] Er hoffte auf eine Besinnung auf die »von der Natur der Rasse angeborenen Instinkte« bzw. dass diese nicht bereits zu tief »entartet« seien. Auch Friedrich Gernand hoffte auf diesen tief verankerten »Rasseinstinkt« und erkannte ihn in der derzeitigen »Wiederaufblüte des Nationalismus«, der als Gegenbewegung zum willkürlichen »Zusammenwürfeln der Nationen« durch vergangene Kriege, den Kapitalismus und zu den »Weltverbrüderungsideen des Christentums und Sozialismus« sehr zu begrüßen sei.[489] Antipathien und Sympathien gegenüber Fremden würden aus dem natürlichen »Rasseempfinden« herauswachsen und beherrschten seit jeher die Völker.[490] Diese »Schutzinstinkte des Rassegefühls« als Reaktion auf »Vermischung« durch Kapitalismus und Humanismus müssten von der Politik gehört und genutzt werden.[491] Laut Ratzenhofer gebe es, trotz aller »Rassenmischungen«, klar sich voneinander unterscheidende, vererbbare »Dauerformen«, die sich immer noch in den unverzichtbaren souveränen Nationen und der anlagebedingten »patriotischen Liebe« zu ihnen äußerten.[492] Alle »Abirrungen« von dieser »sittlichen Pflicht der Vaterlandsliebe«, wie Kosmopolitismus und Internationalismus, seien – historisch bewiesen – von schwerem Unheil und vom Niedergang der »Sittlichkeit« begleitet.[493]

Diese Autoren verurteilten »Rassenmischungen als Entartungsursache« in jedem Fall und sind damit der dritten Kategorie zuzuordnen, während nachfolgende der zweiten Gruppe angehörten. Zu beachten ist hier, dass sie die »biologischen« Ansichten der dritten Kategorie grundsätzlich anerkannten, aber andere Schlüsse daraus zogen, welche die totale Ablehnung der »Vermischung« nicht zwangsläufig werden ließ.

Leo Sofer war beispielsweise der Ansicht, dass »kräftige Rassen« in ihren speziellen Lebensbedingungen die Fähigkeit besitzen würden, sich ähnlich wie die Flüsse selbst von fremden »Rasseneinflüssen« zu »reinigen«. Diese »Entmischung« wirke bei allen »instinktsicheren Rassen« der »Vermischung«

486 Vgl. Ettler, Körperkultur und Zuchtwahl, S. 625.
487 Ebd., S. 628.
488 Ebd., S. 629.
489 Vgl. Friedrich Gernand, Rassegefühl und Nationalismus. In: PAR, 1 (1902/03) 7, S. 608–611, hier 608.
490 Vgl. Albrecht Wirth, Rassenforschung in der Geschichtsschreibung. In: PAR, 2 (1903/04) 2, S. 211–214, hier 211.
491 Vgl. Gernand, Rassegefühl, S. 610.
492 Vgl. Ratzenhofer, Die Rassenfrage vom ethischen Standpunkte, S. 745.
493 Vgl. ebd., S. 746.

entgegen.[494] Das ermögliche, dass trotz ständiger »Blutmischung« gute »Rassen« die Fähigkeit besäßen, ihre charakteristischen körperlichen und geistigen Fähigkeiten zu bewahren. Hinzu komme, dass führende Nationen mit guter »Rassekraft« eine ungestörte, fortwährende Blutvermischung mit »fremden Arten« über einen längeren Zeitraum nicht zulassen würden. Die »fremde Beimischung« sei auch deshalb zwar zu schwach, um einen Ausschlag zu geben, trotzdem störe sie die »Reinheit der Rasse«. Doch Sofer blickte der Angelegenheit gelassen entgegen, da sich die »gemischten Keime« in zwei bis drei Generationen wieder »entmischen« würden, sodass ein Teil des Nachwuchses eine »Mischung«, der andere Teil wieder »rein« wäre.[495] Dass die geistigen oder sozialen Bande der »fremden Rasse« bzw. der »Mischlinge« eine wiederholte »Vermischung« zulassen, würde durch die »geschlechtliche Auslese« bekämpft werden, da bewusst oder unbewusst die Eigenschaften der eigenen »Rasse« anziehender auf die Individuen wirken würde. Dieser Mechanismus würde sich bei jeder zustande kommenden »Blutvermischung« wiederholen und wäre daher der »Wächter der Rasse«.[496] Julius Kollmann teilte die Ansichten Sofers, dass »das zähe Blut der Stammform […] trotz aller Anomalien, trotz aller Wirkungen des Milieu[s], trotz aller Kreuzungen immer wieder durch[schlägt].«[497] Auch Ploetz war der Meinung, dass bei »rassisch« zu unterschiedlichen Individuen entweder das »Rassegefühl« eine freiwillige Paarung von vornherein verhindere, die Ehe unfruchtbar bliebe oder doch daraus hervorgehende Nachkommen nicht überlebens- bzw. fortpflanzungsfähig seien.[498] Driesmans verglich deshalb die »Blutmischung« innerhalb des »Volksorganismus« bildhaft mit dem Kampf der roten Blutkörperchen gegen die eindringenden Bazillen. Würden die ersteren gewinnen, wäre die Krankheit besiegt, würden sie unterliegen, dann ginge der Körper zugrunde. Dieser innere latente Kampf habe seit jeher auch geistige Erschütterungen und »Fiebererscheinungen«, wie zum Beispiel die Reformation, zur Folge, was wir als die Geschichte des »Volkes« wahrnehmen würden.[499] In diesem Zusammenhang bewunderte Driesmans zwar die »harte Rassenzucht« des indischen Kastensystems des Manu und bedauerte die geschwundene »Rassenreinheit der Germanen«, hielt aber dagegen, dass »reine Völker« eine geringe kulturelle Ausprägung besitzen würden, während die »deutsche Hochkultur« auf der »Durchmischung«

494 Vgl. Leo Sofer, Ueber die Vermischung und Entmischung der Rassen. In: PAR, 1 (1902/03) 6, S. 435–438, hier 435.

495 Vgl. ebd., S. 437.

496 Ebd.

497 Julius Kollmann, Die Persistenz der Menschenrasse. In: PAR, 1 (1902/03) 11, S. 893 f., hier 894.

498 Vgl. Alfred Ploetz, Die Begriffe Rasse und Gesellschaft und die davon abgeleiteten Disziplinen. Einige Worte der Einführung. In: ARG, 1 (1904) 1, S. 2–26, hier 8.

499 Vgl. Heinrich Driesmans, Die Wahlverwandtschaften der deutschen Blutmischung – Kulturgeschichte der Rasseninstinkte, Band. 2, Leipzig 1901, S. 154 f.

basiere.[500] Denn »keine Rasse ist jemals imstande gewesen, ohne einen gewissen Zusatz fremden Blutes eine Kultur zu schaffen.«[501]

Nach Hirsch und Hans Heiderich[502] sei eine »Reinheit der Rasse« sogar ein Phantom, was es unter den »Kulturvölkern« nicht mehr gebe und was auch nicht wünschenswert sei. Im Gegenteil: »Frisches Blut« würde vor dem Untergang retten und »Rassenreinhaltung im Sinne der Anhänger Gobineaus ist nichts als Inzucht in großem Maßstabe.«[503] Allerdings wünschten sie sich »kein Blutchaos im wüsten Durcheinander, sondern eine Rassenmischung unter der Leitung züchterischer Auslese.«[504] Das bedeutete in der Praxis, dass »fremdrassige Elemente« unter »eugenischer Auslese« in Deutschland angesiedelt, assimiliert und »untergemischt« werden müssten, damit die »Heimbevölkerung« von der Lebenskraft des »kulturellen Tiefstandes« profitieren könne. Die »kulturellen Mängel« des »fremden Volkes« würden sich ausgleichen, da die positiven Eigenschaften der »Wirtsvölker« angenommen werden würden. Die USA seien das beste Beispiel für diese Art der »Auffrischung«.[505]

Auch wenn Schallmayer und Franze die unterschiedlichen geistigen Begabungen der »Rassen« und die »Überlegenheit« der »weißen« hierbei anerkannten, verwahrten sie sich ebenfalls gegen die »exzessive Pflege nordischen Rassedünkels« und verurteilten die Subjektivität bei der Bewertung fremder »Rassen«:[506] »Und selbst wenn sich dies [die Rassenzusammensetzung] feststellen ließe, wäre es für den Zweck der Rassenhebung praktisch wertlos, da der Wert guter und schlechter Erbanlagen, wie wir sie bei den verschiedenen Gruppen und Individuen unserer Bevölkerung finden, doch wohl unabhängig davon ist, ob sie aus dieser oder jener Rasse stammen.«[507]

Der sinnlose Versuch der »Reinzucht« würde im Gegenteil zur »Inzucht« und somit zur »Rassenverschlechterung« und mangelnden Fruchtbarkeit führen.[508] Außerdem sei der für die »Volkseugenik« notwendige Idealismus unvereinbar mit »Rassenhass« und würde nur einen schlechten Ruf durch ihn bekommen.[509]

Damit bildeten sie den Übergang zur ersten Kategorie, die wie Steinmetz den »Germanenmythos« und die generelle Wertung der »Rassen« als unwissenschaftlich kritisierte, denn »der Versuch, die besonderen Charaktere wenigstens einiger Rassen genauer zu bestimmen, darf also vorläufig als nicht gelungen

500 Vgl. ebd., S. 159.
501 Driesmans, Rasse und Milieu, S. 120.
502 Vgl. Hans Heiderich, Rasse oder Bastardvolk? In: ARG, 6 (1909) 3, S. 423–426, hier 424.
503 Hirsch, Fruchtabtreibung und Präventivverkehr, S. 215.
504 Ebd.
505 Ebd., S. 217.
506 Vgl. Schallmayer, Vererbung und Auslese, S. 382f.; Franze, Höherzüchtung, S. 72.
507 Schallmayer, Vererbung und Auslese, S. 377.
508 Vgl. ebd., S. 378.
509 Vgl. ebd., S. 383.

betrachtet werden.«[510] Dem Klischee des »grausamen und abergläubischen Negers« hielt er beispielweise entgegen, dass in den »Kulturvölkern« der katholische »Aberglaube«[511] immer noch weitverbreitet sei und es genug Beispiele für europäische Grausamkeiten gebe.[512] Joseph Ritter von Neupauer vertrat ebenfalls diesen Standpunkt und betonte nochmals, dass von »reinen Rassen« nicht mehr zu sprechen sei, da sich überall auf der Welt die Menschen durch Wanderungen und Eroberungen »vermischt« hätten. Die physischen »Rassenmerkmale« wären problematisch zuzuordnen, zu werten und voneinander abzugrenzen, von den psychischen ganz zu schweigen.[513] Der erwähnten »Rassenentmischung« stand er ebenfalls skeptisch gegenüber[514] und seiner Meinung nach würden die »Rassenfanatiker« den bisher äußerst dürftigen Ergebnissen der »Rassenforschung« ein viel zu großes Gewicht beimessen. Der parteiische Standpunkt bei der Bewertung der »nordeuropäischen Rasse« sei ebenfalls unwissenschaftlich.[515] Kuhlenbeck mahnte hierbei an, dass die »Rassenforschung« noch am Anfang stehe und sich noch keine Berechtigung zu absoluten Werturteilen verdient habe. Die »Rasseninstinkte« und die Auswirkungen von »Rassenmischungen« müssten noch ausführlich erforscht werden und hätten nichts mit »reaktionär-politisch-aristokratischem Wunschdenken zu tun«. Im Gegenteil: »Die wissenschaftliche Erkenntnis wahrer Rassenunterschiede nun, wird eher dazu führen, den auf unbewusst kollidierenden Rasseinstinkten beruhenden Rassenhass und Rassenkampf zu mildern, als ihn zu verschärfen.«[516]

3.1.2 Eheverbote

Nach all dem Gesagten wurde es von einem Großteil der den radikaleren Kategorien angehörigen »Rassenhygieniker« als Nachteil des Menschen dem lediglich »periodisch brunftigen Tier« gegenüber angesehen, dass er innerhalb eines bestimmten Lebensalters immer geschlechtsreif sei. Dieser Nachteil könne nun

510 Sebald Rudolf Steinmetz, Der erbliche Rassen- und Volkscharakter. In: Vierteljahresschrift für wissenschaftliche Philosophie und Soziologie, 26 (1902), S. 77–128, hier 105 f.

511 »Solange die katholische Kirche 230 Millionen Angehörige zählt und z. B. in Deutschland mehr als ein Drittel der Bevölkerung ihr angehört, so lange haben wir absolut keinen Grund, uns mit dem Fehlen von Aberglauben zu brüsten.« Ebd., S. 102. Hier ist also tatsächlich die offizielle Lehre der römisch-katholischen Kirche gemeint und überspitzt und diffamierend als Aberglaube tituliert, um den in der frühen »Rassenhygiene« allgegenwärtigen, aber selten so direkt formulierten Atheismus auszudrücken. Weiterführend dazu Abschnitt IV.2.1 dieser Arbeit zur Kritik am Christentum.

512 Vgl. ebd., S. 101 f.

513 Vgl. Joseph Ritter von Neupauer, Der Kulturwelt der Mischrassen und reinen Rassen. In: PAR, 3 (1904/1905) 6, S. 370–389, hier 371–373.

514 Vgl. ebd., S. 376.

515 Vgl. ebd., S. 384.

516 Ludwig Kuhlenbeck, Zur Kritik des Rassenproblems. In: ARG, 2 (1905) 4, S. 560–567, hier 565.

aber dadurch kompensiert werden, dass der Mensch sich und andere dank seiner Intelligenz von der Fortpflanzung ausschließen könne:[517] »Er [der Unterschied zwischen Mensch und Tier] besteht darin, dass das Tier bloß seinem Instinkt folgt, [...] während der Mensch mit Verständnis handelt oder wenigstens handeln soll und für das Wohl und die Gesundheit seiner Kinder im Voraus Sorge trägt. Er erniedrigt sich zum Tier, wenn er es nicht tut.«[518]

Die zu beantwortende Frage lautete nun: Darf der Mensch das? Kategorie Eins lehnte eine »negative Eugenik«, also fremdbestimmte Verhütung in welcher Form auch immer, ab. Kategorie Zwei beurteilte die Problematik zwiespältig und hielt gesetzliche Eheverbote nur in Einzelfällen und unter strenger Kontrolle für angebracht und sinnvoll, während Autoren der dritten Kategorie auf eine sofortige und rigorose Anwendung von »Ehegesetzen« zur Steuerung der Fortpflanzung abzielten.

Begründet war die Haltung der Letztgenannten auf der Annahme, dass die Fortpflanzung »Ungeeigneter« sogar noch schlimmer als der Alkoholismus sei, da diese ja noch weitere schädliche Einflüsse miteinschließe.[519] Belehrung, Aufklärung und agitatorische Tätigkeit könnten Hegar zufolge beim Kampf gegen den Alkoholismus Erfolge erzielen, aber nicht bei der Verhinderung »erbkranken Nachwuchses«. Deshalb müsse die Gesetzgebung die Ungeborenen mit Ehebeschränkungen schützen.[520] Die Ausscheidung der »extrem Untüchtigen« aus der Gesellschaft dagegen würde auch in Fehlingers und Oskar Priesters Augen Elend vorbeugen und die »Konstitution der Rasse« verbessern können.[521]

Holle wünschte sich daher eine Verhinderung oder wenigstens Erschwerung der Fortpflanzung »minderwertiger« oder direkt »schädlicher Volksbestandteile«. Auch die Verhinderung »ungeeigneter Rassenmischungen« würde nur der »natürlichen Zuchtwahl« entsprechen.[522]

Ebenfalls zur dritten Kategorie gehörte Wilser, der sich für eine Einschränkung der »wahllosen Kreuzungen und Blutmischungen« durch Erleichterung erwünschter und Erschwerung unerwünschter Verbindungen aussprach und darin mit Ludwig Müller[523] vollkommen übereinstimmte. Heiratsverbote bei Erwerbsunfähigkeit, Unreife, »Schwachsinn«, erblichen Krankheiten oder

517 Vgl. Hegar, Die Untauglichkeit, S. 89.
518 Ders., Die Wiederkehr des Gleichen, S. 83.
519 Vgl. ebd., S. 86.
520 Vgl. ebd., S. 98; Alfred Hegar, Die Verkümmerung der Brustdrüse und die Stillungsnot. In: ARG, 2 (1905) 5/6, S. 830–844, hier 836.
521 Vgl. Hans Fehlinger, Die Giltigkeit der Mendelschen Vererbungsregeln für den Menschen. In: PAR, 9 (1910/11) 7, S. 374–379, hier 378; kritische Besprechung von Ernst Rüdin zu: Oskar Priester, Ernste Lehren zur Vererbungslehre oder ein Vorschlag zur Erweiterung des Rechts- wie Pflichtenkreises der Standesbeamten, Köln 1904. In: ARG, 2 (1905) 4, S. 600 f.
522 Vgl. Holle, Erhaltung und Förderung, S. 81.
523 Vgl. Müller, Die natürliche Grundlage der sozialen Ethik, S. 601.

Krankheitsanlagen, stärkerer »Missbildung«, »Gewohnheitsverbrechen« und Lastern wie zum Beispiel »Unzucht«, Onanie oder Alkoholismus seien daher völlig legitim, weil sie dem Wohl der Gesamtheit und des Einzelnen dienlich wären. E. Mendel ergänzte die Aufzählung der für die Ehe »Untauglichen« mit den »geheilten«, erblich Kranken.[524] Damit hatten er und Wilser eine recht weite Definition von zur Fortpflanzung »Ungeeigneten«, doch »die furchtbaren Wunden, die durch Fortleben leiblicher und geistiger Krankheit der Volkskraft geschlagen werden, [werden] derartige Beschränkungen der Freiheit zur Genüge [rechtfertigen].«[525]

Rüdin hielt den Ausschluss »Minderwertiger« von der »Nachzucht« durch »künstliche Ausjäte« ebenfalls für unerlässlich und dachte dabei auch an die Beseitigung »schlechter Rassevarianten« in Form von Kriminellen durch Todesstrafe, Deportation oder Isolation. »Unschuldige Minderwertige« müssten durch Belehrung, vor allem aber durch privaten und staatlichen Zwang von der Vermehrung abgehalten werden.[526] In diesem Zusammenhang plädierte Schüle dafür, zu junges Heiraten staatlich zu unterbinden. Ebenfalls sollte eine ausreichende finanzielle Basis sichergestellt sein und die Ehepartner müssten das Recht haben, sich über die gegenseitigen Gesundheitsverhältnisse zu erkundigen. Ein ausführliches Gesundheitsgutachten mit weitreichendem genealogischen Zeugnis von einem staatlichen Gesundheitsrat könne hilfreich sein. Grundsätzlich sollte eine Hochzeit verboten werden, wenn einer der Kandidaten an schweren periodischen oder zyklischen »Geisteskrankheiten«, Paralysen, chronischer Hysterie und Epilepsie, Alkoholismus oder einer Geistesschwäche leide, die ein »soziales Fortkommen« nicht ermögliche.[527] Für Röse sei sogar die »Zahnverderbnis« eine unmittelbare »Entartungserscheinung« und müsse daher von der Fortpflanzung – wenn notwendig gesetzlich – abgehalten werden.[528] Er sprach sich also klar für »Ehegesetze« aus: »Aber es ist eine unverzeihliche rassenhygienische Todsünde, wenn ein körperlich oder geistig Entarteter durch sein Vermögen oder sonstige gesellschaftliche Vorteile einen gesunden, vollkräftigen Partner zur Ehe verlockt und damit die weitere Rassenentartung des ganzen Volkes fördert!«[529]

524 Vgl. kritische Besprechung von Ernst Rüdin zu: E. Mendel, Geisteskrankheiten und Ehe. In: Senator/Kaminer (Hg.), Krankheiten und Ehe, München 1904, S. 642–666. In: ARG, 3 (1906) 3, S. 457–459, hier 458.

525 Wilser, Zuchtwahl, S. 189.

526 Vgl. Rüdin, Der Alkohol, S. 561 f.

527 Vgl. Heinrich Schüle, Zur Frage der Verheiratung früherer Geisteskranker oder Belasteter. In: PAR, 4 (1905/06) 11, S. 659 f., hier 659.

528 Vgl. Carl Röse, Die Grundursachen der Zahnverderbnis und die Endziele der Zahnhygiene. In: PAR, 11 (1912/13) 8, S. 408–415, hier 411.

529 Ebd., S. 415.

Lomer teilte die Meinungen seiner Kollegen, dass die bei der Heirat stattfindende »Auslese« zielbewusster werden müsse. Unpassendes Alter sei genauso nachteilig für die Nachkommen wie seiner Meinung nach »schlecht entwickelte« Brüste oder Hüften der Frau, sodass dies einen Ausschluss von der Ehe zur Folge haben sollte.[530] Der Arzt sollte daher stets berechtigt sein, sich gegen ungünstige Ehen dieser Art einsetzen zu können[531] »und man sollte ebenso wenig hier von dem Phantom der freien Selbstbestimmung des Menschen sich zurückschrecken lassen.«[532] Einen Impfzwang gebe es ja auch. Die USA (Michigan) würden hier als Vorbild gelten, da dort »Geisteskranken«, »Idioten« und nicht geheilten Menschen mit Geschlechtskrankheiten die Ehe unter Strafe verboten sei.[533] Bei Alkohol- oder Morphinsüchtigen seien Ehegesetze ebenfalls notwendig und müssten auch ein nachträgliches Scheidungsrecht beinhalten.[534] Er vertrat damit ebenfalls klar die Ehegesetzgebung: »Der Staat müsste überhaupt die Macht besitzen, von vornherein jede fruchtbare Ehe zu inhibieren, aus der nach sicherer Voraussicht keine gesunden Nachkommen hervorgehen können.«[535]

Bei der Debatte um die Ehegesetze galten häufig die Verhältnisse in Teilen der USA als Vorbild und wurden von deutscher Seite aufmerksam verfolgt. Näcke begrüßte zum Beispiel Verordnungen in Dakota von 1903, die vorschrieben, dass Heiratswillige von einer Jury von Ärzten auf »somatische oder geistige Fehler« hin untersucht werden mussten. Bereits eingebürgert sei der Brauch, dass von den Verlobten eine aktuell abgeschlossene Lebensversicherung verlangt werde, die eine entsprechende medizinische Untersuchung voraussetzte. Diese Idee hielt er wie auch David und Grassl[536] für sehr intelligent, da somit auch das Problem der ärztlichen Schweigepflicht umgangen werden könne und es »zweifellos ein Fortschritt [sei], wenn die heiratenden Paare statt des Segens des Priesters den Segen des Arztes einholen müssten.«[537]

Schmidt-Gibichenfels erklärte darüber hinaus Tuberkuloseheilstätten und ähnliche Einrichtungen für teuer und nutzlos, einzig Ehegesetze könnten diese Krankheiten eindämmen.[538] Generell rieten Johannes Orth und er, selbst vor den schärfsten gesetzlichen Maßnahmen nicht zurückzuschrecken, wolle man die »Entartung der Kulturmenschheit« aufhalten.[539] Wissentlich »belasteten

530 Vgl. Lomer, Krankheit und Ehe, S. 215.
531 Vgl. ebd., S. 217.
532 Ebd., S. 221.
533 Vgl. ebd.; ders., Die Geisteskrankheiten, S. 368.
534 Vgl. ders., Krankheit und Ehe, S. 223.
535 Georg Lomer, Die Erblichkeit der Geisteskrankheiten. In: PAR, 3 (1904/05) 11, S. 698–703, hier 702.
536 Vgl. David, Darwinismus und soziale Entwicklung, S. 59; Grassl, Blut und Brot, S. 174.
537 Ebd., S. 58.
538 Vgl. Schmidt-Gibichenfels, Wen soll ich heiraten?, S. 44.
539 Vgl. ebd., S. 48; Orth, Aufgaben, Zweck und Ziele der Gesundheitspflege, S. 52.

Nachwuchs« zu zeugen sei seines Erachtens ein mit Mord vergleichbar schweres Verbrechen,[540] weshalb es Rüdin auch nicht für nötig hielt, mit dem Verbot solcher Verbrechen zu warten, bis alle Fälle geistiger »Minderwertigkeit« in ihrer Genese und Vererbungsgefahr restlos aufgeklärt wären.[541]

Eben jener Mangel an Wissen und Erfahrung über die Vererbung von Krankheiten und sonstiger »Minderwertigkeiten« ließ die Zweifel an einer konsequenten Durchführung von Ehegesetzen entstehen, die ein wichtiges Argument der Vertreter der zweiten Kategorie darstellten. Beispielsweise sprach von den Velden den diskutierten Ehegutachtern und -kollegien aufgrund der Unzuverlässigkeit und Subjektivität die Fähigkeit zur Erstellung von auch nur halbwegs sicheren Prognosen über den zu erwartenden Nachwuchs ab. Aus diesem Grund und weil in den »unteren« Schichten auch häufig vor der Eheschließung Kinder gezeugt würden, seien Eheverbote nur von beschränktem und zweifelhaftem Nutzen.[542] Wichtiger sei es, Verantwortung durch Aufklärung und bessere wirtschaftliche Verhältnisse für junge Familien durch staatliche Unterstützung zu schaffen. Außerdem könne die Empfängnisverhütung gleichzeitig das Problem der ungewollten Schwangerschaft und der Übertragung von Geschlechtskrankheiten eindämmen.[543] Zwar hoffte Becher auf die Macht der Verantwortungsidee, wenn sie erst in die öffentliche Meinung und ins »Volksbewusstsein« eingedrungen wäre. Doch sollte seiner Meinung nach »in extremen Fällen, bei entschiedener intellektueller und moralischer Minderwertigkeit, die Gesellschaft das Recht sich nicht nehmen dürfen, die Erbübertragung unmöglich zu machen.«[544]

Ein solcher Schutz der individuellen Freiheit nämlich sei ein Verbrechen an der Gesellschaft. An dieser Stelle kollidierten die Vorstellungen von der individuellen Freiheit bzw. das Zugeständnis an das Verantwortungsbewusstsein der Bevölkerung mit dem Gedanken des Schutzes der gegenwärtigen und künftigen Gesellschaft, was den gesamten »rassenhygienischen« Diskurs im Allgemeinen, die Debatte um die Einführung von »Ehegesetzen« aber im Besonderen prägte. Zwar sprach die damalige Vererbungslehre noch lediglich von Wahrscheinlichkeiten, wie aber bereits besprochen, war sich die Mehrzahl der Autoren dennoch sicher, dass die Zahl der »Geisteskranken« steigen und ein sicheres Zeichen für

540 Vgl. Schmidt-Gibichenfels, Wen soll ich heiraten?, S. 49.

541 Vgl. kritische Besprechung von Ernst Rüdin zu: Henry Goddard, Heredity of feeble-mindedness. In: American Breeder's Magazine 1910. In: ARG, 8 (1911) 4, S. 531–534, hier 534.

542 Vgl. Friedrich von den Velden, Staatliche Eingriffe in die Freiheit der Fortpflanzung. In: PAR, 7 (1908/09) 1, S. 18–23, hier 19.

543 Vgl. Max Marcuse, Gesetzliche Eheverbote für Kranke und Minderwertige. In: Soziale Medizin und Hygiene, 2 (1907), S. 96–108 und 163–175, hier 103–105.

544 Becher, Der Darwinismus und die soziale Ethik, S. 59.

die kommende »Degeneration« darstellen würde.[545] Aus diesem Grund müsse die Freiheit des Einzelnen bei der »Gattenwahl« Grenzen haben, um die Allgemeinheit vor Schaden durch erbliche Belastungen zu bewahren. Die Ärzte sollten demnach das Recht bekommen, riskante Ehen zu verhindern,[546] allerdings war es ebenso vielen »Rassenhygienikern« wesentlich lieber, wenn die potenziellen Ehepartner ein eigenes Verantwortungsbewusstsein für die kommenden Generationen entwickeln und sich eigenständig über den jeweils anderen informieren würden.[547]

Rutgers, Adolf Gottstein und Hegar nannten eine durch Aufklärung über Vererbung geschaffene, allgemeine gesellschaftliche Akzeptanz sogar als Grundvoraussetzung für eine Ehegesetzgebung, waren sich derer aber in ferner Zukunft sicher: »Wenn spätere Jahrhunderte sich unsere heutigen Generationen noch einmal vor Augen führen könnten, würden sie wohl die Hände über den Kopf zusammenschlagen vor Erstaunen, dass man jemals solchen Exemplaren die Reproduktion der menschlichen Rasse anvertrauen konnte.«[548]

Von Bunge hielt eine solche Steuerung der Reproduktion für absolut notwendig, um der scheinbar identifizierten »Degeneration« Herr zu werden, bescheinigte gesetzlichen Regelungen aber ebenfalls nur Erfolg, nachdem ein »sittlicher« und intellektueller Fortschritt in der Gesellschaft vorausgegangen sei. Allerdings würde es sicher noch lange dauern »bis die Gesellschaft die grenzenlosen Torheiten und Vorurteile abstreift, welche einer allgemeinen Durchführung der Zuchtwahl im Wege stehen.«[549]

Hellpach, Forel und Haeckel hielten Ehebeschränkungen nur bei chronischen und geistigen Krankheiten für sinnvoll. Aber auch hier warnten sie vor dem Grenzziehungsproblem und Schablonendenken und forderten intensivere Forschung und individuelle Diagnosen, bevor überstürzt gehandelt würde.[550] Nur bei absolut gesicherter Erwartung von »hilflosem Nachwuchs« und bei »moralisch minderwertigen Personen«, die dem Gemeinsinn schadeten, sollte die Fortpflanzung ihrer Meinung nach unterbunden werden.[551] Lediglich den Ärzten würde deshalb eine Eheberatungs- bzw. Eheabratungspflicht auferlegt werden,

545 Vgl. Heinrich Schüle, Über die Frage des Heiratens von früher Geisteskranken. Vortrag gehalten auf der Jahresversammlung der deutschen Psychiater in Göttingen am 26. April 1904, Leipzig 1904, S. 6.

546 Vgl. ebd., S. 7.

547 Vgl. ebd., S. 18; Hugo Ribbert, Ueber Vererbung. Kaisergeburtstagsrede, Marburg 1902, S. 29.

548 Johannes Rutgers, Rassenverbesserung, Malthusianismus und Neomalthusianismus, Dresden 1908, S. 22. Vgl. Adolf Gottstein, Die Soziale Hygiene, ihre Methoden, Aufgaben und Ziele, Leipzig 1907, S. 71; Hegar, Der Geschlechtstrieb, S. 144.

549 Von Bunge, Die zunehmende Unfähigkeit der Frauen, S. 30.

550 Vgl. Willy Hellpach, Nervosität und Kultur, Berlin 1902, S. 218 f.

551 Vgl. ebd., S. 276; Walter Haecker, Die ererbten Anlagen und die Bemessung ihres Wertes für das Leben, Jena 1907, S. 275.

bei gleichzeitiger Aufhebung der ärztlichen Schweigepflicht bei gemeingefährlichen Krankheiten und bei »Geisteskrankheiten«.[552] Hirsch und Martius stimmten ihnen hier zu, erweiterten den Kreis der potenziell von der Fortpflanzung auszuschließenden aber um »Alkoholiker und Syphilitiker«,[553] da es sich hierbei um vererbbare Schwächungen der Widerstandsfähigkeit gegen Krankheiten, wie zum Beispiel die Tuberkulose, handeln könne.[554] Auch Alexander Riffel, Moritz Kende und Ziegler zufolge würde die einfachste und wirksamste Prophylaxe gegen die Schwindsucht in der Verhinderung der Familiengründung »erblich belasteter Individuen« bestehen.[555]

Grotjahn plädierte dagegen primär für die Bekämpfung von solchen äußerlichen Schädigungen durch schlechte Lebensbedingungen und »Keimgifte«, konnte sich aber ergänzend auch gesetzliche Eheverbote vorstellen, sollten die Vererbungsprinzipien durch entsprechende Aufklärung bei der Bevölkerung auf breite Akzeptanz hoffen können.[556] Ein freiwilliges Zölibat aus »generativen« Gründen wäre natürlich der Idealfall, das Asylwesen und die ärztliche Überwachung könnten aber heute bereits helfen, »schwer Minderwertige« rechtzeitig aus der Gesellschaft und von der Fortpflanzung auszuschließen.[557] Generell betrachtete Grotjahn die Geburtenprävention aber als ein zweischneidiges Schwert, da ein kräftiger Geburtenüberschuss unverzichtbar für die Volkswirtschaft, Kultur und »Auslese« sei.[558] Jedoch zeigte er sich optimistisch, dass bei weiterer Erforschung der Vererbungsgesetze in absehbarer Zeit der »Entartungsprozess« aufgehalten werden könnte und sogar eine »Aufartung« möglich sei.[559]

In diesem Zusammenhang wurden immer wieder Rufe nach intensiverer Forschung und belastbaren Informationen laut, sodass eine umfassende statistische Erfassung der gesamten Bevölkerung immer notwendiger erschien.[560]

552 Forel, Die Sexuelle Frage, S. 426–428.

553 Hirsch, Fruchtabtreibung und Präventivverkehr, S. 199.

554 Vgl. Friedrich Martius, Krankheitsanlage und Vererbung, Leipzig 1905, S. 24.

555 Kritische Besprechung von Ernst Rüdin zu: A. Riffel, Schwindsucht und Krebs im Lichte vergleichend-statistisch-genealogischer Forschung, Karlsruhe 1905. In: ARG, 3 (1906) 1, S. 158 f., hier 159. Vgl. Moritz Kende, Die Entartung des Menschengeschlechts, ihre Ursachen und die Mittel zu ihrer Bekämpfung. Eine gemeinverständliche Studie, Halle (Saale) 1902, S. 112; Heinrich Ernst Ziegler, Die Chromosomen-Theorie der Vererbung in ihrer Anwendung auf den Menschen. In: ARG, 3 (1906) 6, S. 797–812, hier 811.

556 Vgl. Grotjahn, Soziale Hygiene, S. 788.

557 Vgl. ders., Soziale Pathologie. Versuch einer Lehre von den sozialen Beziehungen der menschlichen Krankheiten als Grundlage der sozialen Medizin und der sozialen Hygiene, Berlin 1912, S. 670.

558 Vgl. ebd., S. 671.

559 Vgl. ders., Geburten-Rückgang und Geburten-Regelung im Lichte der individuellen und der sozialen Hygiene, Berlin 1914, S. 150.

560 Vgl. Schüle, Über die Frage des Heiratens, S. 21.

Denn auf der Grundlage von gesichertem statistischen Material über den erbbiologischen Gesundheitszustand der Bevölkerung würde wohl »niemand [...] behaupten können, dass solche gesetzlichen Ehehindernisse mit den moralischen oder rechtlichen Gefühlen des Volkes niemals in Einklang zu bringen wären.«[561] Robert Gaupp fragte dagegen resignierend: »Wer hätte heute in der Zeit des schrankenlosen Individualismus den Mut, ernsthaft die Forderung aufzustellen, dass Nervöse nicht heiraten, sich nicht fortpflanzen sollen?«,[562] und markierte so den Übergang zur ersten Kategorie, die »Ehegesetze« hauptsächlich aus moralischen Gründen ablehnte.

So hielt zum Beispiel Brügner »Ehegesetze« aufgrund des zu tief verwurzelten Systems des absoluten Individualismus für unanwendbar. Der drohenden erblichen »Entartung« könne nur soweit wie möglich auf herkömmlichem Wege entgegengewirkt werden.[563] Ehescheidungen bei »Entartungen« zu erleichtern und die ärztliche Anzeigepflicht zu fördern, seien mögliche Mittel, die aber unbedingt mit tiefergehender Erforschung »rassenhygienischer« Probleme und der Entwicklung eines öffentlichen Bewusstseins für dieselben einhergehen müssten.[564] Ebenfalls skeptisch äußerte sich Jørgen Peter Müller, der meinte, dass »die Darwin'sche Theorie [...] auf Hypothesen und Analogieschlüssen [fußt], und, was das Schlimmste ist, [...] leicht zu Konsequenzen [führt], die mit Religion und Moral unvereinbar sind.«[565] Arthur Blumenthal beharrte außerdem auf der ärztlichen Schweigepflicht und verurteilte die Abtreibung als gefährlich und missbrauchsgefährdet.[566] »Rassenhygieniker« à la Rüdin würden mit ihren »rassefreundlichen Maßnahmen« entschieden zu weit gehen.[567] »Es liegt doch etwas Entwürdigendes in dieser Maßregel, wenn sich der Betreffende sagen muss: Du bist nicht wert, Dich fortzupflanzen, deshalb wird Dir der Vorschlag der Kastration gemacht.«[568]

Stattdessen müsse laut Woltmanns und Strohmayers Meinung die »geschlechtliche Zuchtwahl« dem aufgeklärten und erzogenen, aber individuellen Gewissen der einzelnen Menschen überlassen werden,[569] denn »man muss ein staatsgesetzliches Eingreifen in die geschlechtlichen Verbindungen unbedingt

561 Ebd., S. 33.

562 Robert Gaupp, Ursachen und Verhütung der Nervosität der Frau. Vortrag, gehalten im Verein »Frauenwohl« am 11. März 1900, Breslau 1900, S. 22.

563 Vgl. Brügner, Aufgaben der Volkshygiene, S. 323.

564 Vgl. ebd., S. 325.

565 Zit. nach Julius Lange, Bücherbesprechungen. In: PAR, 1 (1902/03) 4, S. 328.

566 Vgl. Arthur Blumenthal, Kritische Bemerkungen über Alkoholismus und Rasse. In: PAR, 2 (1903/04) 11, S. 912f., hier 912.

567 Vgl. ebd., S. 913.

568 Vgl. ebd., S. 912.

569 Vgl. Woltmann, System des moralischen Bewußtseins, S. 347.

zurückweisen, da von bürokratischer Gesetzesmacherei am allerwenigsten ein Einfluss auf den Willen der Menschen erwartet werden kann.«[570] Denn alle »rassenhygienischen« Bestrebungen könnten nur von Wert sein, wenn sie auf dem Gefühl der persönlichen Verantwortung der »Rasse« gegenüber basierten, stimmt Ellis hier zu[571] und der einzige Zwang, der bei der »Eugenik« infrage komme, sei jener eines von innen kommenden Impulses.[572] Dieser müsse allmählich durch Überzeugung, Vorbild der Intelligenz, dann Mode und Nachahmung als ein Ideal gefördert werden, bis jeder begriffen habe, dass Kinder kein Zufallsprodukt seien.[573] Bemerkenswerterweise sprach sich mit Woltmann, dem Begründer der PAR, ein Schwergewicht der frühen »Rassenhygiene« und ein Vertreter der »Rassenanthropologie« gegen die in seinem Metier allseits beliebten »Ehegesetze« aus und gründete seine Hoffnungen auf Appell und Vernunft. Weiter unten wird dieser Gedanke vertieft.

3.1.3 »Unfruchtbarmachung«

Die letztgenannten moralischen und praktisch-administrativen Bedenken gegenüber Eheverboten galten auch gegenüber allen Formen der finalen operativen »Unfruchtbarmachung«, die in dieser hier untersuchten frühen Phase der »Rassenhygienebewegung« bereits intensiv diskutiert wurden. In der vorliegenden Arbeit wird der Einfachheit halber nicht zwischen den medizinischen Varianten der Beseitigung der Fortpflanzungsfähigkeit unterschieden und Begriffe wie Sterilisation und Kastration synonym mit »Unfruchtbarmachung« verwendet.

Kurt Goldstein versprach sich recht wenig Nutzen von der Sterilisierung von »Geisteskranken«, da die »Defekte« oft von augenscheinlich Gesunden vererbt würden. Hinzu komme die Schwierigkeit der Grenzziehung von »Abnormität« und der Schaden für das Individuum, das des Glückes der Nachkommenschaft beraubt werde.[574] Eine vor allen Dingen moralische Gefahr sah Ludwig Kuhlenbeck darin, dass es zu einer Brutalisierung der Kultur kommen könnte, in welcher der Staat zum Verbrecher würde.[575] Oettinger betrachtete das Problem dagegen von der praktisch-biologischen Seite und erwähnte die Möglichkeit, dass jemand, der von »erblichen Belastungen« in seinem Familienstamm wisse, auf-

570 Ebd., S. 348. Vgl. Wilhelm Strohmayer, Ueber den Wert genealogischer Betrachtungsweise in der psychiatrischen Erblichkeitslehre, Berlin 1907, S. 118f.

571 Vgl. Ellis, Rassenhygiene und Volksgesundheit, S. 27.

572 Vgl. ebd., S. 40.

573 Vgl. ebd., S. 201.

574 Vgl. Goldstein, Über Rassenhygiene, S. 63.

575 Vgl. Ludwig Kuhlenbeck, Das Strafrecht als soziales Organ der natürlichen Auslese. In: PAR, 1 (1902/03) 10, S. 798–811, hier 810.

grund derer er sich freiwillig sterilisieren lasse, ein hohes ethisches Gefühl und echte »Vaterlandsliebe« beweise. Mit seiner Unfruchtbarkeit würden diese wertvollen Anlagen aber nicht weitergegeben werden, was ein großer Verlust für die Menschheit wäre.[576] Bumke war zwar bereit, die Kastration von »Geisteskranken« als den mildesten und wirksamsten Weg, die Vererbung von »unerwünschten Erbanlagen« zu vermeiden, anzuerkennen. Allerdings seien nicht nur »ausgesprochen Geisteskranke«, sondern auch gesund wirkende Menschen latente Träger von »Erbkrankheiten«. Sollten derartige Maßnahmen also praktischen Erfolg haben, müssten nicht nur die Insassen von Zucht- und »Irrenhäusern«, sondern auch eine Vielzahl von Gesunden und leicht Erkrankten zwangsweise operiert werden. Bumke mahnte bei dem Stichwort der latenten Vererbung also ebenfalls vor dem bekannten Grenzziehungsproblem. Die Kastration einzelner armer Opfer würde dagegen ein geringer gesamtgesellschaftlicher Erfolg bleiben und im Gegenteil eher das Misstrauen gegen die wissenschaftliche Psychiatrie nähren.[577] Leicht resigniert stellte er fest, »dass es andere und mildere Mittel zur Lösung derselben Aufgabe nicht gibt; denn das oft vorgeschlagene Eheverbot setzt einen Respekt der beteiligten Kreise vor dem Standesamt voraus, dem wir in der Praxis kaum begegnen werden.«[578] Diese Resignation, die auch seine Vorbehalte der bereits besprochenen »Ehegesetze« begleitete, wich allerdings schnell der Entspannung, denn alle wirklichen »Degenerationserscheinungen« seien laut Bumke auf äußere soziale Ursachen zurückzuführen und auch mit sozialen Maßnahmen zu bekämpfen.[579] Außerdem sei »es falsch, die allgemeine nervöse Entartung für die Zukunft zu behaupten und ihretwegen durch bedenkliche Eingriffe in die persönliche Freiheit derselben Kultur, die man erhalten möchte, ins Gesicht zu schlagen.«[580]

Mit diesen primär praktischen Einwänden erschöpften sich allerdings die Argumente der ersten Kategorie, welche die »Unfruchtbarmachung« prinzipiell ablehnte und sich damit erheblich in der Unterzahl befand. Geringfügig mehr Autoren ließen sich in die zweite Kategorie einordnen, da sie die Beseitigung der Zeugungsfähigkeit mit gemischten Gefühlen betrachteten und aufgrund des vermuteten »rassenhygienischen« Nutzens auf freiwilliger Basis oder zumindest mit eingeschränktem Zwang in Anwendung sehen wollten.

Zunächst gab aus juristisch-praktischer Sichtweise Eugen Wilhelm, der sich dennoch nicht grundsätzlich gegen die Sterilisierung aus »rassenhygienischen Zwecken« verwahrte, zu bedenken, dass »Rassenhygiene« und Sozialpolitik gar

576 Vgl. Oettinger, Die Rassenhygiene und ihre wissenschaftlichen Grundlagen, S. 70.
577 Vgl. Bumke, Über nervöse Entartung, S. 72.
578 Ebd., S. 73.
579 Vgl. ebd., S. 105.
580 Ebd.

nicht in den Bereich der Heilkunde fallen würden: »Denn möge man den Begriff des Heilungszweckes noch so weit fassen, so kann man ihn unmöglich auf die Verhütung eines Nachwuchses im Interesse der Allgemeinheit oder auf die Verhinderung von Verbrechen ausdehnen.«[581]

Er sprach mit der Vermischung dieser administrativen Fachgebiete ein nicht zu unterschätzendes Problem der Kompetenzzuordnung an, dessen klare gesetzliche Regelung im Vorfeld vielen Theoretikern ein Bedürfnis war, wie im Folgenden nachgewiesen wird.

Für von den Velden erschien es vor allem nach damaligen Anschauungen von persönlicher Freiheit unmöglich, einem Kollegium die Macht zu geben, über Eheverbote und »Unfruchtbarmachung« zu entscheiden. Dennoch würde er letzteren mehr Nutzen bescheinigen, solange diese ohne Zwang ablaufen und somit nicht in die persönlichen Rechte eingreifen würden. Es gebe ja bereits Ehepaare, die diese Möglichkeit in Betracht zögen, wenn sie keine Kinder mehr haben wollten. Auch das Abtreibungsverbot hielt er in diesem Sinne für überholt und dessen Aufhebung für einen richtigen Ansatz in Richtung der Verhinderung von »unerwünschtem Nachwuchs«.[582] In diesem Punkt stimmte er mit Forel überein, der mit dem Neomalthusianismus die Ansicht teilte, dass die Bevölkerung durch Verhütung reguliert werden müsse, allerdings nach »qualitativen«, sprich »rassenhygienischen« Kriterien. Forel sprach sich also für Konzeptionsverhütung durch Kondome aus und hielt auch die Sterilisation von »Schwerverbrechern« oder unheilbar Kranken und für all jene Fälle, in denen die Zeugung eine »soziale Gefahr« bedeute, für angebracht.[583] Hier müsse Forschung, Aufklärung und Erziehung die öffentliche Meinung auf die Wichtigkeit und die Humanität dieses Eingriffes vorbereiten. »In einer so erzogenen Gesellschaft wird die Sterilisierung der Untüchtigen, Elenden und Schlechten ein natürliches Gebot des sozialen Pflichtkodexes werden.«[584] Das bedeute, dass dies auf freiwilliger Basis der Einsichtigen geschehe, denen ja auch noch die Möglichkeit der Adoption bliebe. Allerdings brachte er bereits den Gedanken an Zwangsmaßnahmen ins Spiel, indem er prognostizierte, dass man »für Geisteskranke und Verbrecher [...] gesetzliche Mittel finden wird, um diese Sterilisierung eventuell gegen ihren Willen vorzunehmen.«[585] Paulsen war sich bei diesem Gedanken aber bewusst, dass sich das bestehende System noch dagegen sträubte, hielt aber den Verzicht »Minderwertiger« auf Nachwuchs für unbedingt notwendig: »Wir wollen

581 Eugen Wilhelm, Beseitigung der Zeugungsfähigkeit und Körperverletzung de lege lata und de lege ferenda. In: Juristisch-psychiatrische Grenzfragen, 7 (1911) 1, S. 28 (zusammengebunden, eigene Seitenzahlen).

582 Von den Velden, Staatliche Eingriffe, S. 20.

583 Vgl. Forel, Malthusianismus oder Eugenik?, S. 15 f.

584 Ebd., S. 27.

585 Ebd.

die Person des einzelnen, sei es ein Alkoholiker oder sonst ein Minderwertiger, durchaus schützen, aber dafür müssen wir diese Gegenleistung verlangen und wenn möglich erzwingen.«[586] Dem Argument des Eingriffs in die Persönlichkeitsrechte trat er damit entgegen, dass die allgemeine Wehrpflicht und der Impfzwang früher ebenfalls als utopische Zwangsmaßnahmen galten.[587]

Auch Schallmayer betonte immer wieder, dass bei aller Nützlichkeit und Notwendigkeit von Fortpflanzungsbeschränkungen die vollständige Erhaltung und Pflege der »Schwachen« beibehalten würde.[588] Er würde die Ehe von »Schwachsinnigen« und »Epileptikern« sogar erlauben, wenn diese sterilisiert wären. »Geisteskranke«, »Verbrechernaturen« und »Alkoholiker« sollten sich ebenfalls nicht fortpflanzen, weshalb eine »Unfruchtbarmachung« am sichersten und humansten wäre.[589] Zusätzlich könnten die »schwer Minderwertigen« und Kranken vor die Wahl gestellt werden, wie Otto Diem und Georg Glaser vorschlugen, ob sie im Armenhaus interniert werden oder sich sterilisiert, aber frei in der Gesellschaft bewegen wollen.[590]

Für Emil Oberholzer und Plate sprach als Vertreter der dritten Kategorie überhaupt nichts gegen die zwangsweise Sterilisation »gewisser geisteskranker« Menschen, denn so könnten teure Daueranstaltsaufenthalte vermieden werden.[591] Eine Legalisierung durch eine eindeutige Gesetzgebung müsse diese Maßnahme jedoch ermöglichen[592] und sei auch der beste Schutz gegen Willkür und Missbrauch von »Unfruchtbarmachung«.[593] Die stete Zunahme von Verbrechen und Alkoholismus, »Geisteskranken« und »Krüppeln«, Prostitution und Geschlechtskrankheiten lasse die Kosten für die Allgemeinheit steigen, was Manfred Fraenkel zur Forderung einer Fortpflanzungsbeschränkung veranlasste.[594] Spartanische Verhältnisse seien abzulehnen und die bereits Erkrankten bzw. »Schwachen« weiterhin zu pflegen, aber deren Entstehen könne man mit dem damaligen Wissensstand vorbeugend entgegenarbeiten.[595] Es müsse stärker über die

586 Paulsen, Die Herrschaft der Schwachen, S. 166.

587 Vgl. ebd.

588 Vgl. Schallmayer, Vererbung und Auslese, S. 35.

589 Vgl. ders., Soziale Maßnahmen zur Besserung der Fortpflanzungsauslese. In: Max Mosse/ Gustav Tugendreich (Hg.), Krankheit und soziale Lage, München 1913, S. 841–859, hier 859.

590 Vgl. kritische Besprechung von Otto Diem zu: G. Glaser, Psychiatrische Mitteilungen. Vortrag in Bern 1911. In: ARG, 8 (1911) 6, S. 815.

591 Vgl. Emil Oberholzer, Kastration und Sterilisation von Geisteskranken in der Schweiz, Halle (Saale) 1911, S. 113; Ludwig Plate, Vererbungslehre mit besonderer Berücksichtigung des Menschen, für Studierende, Ärzte und Züchter, Leipzig 1913, S. 396.

592 Vgl. Oberholzer, Kastration und Sterilisation, S. 115.

593 Vgl. ebd., S. 118.

594 Vgl. Manfred Fraenkel, Unfruchtbarmachung durch Röntgenstrahlen bei Verbrechern und Geisteskranken, Berlin 1914, S. 13.

595 Vgl. ebd., S. 18.

Vererbungsgesetze aufgeklärt, »Verbrecher« und »Geisteskranke« weggesperrt und Empfängnisverhütung bei »unerwünschten Nachkommen« gefördert werden.[596] Die radikalen Eheverbote in den USA beurteilte Fraenkel als unnötige Repression, die nur »Sittlichkeitsverbrechen« fördern würden, bei gleichbleibender Gefahr der Fortpflanzung »Minderwertiger«.[597] Die sicherste und humanste Lösung sei daher die Sterilisation durch Röntgenstrahlen. Diese Behandlung habe den Vorteil, dass sie bei entsprechender Dosierung »sexuelle Überreize« hemmen[598] und auch nur eine zeitweise Sterilisation ermöglichen würde.[599] Allerdings benötigten die Ärzte zur Anwendung dieser neuen Technik rechtliche Absicherung durch feste und klare Gesetzesnormen.[600]

Näcke,[601] Good und Gerngroß argumentierten ganz ähnlich, wenn sie die »Unfruchtbarmachung« von »Kriminellen« und anderen »Minderwertigen« den in ihren Augen nutzlosen Ehegesetzen vorzogen. Den staatlichen Eingriff verglichen sie hier mit dem allgemeinen Impfzwang, der Staat und Gesellschaft vor gefährlichen Krankheiten schütze.[602] Auf jeden Fall wäre ein solches Verfahren theoretisch durchaus gerechtfertigt und praktisch mit der Zeit auch sehr wahrscheinlich durchführbar.[603] Die Internierung der »Minderwertigen« wäre dagegen ungleich teurer und unsicherer und die hohen Kosten für die Strafverfolgung, »Irrenpflege« und Strafvollzug wären vermeidbare Belastungen der Gesunden. Außerdem hätten die Kinder »ein Recht auf Gesundheit, für das der Staat schon vor ihrer Geburt eintreten muss.«[604] Gerngroß und seine Mitstreiter wiesen immer wieder darauf hin, dass die Sterilisation als »rassenhygienische« Schutzmaßnahme und nicht als Strafe verstanden werden müsse, da letzteres den heutigen ethischen Anschauungen sehr entgegenstehe.[605] Auch wenn damals die gesetzlich geregelte Sterilisierung von »Geisteskranken« und »Schwerverbrechern« in Deutschland nicht durchführbar gewesen sei, zeigten laut Friedel und A. Kappis die Erfahrungen anderer Länder, dass die Vasektomie bei jenen praktikabel sei. Deshalb solle dies hierzulande zunächst auf Freiwilligenbasis erprobt werden, bevor es – ähnlich wie der Impf- und Wehrzwang – zur gesellschaftlichen Pflicht

596 Vgl. ebd., S. 73.
597 Ebd., S. 80.
598 Vgl. ebd., S. 125.
599 Vgl. ebd., S. 146.
600 Vgl. ebd., S. 159.
601 Vgl. Paul Näcke, Aerztliche Untersuchungen der Heiratskandidaten. In: PAR, 2 (1903/04) 6, S. 523.
602 Vgl. Friedrich Ludwig Gerngroß, Sterilisation und Kastration als Hilfsmittel im Kampf gegen das Verbrechen, München 1913, S. 10.
603 Vgl. Good, Vortrag: Kastration in gewissen Fällen von Geisteskrankheit. In: PAR, 5 (1906/07) 3, S. 183 f., hier 183.
604 Gerngroß, Sterilisation und Kastration, S. 11.
605 Vgl. ebd., S. 18.

würde.[606] Alle anderen Vorschläge, derartiges »erbliches Unheil« zu vermeiden, wären bei der menschlichen Natur nur fromme Wünsche und nicht zielführend.[607]

Näcke zeigte sich begeistert von dem bereits 1907 realisierten Sterilisationsgesetz in Indiana.[608] Die ersten Wirkungen müssten zwar noch abgewartet werden, aber er sei sich sicher, dass es sich hierbei um einen »Segen« handeln würde, der auch durchführbar wäre. Denn der gesunde Menschenverstand plädierte für derartige gesetzgeberische Maßnahmen ebenso wie für Impfzwang, Seuchenbekämpfung oder Polizei.[609] Auch Leopold Löwenfeld und Géza von Hoffmann begrüßten diese Entwicklung, da die risikolose »Unfruchtbarmachung« die humanste Form des Schutzes der Gesellschaft vor »Triebtätern« und der Vererbung von Krankheiten darstelle.[610] Lebenslange Internierung oder unwirksame »Ehegesetze« könnten so problemlos umgangen werden.[611] Auch Hans W. Maier, Oberholzer, Allers und Rüdin[612] begrüßten das Sterilisationsgesetz aus

606 Vgl. Erwin Friedel, Die Sterilisierung Geisteskranker aus sozialer Indikation. In: Deutsche Medizinische Wochenschrift, 39 (1913) 20, S. 946–948, hier 947 f.

607 Vgl. A. Kappis, Beitrag zur Sterilisation von Degenerierten durch doppelseitige Durchtrennung des Ductus deferens (Vasektomie) mit Erhaltung der Geschlechtsdrüsen. In: Deutsche Medizinische Wochenschrift, 38 (1912) 41, S. 1932 f., hier 1932.

608 In dem Wortlaut des 1907 erlassenen Gesetzes in Indiana heißt es: »Da die Vererbung bei der Übertragung der verbrecherischen Anlagen, der Idiotie und Imbezillität eine höchst wichtige Rolle spielt, sei durch die gesetzgebende Versammlung des Staates Indiana beschlossen, dass mit und nach der Annahme dieses Gesetzes jede staatliche Anstalt, die mit der Obhut über unverbesserliche Verbrecher, Idioten, Notzuchtsverbrecher und Imbezilen betraut ist, gehalten sei, neben dem gewöhnlichen Anstaltsarzte zwei erfahrene Chirurgen von anerkannter Befähigung anzustellen, die verpflichtet sein sollen, in Gemeinschaft mit dem Oberarzt der Anstalt, den geistigen und körperlichen Zustand jener Insassen zu untersuchen, die vom Anstaltsarzte und Verwaltungsrat bezeichnet wurden. Wenn nach dem Urteil dieses fachmännischen Ausschusses und des Verwaltungsrates eine Fortpflanzung nicht ratsam ist und keine Wahrscheinlichkeit besteht, dass der Geisteszustand des Insassen sich bessere, sollen die Chirurgen zur Ausführung derjenigen Operation zur Verhütung der Fortpflanzung gesetzlich berechtigt sein, die am sichersten und wirksamsten erscheint.« Zit. nach Géza von Hoffmann, Die Rassenhygiene in den Vereinigten Staaten von Nordamerika, München 1913, S. 128. Es folgten ähnliche gesetzliche Regelungen 1909 in Kalifornien, Connecticut und Washington, 1911 in Iowa, Nevada und New Jersey, 1912 in New York, 1913 in Kansas, Michigan, North Dakota und Oregon. Ebd., S. 128–148.

609 Vgl. Paul Näcke, Über Kastration bei gewissen Entarteten. In: Archiv für Kriminal-Anthropologie und Kriminalistik, 31 (1908) 1/2, S. 174–176, hier 176.

610 Vgl. Leopold Löwenfeld, Über medizinische Schutzmassnahmen (Kastration, Sterilisation) gegen Verbrechen und andere soziale Übel, mit besonderer Berücksichtigung der amerikanischen Gesetzgebung. In: Sexual-Probleme. Zeitschrift für Sexualwissenschaft und Sexualpolitik, 6 (1910), S. 300–327, hier 303; Paul Näcke, Über Familienmord durch Geisteskranke, Halle (Saale) 1908, S. 61; von Hoffmann, Die Rassenhygiene in den Vereinigten Staaten, S. 78.

611 Vgl. Löwenfeld, Über die medizinischen Schutzmassnahmen, S. 319; von Hoffmann, Die Rassenhygiene in den Vereinigten Staaten, S. 87.

612 Vgl. kritische Besprechung von Ernst Rüdin zu: Hans W. Maier, Die nordamerikanischen Gesetze gegen die Vererbung von Verbrechen und Geistesstörungen und deren Anwendung &

Indiana, da »rassenhygienisch« motivierte Verhütung, »Unfruchtbarmachung« und Abtreibung durchführbare notwendige und »humane Korrektive« gegen die ebenfalls unverzichtbaren humanistischen Einrichtungen seien.

Hirsch und Juliusberger befürworteten diese »Korrektive« auch aus Motiven des Mutterschutzes.[613] Sie dachten hierbei beispielsweise an die hochgradige Beckenverengung, deren Vererbung als Gefährdung für Mutter und Nachkommen verhindert werden müsse.[614] Die Anwendung der Sterilisation bei Mann oder Frau dürfe nur dann erfolgen, wenn die Vererbung des Mangels und die Nicht-Therapierbarkeit feststehen würden,[615] bei sicherer Diagnose schien beiden »die dauernde Sterilisierung aus eugenischen Gründen gerechtfertigt.«[616] Nicht zuletzt, weil dadurch grausame Eheverbote umgangen werden könnten, kritisierten sie das bisherige Strafgesetz, das die Vernichtung der Zeugungsfähigkeit und die Abtreibung unter Strafe stellte und unterstützten die Vorbildfunktion der US-amerikanischen Sterilisationsgesetze.[617] An letztere angelehnt forderte Juliusberger auch für Deutschland eine genaue gesetzliche Regelung, der allerdings ein entsprechendes Bewusstsein in der Bevölkerung vorhergehen müsse.[618]

Wie seine Vorredner forderte auch Gerngroß in Anlehnung an die US-amerikanischen Gesetze – nicht zuletzt zum Schutz vor dem Eifer allzu radikaler Ärzte – eine klare gesetzliche Regelung, die dem nationalsozialistischen »Gesetz zur Verhütung erbkranken Nachwuchses« von 1933/34 vorweggriff: »Soll daher die Einführung des Unfruchtbarmachens Minderwertiger zum erstrebten Ziele – Ausmerzung der Minderwertigen aus der Fortpflanzung […] – führen, so muss ihre Anordnung durch besondere Gesetze so geregelt werden, dass sie auch gegen

Emil Oberholzer, Kastration und Sterilisation von Geisteskranken in der Schweiz, Halle 1911. In: ARG, 8 (1911) 6, S. 815–824, hier 816 und 824; kritische Besprechung von Rudolf Allers zu: Julius Tandler/Siegfried Groß, Untersuchungen an Skopzen. In: Wiener klinische Wochenschrift, 1908. In: ARG, 6 (1909) 6, S. 820–825, hier 825; kritische Besprechung von Rudolf Allers zu: L. Loewenfeld, Über medizinische Schutzmaßnahmen (Kastration, Sterilisation) gegen Verbrechen und andere soziale Übel mit besonderer Berücksichtigung der amerikanischen Gesetzgebung. In: Sexual-Probleme (1910). In: ARG, 8 (1911) 2, S. 258f., hier 259; Ernst Rüdin, Rassenhygienische Gesetzgebung in den Vereinigten Staaten von Nordamerika. In: ARG, 5 (1908) 1, S. 154–156, hier 156.

613 Vgl. Hirsch, Fruchtabtreibung und Präventivverkehr, S. 153; Otto Juliusberger, Zur sozialen Bedeutung der Psychiatrie. Vortrag gehalten am 2. Nov. 1911 in der Gesellschaft für soziale Medizin, Hygiene und Medizinalstatistik, Berlin 1911, S. 13.

614 Vgl. ebd., S. 159.

615 Vgl. ebd., S. 200.

616 Ebd., S. 205.

617 Vgl. ebd., S. 206f.

618 Vgl. Juliusberger, Zur Frage der Kastration und Sterilisation von Verbrechern und Geisteskranken. In: Deutsche Medizinische Wochenschrift, 38 (1912) 9, S. 417–419, hier 419.

den Willen der Delinquenten erzwungen werden kann.«[619] Auch Veits Vorschlag zu einer »eugenischen« Gerichtsbehörde, die sich ausschließlich aus staatlich anerkannten Organen zusammensetzen würde,[620] erinnert stark an die nationalsozialistischen Erbgesundheitsgerichte.

3.1.4 Fazit

Im Diskurs waren sich die meisten Autoren darüber einig – womit sie der zweiten und dritten Kategorie entsprechen –, dass eine Vermischung zwischen einer »höheren« und einer »niederen Rasse« für die erste negative Folgen habe, da sie von der »niederen« nur »minderwertigere Bestandteile« bekommen könne.[621] Für die »tiefer stehende Rasse« sei dagegen eine derartige »Kreuzung« ein Gewinn. Untermalt werde dies durch zahlreiche Beispiele aus der Geschichte oder durch Studien über bestimmte »Volksgruppen«, an denen derartige »mischungsbedingte Ent- oder Aufartungen« nachskizziert wurden. Die Kontroversen in diesem Bezug konzentrierten sich auf die oben angedeuteten Folgen und reichten von der »Selbstreinigungskraft« der »starken Rassen« bis zu deren Untergang oder gar der seltenen Ablehnung des ganzen Prinzips. Wie eingangs erklärt, soll eine Diskussion um die umstrittenen »Rassentheorien und -anthropologien« hier nicht stattfinden, jedoch die »Mischung ungleichwertiger Rassen« als wichtig empfundener »Entartungsgrund« in die hier interessierenden Debatten eingeordnet werden.

Klar befürwortet wurde im Diskurs die »wissenschaftlich fundierte« Ehegesetzgebung, da sie ein einfacher, humaner und effektiver Weg zur Verhütung jeglichen »unerwünschten Nachwuchses« zu sein schien. Kontrovers diskutierte soziale Probleme wie Krankheiten und Alkoholismus würden sich ganz einfach umgehen und viel Elend vermeiden lassen. Hinzu kämen in der Geschichte gefundene Beispiele von ähnlich angewandter »Eugenik«, die diese Gesetze noch attraktiver erscheinen ließen. Als engstirnige bewertete, christlich motivierte, moralische Fesseln wie Abtreibungsverbot und Heiligkeit der Ehe müssten daher ebenso abgelegt werden, wie das für übertrieben gehaltene Recht auf Selbstbestimmung oder die ärztliche Schweigepflicht. Diese Prinzipien wären laut der am stärksten vertretenen zweiten Kategorie leider erst in mittlerer bzw. ferner Zukunft zu realisieren, wenn durch Forschung und Aufklärung ein breiter Konsens in der Bevölkerung erreicht wäre, der derartige Eingriffe in das Privatleben

619 Gerngroß, Sterilisation und Kastration, S. 35.

620 Vgl. J. Veit, Eugenik und Gynäkologie. In: Deutsche Medizinische Wochenschrift, 40 (1914) 9, S. 420–423, hier 423.

621 Vgl. auch Paul Näcke, Zur angeblichen Entartung der romanischen Völker, speziell Frankreichs. In: ARG, 3 (1906) 3, S. 373–385.

tragen könne. Die dritte, nur quantitativ geringfügig schwächer ausgeprägte Autorengruppe hielt es dagegen für möglich und vor allem für unbedingt notwendig, bereits damals dem nordamerikanischen Vorbild nachzueifern und als »rassenhygienisch« bedenklich eingestufte Ehen gesetzlich zu verhindern. Mangelnde medizinische und wissenschaftliche Kenntnisse, erheblicher kostenintensiver bürokratisch-praktischer Aufwand und das Problem der Subjektivität ließen Autoren der ersten Kategorie von Ehegesetzen hingegen Abstand nehmen und eher für Aufklärung und Appell plädieren. Damit befanden sie sich in der Unterzahl, was von Hoffmann folgendermaßen erklärte: Auch wenn es eine Menge »eindeutige Fälle« geben würde, deren Ehe verboten werden sollte, hielten »die meisten Gegner der Maßnahmen [...] sie noch für verfrüht, nehmen somit keine grundsätzliche ablehnende Stellung ein, sondern erblicken in gewissen Vorarbeiten die Hauptaufgabe unserer Zeit.«[622]

Auch im Bereich der »Unfruchtbarmachung« waren die Befürworter einer staatlich organisierten Zwangssterilisierung für »Geisteskranke«, »Schwerverbrecher« und »schwer Minderwertige« in der deutlichen Überzahl. Gäbe es die oben oft geforderte genaue gesetzliche Regelung und klare Definitionen für diese »Minderwertigkeiten«, wäre die Dominanz der dritten Kategorie noch stärker ausgeprägt. Dieser recht radikale Standpunkt der noch jungen »Rassenhygienebewegung« resultierte nachlesbar aus der um 1900 grassierenden Angst vor der »Degeneration« der deutschen Bevölkerung und den daraus entstehenden Schäden für die Gesellschaft und die Stellung der Nation in der Welt[623] und gleichzeitig der Euphorie, diesem wahrgenommenen Abwärtstrend mit hochmodernen, rationalen und als »wissenschaftlich-medizinisch« deklarierten Maßnahmen entgegentreten zu können. Die Vermeidung der Zeugung »untüchtiger Nachkommen« würde grausame und undurchführbare Eheverbote erübrigen, setze Kapazitäten zum Schutz der bestehenden »Schwachen« frei und helfe, die »Qualität der kommenden Generationen« sukzessive zu steigern. Moralische Bedenken gegenüber den Eingriffen in die Persönlichkeitsrechte und Intimsphären der Betroffenen blieben selbst in den ersten beiden Kategorien hinter den praktisch-administrativen Argumenten zurück. Westermarck und Hallermeyer[624] drehten den moralischen Spieß sogar um, wenn sie feststellten: »Wahrscheinlich werden künftige Geschlechter darüber staunen, dass es eine Zeit geben konnte, in der die wichtigste und in ihren Folgen weitestragende Verrichtung des Menschen gänzlich seiner persönlichen Laune und Begierde überlassen wurde.«[625] Im Folgenden werden die von den Autoren erörterten Steuerungsmöglichkeiten dieser »weitestragenden Verrichtung« besprochen.

622 Von Hoffmann, Die Rassenhygiene in den Vereinigten Staaten, S. 36.
623 Vgl. Weidling, Hygienepolitik, S. 41.
624 Vgl. Hallermeyer, Rassenveredelung und Sexualreform, S. 185.
625 Westermarck, Moralbegriffe und Ehelosigkeit, S. 225.

3.2 »Positive Eugenik«

3.2.1 »Vervollkommnung« des Menschen

Die mittlerweile mehrfach angeklungene Angst vor der scheinbaren »Degeneration der Menschheit« im Allgemeinen und der »eigenen Rasse« im Besonderen bildete einen wichtigen Antrieb zur gefühlten »rassenhygienischen« Handlungsnotwendigkeit. Als ein ebenso zentraler Angelpunkt in den »rassenhygienischen« Überlegungen galt die erhoffte Möglichkeit der »Höherentwicklung« der Menschen. Während die Autoren der dritten Kategorie in der »Vervollkommnung der eigenen Rasse in leiblicher und geistiger Hinsicht [...] das erhabenste Ziel [konstatierten], das eine Nation sich geben kann«[626] und der Möglichkeit dieser »Höherentwicklung« kaum Grenzen zu setzen vermochten, relativierten die Vertreter der zweiten Kategorie sowohl die Notwendigkeit als auch die praktische Durchführbarkeit eines Eingriffs in diese Mechanismen. Martius ist in die erste Kategorie einzuordnen, welche die menschliche Vererbung als für viel zu komplex einschätzte, um zielgerichtet in diese einzugreifen. Welche Eigenschaften sollte man auch »züchten«?[627] Da einzelne Eigenschaften beliebig vieler Vorfahren immer wieder in die »Verschmelzung der Erbanlagen« mit einfließen und somit gleichermaßen »gute« wie »schlechte« körperliche und geistige Konstitutionen hervorrufen könnten, solle eine »Rassenhygiene« lediglich darauf achten, dass den Ehekandidaten die Möglichkeit gegeben werde, sich gesunde Partner zu suchen. Außerdem sollten exogene Krankheitsursachen bekämpft werden. Denn die »Negativauslese« übernehme auch beim Menschen immer noch die Natur und wenn auf dem Wege der »Degeneration« ganze Familien untergingen, würde das die »Rasse« oder gar die ganze Menschheit wenig kümmern.[628] Martius rief also zur Gelassenheit auf, denn »mit dem Übermenschen hat es die Natur so übermäßig eilig nicht. Aber ebenso wenig ist die unsinnige Degenerationsfurcht gerechtfertigt.«[629]

Heinrich Bayer hätte die biologische Analyse gelehrt, dass die »Selektion« bei der Menschheit nur eine »Selektion der reinen« Linien gewesen sein könne, das heißt, dass sich aus der »gemischten Bevölkerung« einzelne »vorteilhaftere Linien« herausgehoben und durchgesetzt hätten. Damit seien der »Auslese« natürliche Grenzen gesetzt und die »Züchtung« einer Eigenschaft oder eines Typs könne nicht weitergehen, als bis zu den Entwicklungsgrenzen der besten Linien. Die »Züchtung« eines »Übermenschen« sei demnach nicht möglich, sondern es bleibe bei der »Ausmerzung« »schlechter« und der Förderung der

626 Schallmayer, Vererbung und Auslese, S. 37.
627 Martius, Krankheitsanlage, S. 33.
628 Vgl. ebd., S. 34.
629 Ebd., S. 28.

Isolierung »guter Linien«. Diese Isolierung führe in ihrer extremen Ausreizung allerdings zu einer Erstarrung der Variabilität und damit zum Verfall und zur »Degeneration«. Da es darüber hinaus und anders als bei dem auf die Qualität seiner Wolle hin gezüchteten Schaf beim Menschen kein einheitliches »Züchtungsziel« gebe, könne der Gedanke an eine »positive Eugenik« nur als »Utopie« eingeschätzt werden.[630]

Bei Chancengleichheit, einer »vernünftigen Gattenwahl«, frei von wirtschaftlichen oder ständischen Zwängen, könnten, laut den Vertretern der zweiten Kategorie, die jungen »wertvollen Elemente« der Gesellschaft frei mit ihresgleichen Familien gründen und ihrer sozialen Pflicht einer zahlreichen Nachkommenschaft nachkommen. Wenn zusätzlich die »Keimgifte« aus der Welt geschafft, die Schulbildung und Erziehung zu einer Lehre des einfachen, »bodenständigen« und gesunden Lebens reformiert würden und sich »minderwertige Elemente« weniger bzw. gar nicht fortpflanzten, würde es im Laufe einiger Jahrhunderte eine viel »bessere Menschheit« geben, was für Forel keineswegs Utopie war.[631] Auch Hegar sprach sich zu diesem Zwecke klar für die Hebung des Milieus, einen vernünftigen »Schutz der Schwachen« und adäquate Erziehung und Bildung der Jugend aus, zog die Grenze des Machbaren aber bei der Nichtvererbung erworbener Eigenschaften.[632] Die größere Rolle bei der Entwicklung des Menschen liege dagegen bei den vererbten Anlagen und »diese günstig zu gestalten, liegt in unserer Macht, ist sogar leichter, weniger umständlich und mit weniger Kosten verknüpft, als das in unseren Tagen so stark in den Vordergrund getretene Bestreben zur Hebung des Milieus.«[633] Denn die Notwendigkeit, durch eine »verständige Zuchtwahl« die zukünftigen Generationen von den vielen anhaftenden Fehlern und Gebrechen zu befreien, werde wohl nicht mehr bestritten.[634] Wiederholt habe deshalb Wilser »darauf hingewiesen, dass die […] Vererbungsfragen nicht mit der Feder und auch nicht durch das Mikroskop, wohl aber durch planmäßig und in großem Maßstabe ausgeführte Züchtungsversuche zur Entscheidung gebracht werden könnten.«[635] Allerdings sei er sich völlig darüber im Klaren, dass der »Menschenzucht« bei allen Erfolgsaussichten große Bedenken und Schwierigkeiten im Wege stehen würden.[636] Außerdem relativierte er die Chancen der angestrebten »Höherentwicklung« dahingehend, dass es einen »Übermenschen« nicht geben könne, da die »höheren Rassen« der

630 Vgl. Bayer, Über Verbindung und Rassenhygiene, S. 9 f.
631 Vgl. Forel, Malthusianismus oder Eugenik?, S. 23 f.
632 Vgl. Hegar, Zur chinesischen, deutschen und amerikanischen Kriminalstatistik, S. 12.
633 Ebd., S. 13.
634 Vgl. ebd., S. 29.
635 Ludwig Wilser, Menschwerdung. Ein Blatt aus der Schöpfungsgeschichte, Stuttgart 1907, S. 121.
636 Vgl. ebd., S. 134.

Menschheit bereits den »Gipfel der Vollendung« erreicht hätten. Die »Vervollkommnung« könne lediglich in den körperlichen und physischen Grenzen des Erreichten stattfinden.[637]

Laut der dritten Kategorie könne der Mensch dagegen gar nicht anders, als nach »Vervollkommnung« zu streben.[638] Dabei sei es völlig im Einklang mit der ethischen Evolution, dass der Mensch in seinem Bewusstsein weit höhere »sittliche Ideale« vertrete, als es seinen eigenen erblichen Anlagen entsprechen würde. Deshalb seien die »rassenhygienischen« Forderungen nach »Rein- und Höherzucht« keineswegs »Utopie«, sondern mit entsprechender Aufklärung sofort zu begründende Ideale.[639] Franze basierte seine »idealistische Sittenlehre« vollends auf die Naturwissenschaft, indem er die völlige Entfaltung des Geistes und dessen Herrschaft über den Körper als Endzweck der Entwicklung deklarierte[640] und darüber hinaus verkündete, dass »wahres Urteilen« und »richtige Erkenntnis« auf der »Vollkommenheit der Gehirnorganisation« beruhe.[641] Auch »die Entfaltung der Idee des Guten beruht auf jener des Wahren, da das Gute zuerst erkannt sein muss, ehe es gewollt und getan werden kann.«[642] Franze zog daraus also den Schluss, dass ein vollkommenes Gehirn die Voraussetzung dafür sei, gut zu sein bzw. zu handeln. Da die Gehirne aber noch in ihrer Entwicklung stehen würden, solle der Mensch dem gewollten Ende dieser Entwicklung mit allen Mitteln zuarbeiten,[643] das heißt »durch seine Gattenwahl eine bewusste Reinzucht der Vollkommensten durchführen!«[644] »Vollkommenheit« bedeutete dabei für ihn die Ausprägung der »höchsten« menschlichen Eigenschaften wie Vernunft, Logik, Erkenntnisfähigkeit, Charakter, höhere Gefühle und die dem Menschen eigentümliche Körperschönheit.[645] Außerdem sei »vollständige Harmonie zwischen Geist und Körper […] Vollkommenheit – doch nur unter der Voraussetzung, dass der Geist als solcher schon vollkommen ist.«[646]

---

637 Vgl. ebd., S. 136.

638 Vgl. Paul Christian Franze, Der wissenschaftliche Weg zur Verwirklichung der neuen Generation. In: Die Neue Generation: Publikationsorgan des Deutschen Bundes für Mutterschutz und der Internationalen Vereinigung für Mutterschutz und Sexualreform, 6 (1910) 5, S. 179–194, hier 181.

639 Vgl. ebd., S. 192.

640 Vgl. ders., Idealistische Sittenlehre und ihre Gründung auf Naturwissenschaft, Leipzig 1909, S. 43.

641 Vgl. ebd., S. 45.

642 Ebd., S. 48.

643 Vgl. ebd., S. 77.

644 Ebd., S. 83.

645 Vgl. Franze, Höherzüchtung, S. 25 f.

646 Ebd., S. 40.

Auch nach Ratzenhofer war jedes vernünftige Handeln, jede Willensäußerung und Denkweise in anlagebedingten, morphologischen Ursachen des Organismus begründet, was einen direkten Zusammenhang von Ethik und »Rasse« zur Folge habe. Alle »sittlichen Normen« seien, auch wenn sie von Epoche zu Epoche und zwischen den Völkern differierten, »rassisch« begründet. Daraus schloss er, dass der Keim der zivilisatorischen Entwicklung als biologischer Faktor im Menschen selbst liegen müsse.[647] Alle Lebewesen hätten ein angeborenes Interesse, möglichst »vollkommene, tüchtige und glückliche Exemplare« ihrer Gattung hervorzubringen, damit diese wiederum »wohlgeborene Nachkommen« zeugen könnten. Allerdings habe der moderne Mensch begonnen, dieses ihm innewohnende natürliche Interesse zu missachten: »Nicht das kann dem Menschen zum Vorwurf gemacht werden, dass er nur so handelt, wie es ihm sein Interesse anrät, sondern dass er sein Interesse nicht auf alle jene Gebiete ausdehnt, die ihm zugänglich sind, und dass er es nicht immer seinem Gewissen unterwirft.«[648]

Würden die Menschen nach ihrem natürlichen Gewissen handeln, wären die meisten gesund, die Gefängnisse leer, die Familien glücklich und die Menschen meist schön und heiter. Doch der auf dem Gattungsinteresse fußende Geschlechtstrieb werde von »literarischen Schmutzfinken«, Theater und der modernen Kunst ins Lächerliche gezogen, sodass die ursprüngliche Reinheit der Fortpflanzung zerstört werde. Die direkte Folge sei eine wachsende Unlust der Männer zur Ehe, woraus das Ansteigen der Prostitution, der Geschlechtskrankheiten, der Homosexualität und der »sogenannten Frauenemanzipation« resultiere.[649] Mit dieser »schändlichen Entwicklung« und »mit Aufstellung jedes anderen Ideals tritt der Mensch außerhalb der natürlichen Entwicklung und lehnt sich gegen die Natur auf«,[650] pflichtete Alexander Tille vehement seinen Vorrednern bei. Aus diesem Grund sprach er sich auch gegen die »übertriebene Selbstlosigkeit und Nächstenliebe« aus, die den »Schutz der Schwachen« über die »Vervollkommnung der Art« stelle: »Dass der Kampf des Menschen ums Dasein durch sein Bewusstsein weit leidensvoller als der des Tieres ist, darf uns nicht dazu verleiten wollen, ihn hinweg zu philosophieren oder aufzuheben.«[651] Chancengleichheit, zweckmäßige »Ehegesetze« und ein reformiertes Erbrecht würden die »natürliche Auslese« reaktivieren können, ohne dabei in »Tierzüchterkreise« zu geraten.[652]

647 Vgl. Ratzenhofer, Die Rassenfrage vom ethischen Standpunkt, S. 738 f.

648 Ebd., S. 740.

649 Vgl. ebd., S. 741 f.

650 Alexander Tille, Von Darwin bis Nietzsche. Ein Buch Entwicklungsethik, Leipzig 1895, S. 23.

651 Ebd., S. 193.

652 Vgl. ebd., S. 140.

Die angesprochene »durchmischte deutsche Hochkultur« bringe zwar mit ihrer Entwicklung Genies und Künstler hervor, diese würden sich allerdings nicht genug fortpflanzen, weshalb Driesmans dafür plädierte, ein »kunstgeistiges Vollblut heranzuzüchten«.[653] Die Tragweite eines Verlustes dieser Erbanlagen solle es rechtfertigen, sich über alle »Gefühlskränkelungen« hinwegzusetzen, denn »wenn eine Menschenzüchtung erlaubt und geboten ist, dann ist es die des kunstgeistigen Menschen und Übermenschen.«[654] Driesmans war dabei überzeugt, dass sich die geistig mündig gewordene Menschheit der »Zuchtwahl« nicht mehr zum Zwecke der mittlerweile sinnlosen und undurchführbaren »Rassenreinheit« bedienen würde, sondern zur »Herauszüchtung« bestimmter Eigenschaften, Talente und Fähigkeiten, die das Menschenwesen fördern und veredeln würden. Eine berufsgruppenbezogene, aber ständeübergreifende »Zucht« könne hier eine »Erstarrung« inzuchtähnlichen Charakters verhindern, und wenn dann Individuen aus zwei verschiedenen »hochgezüchteten« Berufsgruppen sich vereinigten, würde es ungeahnte Möglichkeiten der »Vervollkommnung« geben.[655] Diese neue »geistige Eiszeit«[656], welcher der Mensch entgegensehe, würde sich dadurch kenntlichmachen, dass er sich selbst wieder »in die Zucht nimmt«, dass er die »Höherzüchtung des Menschenwesens als seine Lebensaufgabe betrachtet.«[657] Sicher sei dies alles aufgrund falscher Moralvorstellungen und kurzsichtiger Politik und Religion noch Zukunftsmusik, es sei auch nicht zu erwarten, dass diese Entwicklung das ganze Menschengeschlecht betreffen würde und es sei auch durchaus ein heikles Unterfangen, in diesem Intimbereich »wissenschaftlich« korrigieren, experimentieren und forschen zu wollen, aber:

> »Allein die Wissenschaft, welche der Entwicklung der Menschenzucht dient, welche künftigen Generationen einen befreiteren, beglückteren Zustand verheißt, ist ein heiliges Unternehmen, ist das heiligste, religiöseste, menschenwürdigste, das es für uns geben kann« [658] und »mit der Rassenveredelung und zuchtwählerischen Auslese der modernen Kulturmenschheit lösen sich die mannigfachen Konflikte und Streitfragen des modernen Lebens von selbst.«[659]

Nur wenige Autoren bezogen so klar Stellung zu den Möglichkeiten der »Höherentwicklung«. Unbestritten war im Diskurs, dass mit dem primären Ziel des Aufhaltens der gefürchteten »Degeneration« über das Konservieren des

653 Driesmans, Die Wahlverwandtschaften der deutschen Blutmischung, S. 163.
654 Ebd., S. 164.
655 Vgl. ebd., S. 169.
656 Driesmans spielt hier auf die Theorie an, dass sich die Germanen wahrscheinlich durch die letzte Eiszeit isoliert »empor züchteten« und erst nach dessen Ende sich wieder mit anderen »Rassen« »vermischten«, was ihnen nicht unbedingt immer zuträglich gewesen wäre.
657 Ebd., S. 197.
658 Ebd., S. 203.
659 Heinrich Driesmans, Menschenreform und Bodenreform. Unter Zugrundelegung der Veredelungslehre Francis Galton's, Leipzig 1904, S. 13.

Status quo hinaus eine positive Entwicklung der menschlichen Eigenschaften in körperlicher und geistiger Hinsicht zumindest theoretisch möglich sei, weshalb die zweite und dritte Kategorie in dieser Diskursebene am stärksten ausgeprägt waren. Bezüglich der Definition von »Vollkommenheit« und vor allem bei der Art und Weise, wie diese erreicht werden könne, gingen die Meinungen jedoch stark auseinander, wie der folgende Abschnitt zeigt.

3.2.2 »Menschenzucht«

»Tierzüchter und Tierärzte kennen die Erbfehler sehr genau und handeln danach bei der Auswahl der Elterntiere für die Nachzucht. Wann werden die Menschenärzte und Menschenzüchter, d. h. die Staatsmänner wieder lernen, wie in den vergangenen Zeiten des Menschengeschlechts, bei ihren gesundheitlichen und gesetzlichen Maßnahmen auf die Erbfehler bei der Züchtung der Menschenrasse zu achten?«[660]

Der Autor dieses Gedankens ist leider nicht festzustellen und es liegt lediglich die Vermutung nahe, dass es sich um den Herausgeber der PAR Woltmann handelte, aber er traf damit den Kern der »rassenhygienischen« Überlegungen bzw. das Hauptargument der »selektionistischen« Befürworter der »positiven Eugenik«. Auch Hegar drehte das Argument des menschenunwürdigen Charakters der »Zucht« dahingehend um, dass es im Gegenteil menschenunwürdig sei, sich – ähnlich wie die Tiere, blind dem »Triebzwang« folgend – eben nicht bewusst »eugenisch« um seine Nachkommen zu kümmern.[661]

Als radikalster Vertreter der dritten Kategorie ist Hentschel zu nennen, der eine staatlich gesteuerte und absolut biologistische »Auslese« von Menschen zur Fortpflanzung befürwortete und zur Erreichung dieses Ziels den »Mittgartbund« begründete. Dessen Mitglieder wollten eine »neue Wirkungskraft der Gesetzmäßigkeit des Aufstiegs und des Untergangs der Kulturen« entgegensetzen: die »rassische Zucht«. Erst die »bewusste Zucht« würde Hentschel zufolge einen »neuen Menschen« schaffen, der mit den »Germanen der Urzeit« physiologisch nicht unbedingt übereinzustimmen brauchte, aber »Heldentum und Schöpferkraft« mit ihnen gemeinsam gehabt hätte. Daher empfahl der Bund die Gründung von »deutschen Landgemeinden für rassische Hochzucht des Menschen.«[662] Herkunft und Geburt würden die Schicksale der Menschen viel mehr als Schule und Bildung bestimmen, weshalb ein wahrhaft modernes Bildungsideal Rücksicht auf die »rassische Zucht« nehmen sollte. Dasjenige »Volk«, das diesen Zusammenhang als erstes begreife, habe die größten Chancen auf die

660 O. V., Über die Erbfehler bei Zuchtpferden. In: PAR, 1 (1902/03) 5, S. 391.
661 Vgl. Hegar, Die Verkümmerung der Brustdrüse, S. 838.
662 O. V., Der Mittgartbund. In: PAR, 6 (1907/08) 5, S. 333f., hier 334.

Beherrschung der Welt.[663] Nach Hentschel zeige die ältere Geschichte, dass die »rassische Menschenzucht« durchaus möglich sei, sie bildete in der ältesten historischen und prähistorischen Zeit den Kernpunkt der Religion. Denn die Religion sorge als Fürsorge für ein künftiges Leben, für »ununterbrochene gezüchtete Geschlechterreihen«. Die christliche Religion habe dies allerdings unterbrochen, da ihr Heil im imaginären Jenseits liege, wo biologische Gesetze keine Bedeutung hätten. Die meisten anderen religiösen Gesetze würden dagegen »züchterische Elemente« erkennen lassen.[664] Die in der Vorzeit »gezüchteten Energien« seien nun von Erschöpfung bedroht, sodass der »weißen Rasse« und damit der europäisch-christlichen Kultur der Untergang drohe. Nur die »gezielte Zucht« könne Abhilfe schaffen. Hentschel nannte eine geschlossene Gesellschaft, die sich ihre Mitglieder – ähnlich der militärischen Musterung – anhand bestimmter Eigenschaften aussuche. Diese »ausgelesene Gesellschaft« würde sich in gesunden, ländlichen Verhältnissen und unter guter Lebensführung entwickeln und fortpflanzen können. Dabei sollte den natürlichen Umständen keine Gewalt angetan und Polygamie als natürliche Sexualordnung erlaubt und gefördert werden, denn »rassische Zucht ist mit monogamer Geschlechtsordnung schlechterdings unverträglich.«[665] Hentschel ging in diesem Punkt mit der bereits in Abschnitt III.1.2.2 besprochenen Ehereform von Christian von Ehrenfels konform, der – bei allen auftretenden psychischen und emotionalen Schwierigkeiten[666] – auch über die künstliche Befruchtung im großen Stil nachdachte. So oder so müssten zur Zeugung am ehesten »geeignete Männer« durch eine zielorientiertere Musterung in Schule und Militär herausgefiltert werden, was ebenfalls eine Reform beider Institutionen voraussetzen würde.[667] Mit Hentschels Entwurf der »Zuchtsiedlung Mittgart«, die der »Höherzüchtung des Volkes« dienen solle und zur »Schaffung völkischer Reserven von solcher Ergiebigkeit« führen würde, dass »ihre Ströme den intensiven Verbrauch unserer Zeit an völkischer Energie aufwiegen«,[668] würden derartige zeit- und kostenintensiven Reformen umgangen werden können.[669]

663 Vgl. Mittgart-Blätter, Menschliche Rassenzucht als Forderung der Vernunft der Kultur. In: PAR, 6 (1907/08) 7, S. 470.

664 Vgl. Hentschel, Zucht, S. 3.

665 Ebd., S. 13.

666 Vgl. Christian von Ehrenfels, Die konstitutive Verderblichkeit der Monogamie und die Unentbehrlichkeit einer Sexualreform. In: ARG, 4 (1907) 6, S. 803–830, hier 817–819.

667 Vgl. ebd., S. 821.

668 Willibald Hentschel, Landwirtschaftliche Betriebsgesellschaft Mittgart. In: PAR, 11 (1912/13) 6, S. 329–336, hier 331.

669 Es gab durchaus Realisierungen dieser »rassenhygienischen Zuchtideen«. So durften in Perm im nordöstlichen Russland auf den Gütern von dem Großgrundbesitzer Raschatnikow nur die »schönsten und vollkommensten« Frauen und Männer arbeiten und heiraten. Es wurden bereits 40 Musterpaare zusammengebracht, die über 100 außerordentlich schöne Kinder be-

Derzeit führe eine moralisch geduldete Polygamie zwar zu einer ungesunden Zügellosigkeit, dennoch bewertete Schmidt-Gibichenfels Hentschels Mittgart-Vorschlag in Zeiten des »akut drohenden Rassenverfalls« für weniger utopisch als die meisten anderen Autoren.[670] Denn das Problem der »Menschenzucht« bedeute ja nichts anderes als die Frage, ob es möglich sei, die ohnehin stets waltende »Menschenzüchtung« zu einer bewussten und rationellen zu machen. Würde dies wie bei den Haustieren von alters her gelingen, so hätte »der Geist über das Fleisch, die Kultur über die Natur gesiegt.«[671] Alexander Koch-Hesse erkannte die »Richtigkeit« von Hentschels Grundlage und der Idee von »Zuchtstätten« also ebenfalls für sich an, hielt aber seine gewünschte »Reinzucht« der »germanischen Rasse« wie die Mehrzahl der zeitgenössischen Autoren für rückwärtsgewandt. Es sollten seiner Meinung nach auch andere »hervorragende Menschen« von den »Auslese-Kolonien« berücksichtigt werden, da die Abweichung vom »germanischen Ideal« nicht unbedingt nachteilig sei.[672] Die zielbewusste kontrollierte Anwendung der »geschlechtlichen Zuchtwahl« eröffne auch nach Franze dem Menschen die weitgehendsten und höchsten Möglichkeiten in der »Rassenveredelung«. Das sei keinesfalls inhuman, da die »Vernichtung der Unwerten« der Natur überlassen werden könne. Gemäß den Entwicklungstendenzen würden diese im Laufe der Zeit weniger werden, da sie nicht konkurrenzfähig wären. Möglicherweise könnten sie sich auch ihrer unterlegenen Rolle anpassen und den »Höherwertigen« irgendwie nützlich sein. Auf jeden Fall sei die »Rassenzucht« beim Menschen zu befürworten. Eine »rassische Isolation« à la Mittgart wäre auch nach Franzes Meinung weder durchführbar noch wünschenswert, da die Einheit und Humanisierung der ganzen Menschheit einen wichtigen Bestandteil der Evolution darstelle. Ihm schwebte vielmehr die Paarung der intellektuell und moralisch »hervorragendsten Individuen« aller »höheren Rassen« vor. Deren Nachkommen sollten sich nur untereinander fortpflanzen, was mithilfe von Stammbäumen kontrolliert werden

kommen hätten und die dritte Generation wäre auch schon in Arbeit. Vgl. o. V., Eine Farm für Menschenzucht. In: PAR, 3 (1904/05) 6, S. 398. In Deutschland wurden ähnliche Bestrebungen in die Tat umgesetzt und die »Hammer«-Gemeinde hatte bereits eine Heimstätten-Genossenschaft begründet, die unter dem Namen »Siedlungsgesellschaft Heimatland« geeignete Landgüter erwerben, besiedeln und bewirtschaften sollte. In der Ostprignitz besaß die Gesellschaft bereits ein Gut von 450 Morgen Größe. Eine »vernunftvolle Lebensführung« sollte dort Leib und Seele stählen und ein »tüchtiges Geschlecht« aufziehen. Gewisse geistige und körperliche Anforderungen waren eine Bedingung zur Aufnahme in die Gemeinschaft. Vgl. o. V., Ein neues Regenerationsunternehmen. In: PAR, 8 (1909/10) 7, S. 386.

670 Vgl. Schmidt-Gibichenfels, Wen soll ich heiraten?, S. 196.

671 Alexander Koch-Hesse, Dr. W. Hentschel: Mittgart. Ein Weg zur Erneuerung der germanischen Rasse. In: PAR, 3 (1904/05) 10, S. 663 f., hier 664.

672 Vgl. ebd.

könne.[673] Vacher de Lapouge prognostizierte eine der Vorstellung seiner Vorredner ähnliche Zukunft, in der die Fortpflanzung sozialisiert würde. Die Geburtenzahl bei ausgelesenen Frauen würde erheblich gesteigert und die Männer könnten viel strenger »selektiert« werden. Die ausgewählten Erzeuger hätten dieser gesetzlich vorgeschriebenen, sozialen Pflicht nachzukommen, während Individuen, denen das Eheverbot ausgesprochen wurde, unfruchtbar gemacht werden würden. Die entstehenden Kinder würden auf Staatskosten aufgezogen oder abgetrieben und getötet werden. Die Folge dieser Utopie – die ebenso wie die Ploetz'sche (Abschnitt II.5) stark an Platon erinnert – wäre seiner Meinung nach, dass die Individuen von Generation zu Generation kräftiger und gesünder werden würden.[674]

Auch Ploetz brachte Hentschels »treffenden kritischen Bemerkungen« eine gewisse Anerkennung entgegen und stimmte vor allem bei dem erkannten »rassenhygienischen« Handlungsbedarf mit ihm überein.[675] Allerdings lehnte er die »Zuchtbeschränkung« auf die »germanische Rasse« ebenfalls ab, da es diese in »Reinform« ohnehin nicht mehr gebe und weil nicht mit Bestimmtheit gesagt werden könne, ob sie für die »Vervollkommnung der Menschheit« auch die besten Eigenschaften enthalte. Körperliche Kraft und Schönheit allein würden hier nämlich nicht ausreichen und die Wirkungen des Milieus und des »Sozialkampfes« auf diese »Elite« sei auch ungewiss.[676] Wie seine Kollegen stieß sich Ploetz aber am meisten an der vorgeschlagenen Polygamie, da diese die menschliche Intelligenz beleidige, Kummer für die Frauen bringe und eine schlechte Kindererziehung zur Folge habe.[677] Der urkommunistische Wirtschaftsansatz würde ebenfalls der menschlichen Natur widersprechen und Streit vorprogrammieren.[678] Hentschel reagierte prompt und offensiv auf Ploetz' Kritik mit dem Zugeständnis, dass er sich des Vorgreifens durchaus bewusst sei und dass »es [...] ganz neuer Lebensgrundlagen, eines neuen rassenökonomischen Systems [bedarf].«[679] Er wolle allerdings nicht die Uhr zurückdrehen, wie es ihm immer wieder vorgeworfen wurde, sondern etwas völlig neues schaffen: »Zuchtstätten für ein heroisches Menschengeschlecht«[680] – zunächst parallel zur alten Gesellschaft.

673 Vgl. Paul Christian Franze, Grundzüge der Rassenveredelung. In: PAR, 8 (1909/10) 9, S. 476–484, hier 477–479.

674 Vgl. Georg Vacher de Lapouge, Die Krisis in der sexuellen Moral. In: PAR, 7 (1908/09) 8, S. 408–423, hier 423.

675 Vgl. Alfred Ploetz, Willibald Hentschels Vorschlag zur Hebung unserer Rasse. In: ARG, 1 (1904) 6, S. 885–895, hier 889.

676 Vgl. ebd., S. 893.

677 Vgl. ebd., S. 894.

678 Vgl. ebd., S. 895.

679 Willibald Hentschel, Zuschrift betreffend den Artikel von A. Ploetz »Willibald Hentschels Vorstellung zur Hebung unserer Rasse«. In: ARG, 2 (1905) 2, S. 269–272, hier 270.

680 Ebd., S. 269.

Bei dem heiklen Problem der Polygamie blieb er konsequent radikal biologistisch und fragte: »Was würde man zu mir sagen, wenn ich in meinem Kuhstall aus moralischen Gründen jeder Kuh einen Ochsen antrauen wollte. Ich würde meine Herde in kurzer Zeit in Grund und Boden wirtschaften.«[681] Für die laut Ploetz und vieler anderer gegen dieses Prinzip sprechende menschliche Natur hatte Hentschel nur Verachtung übrig, da sie eine falsche, vom Christentum mit einem missverstandenen Heilsstreben verblendete, den menschlichen Leib verachtende Natur sei.[682] Wollny warnte daher vor Autoren wie Hentschel: »Die rassenhygienische Bewegung muss sich solchen extremen Vorschlägen gegenüber ablehnend verhalten, da sie nur verwirrend auf das Urteil der Öffentlichkeit wirken und unter Umständen wertvolle Kräfte der Arbeit für weniger utopische Forderungen entziehen.«[683]

Zum Beispiel Kräfte für Otto Hausers Entwurf einer Stiftung, die »tüchtige Paare« finanziell unterstützen solle, damit diese einfacher und eher eine Familie gründen könnten, wovon er sich »rassisch schöne Nachkommen« versprach. Seine Idee fußte auf der »indirekten Züchtung« durch finanzielle Bevorzugung von »rassisch hochwertigen« monogamen Ehen.[684] Dieser eher indirekte Weg war der zweiten Kategorie zu eigen, welche die Möglichkeit zur »Züchtung« anerkannte, ihr jedoch moralische und praktische Grenzen setzte. Wie auch Wilser, der die Vorschläge zur Verbesserung der Gesetzgebung im naturwissenschaftlichen Sinn zur »Hebung und Kräftigung des Volkes« weitgehend teilte. Es wäre bei zielbewusstem und verständnisvollem Vorgehen wohl in nicht allzu ferner Zeit möglich, für die Menschheit und den Staat »wertvolle körperliche und geistige Eigenschaften zu züchten«, ohne die Würde, Freiheit und Selbstbestimmung des Menschen zu verletzen. Eheverbote, kräftige, leibliche Erziehung und wirksamer Schutz gegen Ansteckungen könnten »krankhafte Veranlagungen« und Infektionskrankheiten eindämmen, während durch Bevorzugung der Söhne »geistig hervorragender Männer« die »Intelligenz gezüchtet« werden könnte. Generell sollten »tüchtige Familien« finanziell gefördert werden, wobei der freie Wettbewerb unter ihnen beibehalten werden müsse. Die Einschränkung des Erbrechts würde beispielsweise in diese Richtung gehen. Nicht zuletzt müssten die »moralischen Instinkte« dadurch »gezüchtet« werden, dass »Gewohnheitsverbrecher« deportiert und nicht nur Sexualstraftäter kastriert würden.[685] Die

681 Ebd., S. 271.

682 Vgl. ebd., S. 272.

683 Kritische Besprechung von A. Wollny zu: Willibald Hentschel, Vom aufsteigenden Leben. Ziele der Rassenhygiene, Leipzig 1914. In: ARG, 11 (1914) 1, S. 125f., hier 126.

684 Vgl. Otto Hauser, Tent, Eine Anregung. In: PAR, 9 (1910/11) 3, S. 145–160.

685 Vgl. Ludwig Wilser, Züchtungsstaat und Züchtungspolitik. In: PAR, 5 (1906/07) 1, S. 45–47, hier 46f.

Erleichterung »erwünschter Verbindungen«, also von möglichst »kräftigen« und gesunden Paaren, und die Erschwerung »unerwünschter Verbindungen«, also von »Untüchtigen«, Kranken und Kriminellen, seien als Form der »Zuchtwahl«, solange sie auf dem Boden »sicherer wissenschaftlicher Erkenntnis« basieren würden, demnach praktikabel. Es dürfe aber nicht ins Schwärmen geraten und der Mensch als »Zuchtbulle« degradiert werden.[686] Wilser spielte damit auf das »Vorbild« der angeblichen »spartanischen Auslese« an: »So wenig wir über die Wirksamkeit solcher Mittel bestreiten können, so sehr sind sie nach unseren heutigen Rechtsbegriffen und ›sittlichen Gefühlen‹ zu verurteilen.«[687]

Auch von den Velden hielt die »Menschenzucht« in kleinem Maßstab für möglich und dass auf diese Weise »starke, schöne, willenskräftige und intelligente Menschen« zu »züchten« seien, sei gewiss. Größere Dimensionen würden allerdings ein nicht mehr zeitgemäßes despotisches Staatswesen voraussetzen.[688] Nach Forel müsse der Staat dagegen den Mittelweg zwischen unbedingt wünschenswerter »Volksvermehrung« und dem Neomalthusianismus finden. Er müsse sich also weniger um den Erhalt der »Schwachen« bemühen, sondern um die Erzeugung »körperlich und geistig starker Generationen«. Dies könne er durch die Förderung der »künstlichen Zuchtwahl«, allerdings mehr durch Belehrung, denn durch gesetzliche Vorschriften erreichen. Ziel sei nicht die Schaffung eines »Übermenschen«, sondern innerhalb der Grenzen des »Typus« ein möglichst »hohes Niveau« zu schaffen, an dem möglichst viele teilhätten.[689] Ähnlich äußerte sich Bozi, für den Ehegesetze und direkte »Menschenzucht« derzeit noch moralisch undurchführbar seien. Vielmehr müsse mit Appell und Beispiel die Jugend aufgeklärt und für die Vererbungsregeln sensibel gemacht werden, damit künftige Eheschließungen bedachter geschlossen würden. Die gesamte Bevölkerung müsse sich der Tragweite ihrer familiären Entscheidungen für das Gemeinwesen bewusst werden.[690] Des Weiteren könne der Staat die »Züchtung« besonders veranlagter Individuen durch die Vergabe von Adelsprädikaten fördern, was auch Grassl für nützlich befand, weil »der Gedanke der aristokratischen Grundlage der Ehen wenigstens der oberen Klassen [...] sicher ein allererstklassiges Kulturförderungsmittel« wäre.[691] Ein wiedererwecktes Familienbewusstsein würde zur »Zeugung tüchtiger Nachkommen« anspornen und die »spezifischere Gattenwahl« begünstigen.[692] Die Geburtsstände würden aufgehoben werden, da

686 Vgl. ders., Zuchtwahl, S. 183.
687 Ebd., S. 185.
688 Vgl. von den Velden, Staatliche Eingriffe, S. 21.
689 Vgl. Raoul Richter, Bücherbesprechung. In: PAR, 5 (1906/07) 3, S. 185–187, hier 186.
690 Vgl. Alfred Bozi, Die soziale Bedeutung des Geburtsstandes. In: PAR, 8 (1909/10) 5, S. 225–231, hier 229.
691 Vgl. Grassl, Volkserneuerung, S. 195.
692 Vgl. Bozi, Die soziale Bedeutung des Geburtstandes, S. 230.

die Adelstitel nur auf materiellen und »rassischen« Unterscheidungen beruhten, kein Privileg einzelner Stände seien und in jeder Generation »wie ein renommiertes Warenzeichen zu der Ware«[693] wieder neu vergeben werden müssten.

Die Volkswirtschaft müsse laut Schallmayer also in Zukunft dahingehend reformiert werden, dass die Individuen nach ihrem »Rassewert« kategorisiert und entsprechend mit Familienförderungen belohnt würden.[694] Dafür müsse allerdings der Gerechtigkeitsbegriff überdacht werden, denn die Menschen seien »ungleich«, ohne dass sie Schuld daran hätten. Aber gegenwärtig gelte es als ungerecht, die »Tüchtigeren« zu bevorzugen, dabei sei dies nur naturgemäß: »Denn wir sind den Naturgesetzen untertan, und die fragen nicht nach unseren Wahnbegriffen.«[695] Da diese Leistungsaristokratie[696] aber in absehbarer Zeit nicht realisierbar sei, pflichtete Schallmayer William Mc Dougall bei, der forderte, dass der Nachwuchs von der »wohlerlesenen Beamtenschaft« mit einem nach Kinderanzahl gestaffelten Diensteinkommen gefördert werde.[697] Dies sei eine geschickte und gesellschaftlich bereits jetzt vertretbare »indirekte Zuchtwahl«, denn »natürlich kann eine Menschenzüchtung nach Art der Tier- und Pflanzenzucht gar nicht in Betracht kommen.«[698] Grassl, Lenz, Wilser und Grotjahn plädierten darüber hinaus für Junggesellensteuern, die unter anderem in Stillprämien und andere Förderungen für junge Familien fließen sollten.[699] Solger stimmte mit dem Hinweis zu, dass die Steuergesetzgebung weniger dazu da sei, gerechte als zweckmäßige Maßnahmen zu treffen.[700] Darüber hinaus sollten die »Tüchtigen« mit der Aussicht auf offizielle Ämter und politischen Einfluss zur Familiengründung gelockt und Anreize für die Landbevölkerung zum Verbleib in ihrer Heimat gesetzt werden.[701] Nach Felix A. Theilhaber sollte die Mutterschaft des »gesunden Weibes« als Äquivalent des Militärdienstes gerechnet und Junggesellen in den Staatsdienst beordert oder hoch besteuert werden.[702] Denn da aufgrund der rezessiven Vererbung und dem scheinbar spontanen Auftreten

693 Ebd., S. 231.
694 Vgl. Schallmayer, Vererbung und Auslese, S. 418.
695 Ebd., S. 421.
696 Vgl. ebd., S. 419.
697 Vgl. kritische Besprechung von Schallmayer zu: W. Mc Dougall, A practicable Eugenic Suggestion, London 1907. In: ARG, 5 (1908) 4, S. 579 f., hier 579.
698 Ders., Vererbung und Auslese, S. 34.
699 Vgl. Grassl, Zur Frage der Fruchtfähigkeit, S. 520; Fritz Lenz, Scharfe Maßnahmen gegen die Ehelosigkeit. In: ARG, 9 (1912) 1, S. 126; Ludwig Wilser, Rasse und Gesundheit, Vortrag gehalten im Naturwissenschaftlichen Verein am 20. Dezember 1901, Karlsruhe 1902, S. 14; Grotjahn, Soziale Pathologie, S. 676.
700 Vgl. Solger, Rassenhygiene und Reichsfinanzreform, S. 586.
701 Vgl. ebd.
702 Vgl. kritische Besprechung von Fritz Lenz zu: Felix A. Theilhaber, Das sterile Berlin, Berlin 1913. In: ARG, 10 (1913) 4, S. 539–545, hier 544.

von »Defektanlagen« weder »Kreuzungen« noch Eheverbote und »Unfruchtbarmachung« dazu taugen würden, »unerwünschte Eigenschaften« zu bekämpfen, sah Lenz die einzige Möglichkeit in der »positiven Selektion« der gesunden Stämme. Und zwar dadurch, »dass man durch sozial-wirtschaftliche Gesetze den wirklich gesunden Erbeinheiten zur Sammlung und Vermehrung verhilft, sodass sie im Laufe der Generationen an die Stelle der kranken treten«.[703] Allerdings sah er der Verwirklichung dieses Lösungsweges eher pessimistisch entgegen, da »der geistige Morphinismus von heute«, der sich unter anderem im Neomalthusianismus äußern würde, dem entgegenstünde.[704]

Stefan R. von Classner schlug daher die Gründung eines Freiwilligenvereins vor, der die regelmäßige ärztliche Untersuchung der Beitragszahler gewährleistet. So würden alle Krankheiten und Leiden aufgedeckt und gegenseitige sichere Ehetauglichkeitsauskünfte möglich werden.[705] Da nur diejenigen in den Verein eintreten würden, die dächten, dass sie der »ärztlichen Auslese« standhielten, und weil auch nur gesunde Ehen erlaubt würden, ergebe sich hier eine sanfte Scheidung zwischen »Tauglichen« und »Untauglichen« und somit eine »Organisation der Gesunden«.[706] Eine ähnlich exklusive freiwillige Fortpflanzungsgemeinschaft schlug Driesmans vor, der zur »Vervollkommnung des Menschen« das Dreifachfamiliensystem Galtons aufgriff: Drei Familien, gleich an sozialer Stellung und »sittlich-geistiger Kultur«, würden eine Art Vertrag schließen, nach dem ihre Nachkommen ausschließlich untereinander heiraten dürften. Diese Nachkommen würden darüber hinaus von einem gemeinsamen Fonds finanziert, in den jede Familie regelmäßig einzahle. Im Laufe der Geschlechterfolge würden diese drei Familien zu einem Stammbaum zusammenwachsen, der sich durch »gesunde, sichere und starke Lebensinstinkte« auszeichne, bei gleichzeitigem Schutz vor »degenerierender Inzucht« durch die dreifache »Blutmischung«. Der psychologische Großfamilienzusammenhalt werde unter einem gemeinsamen, erwählten Familienoberhaupt durch die Einführung von Geschlechtsregistern, Familienwappen, -feiern und Andachten im Sinne eines phylogenetischen Kultes gepflegt und gefördert, sodass der Grundstein für eine seelische und körperliche »Veredelung des Menschentypus« mit diesem einfachen Prinzip der »rationellen Zucht« gelegt werden könne.[707] Auch wenn Driesmans eine »zuchtwählerische Rassenverbesserung« für die künftige Menschheit also für unumgänglich hielt, sprach er sich wie Bluhm – mit Ausnahme des »erblichen Verbrechertums« –

703 Ders., Über die idioplastischen Ursachen der physiologischen und pathologischen Sexualcharaktere des Menschen. In: ARG, 9 (1912) 5, S. 545–603, hier 598.

704 Vgl. ebd.

705 Vgl. Stefan R. von Classner, Organisation der Gesunden. In: ARG, 8 (1911) 2, S. 224–226, hier 225.

706 Ebd., S. 226.

707 Vgl. Driesmans, Menschenreform und Bodenreform, S. 50–52.

gegen jegliches Eingreifen des Staates in die privaten und intimen Lebensverhältnisse des Individuums aus.[708] Deshalb warf er Hentschel und Wilser auch vor, dass diese mit ihren »germanophilen Tierparks« und »Menschenwildgestüten«[709] die »Rassenveredelungsbestrebungen« schwer in Misskredit bringen und der Lächerlichkeit preisgeben würden.[710] Man könne Menschen nicht wie Tiere »züchten«, sondern müsse in gewissen Grenzen eine »künstliche Zuchtwahl« als »Volkspolitik« betreiben.[711] Das beginne bereits bei der natürlichen Aufzucht der Kinder mit viel Bewegung und einer gemeinsamen Erziehung ohne Prüderie, damit sich Jungen und Mädchen frühzeitig kennenlernen und für eine spätere »richtige Gattenwahl« Erfahrungen sammeln könnten.[712] Auch im Erwachsenenalter führe die einfache Förderung von Bewegung, Nacktheit, Körperkultur, Ästhetik und Erotik zu einem natürlichen Selbstempfinden von Körper und Geist und beuge unter anderem den kulturbedingten »Sittlichkeitsverbrechen« vor.[713] »Wenn einzelne übereifrige Rassenhygieniker ernsthaft die Forderung aufstellen, dass der Gesetzgeber nach ganz ähnlichen Gesichtspunkten, wie sie der zielbewusste Tierzüchter anwendet, die Fortpflanzung des Menschengeschlechts rein biologisch regeln solle, so ist das eine Utopie,«[714] stimmt Martius zu, da sowohl Religion und »Sitte« als auch ethisches und ästhetisches Empfinden und Interesse sich dagegen sträubten. Hinzu komme, dass die lange Entwicklungszeit des Menschen praktische Erfahrungen und Erprobungen nahezu unmöglich machen, so dass die Schaffung von bestimmten Varianten durch »züchterische Auswahl« und Fixierung zu viel Zeit in Anspruch nehmen würde.[715] Ihm gefiele der Gedanke an die Eindämmung von Erb- und Geschlechtskrankheiten durch Ehekonsens ebenfalls und er zweifelte nicht daran, dass beim Menschen ähnliche Variationen wie bei den Tieren »gezüchtet« werden könnten. Aber welche Varianten zu »züchten« seien und ob bzw. wann entsprechende Ergebnisse in den kommenden Generationen auftreten würden, sei viel zu ungewiss. Im Gegenteil: Je höher die individuelle Variabilität in einem bestimmten Rahmen sei, desto besser sei dies für den Kulturfortschritt, sodass die »Eugenik« ausschließlich auf

708 Vgl. ebd., S. 11; Bluhm, Ethik und Eugenik, S. 127.
709 Heinrich Driesmans, Eugenik. Wege zur Wiedergeburt und Neuzeugung ungebrochener Rassenkraft im deutschen Volke. Auf Grund eines Vortrags, gehalten am 14. Oktbr. 1912 auf dem Kongress für biologischen Hygiene in Hamburg. In: Kultur und Fortschritt. Neue Folge der Sammlung »Sozialer Fortschritt« Hefte für Volkswirtschaft, Sozialpolitik, Frauenfrage, Rechtspflege und Kulturinteressen, 22 (1912) 443/46, S. 1–67, hier 17 (keine fortlaufenden Seitenzahlen im Band).
710 Vgl. Driesmans, Rasse und Milieu, S. XVII.
711 Vgl. ebd., S. 22.
712 Vgl. ebd., S. 27.
713 Vgl. ebd., S. 32–36.
714 Martius, Die Bedeutung der Vererbung für Krankheitsentstehung, S. 471.
715 Vgl. ebd.

die körperliche und geistige Gesundheit und Leistungsfähigkeit abzielen könne. Denn auch bei den gezüchteten Tieren hätten allzu einseitige Züchtungen andere »schwache Eigenschaften« bzw. »Degeneration« zur Folge, sodass eine möglichst gute und harmonische Gesamtkonstitution erstrebenswert erscheine.[716] Hellpach stimmte darin mit ihm überein und appellierte als Fürsprecher der ersten Kategorie, dass »wir [...] uns klar [...] darüber [sein müssen], dass jeder Versuch, durch Zwang oder staatliche Hemmnisse die Entscheidung nach der Seite eines Züchtungsprinzips zu drängen, heute einfach unmöglich und in seinen sittlichen Konsequenzen ganz unübersehbar wäre.«[717]

Auch für Ritter von Neupauer waren alle Versuche, die Vererbungstheorien praktisch auf die Menschen anzuwenden, zu früh und man könne nicht von Pflanzen und Tieren auf Menschen schließen, da erstere viel konstanter in ihren Formen seien. Tiere könne man viel einfacher auf bestimmte Merkmale hin züchten. Zum Beispiel sei es bei der Schafzucht einfach, das Merkmal der guten Wolle zu züchten. Beim Menschen sei es hingegen schon schwer zu erkennen, welche Eigenschaft überhaupt wertvoll für die »Rasse« sei. Dass zum Beispiel blonde Haare und blaue Augen auf gute physische Eigenschaften schließen lassen, sei »wissenschaftlich« unbegründet. Hinzu komme, dass die zur »Zucht« ausgewählten Menschen zum Geschlechtsverkehr genötigt und isoliert werden müssten, um dann mindestens 20 Jahre zu warten, bis das Kind ausgewachsen sei und Urteile über das Vorhandensein der gewünschten Merkmale möglich seien. Das sei dann ebenfalls nicht so ohne weiteres möglich, schon gar nicht die psychischen Eigenschaften betreffend.[718] Auch habe bei den Menschen durch Völkerwanderungen, Kriege, verschiedene Herrschaftsverhältnisse und die Arbeitsteilung besonders bei den »Kulturvölkern« eine rege »Durchmischung« stattgefunden, sodass es keine »reinen Rassen« mit fixierten Eigenschaften in Europa mehr geben und eine »Rassenzucht« daher nicht in Frage kommen würde.[719] Ritter von Neupauer erhob bei aller Kritik keinen Einspruch dagegen, dass die Vererbungsgesetze beim Menschen genauso zutreffen würden wie beim Tier, aber diese würden sich jeglicher menschlicher Beobachtung, geschweige denn Steuerung entziehen.[720] Sowohl die »positive« als auch die »negative Menschenzucht« seien nach Kossmann und Becher in der Weltgeschichte selten absichtlich und bewusst abgelaufen und es sei bei theoretischen Vorschlägen à la Platon geblieben.[721] Derartige Überlegungen würden bereits an der Auswahl der

716 Vgl. ebd., S. 473 f.
717 Willy Hellpach, Soziale Ursachen und Wirkungen der Nervosität. In: PAR, 1 (1902/03) 1, S. 43–46, hier 45.
718 Vgl. Ritter von Neupauer, Ideen, S. 296.
719 Vgl. ders., Zu dem Artikel, S. 1005.
720 Vgl. ders., Ideen, S. 296.
721 Vgl. Kossmann, Züchtungspolitik, S. 87; Becher, Der Darwinismus und die soziale Ethik, S. 46.

zu »züchtenden« Eigenschaften beim Menschen scheitern, da zum Beispiel in den unterschiedlichen Berufsgruppen unterschiedliche geistige und körperliche Anforderungen herrschten. »Woher also sollten die Richter genommen werden, die mit unbestechlichem Scharfblick eine gerechte menschliche Zuchtwahl ausüben könnten!«[722] Auch, weil die unfreie »Gattenwahl« und die Kindstötung der menschlichen Natur widersprechen würden, sei an systematischen Zwang nicht zu denken und lediglich die indirekte Steuerung durch Hemmnisse und Bevorteilung durchführbar.[723] Kossmann traf hier den Kern der in dieser Frage dominierenden zweiten Kategorie.

3.2.3 Erbbiologische Erfassung

Strohmayer übte im Zusammenhang mit dem »Züchtungsgedanken« vor allem an den bisher verwendeten statistischen und begrifflichen Methoden erhebliche Kritik und mahnte vor praxisorientierten Schnellschüssen. Für die zeitgenössische Wissenschaft sei die Kombinationen aus dem väterlichen und mütterlichen Erbgut – vor allem im Bereich der geistigen Eigenschaften – immer noch Werke des Zufalls mit ungeahnt weiten Spielräumen, die im krassen Missverhältnis zu den Bemühungen stehen würden, verbindliche Vererbungsgesetze aufzustellen:[724] »Will man denn gar nicht einsehen, dass eine statistische Methode, die bei Kaffeesäcken und Registertonnen vortreffliche Aufschlüsse gibt, für unsere Zwecke Unsinn ist?«[725] Er riet daher dazu, statt mit breitangelegten Massenstatistiken grobschlächtige Eigenschaftskategorien zu manifestieren, mit einzelnen und möglichst zusammenhängenden Familiengeschichten in die Tiefe zu gehen. Strohmayer plädierte deshalb – ähnlich wie in der Pferdezucht – für eine medizinisch standardisierte dezentrale Familienforschung, die in einer zentralen Einrichtung ausgewertet werden könne, warnte aber auch hier vor vorschnellen Zementierungen von Zwangläufigkeiten.[726]

Hermann Bernhard Lundborg schlug dagegen die staatliche Einrichtung von zentralen Forschungsinstituten in jedem Land vor, die von genealogisch und biologisch gut ausgebildeten Ärzten geleitet und flächendeckende Erblichkeits- und Familienforschung betreiben würden. Diese sollten umfangreiches statistisches Material sammeln, auswerten und aus den so gewonnenen Erkenntnissen, »rassenhygienischen« Rat und Aufklärung für die Sozialgesetzgebung zur Verfügung

722 Kossmann, Züchtungspolitik, S. 90.
723 Vgl. ebd., S. 91 f.
724 Vgl. Wilhelm Strohmayer, Zur Kritik der Fragestellung und der Bewertung psychoneurotischer erblicher Belastung. In: ARG, 5 (1908) 4, S. 478–497, hier 479.
725 Ebd., S. 482.
726 Vgl. ebd., S. 483 f.

stellen.[727] Regelmäßige anthropologische Untersuchungen von sämtlichen deutschen Wehrpflichtigen seien darüber hinaus notwendig, um den aktuellen Stand der Entwicklung und die Erfolge der durchgeführten Maßnahmen zu kennen.[728] Schon allein um die theoretischen Gesetze zu erforschen, nach denen sich die menschliche Konstitution bildet, plädierte auch Arthur Czellitzer für eine breitangelegte Sammlung von Familienstammbäumen. Außerdem sei letzteres eine Grundbedingung für etwaige gesetzgeberische Maßnahmen im Bereich der Ehe und Fortpflanzung.[729] Dem Einwand des verletzten Persönlichkeitsrechts wurde mit dem üblichen Argument begegnet: »So wie bei uns jedes Kind geimpft wird, so müsste jeder Mensch sich zweimal eugenisch untersuchen lassen, als Kind und als Erwachsener durch eugenische Ärzte […] mit Beamtencharakter.«[730] Auf Grundlage dessen stellte für von Hoffmann »diese Einreihung aller Menschen in die beiden Gruppen der wünschenswerten und der unerwünschten Personen« das »in ferner Zukunft anzustrebende Ziel […] dar«.[731]

Da neben den materiellen auch verschiedene Kombinationen von immateriellen Motiven auf die Heiratswahl einwirken würden, die »durch die Religion geheiligt«, »als Sitte angenommen« und »durch das Gesetz erzwungen« wurden, prophezeite Galton, dass die oben beschriebene »Fortpflanzungshygiene« denselben Weg gehen und ebenso eine »sittliche Pflicht« werden würde.[732] Zur Erreichung dessen beschrieb er ein mögliches, sorgsam erforschtes und Schritt für Schritt durchzuführendes staatliches Programm, das vor allem auf Forschung und umfassender erbbiologischer Erfassung fußte: Zunächst werde die Durchschnittsbeschaffenheit der Nachkommenschaft verheirateter Paare aus den persönlichen und den Daten ihrer Vorfahren abgeschätzt. Dazu sollten versicherungsgesellschaftliche Angaben in die Statistik mit einfließen. Als nächstes müsse durch Einsperrung dafür gesorgt werden, dass sich die eindeutig »Untüchtigen« nicht mit »Gewohnheitsverbrechern«, »Schwachsinnigen« usw. fortpflanzen könnten.[733] Gleichzeitig werde die damals von ihm als wahllos betrieben empfundene Wohltätigkeit zugunsten der speziellen Förderung der »Tüchtigen« gestoppt und untersucht, was die Freiheit der erwünschten Eheschließung letzterer hemme oder fördere. Ebenfalls müsse langfristig anhand der gesammelten erbbiologischen Daten erforscht werden, welche Auswirkungen die elterlichen

727 Vgl. Hermann Bernhard Lundborg, Medizinisch-biologische Familienforschung innerhalb eines 2232 köpfigen Bauerngeschlechts in Schweden (Provinz Blekinge), Jena 1913, S. 509.

728 Vgl. Röse, Beiträge zur europäischen Rassenkunde (1906), S. 109.

729 Vgl. Czellitzer, Die Aufgaben der Rassenhygiene, S. 1652 f.

730 Plate, Vererbungslehre mit besonderer Berücksichtigung des Menschen, S. 396.

731 Von Hoffmann, Die Rassenhygiene in den Vereinigten Staaten von Nordamerika, S. 64.

732 Vgl. Francis Galton, Entwürfe zu einer Fortpflanzung-Hygiene (Eugenik): Ihre Definition, ihr Zweck, ihre Ziele. In: ARG, 2 (1905) 5/6, S. 812–829, hier 822.

733 Vgl. ebd., S. 823.

Eigenschaften auf die Nachkommen haben. Diese Ergebnisse müssten sortiert, katalogisiert und weitverbreitet publiziert werden, damit eine interdisziplinäre Zusammenarbeit und schließlich die Einsetzung einer geeigneten Autorität möglich sei, die verbindliche erbgesundheitliche Zeugnisse für Ehekandidaten ausstellen könne.[734] Galton war sich bewusst, dass es noch zu früh für Ehezeugnisse sei und es sicher Probleme geben werde. Auch verwahrte er sich gegen eine tierähnliche »Zucht« bestimmter Eigenschaften, sondern legte den Fokus schlicht auf »Gesundheit und Stärke der künftigen Generationen«,[735] womit er bzw. die »Eugenik« an die »edelsten Gefühle der Menschennatur« appellieren würde, um das Gemeinwohl zu fördern.[736]

Wie auch Schallmayer, Bregmann, Grober und Roemer drängten alle Theoretiker auf die staatlich geführte Anlage von Ahnengeschichten und der Dokumentation der gesundheitlichen Erbanlagen, der intellektuellen und technischen Begabungen sowie von Temperament und Charakter, da schon allein bei den Krankengeschichten gewaltige Behandlungs- und Heilungssummen gespart werden könnten.[737] Schallmayer dachte hier zum Beispiel an eine »Krankenpasskarte«, die ähnlich wie der Reisepass der internationalen Identifizierung nütze und gleichzeitig den Krankheitsverlauf erfassen solle.[738] Diese Daten würden in einem staatlichen »statistischen Oberamt« gesammelt werden, sodass eine zuverlässige Datenbasis entstehe, die Auskunft für alle Heiratswilligen geben könne. Die bisherige ärztliche Schweigepflicht müsse dem natürlich angepasst werden[739] und eine gesetzliche Pflicht zur Vorlage der Gesundheitspässe vor der Ehe benötige erst noch gesellschaftliche Akzeptanz. Diese würde mit wissenschaftlicher Forschung, Verarbeitung der Daten und Aufklärung der öffentlichen Meinung geschaffen werden. Der Aufwand werde sich aber lohnen, »denn in unserem Falle handelt es sich um einen Weg zur dauernden Erhöhung des menschlichen Glückes.«[740] Schallmayer hielt es sogar für möglich, dass die »wissenschaftlichen Erkenntnisse« dank der geplanten erbbiologischen Erfassung in der Zukunft soweit der Bevölkerung zugänglich und akzeptiert seien, dass die Eheschließungen dann sogar doch dem individuellen Interesse überlassen werden könnten.[741]

734 Vgl. ebd., S. 825.
735 Ebd., S. 827.
736 Vgl. ebd., S. 827.
737 Vgl. Wilhelm Schallmayer, Generative Ethik. In: ARG, 6 (1909) 2, S. 199–231, hier 231; Bregmann, Über die Notwendigkeit eines Zusammengehens von Genealogen und Medizinern in der Familienforschung. In: ARG, 9 (1912) 1, S. 18–29; Julius Grober, Die Behandlung der Rassenschäden. In: ARG, 9 (1912) 1, S. 49–86, hier 70; Hans Roemer, Die psychiatrische Erblichkeitsforschung. In: ARG, 9 (1912) 3, S. 292–329, hier 324.
738 Vgl. Schallmayer, Ueber die drohende körperliche Entartung, S. 25.
739 Vgl. ebd., S. 29.
740 Ebd., S. 31.
741 Vgl. ebd., S. 32.

Gingen, wie im vorangegangenen Text ersichtlich geworden, die »rassenhygienischen« Maßnahmenkataloge in den Überlegungen der Autoren weit auseinander, bestand im Bereich der Notwendigkeit einer grundlegenden »erbbiologischen Erfassung« weitgehender Konsens. Weder verwahrte sich jemand gegen statistische Erhebungen und eine Beobachtung des Gesundheitszustandes der Bevölkerung, was der ersten Kategorie entsprechen würde. Noch vertrat ein Autor die dritte Kategorie und forderte die sofortige zwanghafte lückenlose Erfassung jedes Einzelnen in einer »rassenhygienischen Erbgesundheitskartei«. Dass dies in irgendeiner Form in ferner Zukunft mit weitgehender Zustimmung der Bevölkerung zum Wohle der kommenden Generationen jedoch nützlich und durchführbar sei, entspricht der in dieser Diskursebene allein auftretenden konstruierten zweiten Radikalitätskategorie.

3.2.4 Fazit

Auch die Frage nach der »Höherentwicklung der Menschheit« durch »positive Eugenik« war im untersuchten »rassenhygienischen« Diskurs um 1900 ein zweischneidiges Schwert, stellte der Eingriff in die menschliche Fortpflanzung doch wie auch schon bei der »negativen Eugenik« einen erheblichen Eingriff in die Persönlichkeitsrechte und die Moralvorstellungen dar. Allerdings seien die Folgen der großen modernen industriellen Entwicklung eine drohende Gefahr für die »Güte der Rasse«, die dadurch bekämpft werden könne, indem die »Prädisposition« zur Erkrankung herabgemindert und der Widerstand erhöht werde. »Zu diesem Zwecke [müssen] die präventiven Methoden der Hygiene durch die Methoden der positiven Hygiene ergänzt […] werden.«[742] Auch wenn sich die Autorenschaft im Grunde also darüber einig war, dass eine biologisch-gesundheitliche und damit auch moralisch-geistige Weiterentwicklung des Menschen bis hin zur »Vervollkommnung« – auf der Grundlage einer umfassenden erbbiologischen Erfassung des »Menschenmaterials« – theoretisch möglich sei, spalteten sich die gehegten Hoffnungen und Erwartungen an der Grenze zum »Übermenschen« und bei der Möglichkeit der aktiven Steuerung der Fortpflanzung zur Erreichung dieses Ziels. Die Mehrzahl der Autoren plädierte hier für eine indirekte Steuerung der Fortpflanzung durch die finanzielle und »sittliche« Bevorzugung oder wenigstens gesellschaftliche Erleichterung der Zeugung von »wertvollem« Nachwuchs. Die erste und zweite Kategorie argumentierte hierbei eng beieinander, denn beide forderten Chancengleichheit und warnten vor Willkür und rassistisch verblendeter »Unwissenschaftlichkeit«, sahen der »Menschenzucht« im Grunde

742 Hueppe, Allgemeine Betrachtungen, S. 218.

aber optimistisch entgegen. Im Sinne von direkter, künstlicher Auswahl und gesteuerter, polygamer Fortpflanzung interpretierten weit weniger »Rassenhygieniker« die »positive Eugenik« und stellten damit wie Hentschel die Ausnahme dar.

Dieses vielleicht gemäßigt erscheinende Ergebnis darf aber nicht darüber hinwegtäuschen, dass in der zeitgenössischen Wissenschaft und somit auch in der einen Wissenschaftscharakter anstrebenden jungen »Rassenhygiene« »der Mensch als biologisches Wesen [...] nun als messbar [galt], in Zahlen ausdrückbar und letztlich veränderbar. Seine Ausprägungen wurden auf die Koordinaten von Messbarkeit, Quantifizierbarkeit und Maximierbarkeit reduziert.«[743] Darüber hinaus stand die »positive Eugenik« als Erkundungstätigkeit und erbbiologischer Filter auch in den Diensten der »negativen Auslese«.[744]

743 Kroll, Zur Entstehung und Institutionalisierung einer naturwissenschaftlichen und sozialpolitischen Bewegung, S. 101.

744 Josef Goldberger, »Erb- und Rassenpflege« in Oberdonau. In: Baader/Hofer/Mayer (Hg.), Eugenik in Österreich, S. 345–366, hier 353.

IV. Ergebnisse

1. Diskurspositionen – Theorien der Autoren

1.1 Kategorie I – Sozialpolitik vor »Rassenhygiene«

Im Folgenden werden nun, angelehnt an die bekannte Kategorisierung, die drei Haupttheorien charakterisiert, die sich durch die Zusammenfassung gemeinsamer Nenner aus den unterschiedlichen Beiträgen herauskristallisiert haben.

Die erste Theoriekategorie betraf jene Autoren, die sich von den »rassenhygienischen« Ideen und Werten am weitesten entfernt hatten. Neben Grotjahn und Hellpach, die im Diskurs grundsätzlich als Hygieniker auftraten, indem sie ihre Aufmerksamkeit auf die Verbesserung der bestehenden Lebensbedingungen in Form von Stadthygiene und Krankheitsbekämpfung richteten und die praktische Anwendbarkeit des Darwin'schen »Selektionsprinzips« auf die Menschheit stark einschränkten, prägten vor allem Ritter von Neupauer und Martius die erste Haupttheorie mit ihrer grundsätzlichen Ablehnung des »Rassen- und Zuchtgedankens«. Gegründet war diese Haltung auf der Ansicht, dass Darwins bahnbrechende Theorie zwar richtungsweisend, aber auf dem Gebiet der Vererbung noch nicht annähernd der wissenschaftliche Stand erreicht sei, um gesetzgeberische Maßnahmen zu rechtfertigen, welche die Fortpflanzung als intimste Form des Selbstbestimmungsrechtes des Menschen steuerten. Selbst wenn die Wissenschaft ein entsprechendes Niveau erreicht hätte, wäre nach Hellpach die »Menschenzucht« jedoch noch lange nicht auch moralisch gerechtfertigt. Gemäß diesen Umständen würden zur Verbesserung der Lebensbedingungen für Millionen von Menschen nur die Aufklärung über Krankheiten und Hygiene bzw. bessere medizinische und sanitäre Versorgung bleiben.

Auch Oettinger und Orth befürworteten zwar die »Rassenhygiene«, zeigten sich aber sehr skeptisch gegenüber den von einigen ihrer Kollegen mittels Statistiken nachgezeichneten Kausalitätsketten, was den Einfluss der Vererbung und Hygiene auf Stillfähigkeit, Infektionskrankheiten, Militärtauglichkeit, »Geisteskrankheit« usw. betraf: »Auf keinem Gebiete aber kann davon gesprochen werden, dass die Hygiene der natürlichen Auslese entgegenarbeite, oder gar sie verhindere.«[1] Die Kosten der Fürsorge für »erblich Minderwertige« würden überschätzt, könnten allerdings noch weiter sinken, wenn bessere Hygiene und die Bekämpfung von »Keimschäden« die Lebensumstände aller steigere. Oettinger wollte also zunächst die Hygiene fördern und »Rassenhygiene« erst dann betreiben, wenn das »Auslesematerial« die identischen Ausgangssituationen zur Verfügung habe und die menschliche Vererbung genauer erforscht sei.[2]

Von Bechterew warf ein, dass die Unterstützung der »Schwachen« der Gesellschaft schon vom natürlichen Eltern-Kind-Verhältnis her begründet und das soziale Prinzip der Hilfe und Unterstützung des »Schwächeren« höher und ursprünglicher sei als das individuelle Prinzip der Unterdrückung des »Schwächeren«.[3] Außerdem habe es sich erwiesen, dass die Arbeitsteilung als Form des sozialen Zusammenlebens immer effektiver sei, was bedeute, dass nicht nur die Anpassung an die Umwelt, sondern auch an das soziale Leben die »Auslese« bedinge. Der Kampf um soziale Rechte und Interessen sei aber kein Kampf auf Leben und Tod, sondern würde als fortschrittbringender Wettbewerb und Erziehung künftiger Generationen stattfinden.[4] »Je mehr aber die äußeren Umstände, die Situationsunterschiede entscheidend sind, umso weniger entscheidet der Wert oder Unwert der Lebewesen selbst über Erhaltung oder Vernichtung, umso weniger wirkt der Kampf ums Dasein verbessernd.«[5]

Für Becher stellte in diesem Wettbewerb der Ausgleich sozialer Ungleichheiten durch Sozialpolitik eine Grundvoraussetzung für eine wirksame »Auslese« in der damaligen Gesellschaft dar.[6] Aus diesem Grund sprach er sich mit der Befürwortung des Mutter- und Säuglingsschutzes vor allem für die Bekämpfung der Säuglingssterblichkeit aus, die in seinen Augen ein milieubedingtes statt ein erbanlagenbedingtes Phänomen darstelle.[7] Die Bedeutung der sozialen Reformen gewinne zusätzlich an Bedeutung, da die Spezies Mensch ohnehin eine ver-

1 Oettinger, Die Rassenhygiene und ihre wissenschaftlichen Grundlagen, S. 14. Vgl. zudem Johannes Orth, Über die Bedeutung der Vererbung für Gesundheit und Krankheit. Vortrag gehalten in der Versammlung des Deutschen Vereins für Volkshygiene in Berlin am 23. Oktober 1908, München 1909.

2 Vgl. Oettinger, Die Rassenhygiene und ihre wissenschaftlichen Grundlagen, S. 77.

3 Vgl. W. von Bechterew, Die soziale Auslese und ihre biologische Bedeutung. In: Nord und Süd, 37 (1912) Oktoberheft, S. 322–331, hier 326.

4 Vgl. ebd., S. 327.

5 Becher, Der Darwinismus und die soziale Ethik, S. 24.

6 Vgl. ebd.

7 Vgl. ebd., S. 30.

hältnismäßig geringe Geburtenziffer aufweise, die bei den »Kulturvölkern« noch weiter abnehme.[8]

Die Autoren der ersten Kategorie hatten demnach erkannt, dass vorschnelle Analogieschlüsse basierend auf starr formulierten Kausalitätsketten und Zwangsläufigkeiten zu den falschen Ergebnissen führen könnten. Denn »ein solcher Interpretationsvorgang kommt immer einer gewissen Überzeichnung gleich […], die Vorgänge werden aus ihrer flüssigen Gegebenheit in ein schematisches Muster überführt.«[9] Dabei sei das menschliche Leben und dessen Fortpflanzung viel zu komplex und die Wechselwirkungen mit seinen sozialen Verflechtungen viel zu kompliziert, um biologische Gesetzmäßigkeiten wie in der Tier- und Pflanzenwelt abzuleiten und als Grundlage einer »rationalen Zucht« praktisch anzuwenden. Diese sei nicht zuletzt wegen der erforderlichen unzähligen Opfer und der unüberschaubaren Zeitspanne des evolutionistischen Versuch-und-Irrtum-Prinzips auch moralisch nicht vertretbar.

1.2 Kategorie II – »Rassenhygiene« in bestehenden Wertesystemen

»Ein Faktor, der absolut notwendig ist für die Erhaltung der Rasse, Mitempfinden, hat sich in solch einer übertriebenen Weise entwickelt, dass wir in Gefahr sind, durch Aufhebung der Auslese die Wirksamkeit jener anderen Faktoren zu vermindern, die selbstständig den Staat von den an Körper und Geist Entarteten reinigen. Verlange ich deshalb weniger menschliches Mitempfinden, eine mehr eingeschränkte Wohltätigkeit und eine strengere Behandlung der Schwachen? Nicht im mindesten; wir können nicht einen einzigen Schritt in der Entwicklung der menschlichen Gefühle zurückgehen!«[10]

Karl Pearson und Becher griffen den Aspekt der sozialen Verflechtungen auf und letzterer stellte fest, dass »alle sozialen Institutionen […] in das allgemein komplizierte Getriebe des Kulturlebens verwoben [sind]; diese Komplikationen der Verhältnisse bringt es mit sich, dass auch die besten Einrichtungen ihre Schattenseiten, ihre Schäden haben. Das ist kein Grund, sie über Bord zu werfen; man soll versuchen, sie zu verbessern, soweit das möglich ist.«[11]

Diesem beschränkt konstruktiven Anspruch der zweiten Theorie folgte die Mehrzahl der in dem zeitgenössischen »rassenhygienischen« Diskurs aktiven Autorenschaft. Sie war gekennzeichnet durch die Bestrebung der Ausschöpfung »rassenhygienischer« Möglichkeiten in den bestehenden moralischen, sozialen und kulturellen Verhältnissen. Außer den oben zitierten, vertraten im Mittel

8 Vgl. ebd., S. 27.
9 Karin Wieland zit. nach Bublitz, Zur Konstitution von »Kultur« und Geschlecht um 1900, S. 27.
10 Karl Pearson, Über den Zweck und die Bedeutung einer nationalen Rassenhygiene (National-Eugenik) für den Staat. Vierzehnte Robert Boyle-Vorlesung, gehalten vor dem »Oxford University Junior Scientific Club« am 17. Mai 1907. In: ARG, 5 (1908) 1, S. 67–96, hier 82.
11 Becher, Der Darwinismus und die soziale Ethik, S. 50.

unter anderem Woltmann, Wilser, Rüdin, Lomer und Fehlinger dieses Konzept. Die Probleme würden in der »unzweckmäßigen Blut- und Rassenmischung« begründet liegen, sodass hier steuernd eingegriffen werden könne, ohne dabei das erreichte Niveau der Solidarität und Humanität zugunsten der radikalen »Auslese« wieder zu verlassen. Auch wenn einzelne Vertreter zu bestimmten Themen hin und wieder in die anderen zwei Kategorien ausschlugen, ändert sich dies wieder in anderen Texten, in denen gemäßigtere Formulierungen gefunden wurden. Es gilt auch zu berücksichtigen, dass die Autoren manchmal in einer oder über mehrere Ausgaben der diversen analysierten Fachzeitschriften verteilt, direkt miteinander über eine bestimmte Diskursebene stritten, sodass es sich um thematisch begrenzte Stellungnahmen handeln konnte. Das erklärt auch die Sprunghaftigkeit mancher »Rassenhygieniker« in der Kategorisierung, die auf den ersten Blick Inkonsistenz vermuten lässt, auf den zweiten jedoch lediglich der unterschiedlichen Gewichtung der Themen geschuldet war. Wie bei der Diskussion um Eheverbote in Abschnitt III.3.1.2 beispielsweise festgehalten, verweigerte sich Woltmann gegen diese, genauso wie er aber die künstliche Verbesserung der städtischen Lebensbedingungen für nutzlos hielt. Dessen liberale Einstellung gegenüber der Ehe und der Frauenemanzipation in Verbindung mit einer umfassenden Aufklärung und Erziehung der Bevölkerung in Vererbungslehre hätten eine vernünftige und »rassenbewusste Gattenwahl« zum Ziel, die das »Flickwerk« der Milieuverbesserung überflüssig mache, was die scheinbare Widersprüchlichkeit von Woltmanns Argumentation erklärt.

Auch Fehlinger erkannte zum Beispiel keinen positiven »Selektionswert« von Krankheiten und lehnte die Vernachlässigung von Kranken und »Schwachen« ab, plädierte aber klar für die Verhinderung von »ungünstigen Rassenmischungen« und die Konzentration auf die Förderung der Landbevölkerung. Was zunächst als ein moralischer Widerspruch bezüglich des steuernden Eingreifens in eine »qualitative« Bevölkerungsentwicklung erscheint, erklärt sich schlicht als Prioritätensetzung: »Reinrassiger« Nachwuchs und eine gesunde Landbevölkerung würden auf Dauer an ihrer Zahl zunehmen und die Fürsorge für »Schwache«, »Degenerierte« und »Minderwertige« immer weniger notwendig machen, jedoch nie gänzlich und nicht sofort.

Näcke hielt als weiteres Beispiel den Nachweis des finanziellen Auskommens und der gegenseitigen Erkundigung über den gesundheitlichen Zustand der Eheanwärter für wünschenswert, aber praktisch undurchführbar, da die Kosten für die Verwaltung und den Gesundheitsrat astronomisch ausfallen würden und die Vorfahren der Kandidaten oft kaum ermittelbar seien. Außerdem seien genaue Aussagen über »Belastungen« oder »Nichtbelastungen« des Nachwuchses aufgrund des geringen Wissens von der Erblichkeit nicht zu treffen.[12] Bisher han-

12 Vgl. Paul Näcke, Ueber Eheverbote und Entartung. In: PAR, 6 (1907/08) 3, S. 214f., hier 214.

delte es sich lediglich um Spekulationen mit Wahrscheinlichkeiten, die derartige Eingriffe in die Persönlichkeitsrechte nicht rechtfertigen würden. Er sprach sich daher für den Appell anstatt für Eheverbote aus und vertraute darauf, dass sich die Natur der »Minderwertigen« schon selbst entledige, denn es gebe keinerlei Beweise, dass die Menschheit mehr »entartet« sei als früher. Wie in der Natur würden »Degeneration« und »Regeneration« auch bei den »Kulturmenschen« Hand in Hand gehen und die »Rassegesundheit« sicherstellen. Der Mensch könne lediglich durch die Hygiene und moderne Medizin die »Volksgesundheit« fördern.[13] Derselbe Paul Näcke, der hier mit den Worten der ersten Kategorie argumentierte, plädierte im Abschnitt III.3.1.3 für die »Unfruchtbarmachung« von »gewissen Entarteten« wie »Geisteskranke« und »Verbrecher.«[14] Dieser scheinbare Widerspruch rührte von den in Abschnitt IV.4.1 näher zu betrachtenden Bestrebungen der zweiten Kategorie her, die Forderungen der neuen Disziplin mit den Vorstellungen der bestehenden Gesellschaft zu vereinen. Das gesetzliche Fortpflanzungsverbot von »offensichtlich Entarteten« hielt Näcke, der die Sterilisationsgesetze in Teilen der USA begrüßte, für gesellschaftlich akzeptabler und notwendiger als die verkrampfte Bekämpfung der von anderen Autoren so gefürchteten »schleichenden Degeneration« der »gesunden« Bevölkerung durch starke Eingriffe in deren Persönlichkeitsrechte. Soziale Hygiene und Medizin würden an dieser Stelle bereits viel verrichten können.

Sein Kollege Wilser beschrieb hierbei drei Ansatzpunkte, mit denen die »Verbesserung der Rasse« und der »Volksgesundheit« Hand in Hand erreicht werden könnten: Körperliche Erziehung werde als Ausgleich für die schädlichen Folgen einseitiger, geistiger Arbeit und das Stadtleben dienen, während Volkskrankheiten und moralische Laster durch natürlichere Lebensweise »ausgerottet« und die unnatürliche wahllose »Kreuzung und Blutmischung« eingeschränkt werden müsse.[15] Er beschrieb damit den selten so genau definierten, aber dominierenden Geist der frühen »Rassenhygienebewegung«: »konstitutiver Fortschritt« und »Vervollkommnung« durch Rückbesinnung auf die menschliche Natur im bestehenden Gesellschaftssystem.

Der eingangs zitierte Pearson forderte darüber hinaus, dass die in der Kulturwelt des modernen sozialen Wesens Mensch unverzichtbare Wohltätigkeit in Bahnen geleitet werde, in denen sie die »Kraft der Rasse« fördere anstatt sie zu hemmen. Dazu sei jedoch ein Wertewandel in der öffentlichen Meinung notwendig.[16] Diese bereits recht umfänglich formulierten Maßnahmenkataloge

13 Vgl. ebd., S. 215.
14 Ders., Über Kastration bei gewissen Entarteten, S. 176.
15 Vgl. Wilser, Zuchtwahl, S. 184.
16 Vgl. ebd.

und die immer wieder anklingende Notwendigkeit zu einem Wertewandel, die einen moralisch akzeptierten direkteren Zugriff auf die »Konstitution der Rasse« und damit ein Aufhalten der angeblichen »Entartung« und ein Fördern der »Höherentwicklung der Menschheit« ermöglichen sollten, waren aber vor allem für die dritte und radikalste Theorienkategorie der in dieser Arbeit vorgeschlagenen Einteilung charakteristisch.

1.3 Kategorie III – Totale Biologisierung

Mit dem Prinzip des in sich schlüssigen Gesamtkonzeptes rechtfertigten die Vertreter der dritten Theorie ihre radikalen Ansichten. Exemplarisch hierfür stehen Hentschel, Schmidt-Gibichenfels und von Ehrenfels, die das vermeintliche Übel der »Degeneration« noch tiefgreifender angehen wollten. Hentschel ist ausschließlich in der dritten Kategorie vertreten, lehnte damit jedes Mitleid mit Kranken und »Schwachen« ab und forderte stattdessen exemplarisch mit seinen ländlichen »Mehrstätten«[17] die Konzentration auf die Aufzucht einer gesunden und »rassisch hochwertigen« Population. Die Exklusivität der »Mittgart«-Dörfer würde am ehesten der »strengen Naturselektion« entsprechen, sodass sich nur »hervorragende« Elemente in ihnen aufhalten und fortpflanzen könnten. Eine polygame Sexualordnung, die seiner Meinung nach nur natürlich sei, mache diese »Zucht« schneller und effektiver, sodass über wenige Generationen eine gesunde Basis die »degenerierten Ausfälle« der modernen Kulturwelt kompensieren könne. Kostenintensive Einrichtungen und Unterstützungen für Hilfebedürftige würden mit deren »Aussterben« und den nachrückenden »starken Generationen« unnötig werden. Das »Aussterben« und Ressourcensparen konnte den Wortmeldungen Hentschels zufolge gar nicht früh genug beginnen. Grund hierfür ist eine totale Biologisierung der Soziologie, wie sie auch Franz Eulenburg und Nordenholz betrieben: Die Soziologie sei die Lehre vom gesellschaftlichen Leben, das genauso von Instinkten und Gehirntätigkeiten gesteuert werde wie animalische Symbiosen. Demzufolge hätten »alle allgemeinen Prinzipien und Gesetze der Biologie […] ohne weiteres Geltung auch für die Soziologie.«[18] Die Gesellschaft stehe in direkter, durch den Körper vermittelte Abhängigkeit vom Keimplasma und von der »Rasse«, was sie zur indirekten Funktion derselben mache. Gesellschaft und »Rasse« würden sich gegenseitig

17 Hentschel, Zucht, S. 13.

18 Kritische Besprechung von Anastasius Nordenholz zu: Franz Eulenburg, Gesellschaft und Natur. In: Archiv für Sozialwissenschaft und Sozialpolitik (1905). In: ARG, 3 (1906) 1, S. 163–167, hier 166.

beeinflussen, was einem psychophysischen Parallelismus der Soziologie entspreche.[19] »Die Gesellschaft kann nicht anders (besser) werden, außer unter Anders-(Besser-)werden der gesellschaftsbildenden Rasse oder Rassen.«[20] »Denn die wichtigste Bedingung, um glücklich zu werden ist: mit glücklichen Anlagen geboren zu werden.«[21]

An dieser Tatsache könne auch laut Schallmayer das beste Milieu nichts ändern und diejenige Nation, die dies am frühesten erkenne und entsprechend handle, habe einen enormen Vorsprung im »Kampf ums Dasein«. Die Förderung der Fortpflanzung der Begabten und die Bekämpfung der »Keimgifte« seien hier die ersten Schritte in die richtige Richtung:[22] »Denn die lebendigen Erbwerte sind im letzten Grunde und auf die Dauer von noch größerer Wichtigkeit für die Existenz- und Konkurrenzfähigkeit eines jeden Volkes als der Besitz irgendwelcher Kulturprodukte sowohl materieller wie geistiger Art.«[23] »Erbliche Vorzüge« könnten nicht geraubt, kopiert oder verkauft werden, wie alle wirtschaftlichen Güter, wissenschaftlichen und technischen Errungenschaften oder sozialen Einrichtungen, seien aber deren Grundbedingungen.[24]

Schmidt-Gibichenfels argumentierte weniger detailliert als Hentschel, aber ähnlich. Vergleichbar, aber wesentlich komplexer, stellte sich das Konzept von Christian von Ehrenfels dar, das die Diskussionen um »Selektionswerte« und Fürsorge für »Schwache« in seinen Augen unnötig mache, sodass er sich fast nur zu seiner in Abschnitt III.1.2.2 angesprochenen Reformidee äußerte. Der große Unterschied zur zweiten Kategorie zeigt sich also darin, dass derartige Reformen und Maßnahmen nicht in den bestehenden Verhältnissen funktionieren könnten. Wilser brachte es wie folgt auf den Punkt:

> »Dass, genau wie beim Tier, Ausmerzung der Schwächlinge und zielbewusste Zuchtwahl auch beim Menschen rasch zur Gesundung und Veredelung der Rasse führen würde, unterliegt keinem Zweifel, es ist nur die Frage, was sich unter den gegebenen Verhältnissen, da wir gegen unsere Mitmenschen nicht mit der Rücksichtslosigkeit des Tierzüchters vorgehen können, da uns durch Gesetz, Sitte und Mitgefühl die Hände gebunden sind, in dieser Hinsicht allenfalls erreichen ließe.«[25]

---

19 Vgl. Anastasius Nordenholz, Soziologie, Psychologie und Ethik. Einige Bemerkungen zu der vorstehenden Abhandlung des Herrn Prof. Dr. Th. Lipps. In: ARG, 4 (1907) 5, S. 675–685, hier 683.

20 Ders., Soziologische Probleme. In: ARG, 5 (1908) 2, S. 235–248, hier 248.

21 Schallmayer, Generative Ethik, S. 229.

22 Vgl. ebd., S. 230.

23 Ders., Vererbung und Auslese, S. 26.

24 Vgl. ebd.

25 Wilser, Zur Frage, S. 1003.

Dessen war sich von Ehrenfels ebenfalls durchaus bewusst, jedoch erwartete bzw. spürte er bereits den dafür notwendigen Wandel von der bestehenden »Humanitäts-« zur »Entwicklungsmoral«.[26] Erstere habe als oberstes Ziel das größtmögliche Wohl der Gesamtheit, während für die Zweite die Verbesserung der menschlichen Konstitution prioritär sei.[27] Da die größtmögliche Förderung des biologisch »Wertvollen« dem längerfristig größtmöglichen Wohl aller gleich komme, sei dies eigentlich gar kein Wandel, nur eine andere Herangehensweise. Der kulturelle Fortschritt würde zwar die Zahl der »auszulesenden« Individuen erhöhen, aber auch die Lebenschancen psychisch »höher« und physisch »minder Veranlagter« verbessern, da der Evolutionsdruck nicht mehr so stark Richtung körperlicher Stärke dränge, was ein Zurückgehen derselben zur Folge habe »und es ist kaum glaublich, dass die Wiederbelebung dieser Potenzen ohne wesentliche Einschränkung der kulturellen Produktion möglich sein sollte«.[28] Es handle sich also um ein Nullsummenspiel der »Potenzen« der Menschheit, und sollte die befürchtete »Entartung« dieser aufgehalten und Chancen zur »Höherentwicklung« bewahrt werden, müsse es in Richtung Entwicklungsmoral verschoben werden. Von Ehrenfels lehnte entgegen Ritter von Neupauers Anschuldigungen hierbei die »künstliche Zuchtwahl« wie beim Tier ab, da die dafür notwendige sklavische Unterwürfigkeit der Regierten weder realisierbar noch wünschenswert sei, zumal die Biologie noch längst nicht so weit sei, um eine »Züchtungsinstanz« zu rechtfertigen. Er erhoffte sich vielmehr eine »Zuchtwahl«, die mehr der natürlichen gleichen würde. Die sexuelle Reform sehe er daher eher als Befreiung der natürlichen Triebe und gleichzeitig derjenigen Kräfte, die zum Kampf und dadurch zur »Auslese der Höherwertigen« führen würden.[29] Dies sei vergleichbar mit der Disziplinierung der Wirtschaft, die optimalen Profit bei gleichzeitigem Schutz des Gemeinwohls ermögliche.[30] Von Ehrenfels wollte das Rad also nicht zurück, sondern beim erreichten Kulturstand weiterdrehen und verglich dies mit der Aufhebung der engen Schranken der Priestermoral durch die Reformation.[31]

26 Christian von Ehrenfels, Entwicklungsmoral. In: PAR, 2 (1903/04) 3, S. 214–226, hier 214.
27 Vgl. ebd., S. 215.
28 Ebd., S. 217.
29 Vgl. ders., Monogamische Entwicklungsaussichten, S. 706.
30 Vgl. ebd., S. 707.
31 Vgl. ders., Entwicklungsmoral, S. 225.

1.4 Fazit

»Die Frage der natürlichen Auslese und Zuchtwahl beim Menschen ist eins der wichtigsten Probleme unserer Zeitschrift. Da schon mehrere Mitarbeiter Beiträge dieser Art in Aussicht gestellt haben und andere wohl noch folgen werden, so dürften diese polemischen Diskussionen zur Orientierung über die noch sehr schwankende und viel umstrittene Lösung der Frage nicht wenig beitragen; denn der Kenner weiß, wie verschieden die Gesichtspunkte und Untersuchungsarten sind, mit denen man an das genannte Problem herantreten kann.«[32]

Die Redaktion der PAR setzte mit dieser Anmerkung früh den Schwerpunkt der Zeitschrift fest und erkannte dessen Streitbarkeit. Bei der Lektüre der vielen verschiedenen Texte fiel schnell auf, dass sich deren Problemstellungen meistens auf den Schwerpunkt der »natürlichen Auslese« und »Zuchtwahl beim Menschen« reduzieren lassen. Dass »selektive« Einflüsse auch auf den Menschen wirke, wurde im Grunde nie in Frage gestellt, umstritten war jedoch, ob sich das positiv oder negativ zeigen würde. Wenn daher die Förderung des »Selektionsprinzips« bei den Menschen abgelehnt wurde, dann nicht primär aus ethischen und humanen Bedenken gegen die biologische Interpretation sozialer Probleme, sondern weil es ein negatives Vorzeichen trage und sich konstitutiv »schädlich« auswirke.

Die vorangegangenen Untersuchungen ergaben deshalb, dass sich die konstruierte Kategorientrias auf alle besprochenen Diskursebenen anwenden ließ. Dabei wurde klar, dass es sich vornehmlich um Maßnahmekategorien handelte, welche die Autoren aus dem »Selektionswert« eines Einflusses ableiteten, denn letzten Endes wurde, wie in Abschnitt III.1 und III.2 beschrieben, nach dem »positiven« oder »negativen Selektionswert« der Kultur- und Umwelteinflüsse auf den Menschen gefragt, also wie diese Einflüsse die »Auslese« der Menschen beeinflussten, und dann, wie diese »Auslese« zur Erfüllung der biologischen Hauptaufgabe des Individuums einer »Rasse« – der Reproduktion – durch den Menschen gesteuert werden könne. Diese Frage gipfelte in Abschnitt III.3 darin festzulegen, welche Individuen oder Gruppen den Akteuren zufolge zur »Auslese« und somit zur Fortpflanzung geeignet seien und welche nicht. Außerdem wie die Fortpflanzung der »Geeigneten« und die Nicht-Fortpflanzung der »Ungeeigneten« zum »Wohl der Rasse« gefördert werden könne.

Die Analyse jener sich mit diesen Themenkomplex befassenden Literatur im Zeitraum von 1891 bis 1914 ergab, wie die Kategorisierung in den Diskursebenen verdeutlicht, weit divergierende Meinungen zu vielen unterschiedlichen Einflüssen. Dabei stellte sich heraus, dass sich relativ wenige Autoren zu allen

32 Redaktionsanmerkung der PAR vor dem Aufsatz: Ladislaus Gumplowitz, Anthropologie und natürliche Auslese. In: PAR, 1 (1902/03) 2, S. 108.

Problemen äußerten und noch weniger immer der gleichen Kategorie zuzuordnen sind. Ersteres mag daran liegen, dass der Einfluss und die Wichtigkeit einzelner Themen von den Autoren unterschiedlich bewertet wurden bzw. nicht jeder sich derartig umfassende Sachkenntnis anmaßte, zu allen Themen Stellung zu beziehen. Die Variabilität in der Kategoriezugehörigkeit lässt ebenfalls auf unterschiedliche Prioritäten bzw. auf unterschiedliche Wertvorstellungen schließen, welche die Theorieangebote bzw. Diskurspositionen zum Aufhalten der »Entartung« und der Erreichung des »neuen Menschen« der jeweiligen »Rassenhygieniker« unterschiedlich ausfallen ließen.

Die von den einschlägigen Fachzeitschriften eingerahmte gelesene Literatur deckt also ein weites Spektrum an »rassenhygienischen« Theorien ab, die sich in die benannten drei Diskurspositionen kategorisieren lassen. Die klare Dominanz der radikalsten Kategorie wurde nun lediglich dadurch verhindert, dass viele Autoren jene ethischen und praktischen Grenzen respektierten, welche die bestehenden Gesellschafts- und Moralsysteme den »rassenhygienischen« Möglichkeiten setzten. Denn ebenso viele Autoren respektierten diese Grenzen nicht und legten alle »eugenischen« Hoffnungen in einen Wandel der bestehenden Werte, um eben jene Grenzen zu überwinden.

2. »Rassenhygienische« Grundsätze als Gesellschaftskritik

2.1 Caritatives Christentum

Hentschel ging noch ein Stück weiter als die oben (III.3.1.3) diskutierte Zwangssterilisation und wies darauf hin, dass im Naturzustand alle »Überzähligen« zurückgedrängt oder zumindest unfruchtbar bleiben würden, um den Weg für die »Starken« frei zu machen. In der »künstlichen Zucht« müsse das »Nichtgewollte« und »Abartende« »dem Messer überliefert« werden. Auch in der alten Geschichte würde es diesbezüglich viele praktische Beispiele geben.[33] Petermann formulierte es bildhaft, wenn er daran erinnerte, dass »es nicht genügt, ein Feld mit gutem Samen zu bestellen, sondern dass auch das Unkraut ausgerottet werden muss, damit es jenem nicht die Nahrung vorweg nehme!«[34] Diese martialischen Formulierungen sollen nicht suggerieren, dass hier die Tötung von Kranken und »Schwachen« zugunsten der »Starken« gefordert wurde. In diesem speziellen Fall bezogen sich die Überlegungen auf eine vorgeburtliche Tötung, jedoch existierten Gedankengänge in dieser Richtung auch bereits zu diesem Zeitpunkt:

33 Hentschel, Zucht, S. 239.
34 Petermann, Die Wohlgebornen, S. 361.

»Aber erinnern wir uns, dass wir vor Menschentötung im Sinne der Gesamtheit durchaus nicht so grundsätzlich zurückschrecken – man denke an die Hinrichtungen und an die Kriege – dann werden wir zugestehen müssen, dass ein Geschlecht heranwachsen kann, welches ohne Furcht vor einer völligen Umwälzung seiner Moralbegriffe auch der Frage einer Fruchttötung zum Nutzen der Rasse und der Nation näher treten könnte.«[35]

Konkreter werden die bereits weiter oben im Text thematisierten Unterstützungen der Todesstrafe auch aus »rassenhygienischen« Gründen. Das Konzept der »Blutrache« oder Strafe als Vergeltung für Verbrechen seien nach Hegar absolut hinfällig, da der Täter für seine »verbrecherische Veranlagung«, die das Handeln maßgeblich bestimme, keine Schuld trage. Ebenso unangebracht sei allerdings die christliche Vorstellung, dass auch in diesen »Verbrechern« eine fromme Natur wohne oder dass mit entsprechender Zuwendung »böse Triebe« gehemmt werden könnten. Abschreckung und Erziehung könnten diese Veranlagungen zwar unterdrücken; um die Gesellschaft aber wirklich zu schützen, plädierte Hegar für die »Unschädlichmachung« der Delinquenten. In früheren Zeiten sei die Todesstrafe schon bei geringeren gemeinschädlichen Verbrechen wie Diebstahl verhängt worden, sodass sich »verbrecherische Anlagen« seltener fortpflanzen konnten. Heute glaubte man dagegen an die höhere Wertschätzung des menschlichen Lebens, Zweifel an der Zurechnungsfähigkeit, Mitleid, Besserung oder Justizirrtum. Für Hegar und Hentschel sei dies ein Fehler, da die Todesstrafe der sicherste Schutz dieser und der künftigen Gesellschaft vor »Verbrechern« und »Minderwertigen« darstellen würde.[36]

Adolf Jost zählte zwar nicht zur »Rassenhygienebewegung«, stellte aber bereits 1895 die sich für ihn aufdrängende und von den »Rassenhygienikern« vielbeachtete Frage, ob »der Staat einem Menschenleben ein Ende machen [darf], weil die Vernichtung dieses Lebens etwa anderen Interessen des Staates zugutekommt?«[37] Mit dem Hinweis auf Krieg und die Todesstrafe bejahte er diese Frage.[38] In der zitierten Arbeit behandelte er primär das Problem des Suizids und der verlangten Sterbehilfe bei unheilbaren Krankheiten oder Ähnlichem, erörterte aber auch das Problem der Sterbehilfe bei jenen Kranken, die ihren Sterbewunsch nicht selbst äußern können. Er kam dabei zu dem Schluss, dass derjenige, der in der Lage sei, sich aufgrund einer unheilbaren, schmerzhaften Krankheit dem Leben zu entziehen, einfach in Ausübung eines ihm zustehenden Rechtes handeln würde

35 Zit. kritische Besprechung von Ernst Rüdin zu: Leppmann, Alkoholismus, Morphinismus und Ehe. In: Senator/Kaminer (Hg.), Krankheiten und Ehe, München 1904. In: ARG, 3 (1906) 1, S. 155f., hier 156.

36 Vgl. Hegar, Zur chinesischen, deutschen und amerikanischen Kriminalstatistik, S. 6–9; ders., Mittgart, S. 17.

37 Adolf Jost, Das Recht auf den Tod. Sociale Studie, Göttingen 1895, S. 8.

38 Vgl. ebd.

und deshalb nicht verurteilt werden dürfe. »Ja noch mehr, er entledigt sich nicht nur seiner Qualen, sondern er befreit auch die menschliche Gesellschaft von einer nutzlosen Last, er erfüllt mit dem Selbstmord sogar eine Pflicht.«[39] Ebenso würde jeder Helfer einen »Akt der Humanität« vollführen und indirekt den Fortschritt des menschlichen Geschlechts fördern.[40]

Wie in mehreren vorhergehenden Abschnitten festgestellt wurde, bestand im »rassenhygienischen« Diskurs vor dem Ersten Weltkrieg Konsens darüber, dass bereits existierende »Schwache« und »Minderwertige« zwar in ihrer Förderung und Fortpflanzung beschränkt werden, aber gleichzeitig erhalten, geschützt und menschenwürdig gepflegt werden müssten. Es lag gerade der Grundgedanke in der »rassenhygienischen« Idee darin, dass die Entstehung von »erbbiologisch Benachteiligten« von Beginn an verhindert werden solle, sodass für die weniger werdenden bestehenden schwachen Gesellschaftsmitglieder ausreichend Pflegekapazität vorhanden bleiben und man sich den unbequemen Fragen nach deren Finanzierung entziehen können würde. Die Bereitschaft zum aktiven Töten von als für die Gesellschaft als »unnützer Ballast« empfundenen Menschen beschränkte sich zu diesem Zeitpunkt der »Rassenhygienebewegung« lediglich auf die Todesstrafe und, wie bei Jost angedeutet, auf die aktive Sterbehilfe auf Verlangen, was zur Folge hatte, dass diese Problematik in der analysierten Literatur nur eine marginale Stellung innehatte.[41]

Aber alle »primitiven, barbarischen und antiken Rassen« hätten »praktischen Darwinismus« betrieben, um die »Rasse« zu erhalten und »erst das Christentum hat die Krüppel, Kranken und Schwachen zu Ehren gebracht, indem es erkannte, dass in einem siechen und kümmerlichen Leibe zuweilen doch eine edle und große Seele wohnen kann.«[42] Woltmann vertrat damit den in der berücksichtigten Literatur wenig direkt thematisierten, aber wie in den vorherigen Kapiteln zur »falschen Humanität« immer wieder erkennbaren Atheismus, der vor allem den karitativen Gedanken[43] und die Auffassung von der »Gleichwertigkeit aller Menschen« kritisierte[44] sowie die Religionen unter »biologischen« Gesichtspunkten auf ihren »rasseerhaltenden« Wert untersuchte. Das betraf auch das Judentum. Wie bereits erwähnt, soll die anthropologische Untersuchung und Bewertung der

39 Ebd., S. 37.

40 Vgl., ebd.

41 Vgl. Schwartz, »Rassenhygiene, Nationalsozialismus, Euthanasie?«, S. 612. Neben Jost beteiligte sich mit Heinrich Dietrich, Otto Horn, Elisabeth Rupp, Eugen Wolfsdorf und Curt Guderian nur eine kleine Schar Juristen an der Sterbehilfe-Diskussion. Vgl. Christian Merkel, »Tod den Idioten« – Eugenik und Euthanasie in juristischer Rezeption vom Kaiserreich zur Hitlerzeit, Berlin 2006, S. 266.

42 Woltmann, Die physische Entartung, S. 530.

43 Vgl. Becker, Wege ins Dritte Reich. Teil 2, S. 342.

44 Vgl. Röse, Beiträge zur europäischen Rassenkunde (1905), S. 738.

»Rassen« hier keinen Platz finden, was die Thematik der »semitischen Rasse« und des Antisemitismus miteinschließt. Erwähnt sei nur, dass die Zahl der sich antisemitisch äußernden Autoren gering war.[45] Mit Sofer, Ladislaus Gumplowitz, Crzellitzer, Friedrich Hertz und anderen wurden sogar jüdische Autoren abgedruckt, die über das Judentum und andere »rassenhygienische« Themen referierten.[46] Zusammen mit der Heroisierung der »arischen« geht eine Abwertung der »semitischen« sowie aller anderen »Rassen« einher. Aus dem frühen »rassenhygienischen« Blickwinkel wurde dem Judentum jedoch überwiegend eine äußerst effektive »Reinzucht« seiner »guten geistigen Eigenschaften« und ein durch seine Religion begründeter gesunder Lebenswandel zugesprochen, der durchaus Bewunderung fand.[47]

Das Christentum des Mittelalters habe dagegen mit seiner Jenseitsperspektive und der postulierten Gleichheit vor Gott die germanischen Völker darin gehemmt und unterdrückt, einen ähnlichen Aufstieg wie die Griechen und Römer der Antike zu schaffen.[48] Diese »Niederwerfung der menschlichen Bestie« und die »Pflege des Altruismus mit rücksichtsloser Knebelung aller dawieder strebender Naturinstinkte«[49] seien die Grundsteine der christlichen Nächstenliebe und Askese. Die von Christian von Ehrenfels geforderte Entwicklungsmoral würde nun der christlichen Moralbewegung entgegenstreben, um neue Pflichten, aber auch alte natürliche Rechte zu etablieren. Somit erwachte der Mensch wieder zum Leben, aber »nicht der alte Mensch darf wiedererstehen, sondern ein neuer, der um eines reicher geworden: […] Humanität!«[50] Denn allein die menschliche Phantasie spiegle dem Menschen die Religion vor, um ihn über die Schwierigkeiten seines Lebens hinwegzutrösten. Die Vorstellung von einem paradiesischen Leben nach dem Tod lasse auch den »Elendsten« schlimmste Qualen ertragen, was nach Forel den großen Nachteil beinhalte, dass das irdische Leben verächtlich betrachtet werde. Das Verlassen auf das Jenseits lähme die höheren Anstrengungen der Menschheit, ihr Glück, Wert und letztlich die »Qualität der Rasse« auf Erden zu verbessern. Die religiöse Angst vor der Hölle und die Hoffnung auf das Paradies seien absolut egoistische Beweggründe, sich im Leben »gut« aufzuführen und hätten keinerlei altruistisch moralischen Wert für die Menschheit,[51] sondern würden nur dazu führen, dass

45 So z. B. Hentschel, Bartels und Gernand.

46 Vgl. Becker, Wege ins Dritte Reich. Teil 2, S. 359; Hufenreuter, Wege aus den »inneren Krisen«, S. 288.

47 Vgl. Adolf Bartels, Rassenzucht. In: PAR, 12 (1908/09) 7, S. 629–642, hier 630; H. L. Eisenstadt, Die Renaissance der jüdischen Sozialhygiene. In: ARG, 5 (1908) 5/6, S. 707–729.

48 Vgl. Driesmans, Menschenreform und Bodenreform, S. 19.

49 Von Ehrenfels, Entwicklungsmoral, S. 222.

50 Ebd., S. 225.

51 Vgl. August Forel, Leben und Tod, Vortrag, München 1908, S. 3 f.

man sich mit obsoleten abergläubischen religiösen Vorurteilen einer rationellen »eugenischen« menschlichen »Zuchtwahl« entgegenstemme:[52] »Die Methoden und Lehren der Kirchen und auch der Schulen haben sich aber überlebt und sind unseren gegenwärtigen Bedürfnissen und Kenntnissen, sowie besonders den Erfordernissen der Zukunft nicht mehr angepasst.«[53]

Gumplowicz teilte diese Meinung dahingehend, dass diese selbstgesetzten Schranken die kultivierte Menschheit unnötig hemmen würden, mit dem Fallenlassen entsprechender »überholter Korsetts« aber eine Bekämpfung der drohenden »Entartung« und eine »Höherentwicklung der Rasse« möglich sei: »Freilich: das Bisschen semitisch-christlicher Moral, auf das wir so stolz sind, müssten wir opfern; auch einige andere ›fortschrittliche und humane‹ Schrullen wie Gleichheit, Freiheit, Brüderlichkeit müssten preisgegeben werden.«[54] Er kritisierte hier wie viele seiner Kollegen den christlich-karitativen Gedanken, der ebenso aus der »irrigen« Idee der Gleichheit der Menschen entstanden sei wie demokratische und parlamentarische Gesellschaftsordnungen und Regierungsformen.

2.2 Demokratisch-parlamentarisches Gleichheitsprinzip

Bevölkerungsteile mit geringem Anteil der »begabten Rasse« seien physisch und psychisch nun einmal »minderwertig« und damit nicht in der Lage, gesellschaftlich aufzusteigen. Diese »Minderwertigkeit« sei Niceforo zufolge also nicht Wirkung, sondern Ursache des in der Arbeiterschaft weit um sich greifenden sozialen Elends, das durch die äußeren Faktoren nur noch verstärkt werde.[55] Da demnach individuelle Leistungen und somit soziale Ungleichheit von vielen »Rassenhygienikern« auf biologische Kollektiveigenschaften zurückgeführt würden, sei das soziale Elend also biologisch und nicht sozialpolitisch bestimmt.[56] Diese »minderwertig-elende Masse« sei nur auf kurzfristige Bequemlichkeit aus, sodass die »demokratische Gleichmacherei« in Form von allgemeinem, geheimen und direktem Wahlrecht den Einfluss der »Hervorragenden« und die Entwicklung zum »Höheren« hemme und »die Demokratische Bewegung, die dahin zielt, alle Fürsorge auf die Klasse der Armen und Entarteten zu übertragen, […] ein veri-

52 Vgl. ders., Malthusianismus oder Eugenik?, S. 13.

53 Ders., Die Sexuelle Frage, S. 442.

54 Vgl. Ludwig Gumplowicz, Politische Anthropologie. In: Die Zukunft, 45 (1903), S. 174–183, hier 179.

55 Vgl. Alfred Niceforo, Die niederen Bevölkerungsklassen im Lichte anthropologischer Forschung. In: PAR, 5 (1906/07) 9, S. 507–516, hier 515.

56 Vgl. Pascal Grosse, Kolonialismus, Eugenik und bürgerliche Gesellschaft in Deutschland 1850–1918, Frankfurt 2000, S. 13.

tabler Selbstmord des Menschengeschlechts«[57] darstellen würde. Denn die Menschenrechte würden auf den theoretischen Voraussetzungen basieren, dass die Natur den Menschen gewisse Rechte verliehen habe, dass diese Menschen alle gleich seien und dass ein Gesamtwille existiere, der in der Gesetzgebung seinen Ausdruck finde. Die »moderne Wissenschaft« habe nun bewiesen, dass das keinesfalls der Realität entspreche.[58]

Nach Arndt gebe es keine komplett an Körper und Geist gesunden Menschen, da jeder seine Fehler habe. Diese Fehler würden aber erst als Krankheit bemerkbar, wenn sie so stark ausgeprägt seien, dass sie das Leben beeinflussen.[59] Danach würden alle zeitgenössischen Umwälzungen aus dem gesteigert »krankhaften« Naturell der modernen Menschen hervorgehen und seien als »Entartungszeichen« zu deuten. Denn Frauenbewegung, Parlamentarismus, Klassenkämpfe, Sklaven-, Bauern-, Religionskriege, Französische Revolution, Sozialdemokratie, Nihilismus und Anarchismus würden von dem natürlichen Verhalten der Menschen grundlegend abweichen. Die vorhergehenden Jahrtausende hätten indessen gezeigt, dass das monarchische Prinzip das natürliche der Menschen sei, sodass alle gegenläufigen Bewegungen demnach »unnatürlich« wären.[60] Das äußere sich darin, dass demokratische Gebilde nur in kleinem Rahmen und kurzzeitig möglich seien, da größer angelegten demokratischen Gemeinwesen die »irrige Voraussetzung« zugrundeliegen würden, dass alle Menschen gleich seien und sich später lediglich durch unterschiedliche Bildung und Sozialisation differenzieren würden.[61] Das Demokratieprinzip würde die Gefahr beinhalten, dass die Mehrheit die vielleicht bessere Minderheit unterdrücke, was biologisch gesehen schlecht sei. Deshalb wünschte sich Grassl durchaus eine Demokratie, allerdings mit Sicherungen vor der uneingeschränkten Herrschaft der Majorität; ein Königtum wie in Bayern sei zum Beispiel ein adäquates Modell.[62]

Siebert kritisierte die »nivellierende Demokratie« darüber hinaus sogar als ein der liberalistischen Grundforderung nach Persönlichkeit und Freiheit entgegenarbeitendes Prinzip, da sie – verschwommen mit kommunistischen Gedanken – eine proletarisierte homogene Masse fördere.[63] Die »wahllose und

57 Georg Vacher de Lapouge, Die Entartung in den höheren und niederen Ständen. In: PAR, 5 (1906/07) 4, S. 193–200, hier 200.
58 Vgl. Franco Savorgnan, Die politischen Wirkungen des allgemeinen Wahlrechts. In: PAR, 7 (1908/09) 6, S. 320–326, hier 321.
59 Vgl. Arndt, Biologische Studien, S. 280.
60 Vgl. ebd., S. 296 f.
61 Vgl. ebd., S. 299.
62 Vgl. Grassl, Blut und Brot, S. 204–206.
63 Vgl. Friedrich Siebert, Die Rassenidee und die liberale Weltanschauung. In: ARG, 8 (1911) 2, S. 198–223, hier 211.

zwanghafte Gleichmacherei« widerspreche also sowohl dem liberalistischen als auch dem biologischen Recht auf Eigenarten und Unterschiedlichkeit: »Die Bestimmung des Menschen ist nicht die, irgendwie zu sein, sondern der zu sein, der er nach Familie und Stamm sein muss,«[64] denn »Persönlichkeit ist die individuelle Ausgestaltung der Eigenart des Volkstums, dem die Persönlichkeit angehört«.[65]

Gerade weil der Mensch sich vom Tier durch sein Wollen unterscheidet, degradiere diese Nivellierung ihn wieder zum Tier. Dabei wolle der gesunde Mensch bewusst über seine individuelle Lebenskraft hinaus durch seine Nachkommen und sein soziales Umfeld leben. Dies würde die »animalische geschlechtliche Liebe« um die soziale Liebe erweitern, die den weiteren Kreis der durch »Blut und Kultur« zusammengeschweißten Menschen umfasse und den Bestand des »Volkstums« zum Selbstzweck erhebe.[66] Siebert redete wie viele seiner Kollegen also einer ständischen Gesellschaftsordnung das Wort, da diese nicht als Selbstzweck bestehe, sondern nach Ammon das Ergebnis der »natürlichen Auslese« sei, die der schädlichen »Panmixie« bei Eheschließungen entgegenwirken und den Familienzusammenhalt und die Kindererziehung stärken würde.[67] Eine ständeweise Trennung der Schulen würde letzteren Aspekt fördern und ebenfalls der »natürlichen Auslese« entsprechen.[68] Sie sahen das Ideal des Gesellschaftslebens darin, dass jeder nach seinen Fähigkeiten am passenden Platz der Gesellschaft sitzt. Die Sozialdemokratie arbeite diesem Ideal jedoch insofern entgegen, dass in ihrem Rahmen jeder alles Beliebige sein könne, was auch zur Folge habe, dass die Gewählten, statt die Fähigsten die Geschicke des Staates leiteten.[69] Ammons Hauptkritikpunkt, der stellvertretend für die »sozialdarwinistische« Argumentation gelten darf, bestand darin, »dass die begabten Leute obenhin gehören und die unbegabten untenhin, und dass die Welt nicht besser wird, wenn man trachtet, dieses natürliche Verhältnis umzukehren.«[70]

Damit zählte Ammon neben Kossmann, Chatterton-Hill, Siebert und Franz zu den vehementesten Vertretern einer reaktionär-romantischen Strömung innerhalb der »Rassenhygiene«, die sich eine ständische Gesellschaftsordnung mit Erbmonarchie, beschränkter Gewerbefreiheit und einer die Gesellschaft schützenden Strafrechtsverfolgung zurückwünschte. Claassen blieb sogar in sei-

64 Ebd., S. 221.
65 Ebd., S. 214.
66 Vgl. ebd., S. 222.
67 Vgl. Ammon, Die natürliche Auslese beim Menschen, S. 285.
68 Vgl. ebd., S. 287.
69 Vgl. ders., Die Gesellschaftsordnung und ihre natürlichen Grundlagen, S. 31; Kossmann, Züchtungspolitik, S. 261.
70 Ammon, Die Gesellschaftsordnung und ihre natürlichen Grundlagen, S. 32.

nen romantischen Vorstellungen von einer althergebrachten Strukturierung der Landwirtschaft als Gegenstück zum »rassevernichtenden Großstadt-Pauperismus« nur konsequent, wenn er die Revision der Grundsätze der Agrarreformen von 1807 bis 1816 als Voraussetzungen für eine durchgreifende Neuregulierung des »nationalen Lebensprozesses« ansah.[71] Adelsgeschlechter seien durch ihre generationenübergreifende »Auslese« wesentlich »tüchtiger« als »korrupte und engstirnige Parlamentarier«, die Wirtschaftsordnung ermögliche einen fairen Wettbewerb, in dem die »Tüchtigen« den »Unehrlichen und Rücksichtslosen« vorgezogen würden und die Strafrechtsordnung die »Verbrecher« durch die Verwehrung des sozialen Aufstiegs, des Wahlrechts und des Fortpflanzungsrechts langfristig reduziere.[72] Diese »natürliche« aus dem Gegeneinander von Mensch und Gesellschaft gewachsene aristokratische Gesellschaftsordnung passe zum jeweiligen Milieu und »sozialen Aggregat«, sodass diese Ordnung stabil sei, Autorität genieße und den Menschen Sicherheit gebe.[73] Das demokratische Prinzip sei dagegen »künstlich oktroyiert« und würde diese alten Ordnungen aufbrechen, anstatt sie langsam an modifizierte Lebensbedingungen anzupassen, was das aktuelle »Chaos« und die Ohnmacht vor den Folgen des Kapitalismus zur Folge habe:[74] »Der Grundfehler der Demokratie liegt eben darin, dass die Rechte des Einzelnen nach keinem objektiven, allgemeingültigen Kriterium, sondern lediglich nach den subjektiven Bedürfnissen des Individuums bemessen werden.«[75]

Ziegler entgegnete den oben genannten Forderungen nach aristokratischer »Besinnung«, dass die »erblichen Eigenschaften« in wechselnden Kombinationen auftreten und sich die Beschaffenheit eines Individuums deshalb nicht mit Sicherheit aus den Eigenschaften der Vorfahren schließen lassen würde. Die Stellung im sozialen Leben könne somit niemals lediglich aufgrund der Geburt gerechtfertigt werden. Er lehnte den in der »Rassenhygiene« gern aufblühenden aristokratischen Gedanken also ab, stand jedoch auch der Demokratie kritisch gegenüber, da diese den Einfluss der intelligenteren Bevölkerungsteile unterdrücken und das Urteil der Massen vergöttern würde, das verständlicherweise den Charakter der Mittelmäßigkeit habe. Im »Daseinskampf« mit anderen Staaten sei die Demokratie einer Leitung durch moralisch und intellektuell hervorragende Persönlichkeiten demnach im Nachteil.[76]

71 Vgl. Walter Claassen, Die deutsche Landwirtschaft, Leipzig 1908, S. 115.

72 Vgl. Ammon, Die Gesellschaftsordnung und ihre natürlichen Grundlagen, S. 38–66; Franz Haiser, Der aristokratische Imperativ. Beiträge zu den neudeutschen Kulturbestrebungen, Berlin 1913.

73 Vgl. Georges Chatterton-Hill, Individuum und Staat. Untersuchungen über die Grundlage der Kultur, Tübingen 1913, S. 185–189.

74 Vgl. ebd., S. 190–195.

75 Ebd., S. 196.

76 Vgl. Ziegler, Die Chromosomen-Theorie, S. 812.

Aus der Kritik an dem Gleichheitsprinzip per se resultierte also die Kritik an demokratisch-parlamentarischen Regierungsformen, denn zum Beispiel Nordenholz attestierte den Parlamenten generell eine schlechte Finanzpolitik, weil sie aufgrund ihrer demokratischen Basis und eines mangelnden Rückrates vor unpopulären Sparmaßnahmen zurückschreckten und bürokratisch viel zu aufgebläht seien.[77] Dabei hätten – wie oben gezeigt – die Steuern mit ihrem Eingriff in die Existenzbedingungen der Menschen eine nicht zu unterschätzende »selektive« Wirkung. Da aber die Richtung der »Selektion« stets vernachlässigt werde, müsse der Zusammenhang zwischen etwaiger Bevorzugung oder Benachteiligung durch Staatslasten und der »Tauglichkeit« der Betroffenen ermittelt und danach besteuert werden. Mit geringer Belastung von »tüchtigen«, jungen und heiratsfähigen Bürgern könne man die Fortpflanzung indirekt positiv beeinflussen, während die hohe Besteuerung von Giften wie Alkohol und Tabak die Staatsfinanzen stärken und gleichzeitig den Schaden durch die Genussmittel eindämmen würde. Denn derjenige, der trotz hoher Kosten derartige Genussmittel übermäßig konsumieren würde, sei ohnehin »minderwertig« und dessen Familiengründung nicht unbedingt erwünscht.[78] Auch für Solger zeigte sich in allen möglichen parlamentarischen Debatten immer wieder, dass die »rassenhygienische« Betrachtungsweise in aller Gesetzgebung großen Stils an erster Stelle stehen solle, es aber zu seinem Bedauern nicht tue.[79] Allerdings machte er dem Reichstag diesbezüglich keinen Vorwurf, denn »er ist zweifellos in einer sehr schweren Lage und man sieht hier wieder, wie die Voraussetzung eines aus allgemeinen und geheimen Wahlen hervorgehenden Reichstages die Urteilsfähigkeit des Volkes ist.«[80]

Allers befürchtete daher, dass die demokratische Verwaltungsform »Kurzsichtigkeit und Beschränktheit« in Politik, Kunst, Wissenschaft usw. Tür und Tor öffne, da durch das Prinzip der Mehrheitsentscheidung die Masse der – wenn auch nur leicht – »Degenerierten« ins Gewicht fiele.[81] Die unzweckmäßigen staatlichen Statistiken würden laut dem populistisch umtriebigen Liebenfels nur verschleiern, dass »alle Einrichtungen und Gesetze […] dank dem unseligen Liberalismus, der das ganze 19. Jahrhundert infiziert hat, derartig [sind], dass nur der, welcher

77 Vgl. Anastasius Nordenholz, Reichs- und Finanzreform und Rassentüchtigkeit. In: ARG, 6 (1909) 1, S. 78–85, hier 78.

78 Vgl. ebd., S. 79–81.

79 Vgl. Solger, Rassenhygiene und Reichsfinanzreform, S. 587.

80 Ebd., S. 589.

81 Kritische Besprechung von Rudolf Allers zu: Eugen Birchner, Die Kretinische Degeneration (Kropf, endemischer Kretinismus und Taubstummheit). In: Fortschritte der naturwissenschaftlichen Forschung (1910). In: ARG, 8 (1911) 2, S. 252 f., hier 253.

mehr Geld, mehr Protektion und eine größere Portion Charakterlosigkeit hat, schnell in die höhere Schichten aufsteigt.«[82]

Michael Hainisch teilte die politischen Lager der »Rassenhygiene« ziemlich grob, aber pointiert und zusammenfassend wie folgt auf: »Der aristokratischen Auffassung der Welt entspricht der Glaube an den Einfluss der Vererbung, der demokratischen der Glaube an die Bedeutung des sogenannten Milieus.«[83] Dem bürgerlichen »Sozialdarwinismus«, der den schrankenlosen Kapitalismus als neue Form der »Auslese« interpretierte, begegnete er mit der Feststellung, dass Gesellschaftsklassen kein Ergebnis des Darwin'schen »Kampfs ums Dasein« sein könnten, weil in diesem der Unterlegene vernichtet und nicht – wie im Falle des Proletariats – zunehmen werde.[84] Er fühlte sich, wie ebenfalls nicht wenige der hier und im nächsten Abschnitt besprochenen Autoren dem sozialistischen Lager zugehörig und machte die Förderung »guter Eigenschaften« von sozialistischer Chancengleichheit abhängig, denn: »Nicht aus der angeblichen Gleichheit der Menschen, noch aus dem gleichem Rechte der Individuen […] darf man demokratische Forderungen ableiten. [Sondern:] Wie das Leben der Gesellschaft höher ist als das der Individuen, so ist alles Recht nicht individualistisch, sondern kollektivistisch zu rechtfertigen und muss seine Begründung in der gesellschaftlichen Zweckmäßigkeit suchen.[85]«

Diese gesellschaftliche »Zweckmäßigkeit« fordere je nach Entwicklungsstand der Gesellschaft etwas anderes, was bedeute, dass die Demokratie nur so lange von Nutzen sei, solange sie den kollektiven »Kampf ums Dasein« fördere.[86] Soweit die moderne Sozialpolitik also auf die demokratische Forderung der Abschaffung der Vorrechte der Geburt im Sinne der Chancengleichheit hindrängte, habe sie auch nach Ploetz die Unterstützung der »Rassenhygiene«.[87]

2.3 Kapitalismus als falsche »soziale Auslese«

Dieser oben thematisierten klaren Kritik an der sozialen Gerechtigkeit und der Demokratie, die nur die »Schwachen« schützen und die »Starken« hemmen würde, wurde eine immer wieder mehr oder weniger konkret angedeutete Kapitalismuskritik angehängt: Denn da die Menschheit keine Richtlinien für gute Kombinationen bei der »Gattenwahl« besitze, müsse sie sich auf die

82 Jörg Lanz von Liebenfels, Rasse und Wohlfahrtspflege, ein Aufruf zum Streik der wahllosen Wohltätigkeit, Wien 1907, S. 1.

83 Michael Hainisch, Der Kampf ums Dasein und die Socialpolitik, Leipzig 1899, S. 43.

84 Vgl. ebd., S. 51.

85 Ebd., S. 52f.

86 Vgl. ebd., S. 53.

87 Vgl. Alfred Ploetz, Sozialpolitik und Rassenhygiene in ihrem prinzipiellen Verhältnis. In: Archiv für soziale Gesetzgebung und Statistik (1902) S. 393–420, hier 411.

»unbewusste instinktive Liebeswahl« verlassen können. Hierbei spiele die emanzipierte Frau eine hervorgehobene Rolle, da sie vermeintlich einen »stärkeren Liebesinstinkt« besitze. Laut David und Becher sei dieser aber gegenwärtig durch ökonomische Zwänge und Erwägungen gehemmt und gestört.[88] Sie sahen wie Grassl und Teilhaber in der Unfruchtbarkeit der oberen Schichten, begründet in der falschen »Gattenwahl«, das heißt aus wirtschaftlichen und ständischen Gründen, die größte Gefahr für alle kapitalistischen »Kulturvölker«:[89] »Unter unseren heutigen sozialen Verhältnissen bringt das materielle und soziale Aufsteigen bzw. der intensive Wunsch nach ökonomischen Mitteln und gesellschaftlicher Stellung den beteiligten Familien schwerste Gefahren in rassenhygienischer Bedeutung.«[90]

Sie zählten die Frage der rationellen »rassenhygienisch« motivierten »Sexualauslese« deshalb zu einer Seite der großen sozialen Frage[91] und forderten praktisch die staatliche finanzielle Unterstützung von armen Mädchen aus fruchtbaren Familien bei der Familiengründung.[92] Es müsse allen Suchenden die Möglichkeit gegeben werden, unbefangen und frei einen Partner zu finden. Gemeinsame Schwimm-, Luft- und Sonnenbäder mit Turn- und Spieleinrichtungen sollten gefördert werden, damit sich die jungen Leute auch körperlich kennenlernen könnten. Denn für einen gesunden und »tüchtigen« Nachwuchs sei das richtige Heiratsalter ebenso wichtig, wie die Vermeidung von »Keimgiften« und die Förderung von Präventivmitteln.[93] In erster Linie prangerten die allermeisten »Rassenhygieniker« aber die zeitgenössische schlechte »soziale Auslese« durch »Geldehen«, Chancenungleichheit und die zu späte Heirat der Intellektuellen an, was zu lieblosen Eltern, nicht ausreichender Reproduktion und einer mangelhaften Kindererziehung führen würde.[94] Stattdessen müsse durch Erziehung und Aufklärung vor allem bei der Jugend über die Vererbung und ihre Folgen, bei gleichzeitigem Aufräumen mit der »Irrlehre« von der christlich-metaphysischen Sündhaftigkeit des Fleisches, für eine »bessere Gattenwahl« geworben werden.[95]

88 Vgl. Eduard David, Bessere Sexualauslese. In: Die Neue Generation: Publikationsorgan des Deutschen Bundes für Mutterschutz und der Internationalen Vereinigung für Mutterschutz und Sexualreform, 6 (1910) 8, S. 299–310, hier 303; Becher, Der Darwinismus und die soziale Ethik, S. 48.

89 Vgl. Grassl, Blut und Brot, S. 64 f.

90 Felix A. Teilhaber, Zum Preisausschreiben: »Bringt das materielle und soziale Aufsteigen den Familien Gefahren in rassenhygienischer Beziehung?« Dargelegt an der Entwicklung der Judenheit von Berlin. In: ARG, 10 (1913) 1/2, S. 67–92, hier 92.

91 Vgl. David, Bessere Sexualauslese, S. 304.

92 Vgl. Grassl, Blut und Brot, S. 66.

93 Vgl. David, Bessere Sexualauslese, S. 305–307.

94 Vgl. ders., Darwinismus und soziale Entwicklung, S. 50–52.

95 Vgl. ebd., S. 60.

Das kapitalistische Wirtschaftssystem würde nach Bartels und Franze darüber hinaus eine falsche »soziale Auslese« und eine falsche »mammonistische Moral« fördern, sodass nicht immer die »biologisch Besten« in sozial höhere Stellungen kommen würden und die Kinderzahl dem Wohlstand geopfert werde.[96] »Der rücksichtslose Wettbewerb und die scharfe Konkurrenz auf allen Gebieten hätten eine Auslese in der Richtung auf den spekulativen Typus gezeitigt«,[97] stimmte Driesmans ihnen zu. »Demgemäß wurde das Volk der Denker und Dichter, der Naturphilosophen und Ästheten der Goethischen Zeit in eines von Fabrikanten und Spekulanten umgezüchtet.«[98] Das habe auch zur Folge, dass die »asiatischen Einwanderer«, die ideale Proletarier seien, den heimischen Arbeitsmarkt überschwemmen und sich mit der heimischen Bevölkerung zu deren Nachteil »vermischen« würden.[99] »Die Arbeit, die Arbeitsteilung, die Arbeitsart« würden demnach laut Grassl »als Eroberer an die Stelle des Schwertes« treten, da auf ihrem Wege »fremde Rassen« für die niederen Arbeiten ins Land kommen und die »Rassenreinheit« unterminieren würden.[100] Für ihn spitzte sich die »Volkserneuerungsfrage« zur Arbeiterfrage zu, denn die Frauenarbeit töte die Familie und damit die »Volksvermehrung«, da weniger Kinder gezeugt bzw. vernünftig aufgezogen würden.[101] Außerdem habe die Demokratisierung und horizontale Schichtung der Arbeiterschaft eine Egalisierung zur Folge, sodass »Minderwertige« mitgeschleift und »Höherwertige« in ihrer Entfaltung gehindert würden. Der darauf fußende Reichtum sei Ausdruck des »Volksparasitenwesens«, da ohne eigene Leistungen von der Arbeit der Allgemeinheit gelebt werden könne.[102] »Diese Differenz des wirtschaftlichen Wertes des Menschen in der kapitalistischen Gesellschaftsordnung und seines organischen Wertes für den Entwicklungsprozess selber« sei Grassls Mitstreiter Goldscheid zufolge sogar »der Urgrund aller Unkultur und aller Irrationalität in der Kultur der Gegenwart.«[103] Das würde bedeuten, dass die bisher lediglich mit ethischen Argumenten begründete Menschenwürde nur gesteigert werden könne, wenn auch der große wirtschaftliche »Wert« des Menschen erkannt werde. Gegenwärtig würde einzig »eine Schleuderware Mensch erzeugt«, die wie jede Schleuderware von schlechter »Qualität« sei und deshalb nur scheinbar einen Mehrwert besitze. »Qualitätsware« könne dagegen ausschließlich auf »gesundem Mutterboden« und mit

96 Vgl. Bartels, Der deutsche Verfall, S.19; Paul Christian Franze, Das höchste Gut, S. 158.
97 Driesmans, Menschenreform und Bodenreform, S. 7 f.
98 Ebd., S. 30.
99 Vgl. ebd., S. 32.
100 Vgl. Grassl, Volkserneuerung, S. 185.
101 Vgl. ebd., S. 186.
102 Vgl. ebd., S. 188.
103 Rudolf Goldscheid, Entwicklungstheorie, Entwicklungsökonomie, Menschenökonomie, Leipzig 1908, S. 205.

sorgfältiger Pflege gedeihen, woraus Goldscheid die Forderung nach einer Hebung der Lebensbedingungen ableitete. Denn mehr als neun Zehntel aller Übel im Menschenleben basierten seiner Ansicht nach auf Milieuschäden.[104] Man müsse also die Wirtschaft derart umgestalten, »dass ein solid gearbeiteter Mensch sich als rentabel erweist«, was aufgrund des Wettbewerbprinzips aber nur international lösbar sei.[105] Potthoff bezeichnete in diesem Zusammenhang den Staat als eine Organisation zur zweckmäßigen Ausnutzung der verfügbaren Energien der Volkswirtschaft, wozu er in erster Linie die Millionen von Menschenleben und die darin investierten Milliarden an Kapitalien zählte.[106] Aus diesem Grund prangerte er ebenfalls die »Verwerfungen und Verschwendungen« des Kapitalismus an und forderte das Entgegenwirken durch eine Sozialpolitik, welche eine rentable Kapitalanlage darstelle, da sich die Menschen bei guter Pflege amortisieren würden.[107]

Auch Röse war der Meinung, dass die derzeitige Gesetzgebung geradezu »schwache« Gesellschaftsmitglieder »züchten« würde, anstatt sich auf den Schutz der »wertvollen« Individuen im Arbeiter- und Mittelstand zu konzentrieren. Folgerichtig solle nach seinem Dafürhalten eine wirklich zielbewusste soziale Gesetzgebung vor allem den klugen Köpfen aus ärmeren Kreisen den gesellschaftlichen Aufstieg ermöglichen. Konkret schlug er deshalb vor, dass arme, aber begabte Knaben vom Land auf Staatskosten erzogen werden müssten; die Anlehnung an Platons Idealstaat ist wieder einmal unverkennbar. Diese gut ausgebildete und »kräftige« männliche Bevölkerung solle dann mit auskömmlichen Heirats- und Kinderzulagen auf ihr Gehalt dazu animiert werden, auch mit armen, aber dafür klugen, gesunden und edlen Frauen eine Familie zu gründen. Mit dieser praktischen Familienpolitik wollte er den aus »rassenhygienischer« Sicht gefährlichen Trends der akademischen Ehe- und Kinderlosigkeit bzw. der »Geldehe« entgegenwirken.[108]

Für die Mehrzahl der Autoren förderte das liberal-kapitalistische Wirtschaftssystem also eine falsche »künstliche Züchtung«, da es eine »charakterlose Menschengruppe« bevorteilen würde. Die Verhältnisse würden die Zunahme an »bedürfnislosen, minderwertigen, fremdrassig-gemischten Elementen« fördern, die in der Natur nicht überleben könnten, aber in dieser sozioökonomischen Verzerrung erfolgreich seien. Das habe zur Folge, dass die kapitalistische Zwei-

104 Vgl. ebd., S. 214.

105 Vgl. ebd., S. 216.

106 Vgl. Heinz Potthoff, Monismus, Volkswirtschaft, Menschenökonomie. In: Das Monistische Jahrhundert. Zeitschrift für wissenschaftliche Weltanschauung und Weltgestaltung. Im Auftrag des Deutschen Monistenbundes, 1 (1912/13) 12, S. 399–403, hier 400f.

107 Vgl. ebd., S. 447.

108 Vgl. Röse, Beiträge zur europäischen Rassenkunde (1906), S. 107.

teilung in Besitzende und Besitzlose unnatürlich sei,[109] weil sie der natürlichen Ungleichheit der Anlagen der Menschen nicht gerecht werde.[110] Der Kapitalismus stellte für Woltmann und Bauer einen einseitig übertriebenen »Individualkampf« dar, welcher der natürlichen Kraft des Geschlechts schaden würde.[111] Sie forderten daher eine Chancengleichheit, sodass sich jeder frei nach seinen Fähigkeiten entwickeln könne und die Chance zur Selbstverwirklichung und Selbstverantwortung bekommen würde. Dies sei überhaupt eine Grundvoraussetzung für eine selbstverantwortliche »Fortpflanzungshygiene«, die sie sich so sehr wünschten.[112] Diese Kapitalismusdeutung ging nicht unbedingt mit dem »sozialdarwinistischen« Mainstream des Bürgertums konform, da dieser die Ungleichverteilung gesellschaftlichen Reichtums und sozialer Zugangschancen als Folge kapitalistischer Ausbeutung mit dem »Kampf ums Dasein« rechtfertigte.[113] Die dominierende, abweichende Interpretation in der PAR war sicher den sozialdemokratischen Wurzeln Woltmanns und der daraus folgenden Auswahl seiner Mitarbeiter und Anhänger geschuldet, obwohl er stets darauf bedacht war, alle politischen Lager unter dem Dach der »Rassenanthropologie und -hygiene« zu vereinen.[114]

Das gilt auch für Ploetz, der – wie im vorhergehenden Abschnitt bereits angedeutet – seine sozialdemokratischen Tendenzen ebenfalls nicht verhehlen konnte, wenn er in seinem ARG konstatierte, dass »das heutige kapitalistische System […] also durchaus nicht mit den reinen rassenhygienischen Forderungen in Übereinstimmung [ist], wie uns so manche Darwinianer glauben machen wollen«[115] und außerdem die »Österreichische Arbeiterzeitung« wie folgt beipflichtend zitierte: »Wenn einst die ökonomischen Kämpfe der Gegenwart zu dem Gleichgewichtszustand eines sozialen Staates geführt haben, dann wird allen Individuen die gleiche Möglichkeit der Entwicklung ihrer angeborenen Fähigkeiten gegeben sein. […] Dann wird eine wirkliche Auslese der Besten erst möglich sein. Dann wird der Kampf ums Dasein in der Menschheit den Sinn haben: Den Tüchtigen gehört die Welt.«[116]

Kautsky kann an dieser Stelle stellvertretend für jene »Rassenhygieniker« genannt werden, welche die schlechten Lebensverhältnisse des Kapitalismus als eine der Hauptursachen der vermeintlichen »Degeneration« der Kulturbevölkerung erachteten und sogar erst die Chancengleichheit des Sozialismus dazu in der

109 Vgl. Müller, Die natürliche Grundlage, S. 600.
110 Vgl. ebd., S. 602.
111 Vgl. Woltmann, Die Darwinsche Theorie, S. 159.
112 Vgl. ebd., S. 393.
113 Vgl. Herlitzius, Frauenbefreiung und Rassenideologie, S. 45.
114 Vgl. Weindling, Health, S. 129.
115 Ploetz, Die Tüchtigkeit unserer Rasse, S. 183.
116 Zit. nach ders., Sozialdemokratie und Rassenhygiene. In: ARG, 6 (1909) 3, S. 426f., hier 427.

Lage sahen, eine »rationelle Fortpflanzungsauslese« in der Bevölkerung zu betreiben.[117] Denn »wenn dann noch kranke Kinder in die Welt kommen würden, würde ihr Siechtum nicht mehr als Schuld der sozialen Verhältnisse, sondern einzig als persönliche Schuld der Eltern erscheinen.«[118] Unter diesen Umständen würde die öffentliche Meinung »ungünstige Fortpflanzung« verurteilen, sodass die Menschen freiwillig ärztlichen Rat vor der Ehe einholen würden. Krankheiten als Massenerscheinungen würden »ausgerottet« werden und ein »neues starkes und lebensfrohes Geschlecht« könne entstehen.[119]

1910 – und damit auf dem Zenit seines Ansehens – kann der Sozialdemokrat Kautsky als prominentes Beispiel für eine erfolgreiche Rezeption »rassenhygienischer« Positionen vor dem Ersten Weltkrieg genannt werden, die er 1892 noch ablehnte.[120] Diese Hinwendung zur »Rassenhygiene« verdeutlicht, dass es sich bei dieser damals neuen Bewegung – trotz zunächst sektenähnlicher Gestalt und geringem Wirkungsgrad in dem diskutierten Zeitraum – bereits um ein »dialektisches Konzept wechselseitiger Durchdringung und Beeinflussung von Wissenschaft und Gesellschaft«[121] mit offensichtlicher Attraktivität für alle politischen Lager handelte. Diese Anziehungskraft für Intellektuelle rührte sicher daher, dass die frühe »Rassenhygiene« – genau wie der zeitgenössische Marxismus – im Kern an die Vernunft und das logische Denkvermögen des Menschen appellierte. Vor allem »in der Abwehr des sozialdarwinistischen Antisozialismus betrat er [Kautsky] damit den als Ausweg von Ploetz und Schallmayer längst angebotenen eugenischen Königsweg.«[122] Schallmayer würde von dieser kühnen »sozialistischen Idee, das Kapital durch Verstaatlichung desselben zu neutralisieren«[123] immerhin die positive Wirkung erwarten, dass bei den Eheschließungen das »Zuchtwahlprinzip« eine größere Rolle als sozialökonomische Erwägungen spielen würde. Denn die schädlichen Folgen der unzweckmäßigen materiellen Heiraten wirkten umso stärker, je höher die Kultur entwickelt sei, sodass die Gefahr des »Rassenverfalls« und der Verdrängung durch andere Völker ebenfalls ansteigen würde. Allerdings sei dies kein unabwendbares Schicksal, denn die Kultur, die diese Verhältnisse geschaffen habe, könne diese auch wieder ändern.[124] Alfred Russel Wallace stellte diesbezüglich schon frühzeitig fest, dass sich ein korrekter

117 Vgl. Karl Kautsky, Vermehrung und Entwicklung in Natur und Gesellschaft, Stuttgart 1910, S. 261.
118 Ebd., S. 266.
119 Vgl. ebd., S. 266 f.
120 Vgl. Schwartz, Sozialistische Eugenik, S. 43.
121 Ebd., S. 14.
122 Ebd., S. 43.
123 Schallmayer, Ueber die drohende körperliche Entartung, S. 19.
124 Vgl. ebd.

»Ausleseprozess« bei sozialer Gerechtigkeit und »Gattenwahlfreiheit« der Frau von ganz allein einstelle.[125]

2.4 Fazit

Aus der Kritik und allen »Unzulänglichkeiten« des bestehenden »unnatürlichen« Systems schlussfolgerten viele Autoren die bereits erwähnte Forderung nach aristokratischen Verhältnissen, die nicht selten auch klar formuliert wurde. Da Demokratie, Plutokratie, Liberalismus, Sozialismus, Kapitalismus und die »sozialdemokratische Utopie von Gleichheit« generell das Gesamtwohl und die »völkische Einheit« zerreißen würden,[126] müsse die Ständegesellschaft diese wiederherstellen und erneut die »soziale Auslese« erleichtern und fördern.[127] Denn der Adel verdanke seine soziale Stellung seinem »edlen Blut« und müsse dieses wieder entgegen aller »herabwürdigenden Gleichmacherei« reinhalten:[128] »Diese Verhältnisse zu bessern, also eine deutsche Aristokratie an Körper und Geist zu schaffen, und stets zu mehren, sollte die wichtigste Aufgabe der Regierung sein.«[129]

Typisch »rassenhygienische«, konservative, aristokratische Gedanken[130] zur Rückkehr zu einfachen bäuerlichen Verhältnissen und der generelle Antagonismus zwischen Kultur und Konstitution bei Kritik an dem caritativen Christentum traten in den einzeln beleuchteten Diskursebenen immer wieder hervor und äußerten sich in der Kategorisierung. Auch von Ehrenfels' Gesamtkonzept von einer »sexualen Reform« basierte im Wesentlichen auf aristokratischen Veränderungen: Durch die hohen Ansprüche seiner Frauenkongregationen an die Männer werde die sexuelle gleichzeitig zu einer korrigierten sozialen »Auslese«. Korrigiert deshalb, weil die sozial besser Gestellten im bestehenden System selten auch die genetisch »besseren« Männer seien, was der »Auslese« schaden würde. Chancengleichheit durch den allmählichen Übergang zum »aristokratischem Sozialismus« sei die Lösung dafür. Eine monogame Gesellschaft sei zwangsläufig kapitalistisch, da der Vater seinen ehelichen Kindern sein Kapital vererbte, sodass

125 Vgl. Alfred Russel Wallace, Menschliche Auslese. In: Maximilian Harden (Hg.), Die Zukunft, 8 (1894), S. 10–24, hier 22.

126 Vgl. Otto Schmidt-Gibichenfels, Die Neuordnung des Bürgerstandes nach biologischen Gesichtspunkten. In: PAR, 12 (1913/14) 9, S. 449–462.

127 Vgl. Bartels, Rassenzucht, S. 633.

128 Vgl. ebd., S. 634; Otto Schmidt-Gibichenfels, Die Neuordnung der Stände auf biologischer Grundlage. In: PAR, 12 (1913/14) 6, S. 281–291; Eberhard Kraus, Was heißt Rassenverfall? In: PAR, 10 (1911/12) 10, S. 538–560, hier 551.

129 Franz Bachmann, Hygienische Reformgedanken auf biologischer Grundlage, Hamburg 1906, S. 61.

130 Vgl. Weindling, Health, S. 106.

diese über sozusagen unrechtmäßig erworbenen Wohlstand verfügen könnten, auch wenn sie »erblich minderwertig« wären. Nach seinem Konzept würde es diese »Erbungerechtigkeiten« nicht geben, sodass für von Ehrenfels die Polygamie sogar eine Voraussetzung für den Sozialismus darstellte.[131]

Die Auswertung der analysierten Fachliteratur zeigt also, dass die frühe »rassenhygienische« Bewegung äußerst heterogen mit sowohl sozialistisch-antikapitalistischen als auch reaktionär-aristokratischen und »sozialdarwinistisch«-kapitalistischen Einschlägen aufwartete. Diese sozial- und wirtschaftspolitische Bandbreite der »rassenhygienischen« Argumentationen in einem eigentlich bildungsbürgerlichen Milieu belegt erstens, welchen omnipotenten Stellenwert die Theoretiker ihrem Fachgebiet beimaßen und zweitens, dass tatsächlich versucht wurde, ergebnisorientierte Lösungen für das zeitgenössisch empfundene Problem der »allgemeinen Degeneration« zu erörtern. Dies geschah im mit »wissenschaftlichem« Anspruch bewährten Kern des Diskurses ohne viel Pathos, was zur Folge hatte, dass sowohl »rassenphantastische« Schwärmereien, aber auch humanistische Beweggründe in den Hintergrund der Diskussionen traten und auch in der obigen Analyse größtenteils ausgeblendet wurden. Die antikapitalistischen Tendenzen dürfen zum Beispiel nicht als Ausdruck von reiner Nächstenliebe für das geschundene Proletariat verstanden werden, sondern entstanden primär aus »rassenhygienisch«-biologischem Kalkül. Das bestätigt außerdem die eingangs formulierte Hypothese, dass in der vorangegangenen Arbeit angeschnittene utopische Ausbrüche in fanatisch antisemitische und germanophile Richtungen zwar keine Ausnahme bildeten, aber den Diskurs keinesfalls bestimmten.

Zeitgenössische Kontinuitäten und Transformationen in den Motiven und gefühlten Zwängen für dieses oben beschriebene Drängen auf einen Wertewandel werden im Folgenden beleuchtet.

3. Auf dem Weg zur »Rassenhygiene« als »neue Religion«

3.1 Zwischen Kulturpessimismus und Fortschrittsoptimismus

All diese weit ausschweifende Kritik, die diskutierten Überlegungen und vorgeschlagenen Maßnahmenkataloge entstanden aus einem gefühlten Handlungszwang heraus, der aus einem zeitgenössisch-repräsentativen Kulturpessimismus resultierte und kulturkritische Züge aufwies. Sozialer Wandel in den Industrie-

131 Vgl. von Ehrenfels, Sexuale Reform, S. 979 f.

zentren,[132] Geburtenrückgänge in den europäischen Großmächten,[133] »asiatische und slawische Einwanderungsbewegungen« überall auf der Welt und die aufgeheizte Stimmung im Vorfeld des Ersten Weltkrieges[134] ließen in den Aufsätzen oft die Angst erkennen, dass die Deutschen oder deren übergeordnete »Rasse« dem Weltwettbewerb nicht mehr standhalten könnten und untergehen würden, wenn die allgemeine, durch eine Vielzahl von Ursachen geförderte »Degeneration« nicht aufgehalten werde.[135] Die abendländische Kultur unterliege einer Reihe von vom Menschen selbst geschaffenen Einwirkungen, von denen nach von Ehrenfels feststehen würde, dass sie aufgrund ihrer »kontraselektiven« und fruchtbarkeitshemmenden Wirkungen eine »Entartung« zur Folge hätten: »Selbst wenn im Übrigen alle Bedingungen normal wären und die so sehr geschwächte Auslese keine fehlerhafte Richtung besäße […], könnte aus dem Tiefstand der Auslese allein schon auf einen sich abspielenden Degenerationsprozess geschlossen werden. Aber die Prognose steht noch viel schlimmer.«[136]

Vor allem bei von Ehrenfels ließ sich die bei vielen Autoren nachlesbare Tendenz zum Umschlagen der anfänglichen Euphorie in Existenzangst wahrnehmen, sodass die »Rassenhygiene« zunehmend mehr als letzte Rettung, denn als Chance interpretiert wurde, und »der Arier den Antrieb zur sexualen Reform erst dann empfangen [wird], [wenn] die Woge der mongolischen Hochflut ihm an den Hals reicht.«[137]

Für Kossmann stellten vor allem die geistigen Erbanlagen der Bevölkerung – wie zum Beispiel Gemeinsinn – die wichtigsten Werte dar, denn sowohl materieller Besitz als auch Wissen und Kultur könnten verloren gehen bzw. deren Exklusivität verlieren.[138] Durch »unzweckmäßige Züchtung« sei allerdings auch die Weitergabe der günstigen gemeinsinnstiftenden Erbanlagen in Gefahr, weshalb hier staatliches Eingreifen gleichbedeutend mit Selbstschutz wäre.[139] Denn »wie er [der Staat] nur entstehen konnte durch das Heranwachsen

132 Jörg Vögele weist auf eine retrospektiv betrachtet weniger katastrophale Entwicklung hin, als sie die Zeitgenossen vermutlich empfanden: »Vor allem die Städte und die Großstädte litten als Zentren der Industrialisierung zunächst am stärksten unter den radikal gewandelten und instabilen Lebensbedingungen, die Urbanisierung und Industrialisierung mit sich brachten. In der langfristigen Entwicklung profitierten die städtischen Gebiete jedoch am stärksten vom steigenden Lebensstandard.« Vögele, Sozialgeschichte städtischer Gesundheitsverhältnisse, S. 247.

133 Vgl. Herlitzius, Frauenbefreiung und Rassenideologie, S. 62.

134 Vgl. Rüdiger vom Bruch, Das wilhelminische Kaiserreich: eine Zeit der Krise und des Umbruchs. In: Grunewald/Puschner (Hg.), Krisenwahrnehmungen in Deutschland um 1900, S. 10–23, hier 21.

135 Vgl. ebd., S. 67; Turda, Modernism and Eugenics, S. 25.

136 Von Ehrenfels, Die konstitutive Verderblichkeit der Monogamie, S. 805.

137 Ders., Monogamische Entwicklungsaussichten, S. 717.

138 Vgl. Kossmann, Züchtungspolitik, S. 61.

139 Vgl. ebd., S. 70.

altruistischer Instinkte, so muss er auch mit deren Schwinden zugrunde gehen.«[140] Für Eberhard Kraus resultierten daraus auch moralische Defizite, die sich bereits in der mangelnden Aktivität und Expansionsfreude der Deutschen zeigen würden.[141] An dieser Inaktivität sei allerdings nicht das Christentum Schuld, wie teilweise behauptet wurde, denn dieses sei selbst bereits eine Folge der durch den »Rassenverfall« begründeten lethargischen Flucht in jenseitige Philosophien. Dieser schleichende Untergang eines Kulturvolkes sei aber eine natürliche und unabwendbare Entwicklung und das einzige Ziel dabei könne sein, diesen Prozess zu verlangsamen.[142] Möbius äußerte sich stets ähnlich pessimistisch, da man gegen die Vererbung überhaupt nichts tun könne, »denn wir können nicht verhindern, dass kranke Kinder erzeugt werden.«[143] Die nordamerikanischen Ehegesetze hielt er hierzulande für undurchführbar, sodass nur der Kampf gegen den »degenerativ« wirkenden Alkohol bleiben würde, wenn dies nicht auch Privatsache sei. Er zeichnete ein negatives Zukunftsbild: »Wenn es so weiter geht, wie jetzt, so geht das Volk zugrunde, trotz Freiheit, Bildung und Reichtum, denn die Quelle des Lebens versiegt, die geschlechtliche Tüchtigkeit nimmt mehr und mehr ab.«[144] Auch eine »Rassenzucht« nach spartanischem und altgermanischem Muster sei nur durch eine Rückbesinnung auf die Einteilung des Volkes in Stände und »Blutklassen« möglich und daher in seinen Augen utopisch.[145] »Es ginge wohl, aber es geht nicht!«[146], fasste Kuhlenbeck diese pessimistische Sichtweise zusammen.

Homogenität in der »Rassenhygiene«-Bewegung wäre jedoch auch bei den Hoffnungen und Ängsten der falsche Eindruck, denn Alternativen zu diesem Grundtenor und den düsteren Schlussfolgerungen daraus waren ebenfalls nachzulesen. Schulz, der sich schon zur Kriegsfrage zuversichtlich meldete, meinte beispielsweise, dass die »körperliche Degeneration« zugunsten des Geistes zwar unaufhaltsam sei, da der Mensch im »Kampf ums Dasein« schlicht nicht mehr auf Körperkraft angewiesen sei. Dass auch sportliche Betätigung daran nichts änderten, müsse aber nicht unbedingt schlecht sein, da die Menschheit seit jeher daraufhin arbeiten würden, körperliche Arbeit und Anstrengung zu reduzieren und durch geistige Arbeit in Form von Maschinen zu ersetzen.[147] Zudem sei ein

140 Ebd., S. 113.

141 Vgl. Eberhard Kraus, Was heisst Rassenverfall? Beiträge zur Rassenkunde, Hildburghausen 1910, S. 8.

142 Vgl. ebd., S. 9.

143 Paul Julius Möbius, Geschlecht und Entartung, Halle (Saale) 1903, S. 44.

144 Ebd., S. 45.

145 Vgl. Kraus, Was heisst Rassenverfall?, S. 26.

146 Ludwig Kuhlenbeck, Das Evangelium der Rasse – Briefe über das Rassenproblem, Prenzlau 1905, S. 67.

147 Vgl. Otto Schulz, Körper- oder Geisteskultur? In: PAR, 7 (1908/09) 10, S. 553–556, hier 553.

starker Körper immer auch ein Mittel zu Gewalt und Unterdrückung gewesen, wohingegen Milde, Humanität, Klugheit und »Sittlichkeit« als Folge geistiger Kultur eher den Frieden fördern würden. Der menschliche Körper müsse also gar nicht mehr so stark sein, sondern vor allen Dingen zweckmäßig und gesund: »Wir tun also ganz recht, unser Hauptgewicht auf die geistige Entwicklung zu legen. Wir büßen dabei nichts ein, was wir noch nötig haben, schaffen aber neue Formen und Zustände, die das Leben lebenswerter machen.«[148] Derartige zuversichtliche Entspannung im Sinne eines Laissez-faire bildete jedoch die Ausnahme von der Regel. Denn wenn der Kritik am bestehenden System und den Wünschen nach Werte- und Gesellschaftswandlungen, die das Bild des besprochenen Diskurses unzweifelhaft prägten, keine pessimistischen Untergangsvisionen zugrunde lagen, dann war es der aktionistische Glaube an den zu fördernden Fortschritt: »Sein [des Menschen] höchstes Ziel ist die Herbeiführung des Zustandes der Durchorganisation, d. h. nichts Geringeres als der Aufstieg zu einer höheren und edleren Art von vernünftigen Wesen, als deren bisher eines überhaupt auf der Erde gelebt hat.«[149]

Gefördert durch die neue Qualität der naturwissenschaftlichen Erkenntnisse und Möglichkeiten wohnten dem Glauben an den Fortschritt Hoffnungen und Träume inne, die nicht selten in Euphorie gipfeln und religiöse Züge annehmen konnten.[150] Denn die praktischen Mittel zur Bekämpfung der gefürchteten »Degeneration«, welche die Kosten für das Gesundheitswesen senkten und die Nation stärken könnten, seien gleichzeitig zur biologischen »Höherzüchtung« der eigenen Art geeignet und schienen dank des wissenschaftlichen Fortschritts nun zum Greifen nah: »Auch nicht der Schatten eines Beweises lässt sich dafür erbringen, dass die Entwicklung des organischen Lebens mit der Bildung des Menschen in eine Sackgasse geraten sei, von der aus es keinen Schritt nach vorwärts mehr gebe.«[151]

Ribbert spiegelte exemplarisch die ganze Bandbreite der Gefühlswelt eines zeitgenössischen »Rassenhygienikers« wieder, wenn er zunächst feststellte: »Im Allgemeinen aber können wir daran festhalten, dass krankhafte Zustände nicht zu wesentlichen typischen Eigenschaften des Menschengeschlechts werden. Die Menschheit als Ganzes schüttelt gleichsam die Krankheit wieder von sich ab und geht unbeirrt durch sie ihren Weg weiter.«[152]

Derartig optimistische Sorglosigkeit ließ er acht Jahre später bereits vermissen, als er beschrieb, dass erbliche Krankheiten außerordentlichen Schaden an der »Rasse« verursachen und immer wieder auftauchen würden, weshalb man

148 Ebd., S. 556.
149 Franze, Das höchste Gut, S. 154.
150 Vgl. Harms, Biologismus, S. 91; Turda, Modernism and Eugenics, S. 21.
151 Von Ehrenfels, Die aufsteigende Entwicklung, S. 55.
152 Ribbert, Ueber Vererbung, S. 29.

sich nicht auf die Selbsthilfe der Natur verlassen könne.[153] Das bedeutete für ihn in der Konsequenz, dass bei unbedingter Beibehaltung und Weiterentwicklung des gegenwärtigen hygienisch-medizinischen Standards gleichzeitig Ehegesetzgebungen wie in den USA die Geburt »Minderwertiger« nach Möglichkeit verhindern müssten.[154] Aber zuvor müsse es den Menschen durch entsprechende Erziehung und Aufklärung »in Fleisch und Blut übergehen, dass es ein Unrecht, ja vielfach geradezu ein Verbrechen ist, Kinder in die Welt zu setzen, die von Hause aus krank sind.«[155]

Das heilige, praktische Mittel zur Erreichung aller Ziele würde nun also »Rassenhygiene« heißen, denn »der Mensch muss sein Schicksal selbst in die Hand nehmen und die unheilvollen Zustände hinwegräumen, indem er eine vorbedachte Auslese einrichtet.«[156] »Eugenics« bedeutet nach Galton »die Lehre von Einflüssen, welche die angeborenen Anlagen einer Rasse verbessern und zu den möglichst größten Leistungen entfalten.«[157] Diese neue biologistische Lehre vom Menschen eröffnete die Perspektive, »wissenschaftlich« fundiert auf die künftige anthropologische Zusammensetzung der Menschheit Einfluss zu nehmen.[158] Praktisch würde das bedeuten, dass »gut veranlagte« Gruppen der Bevölkerung mehr als verhältnismäßig zur Fortpflanzung gefördert würden und gleichzeitig die Aufhebung »kontraselektiver« Wirkungen der Kultur, die Begünstigung des Überlebens und Fortpflanzens »Minderwertiger« beendet werde. Dafür müsse laut Galton neben der Erforschung und Verbreitung der Vererbungsregeln und der statistischen Erfassung der aufstrebenden Familien, ähnlich einer Ahnentafel,[159] vor allem eine andauernde Propaganda für die Bedeutung der »Rassetüchtigkeit« betrieben und »untüchtige« Ehen gesellschaftlich unterminiert werden: »Es ist ganz begreiflich, dass eine nicht-eugenische Heirat in Zukunft nicht weniger Abscheu hervorrufen wird, als es jetzt die zwischen Bruder und Schwester tut.«[160]

---

153 Vgl. ders., Rassenhygiene. Eine gemeinverständliche Darstellung, Bonn 1910, S. 45.

154 Vgl. ebd., S. 61.

155 Ebd., S. 63.

156 Hegar, Die Untauglichkeit, S. 102.

157 Galton zit. nach L. W. Roberts, Die Gründung einer soziologischen Gesellschaft in England. In: PAR, 4 (1907/08) 8, S. 456–461, hier 458.

158 Vgl. Grosse, Kolonialismus, S. 44; Levine, Eugenics, S. 1: »Grounded in the biological and statistical sciences, eugenics hoped to improve the genetic quality of human stock and reduce human suffering by focusing on ways to control and improve reproductions.«

159 Vgl. Galton zit. nach Roberts, Die Gründung einer soziologischen Gesellschaft in England, S. 458; Galton, Entwürfe zu einer Fortpflanzung-Hygiene, S. 813.

160 Ebd., S. 820.

3.2 Wertewandel durch Aufklärung und Erziehung

Die Umwälzungen, Entwicklungen und Entdeckungen der neueren Zeit hätten laut Kurt Goldstein die Folge, dass es »zu einer Vernichtung von Werten [kommt], ohne dass schon das Mittel gefunden wäre, die neuen Erfahrungen, die die Grundlage für die Schaffung neuer Werte liefern könnten, zusammenzufassen und zu neuen gesicherten Lebensanschauungen zu verarbeiten«.[161] Daraus würde ein Gefühl der Unsicherheit, Überanstrengung, Nervosität und Depression folgen. Außerdem die intensive Beschäftigung mit der eigenen Person, Subjektivismus und Egoismus, sodass die »Sittlichkeit« und die religiösen Gefühle allen möglichen Mitteln zur Betäubung weichen würden.[162] Wie bereits in dieser Arbeit beschrieben, wurde diese Betäubung durch allerlei Rauschmittel und sonstige »keimschädliche« Lebensgewohnheiten direkt für die sinkende »Qualität« und »Quantität« der kommenden Generationen verantwortlich erklärt, andererseits würde dieses moderne Verschwimmen von Werten und deren Folgen der »Rasse« indirekt und langfristig schaden. Denn Schallmayer entgegnete der »zeitgenössischen schwammigen Naturphilosophie«, dass die »Rasse« eben nicht für sich selbst sorge, was durch das »Aussterben« und Untergehen zahlreicher »Rassen und Arten« bewiesen sei. Hinzukomme, dass sich die äußeren Umstände des Menschen mittlerweile ungleich schneller verändern würden, als seine biologischen Erbeigenschaften. Die erbbiologische Anpassung könne unter dem gewandelten Milieu ungünstig werden oder verlustig gehen, was einen Niedergang der erreichten »Rassentüchtigkeit« zur Folge haben könne. Eine »generative Ethik« könne nun verhindern, dass sich das immerwährende Schicksal des Untergehens der »Kulturvölker« nach ihrer Blütezeit tatsächlich wiederholt:[163] »Soll die nötige Harmonie wieder zustandekommen, so muss eben die menschliche Intelligenz künftig auch der generativen oder rassedienstlichen Trieb- und Instinktgruppe ausgleichend zugutekommen.«[164] Dies stelle laut Schallmayer auch den einzigen Weg dar, auf dem sich die menschliche Intelligenz immer höher und höher entwickeln könne, ohne dabei der Menschheit zu schaden, denn »die menschliche Intelligenz birgt auch das Vermögen in sich, für den von ihr angerichteten Schaden Ersatz zu leisten.«[165] Die Darwin'sche Theorie gebe eben nicht nur neue Einsichten in den Mechanismus der treibenden und richtenden Kräfte der sozialen und kulturellen Entwicklung, sondern auch neue Wertungen und neue Ziele zur Forderung teilweiser Umgestaltung unserer gesellschaftlichen Einrichtungen und »sittlichen Anschauungen«.[166] Dies

161 Goldstein, Über Rassenhygiene, S. 47f.
162 Vgl. ebd., S. 48.
163 Vgl. Schallmayer, Generative Ethik, S. 215–217.
164 Ebd., S. 224.
165 Ebd., S. 225.
166 Ders., Vererbung und Auslese, S. VII–VIII.

kristallisierte in der Erkenntnis, dass »jede Politik, die mit den Erbgütern des Volkskörpers Misswirtschaft treibt, [...] eine schlechte Politik [ist], mögen ihre momentanen Ergebnisse noch so glänzend sein.«[167]

Denn die angeborenen und vererbbaren Anlagen und Fähigkeiten der Menschen seien laut von Ehrenfels für die obersten Leitziele von Moral und Humanität am wichtigsten,[168] weshalb ein einwandfreier Maßstab zur Bewertung dieser »Rassencharaktere« hier Klarheit bringen würde. Da die Anerkennung des größtmöglichen Wohls der Gesamtheit aller wohl kaum als oberstes Ziel außer Frage stehe, sei diejenige menschliche »Rassenveranlagung« am »hochwertigsten« einzustufen, von der die größte Förderung eben dieses Wohles zu erwarten sei. Auch wenn es noch nicht ganz klar sei, was diese Anlagen seien und wie das größtmögliche Wohl aussehe, müssten dieses obengenannte Prinzip alle Moraltheoretiker einsehen.[169] Von Ehrenfels versuchte, sich der Beantwortung der aufgeworfenen Fragen zu nähern, indem er als erstes und alles bestimmende Kriterium festhielt, dass die »Rasse« auf Dauer existenz- und zivilisationsfähig sein[170] und sich unter dem gegebenen Milieu am besten entfalten, das heißt die vorhandenen Naturkräfte am vollkommensten ausnutzen und sich fortpflanzen können müsse.[171] Dafür seien nach von Ehrenfels vor allem die ingeniösen, aktiven und produktiven[172] »Rassenelemente« geeignet, sodass deren Förderung im Sinne aller stehen würde, was zurzeit aber selten erkannt bzw. praktiziert werde.[173] Diese sozial-ethische Berücksichtigung von Darwins Lehre führe dabei laut dem beipflichtenden Becher nicht zu rücksichtslosem Egoismus, »sondern steigert in ungeheurem Maße unsere Verantwortung, fordert Opferfreudigkeit, Pflichtgefühl und klarschauende Liebe zur Menschheit«.[174]

Widerstand gegen diese Kausalitäten formulierte Bernhard Rawitz, laut welchem diese Kultur noch viel zu jung sei, um bereits eine anatomische Umgestaltung des Gehirns in egal welche Richtung bewirkt zu haben. Anthropologische Weiterentwicklungen der Menschheit seien lediglich die Folge der einschneidenden Milieuveränderungen seit der letzten Eiszeit. Er verwahrte sich also gegen die Behauptung, geistige Eigenschaften, wie die oben beschriebenen, könnten vererbt werden. Denn wäre dem so und Laster und Tugenden wären tatsächlich erblich bedingt, dann wäre alle philosophische Ethik ja wert- und sinnlos.[175]

167 Ebd., S. X.
168 Vgl. Christian von Ehrenfels, Leitziele zur Rassenbewertung. In: ARG, 8 (1911) 1, S. 59–71, hier 59.
169 Vgl. ebd., S. 60 f.
170 Vgl. ebd., S. 61.
171 Vgl. ebd., S. 65.
172 Weiterführend zur Thematik »aktive« und »passive« Rasse vgl. ebd., S. 66–70.
173 Vgl. ebd., S. 71.
174 Becher, Der Darwinismus und die soziale Ethik, S. 67.
175 Vgl. Bernhard Rawitz, Die Unmöglichkeit der Vererbung geistiger Eigenschaften beim Menschen. In: Biologisches Zentralblatt, 24 (1904) 12, S. 396–408, hier 401.

Trotz derartiger Einwände bzw. Unstimmigkeiten legten alle »Rassenhygieniker« der Zeit also ihre Hoffnungen darin, die zeitgenössischen Umwälzungen, die schlechte Lebensbedingungen und schwindende Moral zur Folge hätten, ohne die drohende Erfüllung im unabwendbar scheinenden Schicksal der römischen Dekadenz zu überstehen und aus dem »Teufelskreis« des zwangsläufigen Untergangs aller vergangenen Hochkulturen auszubrechen, indem sie der Wissenschaft vertrauten.[176] Denn nur die »moderne Wissenschaft« – zu der sie die »Rassenhygiene« zählten – sei dazu imstande, die Entwicklung des menschlichen Lebens so zielführend zu modifizieren, dass die durch den Fall der Religionen entstandene Disharmonie in Harmonie umgeformt werden könne. Elias Metschnikoff sah das Heil der säkularisierten und fatalistischen Menschheit also ebenfalls in einem Wertewandel: »Da aber die Natur des Menschen nicht unveränderlich ist, kann sie zum Nutzen der Menschheit modifiziert werden. Die Moral muss also nicht auf die menschliche Natur, verderbt, wie sie heute ist, sondern auf die ideale menschliche Natur, wie sie in der Zukunft sein muss, gegründet werden.«[177] Die Menschheit sei sogar verpflichtet, alles für dieses allerdings noch weit entfernte Ziel zu tun.[178]

Näcke hielt den geforderten Wertewandel für realistisch und ihn stimmten diese Lösungsansätze optimistisch. Er äußerte sich erfreut darüber, dass das »Dogma der Menschen- und Rassengleichheit« dank der »modernen Wissenschaft« mehr und mehr als falsch anerkannt werde und forderte, dass diese Erkenntnis auch die künftige Sozialpolitik beherrschen solle.[179] In diesem Zusammenhang wies er darauf hin, dass die Biologie lehren würde, dass jede Progression mit irgendeiner Regression parallel verliefe, was dem bereits häufiger zitierten Nullsummenspiel entsprach. Gewisse »Entartungserscheinungen« würden also einen regelmäßigen Bestandteil des gesunden und sozialen Organismus ausmachen und jede Kultur habe gewisse Schattenseiten, die aber durch die Besserung des Milieus und entsprechender »Rassen- und Gesellschaftshygiene« mehr als ausgeglichen werden könnten, sodass eine totale »Entartung« der Kultur keine Zwangsläufigkeit sei.[180] Näcke vertrat also den durchaus optimistischen Standpunkt, man solle doch der Natur vertrauen, ihr Bestreben aber nach besten wissenschaftlichen Kräften unterstützen, was auch bedeute, dass man sich vor falscher Humanität hüten müsse.[181] Bauer stimmte ihm zu und war sich sicher,

176 Vgl. Levine, Eugenics, S. 7: »This trust in the universal power of science made eugenics an international movement and not one limited to Western countries.«

177 Elias Metschnikoff, Studien über die Natur des Menschen. Eine optimistische Philosophie, 2. Auflage, Leipzig 1910, S. 381.

178 Vgl. ebd.

179 Vgl. Näcke, Zur angeblichen Entartung der romanischen Völker, S. 381.

180 Vgl. ebd., S. 382.

181 Vgl. ebd., S. 384.

dass »in einer planmäßigen, auf naturwissenschaftlicher Basis aufgebauten Rassenhygiene […] wir mit der Zeit das interkonfessionelle Bindemittel einer einheitlichen Moral finden [werden].«[182]

Dies setze, dem Konsens der »Rassenhygienebewegung« entsprechend, eine reformierte Bildung und Aufklärung voraus, denn »ohne weit verbreitetes soziales Pflichtgefühl müssten die vortrefflichen sozialen Ideen und Reformen unfruchtbar bleiben«,[183] weshalb Schallmayer in den Schulen eine – Aristoteles ähnliche – Belehrung über die Pflichten gegenüber dem »Vaterland« forderte.[184] Zurzeit werde die »Sittlichkeitslehre« noch den kirchlichen Dogmen überlassen, was aber völlig obsolet sei. Dieses Moralvakuum, das die bröckelnden Religionen hinterlassen hätten, wirkte sich gerade auch bei den höheren Schichten bedenklich aus.[185] Dabei zeigten asiatische Beispiele, dass es keiner übernatürlichen Herkunft der Suggestion bedürfe, um eine Lehre heiligen Charakters zu verbreiten. Es müsse ein »Opfersinn« erweckt werden, der sich auf die gegenwärtige, aber vor allem auch auf die künftigen Generationen erstrecke.[186] Auch für Unold stellte die »sittliche« Bildung und Erziehung das Haupterfordernis dar, wenn die übrigen Kulturfortschritte und Errungenschaften sich erhalten und weiterentwickeln sollten.[187] Die momentane Schulbildung dagegen beginne zu früh und sei zu einseitig auf die spätere Erwerbsfähigkeit angelegt. Dabei sei die Steigerung der Denk- und Arbeitskraft, Sport-, Spiel- und Sozialkompetenz wichtiger, als unnützes Wissen einzutrichtern.[188]

Da die menschliche Gemeinschaft im steten Fluss des geschichtlichen Fortschritts begriffen sei, müsse die Freiheit der Entwicklung das oberste Gesetz des sozialen Lebens sein. Aus diesem Grund sah Woltmann die moralische Erziehung zur Freiheit und Selbstbestimmung als einzigen Weg zur sozialen Gerechtigkeit. Denn so entstehe ein ganz anderes Verantwortungsbewusstsein der Menschen sich und den kommenden Generationen gegenüber, die auf lange Sicht die Bekämpfung von Krankheiten und Verbrechen nahezu überflüssig werden lasse.[189] Kossmann forderte deshalb im Interesse des Staates Chancen-

182 Kritische Besprechung von W. von Hoffmann zu: Ludwig Bauer, Die Schularztfrage, München. In: ARG, 3 (1906) 6, S. 903.

183 Wilhelm Schallmayer, Vererbung und Auslese im Lebenslauf der Völker. Eine staatswissenschaftliche Studie auf Grund der neueren Biologie, Jena 1903, S. 308.

184 Vgl. ebd., S. 306.

185 Vgl. ebd., S. 305.

186 Vgl. ebd., S. 308.

187 Vgl. Johannes Unold, Aufgaben und Ziele des Menschenlebens, Nach Vorträgen im Volkshochschulverein zu München, 4. verbesserte Auflage, Leipzig 1915, S. 76.

188 Vgl. Schallmayer, Vererbung und Auslese im Lebenslauf der Völker, S. 314; von Ehrenfels, Die konstitutive Verderblichkeit der Monogamie, S. 822.

189 Vgl. Woltmann, System des moralischen Bewußtseins, S. 370.

gleichheit im Bereich der Bildung.[190] Völlig freier Unterricht mit dem Fokus auf die Ausbildung der Fähigkeit zur Assoziation, Phantasie usw. und einer »auslesefördernden« Niveauabstufung würden den Wert dieser allgemeinen Bildung für das Gemeinwesen steigern.[191] Arthur Ruppin verurteilte zwar ebenfalls die finanzielle Chancenungleichheit im Bereich der Bildung,[192] schlug aber auch in diesem Sektor eine vorausgehende »Bewertung und Auslese« zur Effektivitätssteigerung vor: »Der Erzieher muss in den angeborenen Eigenschaften des Kindes bereits ein geeignetes Feld für seine Tätigkeiten vorfinden, damit er nicht in die Lage kommt, auf steinigen Boden pflügen zu müssen.«[193] Der Erfolg von Erziehung und Bildung sei abhängig von den »natürlichen Anlagen«, weshalb für Ziegler schon allein deswegen der Gedanke einer gleichmäßigen Volksbildung »Utopie« sei.[194]

Ob nun Volksbildung oder elitäre Bildung der höheren Klassen: Auf diese Vorbildung aufbauend, war Eugen Fischer davon überzeugt, dass sich die »Rassenhygiene« und »Rassenanthropologie« Bahn brechen würden, denn »dem Studium der Rasse und nachher der Pflege bestimmter Rassenkomponenten gehört die Zukunft!«[195] Er verstand die »Rassenhygiene« als den therapeutischen Zweig der Anthropologie, der – unabhängig von den Werturteilen über »Rassen« – das »Volk« und den Staat als solches zu erhalten suchte.[196] Dazu müssten »Keimgifte« bekämpft werden und die Menschen sich fortpflanzen wollen.[197] Fischer predige also keine »Menschenzüchtung«, sondern eine Aufklärung und Sensibilisierung, vor allem der »aussterbenden« »oberen« sozialen Schichten, zur Selbstbestimmung, emanzipiert vom Prinzip der »Gleichmacherei« der sozialen Fürsorge für die »Schwachen« und »Elenden«. Er baute hier, wie seine in Klassen denkenden Kollegen, auf die Vorbildfunktion der höheren Schichten bzw. darauf, das »generative Bewusstsein« der höheren Schichten für das künftige Wohl aller zu wecken. Der geforderte Wertewandel wirke eben auch der »Proletarisierung« entgegen, in dem der Nachwuchs der »höheren« auf Kosten des Nachwuchses der »elenden« Klassen gesteigert werde: »Dem oft geäußerten Grundsatz, dass die Lasten nach der Tragfähigkeit der Schultern verteilt werden sollen, muss von rassenhygienischer Seite der andere entgegengestellt werden, dass man die Lasten denen leichter machen soll, die für die Erzielung

190 Vgl. Kossmann, Züchtungspolitik, S. 172.
191 Vgl. ebd., S. 178.
192 Vgl. Arthur Ruppin, Darwinismus und Sozialwissenschaft, Jena 1903, S. 122.
193 Ebd., S. 46; vgl. auch Hegar: »Die Statue ist gegossen und was noch weiter geschieht, ist nur eine feinere Ausarbeitung der Ziselierung.« Hegar, Der Geschlechtstrieb, S. 137.
194 Vgl. Ziegler, Die Chromosomen-Theorie, S. 812.
195 Eugen Fischer, Sozialanthropologie und ihre Bedeutung für den Staat. Vortrag gehalten in der Naturforschenden Gesellschaft zu Freiburg i. Br. am 8. Juni 1910, Freiburg i. Br. 1910, S. 20.
196 Vgl. ebd., S. 23.
197 Vgl. ebd., S. 28.

eines gesunden, großen und starken Volkes wertvoller sind, oder wenigstens, dass man die minder wertvollen Elemente nicht grundsätzlich begünstigt.«[198]

Aus diesem Grund hießen er und der hier zitierte Solger »rassenhygienische« Vorreiterorganisationen wie Galtons »Society« und Ploetz' »Internationale Gesellschaft für Rassenhygiene« willkommen.[199] Die Mitgliedschaft in diesen Vereinigungen war zwar nicht gleichbedeutend mit einer völligen Übereinstimmung mit den vorgeschlagenen oder geforderten »rassenhygienischen« Maßnahmen, jedoch waren sich deren Mitglieder aus allen politischen und konfessionellen Lagern darüber einig, dass die Förderung und Verbreitung eines entsprechenden Bewusstseins für derartige »rassenhygienische« und bevölkerungspolitische Problemstellungen unbedingt notwendig sei.[200]

Rüdin wünschte sich darüber hinaus bzw. zur Förderung der oben genannten Ansätze eine Reichstagspartei, welche die »Rassenhygiene« vertritt, denn alle derzeitigen Parteien würden sich mit Wirtschaft und Religion um »hygienisches Flickwerk« kümmern, was mit dem Fokus auf den »Schutz der Schwachen« oftmals eher »kontraselektive Auswirkungen« habe. Wenigstens aber die parteiunabhängigen »rassenhygienischen« Forderungen von Bildung, Aufklärung und Bekämpfung von Alkoholismus, Geschlechtskrankheiten und »schändlichen« Ehen sollten die Parteiprogramme als allgemeingültig berücksichtigen.[201] Dementsprechend begeistert kommentierte er die 1907 in der württembergischen Kammer der Abgeordneten von Bauer geforderte »Verhütung erbkranken Nachwuchses«. Für Bauer sei es ein viel schwereres Verbrechen, bewusst »erbkranken Nachwuchs« zu zeugen, als einen Menschen zu töten. Dafür müsse Verständnis in der Bevölkerung erworben werden, sodass die Einschränkung der Fortpflanzung als ebenso legitim empfunden würde, wie Gefängnisstrafen für »Verbrecher«.[202]

Denn leider schütze Hegar zufolge auch die – oben zum Teil präferierte – »instinktive Liebesehe« nicht vor einer »schlechten Gattenwahl«, denn »der allgemeine Geschmack hat eine falsche Richtung eingeschlagen, und der Instinkt muss durch verständige Überlegung erst wieder in richtigere Bahnen gelenkt werden«.[203] Da es noch keine entsprechende Gesetzgebung gebe, solle es nach Eduard Hirt aber eine Ehrenpflicht sein, als »schwer Entarteter« auf die Fortpflanzung zu verzichten. Dieses Höchstmaß an Altruismus zum Wohle der folgenden Generationen setze einen Wandel der ethischen Vorstellungen des

198 Solger, Rassenhygiene und Reichsfinanzreform, S. 585.
199 Vgl. Fischer, Sozialanthropologie, S. 26.
200 Vgl. Stöckel, Säuglingsfürsorge, S. 53.
201 Vgl. Ernst Rüdin, Der neue Reichstag und rassenhygienische Aufgaben. In: ARG, 4 (1907) 1, S. 139–141, hier 140.
202 Vgl. ders., Die Rassenhygiene in einem deutschen Parlament. In: ARG, 4 (1907) 4, S. 569 f.
203 Hegar, Der Geschlechtstrieb, S. 151.

modernen Menschen zu »rassenhygienisch« richtigem Verhalten hin voraus.[204] Denn da die »sexuelle Auslese« den Individuen überlassen werden müsse und der Kampf gegen die »Kulturschädigungen«, Luxus und Erschöpfung ebenfalls nur durch Aufklärung und Erziehung geführt werden könne, sei eine biologische Ethik und ein neues »sittliches« Verantwortungsgefühl notwendig, sodass laut Allers die »Rassenhygiene« nur zu einer Festigung, nie zu einer Lockerung »sittlicher« Gebote führen könne.[205] Der aufgeklärte Umgang mit dieser Problematik würde ebenfalls beinhalten, dass die »entarteten« Kinder von Anfang an mit ihrer Ausnahmestellung konfrontiert, aber auch in ihren Möglichkeiten erzogen und gepflegt würden. Die »Schwachen« selbst seien ja nicht schuld an ihrer Schwäche, es solle ihnen lediglich die Fortpflanzung ihrer Schwäche untersagt werden, pflichtete Pearson ihm hier bei.[206]

Woltmanns oben postulierte soziale Gerechtigkeit durch Freiheit und Selbstbestimmung setzte nach all dem Gesagten also ein recht hohes Maß an gemeinsamen Moralvorstellungen voraus, die auf »sittlich korrekter« Erziehung basieren würden. Dieser eigentümlich kollektivistische Freiheitsbegriff wird weiter unten näher zu betrachten sein.

3.3 Exkurs II – I. Internationale Hygiene-Ausstellung Dresden 1911

Die Notwendigkeit einer umfassenden »Volkserziehung« wurde auch von anderen, nicht der »Rassenhygienebewegung« angehörenden Wissenschaftlern und Aktivisten erkannt, sodass sich um die Jahrhundertwende weitere, sich auf das individuelle Leben eines Großteils der Bevölkerung beziehende Bewegungen mit erheblichem Sendungsbewusstsein gründeten. Gemeint ist an dieser Stelle die zeitgenössische Hygienebewegung, die sich mit dem Fortschritt der Medizin in der Bekämpfung der Infektionskrankheiten und der Kindersterblichkeit entwickelte und um 1900 in bürgerlichen Kreisen und den deutschen Reformbewegungen einen Aufschwung erfuhr.[207]

Zu verdanken war dies in Deutschland neben den dafür grundlegenden wissenschaftlichen Errungenschaften Louis Pasteurs und Robert Kochs, vor allen Dingen auch dem Industriellen Karl August Lingner, der sich mit der Produktion von Hygieneartikeln wie dem Odol-Mundwasser und der Gründung des

---

204 Vgl. Eduard Hirt, Typen nervös veranlagter Kinder und Aufgaben, Aussichten und Mittel ihrer Erziehung. In: ARG, 1 (1904) 4, S. 529–549, hier 540; Pearson, Über den Zweck und die Bedeutung einer nationalen Rassenhygiene, S. 95.

205 Vgl. kritische Besprechung von Allers zu: Becher, Der Darwinismus und die soziale Ethik, S. 573.

206 Vgl. Pearson, Über den Zweck und die Bedeutung einer nationalen Rassenhygiene, S. 93.

207 Vgl. Geulen, Wahlverwandte, S. 257; Walter A. Büchi, Karl August Lingner als Aktivist der Hygiene-Bewegung. In: Dresdner Hefte. Beiträge zur Kulturgeschichte, 29 (2011) 108, S. 4–15, hier 5.

Sächsischen Serumwerkes der Bekämpfung der Volkskrankheiten verschrieben hatte.[208] Außerdem initiierte er 1903 die »Wanderausstellung Volkskrankheiten und ihre Bekämpfung«, vor allem aber die »I. Internationale Hygiene-Ausstellung 1911 Dresden«, die vom 6. Mai bis zum 31. Oktober 1911 stattfand und mit über fünf Millionen Besuchern und einem Gewinn von über einer Million Reichsmark alle Erwartungen übertraf und daher den Ruf einer Weltausstellung der Hygiene durchaus verdient.[209] Deren erklärtes Ziel war es, dem Besucher vorzuführen »welche Gefahren den Körper bedrohen, inwieweit er dazu beitragen kann, diese Gefahren abzuwenden, und wie es möglich ist, den eigenen Gesundheits- und Kräftezustand zu erhalten und eventuell zu erhöhen.«[210] Denn Lingner erklärte, dass dem Staat durch eine vernünftige Aufklärung in Sachen Hygiene Millionenausgaben im Bereich der öffentlichen Gesundheitspflege erspart bleiben und positive Effekte auf die Wehrfähigkeit erzielt werden könnten.[211] Der Hygienebegriff und die ihm gewidmete Weltausstellung umfasste damals weit mehr als die schlichte individuelle Körperhygiene. Er antwortete nämlich auf drängende Probleme der sich dynamisch entwickelnden Industriegesellschaften mit deren scharfen gesellschaftlichen Gegensätzen.[212] Mithilfe der modernen rationalen Wissenschaften und der auf Fakten basierenden Statistik wurden die letzten Geheimnisse des Lebens entschlüsselt und sichtbar gemacht, sodass auf die Optimierung der Lebensverhältnisse des Einzelnen und der Gesellschaft hingearbeitet werden konnte.[213]

Nach all dem Gesagten dürfte ersichtlich sein, dass die »Rassenhygiene« hinsichtlich Fortschrittsglaube und »Volkserziehung« eine grundlegende Schnittmenge mit den Zielen der Hygienebewegung verband. Es verwundert daher nicht, dass diese junge und aufstrebende Bewegung mit »wissenschaftlichen« Ambitionen ebenfalls auf der Ausstellung vertreten war. Deren Abordnung wurde finanziert durch das königlich bayerische Staatsministerium des Innern für Kirchen- und Schulangelegenheiten, was vermuten lässt, dass sich bereits 1911 das Thema »Rassenhygiene« – zumindest regional – auf die Mitte der Gesellschaft zubewegte.[214] Lingner selbst ließ die kleine Sondergruppe »Fortpflanzung, Vererbung, Rassenhygiene« zwar zu und beschrieb die für Körper und Geist pro-

208 Vgl. ebd., S. 9.

209 Vgl. Klaus Vogel, Von der Totalität des Wissens zur Universalität des Menschen. Das Deutsche Hygiene-Museum 100 Jahre nach der I. Internationalen Hygiene-Ausstellung 1911. In: Dresdner Hefte. Beiträge zur Kulturgeschichte, 29 (2011) 108, S. 86–96, hier 86.

210 Zeitschrift der Internationalen Hygiene Ausstellung Dresden 1911, Dresden 1911, S. 10.

211 Vgl. Geulen, Wahlverwandte, S. 261.

212 Vgl. Vogel, Von der Totalität des Wissens, S. 88.

213 Vgl. ebd., S. 90.

214 Vgl. Klaus Vogel/Christoph Wingender, »… deren Besuch sich daher unter allen Umständen lohnt.« Die I. Internationale Hygiene-Ausstellung 1911. In: Dresdner Hefte. Beiträge zur Kulturgeschichte, 18 (2000) 63, S. 44–52, hier 50.

blematischen Entwicklungen der Kulturen ganz ähnlich,[215] distanzierte sich aber bereits früher von derartigen »Auslese-Theoretikern«.[216]

Die Gruppe wurde maßgeblich durch von Gruber und Rüdin vertreten, die in dem von ihnen herausgegebenen gleichnamigen Ausstellungskatalog[217] erklärten, dass der Auftritt auf der Hygiene-Ausstellung der erste Versuch sei, die Tatsachen der Fortpflanzung, Vererbung und »Rassenhygiene« in allgemein verständlicher Zusammenfassung vorzuführen. Unterstützt wurden sie bei diesem Vorhaben von vielen Akademikern unterschiedlichster wissenschaftlicher Institute, Hochschulen oder Heilanstalten durch Zurverfügungstellung zahlreicher Schautafeln und Tabellen.[218] Sie hofften alle, dass das Engagement auf der Ausstellung »dazu beitragen wird, die außerordentlich große Bedeutung, welche die neu errungenen Einsichten für unsere gesamte Natur- und Kulturauffassung und für unser Handeln gewinnen müssen, zum Bewusstsein führender Geister zu bringen«.[219]

Mit der Ansprache der »führenden Geister« wird ebenso das Selbstvertrauen der Bewegung ersichtlich, wie die Zuversicht, mit der Ausstellung einen Schritt in die Richtung zu gehen, tatsächlich auch Einfluss auf die praktische Politik zu nehmen. So wurden im umfangreichen Ausstellungskatalog Forderungen gestellt, wie sie auch in den vorhergehenden Kapiteln thematisiert wurden. Beispielsweise erlaube der aktuelle Kenntnisstand nicht, sicher zu sagen, ob die »Qualität« der »Kulturvölker« sinke oder steige bzw. welche genaue Rolle die Vererbung dabei spiele, weshalb systematische staatliche Erhebungen zur erbbiologischen Erfassung notwendig seien. Da durch die Wehrtauglichkeitsziffern die Vermutung nahe liege, dass die Landbevölkerung »tauglicher« sei, als jene der Stadt, sei die bereits vorangetriebene »innere Kolonisation« unbedingt weiterzuentwickeln.[220] Allerdings wurde eingestanden, dass Rückschlüsse von

215 »Mit einer beinahe lächerlichen Genauigkeit waren damals die Lebens- und Gesundheitsregeln für das Einzelindividuum durch das religiöse oder weltliche Gesetz festgelegt. [...] Wohldurchdachte Heiratsgesetze sicherten die Erhaltung der Familie und die Reinhaltung des Stammes, und strenge Vorschriften über den Geschlechtsverkehr sollten die Individuen vor Ausschweifungen und Zerrüttung behüten. [...] Erst als mit steigendem Wohlstand die strengen hygienischen Vorschriften und Gebräuche vernachlässigt wurden und an die Stelle der früheren Lebenszucht Verweichlichung und Ausschweifungen traten, gingen diese Völker ihrem Untergang entgegen.« Karl August Lingner, Katalog der Internationalen Hygieneausstellung Dresden 1911, Berlin 1911, S. 11.

216 Büchi, Karl August Lingner, S. 14.

217 Vgl. Max von Gruber/Ernst Rüdin, Fortpflanzung, Vererbung, Rassenhygiene – Katalog der Gruppe Rassenhygiene der Internationalen Hygiene-Ausstellung 1911 in Dresden, München 1911.

218 Explizit wird z. B. Dr. Paul Nitsche aus Dresden erwähnt, der später die Tötungsanstalt Pirna-Sonnenstein führte und nach dem Zweiten Weltkrieg für seine maßgebliche Rolle in den nationalsozialistischen »Euthanasie«-Morden in Dresden hingerichtet wurde.

219 Von Gruber/Rüdin, Fortpflanzung, Vererbung, Rassenhygiene, S. 1.

220 Vgl. von Gruber/Rüdin, Fortpflanzung, Vererbung, Rassenhygiene, 2. ergänzte Auflage, S. 102f.

der Entwicklung der Militärtauglichkeit auf die »allgemeine Degeneration« der Bevölkerung wegen statistischer Probleme und breiten Interpretationsspielräumen schwierig und zwingende Kausalzusammenhänge nicht zu manifestieren seien.[221] Ähnliche Schwierigkeiten wurden bei der subjektiv wahrgenommenen Zunahme der »Geisteskranken« in der Gesellschaft bemängelt.[222]

Hier wurden einfache und zwangsläufige Zusammenhänge ebenso vorsichtig formuliert, wie die Kritik an der Wohlfahrt und Hygiene. Darüber hinaus wurde dem Milieu im Zusammenhang mit Krankheiten, Säuglingssterblichkeit und im Allgemeinen eine größere Rolle zugesprochen,[223] was den ganzen Ausstellungskatalog, dessen Text maßgeblich von Max von Gruber produziert wurde, in die zweite Kategorie einordnet, obwohl sich der Autor in der vorangegangenen Analyse eher radikaler äußerte. Dieser Umstand bestätigt die Vermutung, dass, da das Ziel bestand, ein möglichst breites Publikum zu erreichen, bewusst gemäßigtere Töne angeschlagen wurden, um der »Rassenhygiene« eine Akzeptanz und Salonfähigkeit zu verleihen, an der es ihr bisher mangelte. Aus diesem Grund wurde mit dem Text im Katalog eben nicht gezielt mit den bestehenden Moralvorstellungen gebrochen, sondern versucht, diese junge Bewegung in die »Wissenschaftlichkeit« und in die Mitte der Gesellschaft zu rücken, wo diese nach Ansicht ihrer Vertreter auch dringend hingehörte: »Eine gründliche Umwertung der Lebensgüter in der öffentlichen Meinung, eine tiefgreifende sittliche Erneuerung, das Wiedererwecken von sozialer Moral, einer wahrhaft völkischen Gesinnung und Lebensführung [...] sind notwendig, wenn wir diese ungeheure Gefahr überwinden wollen.«[224]

Dass die Erfahrung des Ersten Weltkrieges auch auf die Wahrnehmungen und Akzente in den zeitgenössischen Diskursen um Sozialpolitik, Gesundheitspflege und Fürsorge Einfluss nahm, spiegelte sich auch in den Hygiene-Ausstellungen wieder: Auf der Dresdner Ausstellung von 1911 verzichtete die Sektion »Fürsorge für krüppelhafte Kinder und Jugendliche« noch darauf, »Unangenehmes oder Abstoßendes« vorzuführen, sondern konzentrierte sich in ihrem Bereich auf »das Versöhnliche und Heitere der großen Kinderstube«.[225] 1926 wurden dagegen in Düsseldorf auf der »Großen Ausstellung Gesundheitspflege, soziale Fürsorge und Leibesübungen« behinderte Menschen bzw. deren Behandlung zur Schau gestellt, wenn diese als »arbeitsfähig« bewertet wurden. Ob sich eine Behandlung jener Personen überhaupt lohne, wurde durch Intelligenztests eva-

221 Vgl. ebd., S. 107.
222 Vgl. ebd., S. 113.
223 Vgl. ebd., S. 121–126.
224 Ebd., S. 176.
225 Zit. nach Osten, Hygieneausstellungen, S. 3086.

luiert. Dies wurde ebenso ausführlich auf der Ausstellung gezeigt, wie erbbiologische Schaubilder, welche die Gefahren der Vererbung von »körperlichen Abnormitäten« auch ohne zunächst sichtbare Ausprägungen in den künftigen Generationen darstellten.[226]

Dass die 3 000 Exemplare des Ausstellungskataloges von 1911 innerhalb desselben Jahres ausverkauft waren und eine zweite, erweiterte Auflage folgte,[227] zeigt nun, dass zumindest das Interesse für die »Rassenhygiene« durch die Präsenz auf der »I. Internationen Hygiene-Ausstellung« spürbar gesteigert wurde und die Hoffnung der »Rassenhygieniker« auf Akzeptanz und Gehör nicht unbegründet waren. Von diesem Blickwinkel her war also der Auftritt auf dieser großen Bühne ein taktisch kluger Schritt in Richtung Schmuhls Konsolidierung (siehe Abschnitt II.3), in der »rassenhygienische« Inhalte auf andere Themengebiete ausstrahlen: »Ihre eigentliche Bedeutung lang vermutlich weniger in der direkten propagandistischen Wirkung als in der Tatsache, dass die rassenhygienischen Aussagen in den Kanon der Hygiene-Ausstellung aufgenommen und mit ihr zusammen präsentiert wurden.«[228]

Die Plattform dafür war die richtige, denn die zeitgenössische bürgerliche Presse lobte die Hygiene-Ausstellung als gelungene Gratwanderung zwischen wissenschaftlichem und gewerblichem Interesse[229] und ohnehin hatte Dresden sich zur Jahrhundertwende einen Ruf als Ausstellungsstandort mit Europaniveau erworben und in diesem Zeitraum sowohl renommierte Ausstellungen ausgetragen als auch mit innovativen Themen wie eben der Hygiene Neuland betreten. In Anbetracht dessen, dass internationale Ausstellungen zu dieser Zeit so etwas wie die modernste Form der Massenkommunikation darstellten und sich gerade die beliebtesten Messen medizinischen Belangen widmeten,[230] kann das Prestige und die Wirkungsmacht, die durch das Vertretensein auf diesem Medium erlangt wurden, nicht hoch genug eingeschätzt werden,[231] wie der Artikel des Dresdner Anzeigers zum Ende der Ausstellung bestätigt:

226 Vgl. ebd., S. 3088.

227 Vgl. Kroll, Zur Entstehung und Institutionalisierung einer naturwissenschaftlichen und sozialpolitischen Bewegung, S. 114.

228 Stöckel, Säuglingsfürsorge, S. 59.

229 Vgl. Sybilla Nikolow/Thomas Steller, Das lange Echo der I. Internationalen Hygiene-Ausstellung in der Dresdner Gesundheitsaufklärung. In: Dresdner Hefte. Beiträge zur Kulturgeschichte, 29 (2011) 108, S. 16–27, hier 19; Weinert, Der Körper im Blick, S. 48.

230 Vgl. Osten, Hygieneausstellungen, S. 3085.

231 Vgl. Hans-Peter Lühr, Vorbemerkungen. In: Dresdner Hefte. Beiträge zur Kulturgeschichte, 18 (2000) 63, S. 2. Weindling bezeichnet die Hygieneausstellung als »Höhepunkt volkshygienischer Erziehungsmaßnahmen« bis dahin. Weindling, Hygienepolitik, S. 52.

»Die Internationale Hygiene-Ausstellung in Dresden 1911 aber war mehr denn eine Schau, sie war die Darstellung all der Einrichtungen, die der gesamten Kulturmenschheit ihr höchstes Gut sichern sollen: die Gesundheit des Körpers und des Geistes. [...] Täglich und stündlich hat sie erzogen, gelehrt und bewiesen, und bis in die fernsten Winkel unseres Erdballs wird von ihr [...] dringen und so zur Vervollkommnung dessen beitragen, was ihr Zweck war, der Gesundheit der Menschheit zu dienen.«[232]

Auch der zeitgenössische Hygieniker Alfons Fischer resümierte, dass es sich hier um »eine sozialhygienische Belehrungs- und Erziehungsmaßnahme handelt, wie sie bisher wohl noch nicht zu verzeichnen war«[233] und dass hier sicherlich »die hygienischen Kenntnisse in großem Umfange ins Volk gedrungen«[234] seien. Dies gelte zwar ebenfalls für die interessanten Darstellungen der Gruppe »Rassenhygiene«, jedoch seien deren Forschungen noch viel zu mangelhaft, um zu irgendwelchen Schlüssen oder Lehren zu berechtigten,[235] sodass von mehr als einer »Utopie« vorläufig noch nicht die Rede sein könne.[236]

3.4 Fazit

Sowohl die weltgeschichtlichen Entwicklungen als auch die außenpolitische Tagespolitik schürten in der bildungsbürgerlichen »Rassenhygienebewegung« – mit dem Beispiel des russisch-japanischen Krieges im Abschnitt III.2.1.3. nur andeutungsweise beleuchtete – Existenz- und Zukunftsängste. Laut Schmuhl herrsche für die Zeit um 1900 ein »Spannungsverhältnis zwischen apokalyptischer Endzeitvision und millenarischen Heilsversprechen, Zivilisationskritik und szientokratischen Machbarkeitswahn.«[237] Denn gleichzeitig waren sich die zitierten Autoren sicher, den Schlüssel zur Lösung der gegenwärtigen und zukünftigen Fragen des menschlichen Zusammenlebens in der Hand zu halten: »Rassenhygiene« müsse wie eine neue Religion in das »nationale Gewissen« eingepflanzt werden, da sie sich mit der Natur verbünden würde, um die Menschheit von den besten »Rassen« repräsentieren zu lassen. Die Akteure hofften dabei mit ihrem Engagement, in der öffentlichen Meinung Verständnis und Akzeptanz dafür zu generieren, dass bisher die Natur die Menschen blind, langsam und in

232 Erhard Hüttig, Der Schluß der Internationalen Hygiene-Ausstellung Dresden 1911. In: Dresdner Anzeiger vom 31.10.1911, S. 6.

233 Alfons Fischer, Die sozialpolitische Bedeutung der Internationalen Hygieneausstellung in Dresden. In: Heinrich Braun (Hg.), Annalen für soziale Politik und Gesetzgebung, 1 (1911/12), S. 568–588, hier 568.

234 Ebd., S. 569.

235 Vgl. ebd., S. 584.

236 Vgl. ebd., S. 586.

237 Zit. nach Nate, Biologismus und Kulturkritik, S. 51. Ähnlich dazu Grunewald/Puschner, Vorbemerkungen, S. 4.

rauer Weise entwickelte, der Mensch selbst dies aber mit Voraussicht schnell und milde bewerkstelligen könne. Da dies nun in seiner Macht liege, sei es – vergleichbar mit der Nächstenliebe im Christentum – auch seine Pflicht: »Denn die Verbesserung unseres Geschlechts scheint eine der höchsten Aufgaben zu sein, die wir erfüllen können. Sie muss zu einem religiösen Dogma und zu einer nationalen Religion werden.«[238]

Das Ziel einer großen Aufnahme in der öffentlichen Meinung konnte vor dem Ersten Weltkrieg jedoch nicht erreicht werden. Zwar wertete Friedrich Alfred Krupps eingangs erwähnte Preisausschreiben zu dem Thema »Was lernen wir aus den Prinzipien der Deszendenztheorie in Beziehung auf die innerpolitische Entwicklung und Gesetzgebung der Staaten?« die »Rassenhygiene« »wissenschaftlich«-literarisch auf[239] und die Vertretung einer Gruppe »Rassenhygiene« auf der »Internationalen Hygiene-Ausstellung 1911 Dresden« bedeutete sogar einen großen Publizitätsschub.[240] Diese Teilerfolge dürfen dennoch nicht darüber hinwegtäuschen, dass konsequentere und aussagekräftigere Schriften, wie zum Beispiel von Ehrenfels' Sexualreform niemals in die weite Öffentlichkeit gedrungen sind,[241] und auch weder Schallmayers noch Ploetz frühe und richtungsweisende Werke »Über die drohende physische Entartung« bzw. »Die Tüchtigkeit unserer Rasse« besonderen Anklang finden konnten.[242] Adressaten für derartige Problemskizzen waren zu diesem Zeitpunkt vornehmlich kleine intellektuelle Kreise.[243]

Die im entsprechenden Zeitrahmen durchgeführte Sichtung weiterer Zeitschriften hat ebenfalls ergeben, dass sich die Anzahl der Beiträge, die sich interdisziplinär mit »rassenhygienischen« Problemen beschäftigten, in überschaubaren Grenzen hielten. Außerdem handelte es sich bei den Autoren dieser Texte meistens um die bekannten Akteure aus der einschlägigen »rassenhygienischen« Fachliteratur. Auch wenn sich daher die »rassenhygienischen« Themen wesentlich mehr auf die Nachbardiskurse bezogen, bzw. die »rassenhygienische« Literatur wesentlich mehr thematisch benachbarte Literatur zitierte als umgekehrt, kann festgestellt werden, dass bereits in dieser frühen Phase der Bewegung auch vereinzelt in namenhaften Fachzeitschriften, wie zum Beispiel dem »Archiv für

238 Galton, zit. nach Roberts, Die Gründung einer soziologischen Gesellschaft in England, S. 459.

239 Vgl. ebd., S. 107; Becker, Wege ins Dritte Reich [I], S. 4. Das Preisausschreiben war mit 30 000 Reichsmark dotiert und es wurden 60 Schriften eingereicht. Vgl. Stöckel, Säuglingsfürsorge, S. 48.

240 Vgl. Kroll, Zur Entstehung und Institutionalisierung einer naturwissenschaftlichen und sozialpolitischen Bewegung, S. 113; Hoßfeld/Šimůnek, Rassenbiologie, S. 1117.

241 Vgl. Becker, Wege ins Dritte Reich [I], S. 284.

242 »Beide waren eher Problemskizzierungen ohne programmatische Prägnanz, die in der Öffentlichkeit nur auf minimalen Widerhall trafen.« Zit. nach Kroll, Zur Entstehung einer Institutionalisierung einer naturwissenschaftlichen und sozialpolitischen Bewegung, S. 223.

243 Ebd., S. 224.

Sozialwissenschaft und Sozialpolitik« (Herausgeber waren zu dieser Zeit unter anderem Werner Sombart und Max Weber) und der »Deutschen Medizinischen Wochenschrift« (existiert heute noch), »rassenhygienische« Problemfragen aufgegriffen und diskutiert worden sind.[244] Dies ist ein erstes Anzeichen dafür, dass sich die »Rassenhygiene« vor dem Ersten Weltkrieg – gemäß Schmuhls oben genannter Dreiteilung der Phasen der Entwicklung dieser Bewegung – zwar noch in der Formatierungsphase befand, aber bereits das Potenzial für die Konsolidierungsphase erkennen ließ.[245]

Aufgrund dieses bereits eingeschlagenen Weges zweifelte von Gruber resümierend nicht daran, dass es mit einer »rationalen Zuchtwahl« möglich sei, innerhalb weniger Generationen hervorragende Menschenstämme zu züchten. Da die Menschen aufgrund der individuellen Freiheit niemals einen gesetzlichen Zwang zur Förderung oder zur Verhinderung der Fortpflanzung zulassen würden[246] und weil nicht zu beantworten sei, welche Autorität über diesen Zwang bestimmen solle, müsse es durch die oben beschriebenen Wege der Popularisierung »rassenhygienischer« Ideale »ins allgemeine Bewusstsein kommen, dass es eines der schlimmsten Verbrechen ist, Kinder zu erzeugen, von denen man vorher wissen kann, dass sie verkümmert, verkrüppelt, krank, oder mit schwerer Krankheitsanlage behaftet sein werden.«[247] Rüdin stimmte von Gruber hierbei zu, wies aber in seiner gewohnt fortschrittsoptimistischen Art darauf hin, dass »die historische Entwicklung […] ja doch in unzähligen Fällen zu unserem großen Glücke gezeigt [hat], dass sie über individuelle Freiheiten dieser Art kraftvoll, wenn auch nicht allzu schnell, hinwegschreitet.«[248] Außerdem antwortete er auf von Grubers Frage nach der bestimmenden Autorität mit der Gegenfrage: »Ist es wirklich so undenkbar, dass nach einiger Zeit das Vertrauen der öffentlichen Meinung sich einem ärztlichen oder gemischten Kollegium zuwende, welches, aufgrund sicherer naturwissenschaftlicher Daten, sein Urteil über die Fortpflanzungstüchtigkeit eines Menschen abzugeben hätte?«[249]

Derartige in der Sache zuversichtliche Standpunkte äußerten sich im Diskurs entweder in der besprochenen theoretischen totalen Biologisierung der Soziologie, welche die dritte Kategorie der zitierten Autoren betraf oder in dem tat-

244 Z. B. Ferdinand Tönnies, Ammons Gesellschaftstheorie. In: Archiv für Sozialwissenschaft und Sozialpolitik, (1904) 19, S. 88–111; bzw. Arthur Crzellitzer, Die Aufgaben der Rassenhygiene. In: Deutsche Medizinische Wochenschrift, 38 (1912) 35, S. 1651–1653.

245 Vgl. Schmuhl, Rassenhygiene, Nationalsozialismus, Euthanasie, S. 361.

246 Kritische Besprechung von Ernst Rüdin zu: Max von Gruber, Hygiene des Geschlechtslebens, Stuttgart 1905. In: ARG, 3 (1906) 1, S. 156–158, hier 156.

247 Von Gruber zit. nach ebd., S. 157.

248 Ebd.

249 Ebd., S. 158; vgl. zudem die kritische Besprechung von W. von Hoffmann zu: Franz Bachmann, Hygienische Reformgedanken auf biologischer Grundlage, Hamburg 1906. In: ARG, 3 (1906) 6, S. 902 f, hier 903.

sächlichen Engagement einzelner – auch weniger radikalerer – der hier zitierten zeitgenössischen »Rassenhygieniker« im späteren NS-Terror. Der an dieser Stelle für den Fortschrittsoptimismus als charakteristisch angeführte Ernst Rüdin war daher sicher nicht zufällig Mitinitiator des nationalsozialistischen »Gesetzes zur Verhütung erbkranken Nachwuchses«.[250]

4. Selbstverständnis der »Rassenhygiene« als »Wissenschaft«

4.1 Sozialpolitik vs. »Rassenhygiene«

Wie in Abschnitt IV.2.2.1 erörtert wurde, stand für einige »Rassenhygieniker« wie Lenz und Hallermeyer[251] fest, dass die große Mehrzahl der in der Kultur bekämpften infektiösen Krankheiten – inklusive Tuberkulose – eine »Auslese« der »konstitutionell minderwertigen Elemente« der Bevölkerung bewirke, was für die Gesundheit der »Rasse« einen positiven Effekt darstelle. Allerdings gebe es auch einige wenige Infektionskrankheiten, wie beispielsweise die Syphilis, die darüber hinaus die »Ausmerze« der »tüchtigeren Elemente« zur Folge hätten und die »Keime schädigen« würden.[252] Während sich die Sozialpolitik der Bekämpfung der erstgenannten Krankheiten verschrieben habe, was nicht nur sehr kostenintensiv sei, sondern auch die »gesundheitliche Auslese« und damit die Konstitution der Nachkommenschaft verschlechtere, würde die »Rassenhygiene« primär die zweiten, »generativ schädlichen« bekämpfen, »denn ihr kann das individuelle Leiden gleichgültiger sein; ihre Aufgabe liegt in der Zukunft.«[253] Franz Bachmann hielt dagegen von dieser Art »rassenhygienischer« Kritik an der zeitgenössischen Heilkunde nicht viel und erkannte »in dieser letzten Theorie zum mindesten keinen praktischen Wert, denn unser humanitärer Standpunkt erlaubt uns doch unter keinen Umständen eine Umkehr.«[254]

Derartige Überlegungen und alle vorangegangenen weitschweifenden Erörterungen und Diskussionen um die Gesellschaftsordnungen und kulturellen Entwicklungen gipfelten in einem Grundproblem des gesamten »rassenhygienischen« Diskurses: in dem laut Woltmann unaufhebbaren inneren Widerspruch

250 Vgl. Arthur Gütt/Ernst Rüdin/Falk Ruttke (Bearbeitet und erläutert), Gesetz zur Verhütung erbkranken Nachwuchses vom 14. Juli 1933 (Gesetz und Erläuterungen) nebst Ausführungsverordnungen, 2. Auflage, München 1936. Weiterführend zu Rüdins Rolle im Nationalsozialismus: Jay Joseph/Norbert A. Wetzel, Ernst Rüdin: Hitler's Racial Hygiene Mastermind. In: Journal of the History of Biology, (2013) 46, S. 1–30.

251 Vgl. Hallermeyer, Rassenveredelung und Sexualreform, S. 182.

252 Vgl. Fritz Lenz, Über die Verbreitung der Lues, speziell in Berlin und ihre Bedeutung als Faktor des Rassentodes. In: ARG, 7 (1910) 3, S. 306–327, hier 307.

253 Ebd., S. 308.

254 Bachmann, Hygienische Reformgedanken, S. 38.

zwischen »organischer Züchtung« und »kultureller Entwicklung einer Rasse«.[255] Der Widerspruch zwischen einer langfristig angelegten »rassenhygienischen« Konzentration der gesellschaftlichen Ressourcen auf die entwicklungsbiologischen Bedingungen der künftigen Generationen und der kurz- und mittelfristigen hygienischen Verbesserung der Lebensbedingungen der aktuellen Bevölkerung bzw. die Vormachtstellung des einen oder des anderen Weges sei von kulturgeschichtlicher Bedeutung und bestimme auch den gesamten Diskurs. Es stehe hierbei schlichtweg nichts Geringeres auf dem Spiel als das Fortbestehen der deutschen, ja der westlichen zivilisierten Kultur.

Rüdin teilte jedoch diese von Woltmann implizierte Zwangsläufigkeit des Widerspruchs nicht, weil ihm dafür die schlagenden Beweise fehlten: »Ich behaupte, wir sind nicht berechtigt, die bloße Tatsache des Untergangs einiger Kulturvölker oder -schichten auf alle zu übertragen, ebenso wenig als die Tatsache auch für alle kommenden Kulturträger als unwandelbar naturnotwendig hinzustellen.«[256]

Genau an dieser Stelle, exemplarisch an Rüdins explizit in einer Rezension geäußerten Kritik an Woltmann nachvollzogen, ergab sich ein geistiger Bruch in der »rassenhygienischen« Bewegung zwischen – vereinfacht gesagt und wie im vorherigen Kapitel bereits thematisiert – Kulturpessimisten und Fortschrittoptimisten, der sich auch in der Qualität bzw. Radikalität der »rassenhygienischen« Forderungen und Vorschläge äußerte: Gefangen in der Zwangsläufigkeit des oben genannten Widerspruchs und vor allem in dem bestehenden Wertesystem, das diese Zwangsläufigkeit und den selbstgemachten Untergang der »Kulturmenschheit« noch zementieren würde, ergaben sich »Rassenhygieniker« wie Woltmann ihrem pessimistischen Gram und boten allenfalls Korrekturen des bestehenden Systems an, was sie in die hier konstruierte zweite Kategorie einsortiert. Auch wenn Rüdin sich ebenfalls im bestehenden Wertesystem bewegte und nach der gewählten Kategorisierung ebenso in die zweite Kategorie gehörte, spiegelte er das Lager der fortschrittsgläubigen Optimisten wider, die mit durchgreifenden »rassenhygienischen« praktischen und auf den neuesten »wissenschaftlichen« Erkenntnissen basierenden Maßnahmen die Zwangsläufigkeit des Widerspruchs zwischen Kultur und »Rasse« durchbrechen und die eigene »Rasse« bzw. die gesamte Menschheit biologisch und moralisch vor dem Untergang bewahren bzw. vervollkommnen wollten: »Ein resignierter Pessimismus hat nur Sinn unter Überbewertung des individuellen Einzelschicksals. Für

255 Vgl. u. a. Röse, Beiträge zur europäischen Rassenkunde (1905), S. 754.

256 Kritische Besprechung von Ernst Rüdin zu: Ludwig Woltmann, Politische Anthropologie. Eine Untersuchung über den Einfluss der Deszendenztheorie auf die Lehre von der politischen Entwicklung der Völker, Eisenach 1903. In: ARG, 2 (1905) 4, S. 609–619, hier 618.

die Menschheit erwächst als die reifste Frucht biologischer Forschung und Betätigung ein gesunder, lebendiger und tatkräftiger Optimismus!«[257]

Leider habe aber das verbreitete Vorurteil von der brutalen darwinistischen Moral viele altruistisch-sozial Gesinnte und Opferbereite abgeschreckt. Becher sah seine Aufgabe deshalb darin, dem entgegenzuwirken und die Vereinbarkeit von Sozialpolitik und »Rassenhygiene« zu verdeutlichen: Dass die »Gattenwahl« durch Persönlichkeitswerte statt durch äußere Umständen entschieden werden solle, das Wohl der Kinder und der Mütter stets im Vordergrund stehen müsse, sich erblich Kranke und »Verbrecher« besser nicht fortpflanzen sollten und sowohl das soziale Elend als auch der »degenerierende« Luxus, Alkoholismus und Geschlechtskrankheiten bekämpft werden müssten, seien Forderungen, die auch jeder »Nicht-Darwinist« befürworte.[258] Becher erklärte die Entwicklungsbiologieethik als Erweiterung der christlichen Nächstenliebe und betonte, dass sie sowohl dieser als auch der künftigen Generation zugewandt sei – nicht entweder oder.[259] Er erkannte in der »Rassenhygiene« die Chance auf ein besseres, an Leib und Seele gesünderes, glücklicheres Menschentum, da die vorbeugende Sorge der Darwinistischen Sozialbiologie der künftigen Menschheit auf humane Art und Weise viel Elend ersparen könne: »Darin liegt kein unausgleichbarer Gegensatz gegen den christlich-humanen, sozialen Geist, sondern eine Erweiterung, eine Ausdehnung altruistischer Arbeit auf neue Schaffensgebiete, auf die Zukunft.«[260]

Sowohl Bluhm als auch der Herausgeber des »Handwörterbuchs für Soziale Hygiene« Grotjahn schlossen sich dieser Argumentation an und konstatierten: »Der Begriff der sozialen Hygiene als der weitere schließt eben die Prophylaxe der Entartung ein, indem er sich nicht nur [...] auf eine Gruppe nebeneinander befindlicher Individuen, sondern auch auf deren Nachkommen erstreckt.«[261]

Auch wenn Schallmayer Krankenversicherungen oder Ähnliches wegen ihrer »kontraselektorischen« Wirkungen kritisch betrachtete,[262] befürwortete er stets lediglich eine »Fruchtauslese«, aber keinerlei »Lebensauslese«. Denn tatsächlich würde es keine ernstzunehmende Gegner der Hygiene geben[263] und »wir Vertreter der Rassenhygiene wären engstirnige Fanatiker, wenn wir diese sozialen

257 Kritische Besprechung von ders. zu: Friedrich Martius, Krankheitsanlage und Vererbung, Leipzig 1905. In: ARG 2 (1905) 5/6, S. 873–879, hier 879.

258 Becher, Der Darwinismus und die soziale Ethik, S. 7.

259 Vgl. ebd., S. 18.

260 Vgl. ebd., S. 6.

261 Grotjahn, Soziale Pathologie, S. 120.

262 Vgl. Kritische Besprechung von Otto Diem zu: Wilhelm Schallmayer, Was ist von unserem sozialen Versicherungswesen für die Erbqualitäten der Bevölkerungen zu erwarten? In: Zeitschrift für soziale Medizin (1907). In: ARG, 5 (1908) 5/6, S. 839–841.

263 Vgl. Wilhelm Schallmayer, Zur Besprechung meiner »Vererbung und Auslese«. In: ARG, 9 (1912) 5, S. 617–623, hier 619.

Bedürfnisse gering schätzen würden.«[264] Seine Aufgabe bestehe also nicht in der Bekämpfung der Sozialpolitik, sondern in der schwierigen Vereinbarung jener mit der »Rassenhygiene«.[265] Auch Schallmayer hielt also beides für vereinbar, denn bei der Verhinderung der »Keimvergiftungen« hätten beide Entwicklungen eine große Schnittmenge, die von »rassenhygienischer« Seite lediglich mit der Begünstigung »guter« und Verhinderung »schlechter« Fortpflanzung ergänzt werde. Die Erhaltung und Pflege der »Schwachen« bleibe auch in der »Rassenhygiene« unangetastet.[266]

Ploetz erklärte diese Problematik auf seine existenzialistische und nüchterne Art, indem er die Vereinbarkeit von Sozialpolitik und »Rassenhygiene« für absolut möglich hielt. Die ausschlaggebende Bedingung dafür sah er in der Weiterentwicklung und Ergänzung der Sozialpolitik durch die »Rassenhygiene« und pointierte damit die dominierende Geisteshaltung zeitgenössischen »Rassenhygienebewegung«:

> »Die nonselektorischen Forderungen werden von Menschen vertreten werden, so lange sie vom Hunger nach Gütern und nach Gerechtigkeit getrieben werden, aber auch ohne Erfüllung kann die Menschheit bestehen und hat ungezählte Jahrtausende bestanden. […] Wenn dagegen in einem Volk die Grundbedingungen seiner Erhaltung und seines Fortschritts dauernd geschädigt werden, verfällt es dem Niedergang und der Vernichtung, womit auch der Erfüllung der humanen Ideale die Grundlage entzogen wird.«[267]

Daraus schließt er, dass »die Rassenhygiene, das Bestreben, die Gattung gesund zu erhalten und ihre Anlagen zu vervollkommnen, […] also das herrschende Prinzip bleiben [muss], und [sich] die Individual-Hygiene samt ihren sozialen und politischen Ausläufern […] unterordnen [muss], sobald sie dies Prinzip ernstlich gefährdet«.[268]

4.2 Individualismus vs. Kollektivismus

Der auszugleichende Gegensatz zwischen Sozialpolitik und »Rassenhygiene« basierte wiederum auf dem jedes gesellschaftliche Gebilde formende Verhältnis zwischen individuellen und kollektiven Interessen. Wie im Vorausgegangenen verdeutlicht wurde, mündeten alle »positiven« oder »negativen eugenischen« Maßnahmen direkt oder indirekt im mehr oder weniger konsequenten Zurücktreten des Individuums hinter das Kollektiv, also der »Rasse«.[269] Laut

264 Vgl. ebd., S. 621.
265 Ebd.
266 Vgl. ders., Vererbung und Auslese, S. 35.
267 Ploetz, Die Tüchtigkeit unserer Rasse, S. 207.
268 Ebd., S. 13.
269 Vgl. Weindling, Health, S. 6.

Chatterton-Hill stelle diese Unterordnung des Individuums unter die Gesellschaft die Grundlage des sozialen Lebens und aller menschlichen Geschichte dar und sei deshalb ein Gradmesser für den Kulturzustand einer Epoche.[270] Gleichzeitig charakterisiere die fortschreitende Differenzierung des individuellen Denkens durch die Absonderung desselben von den Kollektivbegriffen dieselbe Kulturentwicklung.[271] »Das Endresultat einer solchen Differenzierung kann aber nur die Ausbildung einer verhängnisvollen Opposition zwischen Mensch und Gesellschaft sein.«[272] Die Aufgabe der »Eugenik« sah er deshalb im Entgegenwirken gegen die immer gefährlicher werdende »Infizierung der Rasse« durch »minderwertige«, für die Gemeinschaft »unnütze Elemente«. Eine entschlossene Bekämpfung sei allerdings nur möglich, wenn die Rechte jedes Einzelnen stets durch die Interessen der Gesamtheit limitiert würden. Dem Individuum könne daher keine selbstständige Existenzberechtigung zugesprochen werden, sondern diese hänge stets von seiner »sozialen Nützlichkeit« ab. Die Devise der »Eugenik« könne also nur sein, dass das Individuum zum Mittel der »Rassenverbesserung« werde.[273]

Die zeitgenössische Kritik an den sozio-ökonomischen Umwälzungen der sozialen Frage und der modernen »Überkultur«, welche die gesellschaftlichen Entwicklungen des Kaiserreiches prägten,[274] wurde also auch von der »rassenhygienischen« Bewegung der Jahrhundertwende aufgenommen und durch den Aspekt des »rassischen Kollektivs« ergänzt:

> »Die Kultur wird immer komplizierter und überschreitet schließlich ihren Höhepunkt. Dann beginnt das Rassenideal zu verbleichen. An Stelle des Kollektiv-Egoismus der Rasse tritt extreme Entfaltung des Individualegoismus. [...] Das Volk wird ein Haufe zusammenhangloser Individuen, künstlich durch Traditionen und Institutionen zusammengehalten. [...] Die äußerlich noch glanzvolle Zivilisation bricht beim ersten Sturm zusammen.«[275]

Wie bereits im Abschnitt zum Kulturpessimismus und zum Fortschrittsoptimismus angedeutet, folgte derartigen apokalyptischen Prognosen die Hoffnung auf Erlösung durch neue, beinahe religiös anmutende »eugenische« Inhalte: »Umso schöner wäre es, wenn doch etwas erreicht, etwas Verbindendes in der Zersplitterung unseres Kulturlebens gefunden werden könnte. Was könnte eher in diesem Sinne wirken, als die allgemein menschliche Sorge für Enkel und Urenkel, über deren politischen, sozialen, religiösen Geschick der Schleier der Zukunft ruht!«[276]

270 Vgl. Chatterton-Hill, Individuum und Staat, S. 7.
271 Vgl. ebd., S. 8.
272 Ebd., S. 9.
273 Vgl. ebd., S. VII.
274 Vgl. Nate, Biologismus und Kulturkritik, S. 260 f.
275 Zit. nach kritische Besprechung von Anastasius Nordenholz zu: Gustave Le Bon, Psychologie der Massen, Leipzig 1908. In: ARG, 6 (1909) 5, S. 708–713, hier 713.
276 Becher, Der Darwinismus und die soziale Ethik, S. 8.

Diese nahende Erlösung erfordere allerdings die Aufgabe oder zumindest die Reduzierung des gerade erst gewonnenen Primates des Individuums, da es nach Grober »für die Biologie und Hygiene der Rasse nur solange eine Rolle [spielt], als es in Beziehung zu seiner Aszendenz und Deszendenz steht; als Einzelwesen, mag es noch so hervorragend sein, ist es für den Rassenhygieniker nur eine Erscheinung«.[277]

Die Soziologie Georg Simmels bzw. sein Verständnis von den Wechselwirkungen zwischen Individuum und Gesellschaft wurde von vielen »Rassenhygienikern« seiner Zeit zum Teil zwar durchaus kritisch gelesen, fand jedoch auch begeisterte Zustimmung in seiner methodologischen Herangehensweise, wenn er diese Thesen unterstützte. »Nicht Individuum und Mensch, sondern Rasse und Gesellschaft sind also die eigentlichen Realwesen und damit die gegebenen methodischen Pole der Soziologie.«[278] Für Steinmetz sei deshalb der um das »Rasseideal« bereicherte evolutionistische Utilitarismus »die höchste und weiteste Ethik, die wir uns denken können, und auch die einzige, die uns kritisch befriedigen kann«. Somit werde – und Schallmayer und Haycraft[279] pflichteten ihm hier bei – »das Interesse der Rasse, das heißt aller Rassen, […] zum eigentlichen Maßstab (der Moral), ein weiteres Objekt gibt es nicht. Wir leben zu kurz, um nur egoistisch zu sein.«[280]

Es kristallisierte sich demnach mehr und mehr heraus, dass alles oben Besprochene – neben medizinisch-biologischen Debatten – vor allem an der Frage einer Moral hängen würde, die »rassenhygienische« Eingriffe in das individuelle Fortpflanzungsgeschäft der Menschen billigte, ja forderte. Laut August Forel gebe es keine einheitliche Moral oder allgemeingültige Ethik, denn es müsse immer von anderen Perspektiven und auch Nachteilen ausgegangen werden, sodass folgerichtig moralische Pflichten nur relative sein könnten.[281] Die menschliche Moral liege also in der richtigen, das heißt »wissenschaftlichen« Definition des sozialen Wohls und seiner Anforderungen an das Individuum, was in erster

277 Grober, Die Behandlung der Rassenschäden, S. 49.

278 Kritische Besprechung von Anastasius Nordenholz zu: Georg Simmel, Soziologie: Untersuchungen über die Formen der Vergesellschaftung, Leipzig 1908. In: ARG, 4 (1909) 3, S. 415–421, hier 421.

279 Für Haycraft war die Frage des Widerspruchs von Individualismus und Kollektivismus bereits 1895 geklärt: »Wenn es sich also zeigt, dass ein so großes Ziel wie die Regeneration der Rasse durch ein Aufgeben individueller Rechte erreicht werden kann und zwar in systematischer Weise, dann wird nach allem, was wir von dem Stoffe wissen, aus dem der Mensch gemacht ist, diese Wiedergeburt der Rasse ganz sicher auch Tatsache werden.« Haycraft, Natürliche Auslese und Rassenverbesserung, S. 195.

280 Kritische Besprechung von Schallmayer zu: Steinmetz, Die Philosophie des Krieges, Geschichte des Sagbaren, S. 438.

281 Vgl. Forel, Die Sexuelle Frage, S. 440; ders., Sexuelle Ethik. Ein Vortrag. Mit Anhang: Beispiele ethisch-sexueller Konflikte aus dem Leben, München 1906, S. 12.

Linie die Erziehung des guten Willens und der richtig verstandenen altruistischen Gefühle fordere, denn »die höchste Aufgabe der ethischen Tat ist die Arbeit für das Wohl der künftigen Generationen.«[282] Bachmann bezweifelte an dieser Stelle zum Beispiel stark, dass es sich mit der menschlichen Gesellschaftsordnung vertragen würde, wenn allen Individuen die gleichen Vorteile zur Erhaltung ihrer Gesundheit und ihres Lebens geboten würden und beantwortet deshalb die Frage, ob nicht naturgemäß einzelne auf Kosten vieler bessere Chancen dazu erhalten müssten, mit einem klaren »Ja«.[283] Er gestand zwar ein, dass individueller und »generativer Wert« des Menschen zweierlei seien, dass »beide Maßstäbe […] notwendig zur Abmessung des Wertes eines Menschen als Glied der sozialen Gemeinschaft« seien und dass die Persönlichkeit durch Erziehung und Milieu für das Gemeinwesen fruchtbringender und geeigneter gestaltet werden könne. Er stellte aber gleichzeitig fest, dass alle geistigen, moralischen und seelischen »Qualitäten« des Individuums letzten Endes aus den unterschiedlichen körperlichen Eigenschaften resultieren würden.[284]

Schallmayer definierte die Ethik daher als die »Lehre vom richtigen Wollen«. Das sei das Resultat aus den Wechselwirkungen zwischen physiologischen Faktoren des inneren Wollens, durch die menschliche Vernunft gestaltete »sittliche Normen« und äußere Einflüsse – also sehr variabel:[285] »Nach unserem Begriff der praktischen Ethik ist sie ein sowohl biologischer als auch kultureller, sozialdienlicher Apparat, der aus dem Aufeinanderwirken angeborener und kultureller, also innerer und äußerer Faktoren, sich entwickelt hat und gemäß der jeweiligen Resultate aller dieser Faktoren auf den menschlichen Willen wirkt.«[286] Auch wenn unterschiedliche Religionen und Philosophien verschiedene Vorstellungen vom »richtigen Wollen« hätten, seien die letzten Ziele aller Zweckhandlungen die Gefühle, denn das Nervensystem sei so organisiert, dass alle Handlungen dem Streben nach Lust- und der Vermeidung von Schmerzempfinden unterworfen seien.[287]

Schallmayer stellte sich nun unter diesen biologistischen Prämissen die Frage, welche Rolle oder Funktion die Ethik bei der Menschheitsentwicklung hatte und welche sie künftig haben würde.[288] Die menschliche Intelligenz beschränke die von den angeborenen Trieben ausgehenden Impulse, was den Schein der Willensfreiheit entstehen lassen würde, aber nicht darüber hinwegtäuschen

282 Ebd., S. 441.
283 Franz Bachmann, Was ist Krankheit und wie heilen wir? Ein Versuch, unsere empirischen Heilmethoden wissenschaftlich zu begründen, Berlin 1894, S. 67.
284 Vgl. ders., Hygienische Reformgedanken auf biologischer Grundlage, S. 2.
285 Vgl. Schallmayer, Generative Ethik, S. 199.
286 Ebd., S. 200.
287 Vgl. ebd., S. 201.
288 Vgl. ebd., S. 213.

könne, dass die Triebe dennoch Grundursache allen Handels und Strebens seien.[289] Bei den Tieren dienten die Triebe der Selbsterhaltung der Individuen und der Fortpflanzung der eigenen Art. Hinzu würden, beispielsweise bei Bienen und Ameisen, spezielle Sozialtriebe kommen. Der Mensch habe keine sozialen Triebe, aber »gewisse bildbare oder passive Sozialanlagen angeboren.«[290] Diese könnten sich nur ungenügend selbstentwickeln, sodass sie durch Sozialisation ausgebildet werden müssten.[291] Je nachdem, in welchem Verhältnis die angeborenen und die anerzogenen Sozialanlagen zueinander stehen würden, entstünden unterschiedliche ethisch-moralische Einstellungen der Individuen und Gesellschaften.[292] Daher könne die Ethik in ihrer sozialdienlichen Funktion eine kulturelle Ergänzung zu allen nicht funktionsfähigen »Sozialanlagen« des Menschen bilden und wesentlich vollkommenere Gesellschaftsordnungen als bei den Tieren hervorrufen.[293] Ursprünglich sei laut Schallmayer die Ethik in ihrer Funktion jedoch wesensgleich mit der Funktion der selbstständigen Sozialinstinkte der Tiere gewesen. Das würde heißen, nicht die Befriedigung des individuellen Glücksbedürfnisses stehe im Vordergrund, sondern bestimmte gesellschaftliche Organisationen und Arbeitsteilungen zu begründen, die der Fortpflanzung und »Rasseerhaltung« angepasst wären.[294] Die spezielle Art der menschlichen Gesellschaftsbildung sei ein enormer Vorteil im »Kampf ums Dasein« gewesen und sei von diesem zugleich stark beeinflusst worden. Genau wie bei den körperlichen Eigenschaften setzten sich nur jene Gesellschaftsordnungen in der »natürlichen Auslese« durch, die den Menschengruppen einen Vorteil anderen gegenüber verschafften, was eine Entwicklung der »Sittenordnungen« in Richtung sozialdienstlicher »Vollkommenheit« verursachen würde.[295] Genauso wie das individuelle Glück sich hier der Erhaltung des Gemeinwesens unterwerfen würde, müsse sich nun das Gemeinwesen der »Erhaltung der Rasse« unterwerfen. Der Trieb zur Selbst- und zur »Rassenerhaltung« sei bei Mensch und Tier seit jeher selbstständig funktionsfähig vorhanden und habe früher beim Menschen keine ethische Stützung benötigt.[296] Die »rassendienlichen Zwecke« würden so gut wie keine Rolle spielen und die meisten »Sitten« und Gebote, welche die »generative Volksentwicklung« beeinflussten, wie zum Beispiel das Verbot der Inzucht, könnten mit sozialen Gesichtspunkten erklärt werden.[297] Derartige Maßnahmen

289 Vgl. ebd., S. 203.
290 Ebd., S. 204.
291 Vgl. ebd.
292 Vgl. ebd., S. 205.
293 Vgl. ebd., S. 206.
294 Vgl. ebd., S. 207.
295 Vgl. ebd., S. 208.
296 Vgl. ebd., S. 210.
297 Vgl. ebd., S. 212.

würden am meisten den sie befolgenden Generationen selbst nutzen und das subjektive Bewusstsein »sittlicher Pflichten« gelte nur gegenüber den lebenden Gliedern des Gemeinwesens und deren Nachkommen.[298] Schallmayer sah nun vor dem vielfach besprochenen zeitgenössischen Hintergrund die Möglichkeit, bzw. die Notwendigkeit, eine »generative Ethik« zu begründen, welche die vorhandenen menschlichen Triebe zur »Rassenerhaltung« wecken und ausbilden könne; ebenso wie es auch die soziale Ethik mit den vorhandenen menschlichen Trieben zur Gesellschaftsbildung tue: »Wir verstehen also unter generativer Ethik die wissenschaftliche und erzieherische Weiterbildung der herrschenden Ethik durch Aufnahme von Pflichten zugunsten der Rasse (das heißt hier zugunsten der Erbqualitäten späterer Generationen unseres gesellschaftlichen Gemeinwesens).«[299]

Genau wie die soziale Ethik weit über die Forderungen der individuellen Ethik hinausgehe und mit ihnen teilweise in Konflikt stehe, würden die Forderungen der »generativen Ethik« weit über den sozialethischen Pflichtbereich hinausgehen und kollidierten teilweise mit dessen Interessen. Dies sei allerdings durchaus gerechtfertigt, denn: »Die unter den Schutz einer generativen Ethik zu stellenden Güter sind die höchsten, welche die Menschheit oder ein Volk haben kann. Denn sie sind Vorbedingung für alle übrigen Güter und kommen auch der größten Individuenzahl, nämlich denen aller kommenden Generationen, zugute.«[300]

Diese Äußerung stellte einen »rassenhygienischen« Grundgedanken zur Rechtfertigung aller Überlegungen und Handlungsweisen in diese Richtung dar. Die Konsequenzen daraus brachte einmal mehr Ploetz einfach auf den Punkt, als er feststellte, dass »der züchtende Einfluss der Gesellschaft teilweise nach einer anderen Richtung geht als die natürliche Züchtung innerhalb der Rasse sonst«,[301] was auf dem Konflikt zwischen »Rassen«- und Individualhygiene basiere. Eine Lösung des Konflikts schien für ihn nur in zwei Weisen lösbar. Entweder durch sexuelle statt natürliche »Ausmerze«[302] oder durch die Verlagerung dieses Prinzips von der Personen- auf die Zellstufe, das heißt die Beherrschung der Variabilität oder »Auslese tüchtiger Keimzellen« »die irgendwie von uns erschlossen oder bewirkt worden ist«, denn »wenn keine Schwachen mehr erzeugt werden, brauchen sie auch nicht wieder ausgemerzt werden.«[303] Ihm war dabei voll bewusst, dass der Schlüssel zur Lösung des Problems zwischen der Freiheit der

298 Vgl. ebd., S. 213.
299 Ebd., S. 214.
300 Ebd., S. 214f.
301 Ploetz, Die Begriffe Rasse und Gesellschaft, S. 25.
302 Ebd.
303 Ebd., S. 26.

individuellen Fortpflanzung und »rassenhygienisch-rationaler Auslese« in der Beherrschung der Variabilität bzw. in der Steuerung der Verschmelzung der Keimzellen liege. Ebenso war er sich darüber im Klaren, dass eine derartige Beeinflussung der Fortpflanzung zu diesem Zeitpunkt noch »wissenschaftliches« Wunschdenken sei. Dennoch oder gerade deswegen forcierte er mit seiner regen Anteilnahme am zeitgenössischen intellektuellen »rassenhygienischen« Diskurs und seinem Engagement in verschiedenen »rassenhygienischen« Vereinigungen, neben der langfristigen Forschung zum Erreichen dieses Ziels, auch die kurz- und mittelfristigen Maßnahmen, die sowohl »wissenschaftlich« als auch gesellschaftlich den Weg für eine gesellschaftstaugliche »Rassenhygiene« ebnen sollten. Auf dem dahin zu bestreitenden Weg kollidierten einige »Rassenhygieniker« bewusst oder unbewusst heftig mit bestehenden Wertvorstellungen und betraten damit willentlich oder unwillentlich unbekanntes zwischenmenschliches Terrain, oft scheinbar ohne zu wissen, wohin dies führen könnte.

4.3 »Den Forderungen der Wissenschaft vermag auf die Dauer keine Macht der Erde zu widerstehen.«

Charakteristisch für diesen »entwicklungsethisch« geprägten Weg war vor allen Dingen der Glaube an die Allmacht der Wissenschaft im Allgemeinen und der Rückkopplung aller Mechanismen der organischen und geistigen Welt mit Darwins Evolutions- und Selektionstheorie im Besonderen: »Die letzten Probleme der Welt- und Lebensanschauung wurden durch die Resultate der unermüdlichen fachwissenschaftlichen Kleinarbeit Darwins in eine neue Bedeutung gebracht.«[304]

Autoren wie Becher und Kende erkannten völlig zu Recht die weltgeschichtliche Bedeutung von Darwins Werk, interpretierten es aber auch als Lösung aller menschlichen Probleme. Denn die Annahme, dass das menschliche Zusammenleben mit biologischen Begriffen erklärbar sei, führe zur »Biologisierung des Sozialen«[305] und der technisch-industrielle Wandel bringe einen umfassenden Glauben an die Allmacht und Unfehlbarkeit der Wissenschaft,[306] sodass diesem Denken ein Pragmatismus zugrunde lag, der auf der scheinbaren »normativen Kraft des Faktischen« basiere.[307] Die Theoretiker wollten die aufgedeckten »natürlichen Prozesse« unterstützen, was im Klartext bedeutete, das »Minderwertige« auszuscheiden und das »Vollwertige« fortzupflanzen. Denn

304 Becher, Der Darwinismus und die soziale Ethik, S. 9.
305 Lutz Raphael zit. nach Nate, Biologismus und Kulturkritik, S. 13.
306 Vgl. Timm, Einführung in die Wissenschaftsgeschichte, S. 13.
307 Vgl. Harms, Biologismus, S. 89.

sei man nach deren Meinung »zu der Richtigkeit dieser Erkenntnis gelangt, so ist die Frage der Bewerkstelligungsweise pure Nebensache.«[308] Dem Vorwurf der Unwissenschaftlichkeit, Grausamkeit und der Erhebung der Biologie zum kategorischen Imperativ, der hier an die »Rassenhygienebewegung« von außen, aber auch von innen herangetragen werde, entgegnete zum Beispiel Allers mit dem Vorwurf der aus mangelnder Literaturkenntnis resultierenden verkürzten Darstellung der »rassenhygienischen« Analysen. Er verwies darauf, dass die Sorge um die Nachkommen auch die Sorge um das Individuum sei, da dessen gegenwärtiges und künftiges Familienglück davon abhänge.[309] Außerdem sei es gar nicht das Ziel der »Rassenhygiene«, dass die Biologie erkläre, was normativ sein solle, sondern die »Wissenschaft« decke lediglich korrekte biologische Gesetzmäßigkeiten auf.[310] Dem eigenen »wissenschaftlichen« Anspruch wurde hierbei absolute Deutungsmacht beigemessen und gleichzeitig die Verantwortung für die Folgen aus derartigen Überlegungen übergeben, da »den Forderungen der Wissenschaft auf die Dauer keine Macht der Erde zu widerstehen [vermag].« Dies lehrte die ganze Weltgeschichte.[311]

Selbst die zur Zeit der Hochindustrialisierung als übermächtig empfundene wirtschaftliche Ordnung sei nur Menschenwerk und müsse geändert werden, wenn sie sich als »rasseschädigend« erweisen würde.[312] Genauso sei »das Recht […] doch nur eine menschliche Schöpfung, welche jeden Augenblick, wann es uns beliebt, abgeändert werden kann.«[313] Die Naturgesetze bestimmten dagegen das Leben der »Völker« und Staaten, was laut Ammon aber den maßgebenden Kreisen nicht bewusst sei.[314] Die Soziologie wisse nichts von der »angeborenen Ungleichheit« und der Vererbbarkeit »seelischer Anlagen«, weshalb sie die »natürliche ständische Ordnung der Gesellschaft« nicht begreife.[315] Am Beispiel des Alkoholismus wird Nordenholz' Vision von einer biologischen Leistungsgesellschaft deutlich: »Es unterliegt keinem Zweifel, dass, wenn einmal unser gesamtes Rechtssystem grundsätzlich unter dem Gesichtspunkt der sozialen Evolution oder des Prinzips der Proportionierung von sozialen Vor- und

308 Kende, Die Entartung des Menschengeschlechts, S. 130.

309 Vgl. kritische Besprechung von Rudolf Allers zu: Lynekus, Das Individuum und die Bewertung menschlicher Existenzen, Dresden 1910. In: ARG, 8 (1911) 4, S. 536–539, hier 538.

310 Vgl. ebd., S. 539.

311 Vgl. Gustav von Bunge, Alkoholvergiftung und Degeneration. Ein Vortrag gehalten auf Ersuchen des Zentralausschusses der Abstinenzvereine am 17. Januar 1904 in der französischen Kirche zu Bern, 3. Auflage, Leipzig 1910, S. 20.

312 Vgl. Gruber/Rüdin, Fortpflanzung, Vererbung, Rassenhygiene, 2. ergänzte Auflage, S. 162.

313 Ammon, Die Bedeutung des Bauernstandes für den Staat, S. 10.

314 Vgl. ebd., S. 11.

315 Vgl. ebd., S. 12.

Nachteilen nach Maßgabe der Tüchtigkeit gestellt ist, auch die als Trunksucht auftretende Untauglichkeit einen entsprechenden sozial-rechtlichen Wertigkeitskoeffizienten erhalten wird.«[316]

Im Bewusstsein, den großen Wertewandel und den neuen intelligenten und rational handelnden Menschen auf »wissenschaftlicher« Basis zu postulieren und in dessen Sinne zu handeln, gab den »rassenhygienischen« Theoretikern ein Selbstverständnis, das sogar »Unwissenschaftlichkeit« à la Gobineau und Chamberlain gelegentlich entschuldigen würde: »Es ist überhaupt eine Torheit, von solchen genial kombinatorischen Geistern die Exaktheit in jedem Detail zu verlangen, auf die großen Leitgedanken kommt es an.«[317] Von diesem großen Leitgedanken erhofften sich die Autoren, dass er in Zukunft eine so große Wirkungsmacht entfalten könnte, dass auch die »Rassenhygiene« eine gesellschaftlich akzeptierte, vielleicht sogar staatlich organisierte Disziplin werden könnte.[318] Denn nach von Gruber würden viele der damaligen »Nervenschwächen« auf mangelnder Willensstärke und Selbstbeherrschung basieren, die von dem »sich ausleben« unterminiert werde. Dagegen liege der Fortschritt der Menschheit vielmehr in ihrem Zusammenleben und -arbeiten. Die menschliche Gesellschaft müsse also wieder ein moralisches Ideal aufstellen, das diesem die individuellen moralischen Forderungen unterwirft:[319] »Durch Lehre und Beispiel, durch Drill und Erziehung, durch Auslese und Zuchtwahl, kurz mit allen Mitteln muss es [das Sittengesetz] dahin gebracht werden, dass die Menschen mehr und mehr soziale Wesen werden.«[320]

In bewusster Ein- und Unterordnung müsse jeder für die Gemeinschaft tätig sein.[321] Leider würden Kunst und Presse diese Inhalte verfälschen und die Blicke vom Wesentlichen weg auf Luxus, »freie Liebe« und Frauenemanzipation führen, sodass die feste und widerstandsfähige Persönlichkeit zerstört werde. Von Gruber stellte daher auch »Sittlichkeitsforderungen« an die Kunst, um die Jugend vor der »Dekadenz«[322] und die Frauen vor der »Degradierung zu Sexobjekten« zu bewahren. Die Frauen müssten vielmehr wieder als Mütter verehrt und in der Ehe mit ihrem Nachwuchs geschützt und ernährt werden.[323]

Neben diesen – der zeitgenössischen konservativen Kulturkritik zugehörigen – »Korrektiven« bestehe die Hauptaufgabe der »Rassenhygiene« jedoch in

316 Zit. nach kritische Besprechung von Anastasius Nordenholz zu: C. Brendel, Das Recht des Staates zur Bekämpfung der Trinksitten. In: Die Alkoholfrage. In: ARG, 7 (1910) 2, S. 259, hier 259.

317 Bartels, Der deutsche Verfall, S. 39.

318 Vgl. Bayer, Über Vererbung und Rassenhygiene, S. 50.

319 Vgl. von Gruber, Die Pflicht gesund zu sein, S. 20.

320 Ebd., S. 23.

321 Vgl. ebd., S. 21.

322 Vgl. ebd., S. 26.

323 Vgl. ebd., S. 31–33.

der »künstlichen Zuchtwahl« durch den mehr oder weniger konsequenten Ausschluss »erblich Belasteter« von der Fortpflanzung: »Wie bei einer Amputation ein krankes Glied vom Körper abgetrennt wird, um den Körper vor Schädigung zu bewahren, so sollen hier vom Volkskörper kranke Teile entfernt werden, von deren Erhaltung schlimme Schäden für den übrigen Organismus befürchtet werden.«[324]

Die »Sittlichkeit« der Zukunft bestehe also im Nutzen für die Gesellschaft,[325] habe aber auch persönliche Vorteile: »Eine Ausbildung des Gemeinsinns in dieser Richtung wird übrigens auch für das persönliche Glück nur förderlich sein. Denn unsere Persönlichkeit ist vergänglich, darum kann das Leben nur denen höhere und dauerhafte Befriedigung gewähren, die so erzogen sind, dass die überlebende Gesamtheit ihr Ziel und ihre Hoffnung ist.«[326]

Wie im Abschnitt III.1 herausgearbeitet, versuchte auch Becher stets »rassenhygienische« und sozialpolitische Maßnahmen miteinander zu vereinen, setzte allerdings als letzte und höchste Ziele der Menschheit die »Vervollkommnung« derselben voraus. Denn das »allgemeine Wohl« und die Glückseligkeit aller Wesen jetzt und in Zukunft würde in erster Linie auf dem Ideal basieren, die Menschen selbst in Körper und Seele »besser«, »wertvoller« und »vollkommener« zu gestalten.[327] Diese festverankerte Prämisse bestimmte ebenso die Gedanken und Argumentationen Bechers, wie sich Thomas Achelis in seinen Untersuchungen zum Verhältnis zwischen Ethik und Deszendenztheorie Spinoza unterwarf: »Unter Gut verstehe ich das, von dem wir gewiss wissen, dass es uns nützlich ist; unter Schlecht verstehe ich das, von dem wir gewiss wissen, dass es uns verhindert, ein Gut zu erreichen.«[328]

Achelis folgerte daraus, dass alles, was der jeweiligen Ordnung hilft, sich zu erhalten und zu kräftigen, »sittlich« und rechtmäßig sei. Alle entgegengesetzten Eingriffe seien dagegen schlecht und »unsittlich«.[329] »Sittlichkeit« heiße also nichts anderes, als die Kongruenz des jeweiligen Charakters mit der ihn tragenden Organisationsform. Auf »Rasse« bezogen bedeutete das folglich, dass das Individuum lediglich als integrierender Bestandteil bzw. als »Mittel zum Zweck der Rasse« aufgefasst wurde.[330] Diese Degradierung des Individuums als Mittel zum Zweck einer höheren Instanz wie der »Rasse« zeigte, dass der zeitgenössische

324 Oettinger, Die Rassenhygiene und ihre wissenschaftlichen Grundlagen, S. 3.
325 Vgl. Paul Näcke, Gedanken eines Mediciners über die Todesstrafe. In: Archiv für Kriminal-Anthropologie und Kriminalistik, 9/10 (1902/03) 4, S. 316–326, hier 320.
326 Schallmayer, Generative Ethik, S. 228 f.
327 Vgl. Becher, Der Darwinismus und die soziale Ethik, S. 19.
328 Zit. nach Thomas Achelis, Die Ethik in ihrem Verhältnis zur Deszendenztheorie. In: ARG, 1 (1904) 3, S. 420–427, hier 424.
329 Vgl. ebd.
330 Vgl. ebd., S. 426.

Fortschrittsoptimismus auch in der »Rassenhygienebewegung« Züge religiösen Glaubens aufwies und »aus der Überwindung des Metaphysischen durch den Gebrauch der Vernunft ein neuer Mythos« entstand, wie Harms an dieser Stelle treffend formuliert.[331]

4.4 Fazit

Mit der Definition der »rassenhygienischen« Literatur als jener ausschließlich darwinistisch-»selektionistischen« und dem Fokus auf der Frage nach den Handlungsmöglichkeiten der Hemmung »schädlicher Einflüsse« und der Förderung »wertvoller Erbströme« zur Bekämpfung der »Entartung« und der »Hochzüchtung« des Menschengeschlechts, wurde in der vorliegenden Arbeit ein Untersuchungsraster konstruiert, das den heterogenen Kern der frühen »Rassenhygienebewegung« abbildet. Woltmann und Ploetz waren als Begründer der PAR und des ARG zwar Konkurrenten und auch fachlich und philosophisch selten einer Meinung, glichen sich jedoch in ihren Bestrebungen nach Intersubjektivität und dem Anspruch »liberaler Wissenschaftlichkeit« in ihren Organen.[332]

Aus dem Gesagten und den zitierten Passagen wurde ebenfalls ersichtlich, dass es neben diesen beiden zwar durchaus präsentere Akteure des Diskurses gab, die dem Diskurs mit ihren Theorien bestimmte Diskussionsschwerpunkte vorgaben, ihn jedoch keinesfalls dominierten. Es handelte sich zu diesem Zeitpunkt sowohl um eine sich als »neue Wissenschaft« verstehende als auch um eine dynamische Bewegung,[333] die, wie oben beschrieben, noch in der Formatierungsphase stand und hierbei durchaus liberale Ansprüche in der Meinungsfindung hatte. Unterschiedliche Akzentuierungen und Bewertungen der »Rassentheorien« zwischen den Fachzeitschriften zeigten sich ebenso in den Maßnahmenkatalogen bei dem Problem der »Entartung und Höherzüchtung«: Während beispielsweise der Großteil der Autoren der PAR bei den einzelnen Ursachen und Lösungen mehr ins Detail ging bzw. sie gesondert betrachtete, einordnete und daher auch differenzierte Maßnahmen und Theorien vorschlug, mehrten sich im ARG die »rassenhygienischen« Gesamtkonzepte, die ein grundlegendes Umdenken und einen Wertewandel in der Gesellschaft als Bedingung hatten.

331 Harms, Biologismus, S. 91.

332 Vgl. Kühl, Die soziale Konstruktion von Wissenschaftlichkeit und Unwissenschaftlichkeit, S. 114.

333 Kroll definiert »soziale Bewegung« als »kontinuierlichen Prozess des Protests gegen bestehende soziale Verhältnisse, getragen von einer an Mitgliedern wachsenden Gruppierung, die nicht formal organisiert zu sein braucht.« Kroll, Zur Entstehung und Institutionalisierung einer naturwissenschaftlichen und sozialpolitischen Bewegung, S. 212.

Konsens herrschte dagegen von Anfang an im primären Anspruch der Bewegung, der sowohl von den »großen« als auch den »kleinen« Akteuren verfolgt wurde: die »Rassenhygiene« als ernstzunehmende und moderne Wissenschaft zu etablieren und auf das Tapet der wissenschaftlichen und öffentlichen Meinung und Diskussion zu bringen. Wäre dieser Schritt erfolgreich getan und ein entsprechendes Bewusstsein in der Gesellschaft etabliert, würde es – nach deren Meinung – ebenso wenig Gründe geben, an der Vereinbarkeit von hygienischen und »rassenhygienischen« Maßnahmen zu zweifeln, wie an jener von Individualismus und Kollektivismus im Denken der Menschen. Diesem Anspruch der regen Diskussion und der Rezeption der Thematik in der Welt waren etwaige Machtansprüche oder angestrebte Meinungshoheiten innerhalb des Diskurses stets untergeordnet, was ihn so heterogen und interessant für eine tiefgründige Analyse macht. Eine sachlich homogene Grenzziehung des neuen Faches ist dabei kaum möglich, was aber nicht ungewöhnlich ist, sondern heute als interdisziplinär gelobt werden würde.[334]

Bei allem erklärten »wissenschaftlich-idealistischen« Anspruch war jedoch der kulturkritische Tenor – den Gilbert Merlino bildhaft als den »Seufzer der im Prozess der Modernisierung bedrängten Kreatur«[335] interpretiert – und die unter anderem daraus resultierende Verknüpfung der vorgetragenen Gedankengänge und Menschenbilder mit den späteren Gewaltherrschaften nicht zu übersehen.[336] Der vielfach geforderte Wandel zu entwicklungsbiologisch motivierten Werten, die das künftige Handeln der Menschen bestimmen sollten, wurde auf »naturwissenschaftliche Erkenntnisse« zurückgeführt und mit ihnen gerechtfertigt, jedoch »erhält das Biologische, scheinbar Natürliche, dadurch von Anfang an eine diskursiv-soziale Qualität, es beruht auf einem sozialen Klassifikationssystem, einem System der Unterscheidung, Trennung, Einordnung und Abgrenzung, das die Zugehörigkeit zu einem ›sozialem‹ Volkskörper regelt, der als biologischer gedacht, aber sozial konstituiert wird.«[337]

334 Vgl. Rottleuthner, Zum Wissenschaftscharakter der Eugenik, S. 55.

335 Gilbert Merlino, Kulturkritik um 1900. In: Grunewald/Puschner (Hg.), Krisenwahrnehmungen in Deutschland um 1900, S. 25–52, hier 25.

336 Vgl. Becker, Wege ins Dritte Reich [I], S. 205.

337 Bublitz, Zur Konstitution von ›Kultur‹ und Geschlecht, S. 82.

V. Schluss

1. Heterogenität

Das Hauptanliegen der vorliegenden Arbeit bestand darin, die deutsche, sich zur Darwin'schen Selektionstheorie bekennende Literatur des »rassenhygienischen« Diskurses des ausgehenden 19. und beginnenden 20. Jahrhunderts umfassend und intensiv daraufhin zu prüfen, welche vermeintlichen zeitgenössischen Handlungsmöglichkeiten und -notwendigkeiten zum Aufhalten der empfundenen »Entartung« bzw. zur vermeintlich möglichen »Höherzüchtung« des Menschen diskutiert wurden. Hier war im Grunde der Weg das Ziel, denn es galt, das Themengebiet zu ordnen und die Hypothese zu prüfen, ob diese frühe »Rassenhygienebewegung« als eine eigene heterogene zeitgenössische Bewegung mit »wissenschaftlichem« Anspruch ein- und abgrenzbar ist. Die hier vorgenommene Einrahmung im gewählten Zeitraum hatte dabei den Zweck, eine eingehende Betrachtung und systematische Ordnung der einschlägigen und widersprüchlichen Literatur der Bewegung vorzunehmen. Es wurde der zeitgenössische »rassenhygienische« Diskurs dafür in seine Diskursstränge und -ebenen dekonstruiert und die Aussagen der Autoren innerhalb jener gesammelt, zueinander in Beziehung gesetzt und nach ihrer Radikalität kategorisiert.

Neben bestimmten Kontinuitäten und gemeinsamen Nennern war der frühe »rassenhygienische« Diskurs vor allem aber von der schon erwähnten starken Widersprüchlichkeit und Heterogenität geprägt. Es herrschte stets Uneinigkeit und Diskussionsbedarf im »rassenhygienischen Wissen«, da sich die Autoren in Fragen der biologisch-sozialen Zusammenhänge auch in den gesellschaftlichen Nachbardiskursen – welche dann zu Diskursebenen des omnipotent scheinenden »rassenhygienischen« Diskurses verschmolzen – keinesfalls einig waren.

Weitgehend einig darin, die bestehenden »Schwachen« zu erhalten und zu pflegen, divergierten die Meinungen jedoch erheblich in der Art und Verteilung von Zuwendungen, die zur Bekämpfung von Säuglingssterblichkeit (III.1.1.2),

Armenfürsorge und Verbrechensbekämpfung (III.1.1.3) genutzt werden sollten. Vor allem die biologischen und gesellschaftlichen Auswirkungen dieser Phänomene bzw. wie diese eventuell gesteuert und beeinflusst werden könnten, wurden kontrovers diskutiert. Maßgebliche Grundlage dieser unterschiedlichen Betrachtungen stellte neben den ethischen Fragen zur christlichen Nächstenliebe auch die zeitgenössische »Menschenökonomie« dar (III.1.2.1), die Ursachen, Auswirkungen und Bewertung der quantitativen Bevölkerungsentwicklung diskutierte und unweigerlich die Nachbardiskurse zur Sexualität (III.1.2.2.) und Frauenemanzipation (III.1.2.3) streifte. Letztere wurde von einigen Diskutanten aus »rassenhygienischen« Gründen als absolut notwendig erachtet, während sie von anderen aus ebenso »rassenhygienischen« Gründen abgelehnt wurde. Das gleiche betraf den Krieg (III.2.1.2) oder die Infektionskrankheiten (III.2.2.1). Dass »Geistes- und Nervenkrankheiten« (III.2.2.2) ebenso wie der Alkoholismus (III.2.2.3) und andere »Keimgifte« schädliche Auswirkungen auf die individuelle Gesundheit hätten, stand zwar weitgehend außer Frage, jedoch wurde hier vor allen Dingen erörtert, welchen nachhaltigen und »vererbbaren« Schaden diese Phänomene für die Gemeinschaft bzw. »Rasse« hätten. Diese unterschiedlichen Standpunkte äußerten sich dann ebenso heterogen in den vorgeschlagenen Maßnahmen zur Eindämmung der Vererbung derartig verursachter »Schäden« in den Diskursebenen zur »negativen Eugenik« (III.3.1), wobei auch der Einfluss von »Rassenmischungen« (III.3.1.1) sowohl positiv als auch negativ oder als irrelevant bewertet werden konnte. Schließlich wurde danach gefragt, ob eine »Vervollkommnung« des Menschen (III.3.2.1) machbar und wünschenswert wäre und wenn ja, wie dies bewerkstelligt werden könne (III.3.2.2). Auch hier gingen die Positionen sowohl bei der Wünschbarkeit als auch bei der Durchführbarkeit und schließlich auch bei der Messbarkeit (III.3.2.3) weit auseinander. Dass es auch um die »rassenhygienischen« Grundkritikpunkte an den gesellschaftlichen Institutionen der Religion, des politischen Systems und des Wirtschaftssystems lebhafte Debatten gab, zeigt ebenfalls, dass es auch innerhalb der »Rassenhygienebewegung« Argumentationen gab, die grundlegende Wertewandel und Tendenzen zu staatlichen Zwangsmaßnahmen oder der Entwertung menschlichen Lebens entschieden widersprachen und bestimmte soziobiologische Zwangsläufigkeiten ablehnten.

Wie in Abschnitt IV.1.2 mehrere explizit herausgearbeitete Beispiele zeigten, waren selbst einzelne Akteure des Diskurses keineswegs konsistent in ihren Ansichten und ihrer Radikalität. Im Gegenteil führten unterschiedliche Gewichtungen und Bewertungen von gesellschaftlichen Phänomenen, sozialpolitischen Maßnahmen und wirtschaftlichen Entwicklungen vor dem Hintergrund differenter Interpretationen biologischer Erkenntnisse dazu, dass beispielsweise der prominente und eingangs etwas genauer vorgestellte Woltmann zwar von der Schädlichkeit »unzweckmäßiger Rassenmischung« überzeugt war und somit eine – von einigen Kollegen auch kritisierte (siehe Abschnitt III.3.2.2) – »rassenanthropologische« Komponente mit in die Debatten brachte. Gleichzeitig sprach er sich aber gegen Eheverbote oder die Behinderung der Frauenemanzipation aus. Die vorliegende Arbeit hat also nachgewiesen, dass das »rassenhygienische Wissen« zu dem hier betrachteten Zeitpunkt noch äußerst kontrovers diskutiert und zusammengetragen wurde. Somit kann Ritters, Krolls und Groß' nun umfänglicher geprüfter These zugestimmt werden, dass die kontroverse »Rassenhygienebewegung« in ihren zeitgenössischen soziobiologischen Grundperspektiven und Gesellschaftmodellen sehr unterschiedliche Ausprägungen zeigt. Geisteshaltungen wie Antisemitismus, Antifeminismus und völkischer Rassismus wurden zwar zum Teil von den radikalsten Autoren der dritten Kategorie formuliert, waren aber nicht zwangsläufig und untrennbar mit dem »rassenhygienischen« Mainstream des ausgehenden 19. Jahrhunderts verknüpft.[1]

Julia Polzins verallgemeinernde Bemerkung, die feststellte, dass sich »die Rassenhygieniker über die Schädlichkeit der Emanzipation der Frau und insbesondere ihrer wirtschaftlichen Unabhängigkeit durch bezahlte Arbeit« einig waren,[2] kann deshalb ebenso wenig zugestimmt werden, wie der Behauptung, dass »Armut und Krieg [...] als natürliche und nützliche Auslese begrüßt [wurden], die das Starke und Gesunde zur Ausbreitung brächten und Lebensschwächende austilgen würden.«[3] Wie in der vorliegenden Arbeit vielfach belegt wurde, trifft diese unterstellte Einigkeit ebenso wenig zu, wie jene generalisierende Behauptung Zankls, dass die vermeintlich strenge »Selektion« der Nachkommen des antiken Spartas Vorbild für »rassenhygienische« Forderungen und Maßnahmen der frühen »Rassenhygiene« gewesen sei.[4] Deshalb muss auch dem bereits zitierten Weikart widersprochen werden, der konstatierte, dass nur »some Darwinists and eugenicists retained enough moral influence from their upbringing to resist the move to kill the ›inferior‹.«[5] Als ein Ergebnis der vorangegangenen Arbeit dürfte deutlich geworden sein, dass es sich um bedeutend mehr »Darwinisten und Eugeniker« gehandelt hat, die dem Töten der »Schwachen« widerstehen konnten, als Weikart hier zugesteht. Auch Harms kann nicht gefolgt werden, wenn er im Zusammenhang mit Ploetz und dem Ende des 19. Jahrhunderts davon spricht,

1 Vgl. Ritter, Psychiatrie und Eugenik, S. 21; Kroll, Zur Entstehung und Institutionalisierung, S. 2; »›Rassenhygiene‹/Eugenik war unter Ärzten nicht primär völkisch und rassistisch geprägt und orientiert, sondern wurde vor allem als prophylaktische Therapieform begriffen, welche die Definitionsmacht der Medizin stärken und neue Betätigungsfelder bieten konnte.« Groß/Fangerau/Thamer, Medizin und Nationalsozialismus, S. 9.

2 Julia Polzin, Matriarchale Utopien, freie Liebe und Eugenik. Der Bund für Mutterschutz im Wandel zeitgenössischer Ideen und politischer Systeme, Hamburg 2016, S. 23.

3 Ebd., S. 22.

4 Vgl. Zankl, Von der Vererbungslehre zur Rassenhygiene, S. 55.

5 Weikart, From Darwin to Hitler, S. 230.

dass »die Zielgruppe der von den Rassenhygienikern ausgerufenen Zwangsmaßnahmen [...] einen beträchtlichen Anteil der Bevölkerung« darstelle.[6] Diese problematische Lesart wurde bereits im Abschnitt II.5 zu Ploetz' Utopie thematisiert und mit weiteren Autorenbeispielen untermauert.

In seiner letzten Konsequenz würde der große »Wertewandel« und »Gesellschaftsplan«, wie ihn einige der radikalsten und hier der dritten Kategorie zugeordneten Autoren der zeitgenössischen »Rassenhygiene« vertreten, als Allheilmittel zwangsläufig in alle Sphären des menschlichen Lebens eindringen. Die Idee der Schaffung des »neuen Menschen«[7] in einer homogenen Gesellschaft mit völlig neuen kollektiven Werten stellte eine heilsbringende Weltanschauung dar, welche die Basis späterer staatlicher Zwangsdoktrinen bildete[8] und das ewige Spannungsverhältnis zwischen Individualismus und Kollektivismus auf die Spitze trieb. Jedoch wurde durch die Untersuchung deutlich, dass sich der »rassenhygienische« Diskurs vor dem einschneidenden Erlebnis des Ersten Weltkrieges noch in seiner äußerst konfliktreichen Konzeptualisierungsphase und noch nicht in seiner letzten Konsequenz befand, wie das zahlreiche Vorhandensein von Autoren der ersten und zweiten Kategorie belegt. Selbst in der radikalsten dritten Kategorie herrschte kaum Einigkeit und auch hier waren nur äußerst selten durchgängige Zuordnungen bestimmter Autoren möglich.

Die vorliegende Arbeit hat gezeigt, dass das aus dieser Konzeptualisierung später durch die NS-»Rassenhygiene« genutzte »Wissen« in einem national, aber auch international ausdifferenzierten und mit »wissenschaftlichem« Anspruch konstruierten Diskurs über viele Jahre gewachsen ist und sehr kontrovers generiert wurde. Die zahlreichen Autoren widersprachen sich in vielen Themen zum Teil untereinander grundsätzlich und teilweise auch sich selbst, was die These der komplexen Streitkultur im Diskurs bestätigt. Ebenfalls ergab sich, dass, gemessen an der hier vorgeschlagenen Radikalitätstrilogie, diese diskutierten Theorien und Maßnahmenkataloge in der Summe recht radikal gestaltet waren, jedoch nur selten konkrete realpolitische Forderungen artikuliert wurden.

---

6 Harms, Biologismus, S. 109.

7 Klaus Hildebrand, Stufen der Totalitarismus-Forschung. In: Eckhard Jesse (Hg.), Totalitarismus im 20. Jahrhundert. Eine Bilanz der internationalen Forschung, 2. Auflage, Bonn 1999, S. 70–94, hier 75.

8 Vgl. Giselher Schmidt, Politik als Heilslehre. Zur Idee des Totalitarismus, Mainz 1970, S. 82.

2. Reflexion und Antizipation

Wie in Abschnitt IV.4.3 bereits vorgeführt, wurde der »Wissenschaft« im Allgemeinen und der »Rassenhygiene« im Speziellen nahezu Allmacht zugedacht. Aus diesen als »wissenschaftlich gesicherten« geltenden Erkenntnissen wurden zum Teil Schlussfolgerungen und Konsequenzen gezogen, die als unumstößlich wahrgenommen wurden und daher größte Wirkungsmacht entfalten konnten. Autoren wie Adolf Steiger warnten jedoch bereits davor, »in solchen Fragen [in diesem Fall beispielsweise der befürchteten »Degeneration«] mit unseren gegenwärtigen Verhältnissen allzu viel beweisen zu wollen. Heute sind die Erscheinungen der Kultur viel zu verwickelt, als dass ein Herausschälen der treibenden Momente mit auch nur einiger Sicherheit möglich wäre.«[9] Auf derartigen vorschnellen Annahmen gründende Glaubensirrtümer, die obendrein aus der Verquickung von »wertfreier« »Rassenhygiene« und »wertenden Rassentheorien« entstünden, könnten auch nach Schallmayer unheilvolle Konsequenzen für das »Volk«, vielleicht auch für das Schicksal Europas nach sich ziehen.[10] Darüber hinaus teilte Walter Haecker zwar die weiter oben ausgeführten Argumentationen seiner demokratiekritischen Kollegen, antwortete auf derartig gestellte Fragen und Angriffe allerdings prophetisch damit, dass in absehbarer Zeit am bestehenden »demokratischen« Wahlrecht nicht zu rütteln wäre, da hierdurch politische Katastrophen heraufbeschworen werden könnten, gegen die das damalige System das geringere Übel darstellen würde.[11]

Die angeführten Beispiele der kritischen bzw. warnenden Stimmen innerhalb der »Rassenhygienebewegung« verdeutlichen, dass sich auch die radikalsten Vertreter darüber im Klaren waren, dass ihre Verknüpfung von undemokratischen Gesellschaftsmodellen mit moderner »wissenschaftlich-biologischer Rationalität« erhebliche Folgen im direkten menschlichen Zusammenleben nach sich ziehen könnte. Der vor allem nach dem Ersten Weltkrieg in der »Rassenhygiene« prominent und radikal agierende Lenz stellte beispielsweise 1913 die entscheidende und fordernd-prophetische Frage: »Ideologen der Rassenhygiene haben wir genug. Wann aber wird für sie der große Praktiker kommen, der Mann der Tat, der die Trägheit der Massen und das Gold der Milliardäre in seinen Willen zwingt?«[12] Daher ist die Frage durchaus berechtigt, ob diese zeitgenössische Bildungselite nicht zumindest hätte ahnen können, was die praktische Durchsetzung ihrer sozialpolitischen und moralischen Forderungen sowie die

---

9 Adolf Steiger, Entwicklungsgeschichtliche Gedanken zur Frage der Kurzsichtigkeit und Weitsichtigkeit. In: ARG, 4 (1907) 3, S. 314–331, hier 320.

10 Vgl. ebd., S. 866.

11 Vgl. Haecker, Die ererbten Anlagen und die Bemessung ihres Wertes für das Leben, S. 274.

12 Kritische Besprechung von Fritz Lenz zu: H. Kurella, Die Intellektuellen und die Gesellschaft. Ein Beitrag zur Naturgeschichte begabter Familien, Wiesbaden 1913. In: ARG, 10 (1913) 1/2, S. 240f., hier 241.

weitläufige Anerkennung des von ihnen vertretenen Menschenbildes im künftigen politischen System bewirken könnte. Das Problem der Reflexion der eigenen Vorstellungen und der Antizipation einer künftigen »rassenhygienischen« Gesellschaft betraf nach all dem Gesagten also vor allem die Folgen des postulierten Wertewandels hin zu einer »Entwicklungsethik«, die in ihrer Anwendung oben genannte zeitgenössische gesellschaftliche Ordnungen wie Christentum, Demokratie und Kapitalismus als unnatürlich kritisierte und daher als schädlich bekämpfte.

Das Bild des nationalsozialistisch idealisierten »Volkskörpers«, der durch die Heroisierung der »Leben schenkenden Mutter« und Organisationen wie dem »Lebensborn« biologisch-ideologische Festigung erfuhr, wurde von den zeitgenössischen Autoren ebenso vorformuliert wie der darauf aufbauende und im Nationalsozialismus häufig verwendete Leitsatz: »Du bist nichts, dein Volk ist alles.«[13] Derartige Sehnsüchte nach vollkommener gesellschaftlicher Harmonie durch eine physisch und psychisch gesunde und moralisch homogene Bevölkerung, die sich bereitwillig dem »großen Ganzen« unterordnet, sollten durch die zahlreichen schon erwähnten vorgeschlagenen Reformen der »Rassenhygieniker« erreicht werden.[14] Maßnahmen zur Erziehung und Aufklärung durch Propaganda des »eugenischen« Gedankens, eine staatliche »erbbiologische Erfassung« und Beurteilung der Bevölkerung sowie die Gewinnung von »Lebensraum im Osten« für die »Regeneration des deutschen Bauernstandes« sind unverkennbar Leitgedanken, wie sie auch in der nationalsozialistischen »Rassenhygiene« gepflegt wurden.

Bei allen offenkundigen Parallelen zur NS-Gesellschaft bzw. deren etablierten idealisierten Gesellschafts- und Menschenbildern wurde die Frage nach Zwangsmaßnahmen im Zusammenhang mit »Unfruchtbarmachung« und »Gattenwahl« von den Theoretikern sehr kontrovers diskutiert. Derartigen gesetzgeberischen Maßnahmen sollte der Mehrzahl der oben zitierten Autoren zufolge zunächst eine Akzeptanz in der Bevölkerung vorausgehen. Eine entsprechende Kontrolle der öffentlichen Meinung, wie sie in diktatorischen Systemen angewendet wird, wäre bei der häufig vorgetragenen Kritik an den Merkmalen einer offenen und demokratischen Gesellschaft allerdings eine mögliche Konsequenz daraus. Derartige mögliche, die individuelle Freiheit beschränkende Folgen aus den ge-

13 Kroll, Zur Entstehung und Institutionalisierung, S. 99.

14 Für die Sozialethik Adolf Harpfs ist dieser Gedanke eine Grundbedingung: »Überall, wohin wir auch blicken mögen, sehen wir, dass in der Geschichte ein staatliches Gemeinwesen nur dann prosperieren konnte, wenn es auf der Grundlage einer einheitlichen Bevölkerungsmasse errichtet war.« Adolf Harpf, Zur Lösung der brennendsten Rassenfrage der heutigen europäischen Menschheit. Eine soziologische Studie mit einem Anhange zur Begründung der Sozialethik, Wien 1898, S. 14.

forderten Maßnahmen wurden von den Akteuren größtenteils auch erkannt. Allerdings gestaltete sich auch die Beurteilung jener die individuelle Freiheit eingrenzenden Konsequenzen äußerst widersprüchlich und reichte von der Warnung vor ihnen, über Gleichgültigkeit darüber, bis hin zur Forderung derselben. Die Debatte darüber, wie und in welchem Umfang staatlich gesteuert im Einzelnen eine »rassenbewusste« Gesellschaft angestrebt werden sollte, wurde oben ausführlich nachgezeichnet.

Bei der Anwendung der Darwin'schen Selektionstheorie auf die menschliche Gesellschaft wurden die als unumstößlich geltenden biologischen Prinzipien sowohl bewusst als auch unbewusst permanent mit sozialpolitischen Gestaltungsmöglichkeiten des Gemeinwesens vermischt. Die Tendenz zeigte dabei in Richtung einer philosophischen Idealisierung einer Gesellschaft, in der das Zeugen »untüchtiger« Nachkommen als »sittlich unangemessen« empfunden und daher freiwillig vermieden würde.[15] Die Einsicht der eigenen Verantwortung für die kommenden Generationen sei nach dem überwiegenden »rassenhygienischen« Verständnis ebenso Pflicht wie Glück für jedes Mitglied des Gemeinwesens, das dadurch gefestigt werde und allen inneren und äußeren Angriffen standhalten könne. Dieses instinktive Glücksempfinden bei der Erfüllung der gesellschaftlichen Pflichten durch die Ausführung seiner »generativen Aufgaben« werde nach dieser Logik als die wahre Selbstverwirklichung empfunden und letztlich alle Egoismen und individuelle Freiheiten überlagern und somit obsolet erscheinen lassen. Die »Rassenhygiene« wäre die neue (Staats-)Religion und das einzige Gegenmittel gegen die »drohende körperliche und geistige Entartung«, wie man sich in weiten Kreisen der Bewegung einig war.[16]

Auch wenn einzelne dieser religiös anmutenden radikalen zeitgenössischen Kausalitätsketten, Gedankengänge und Utopien zu Ende gedacht in Massenmord enden könnten, wurde durch die hier vorgenommene Radikalitätskategorisierung ebenso nachgewiesen, dass sich große Teile der damaligen Autorenschaft in den einzelnen Diskursebenen der ersten und zweiten Kategorie einordnen lassen. Neben den biologischen-praktischen Einsprüchen warnten diese Akteure bereits vor den Gefahren allzu schneller Analogieschlüsse und Moralbrüche, lieferten Gegenargumente und belebten damit die Debatten. Sicher waren diese moralisch motivierten Gegenstimmen im Diskurs in der Unterzahl und der Glaube daran, dank der neuen naturwissenschaftlichen Erkenntnisse alle praktischen Hindernisse überwinden und die eigene Natur beherrschen zu können, beflügelte die Phantasie der hier zitierten Autoren gleichermaßen. Dennoch waren sich auch

15 Turda dazu: »In the name of science, eugenics fused hereditarian and cultural determinism with modern vision of a ›new society‹ and a ›new man‹.« Turda, Biology and Eugenics, S. 456.

16 Weiterführend zur Entwicklungsethik und Monismus vgl. Weikart, From Darwin to Hitler, S. 59–61 und 66–69.

die radikalsten Vertreter in der Regel bewusst, welche Wege sie zu beschreiten gedachten und was sie von der bestehenden Gesellschaft verlangten. Auch sie traten deshalb für eine konsequente Erforschung der biologischen Vererbung und eine vorgeschaltete Gewinnung der öffentlichen Meinung für ihre Sache ein. Aus diesem Grund verlegten die meisten Autoren aller drei Kategorien die Durchführbarkeit realpolitischer »rassenhygienischer« Maßnahmen auf die künftigen Generationen.

Das Potenzial zu totalitären Gesellschaftsformen und zur Degradierung großer Bevölkerungsteile zu Menschen zweiter Klasse steckte zweifelsohne bereits in der frühen »Rassenhygiene« und die meisten Ideen der nationalsozialistischen Täter hatten hier auch ihren Ursprung.[17] Jedoch stellten auch die damals heftigsten Kritiker von »Freiheit, Gleichheit und Brüderlichkeit« den »Schutz der Schwachen« nicht grundlegend infrage. Die Grundidee der frühen »Rassenhygiene« lag gerade darin, die weitere Zunahme an »Schwachen« zu verhindern, sodass – dies wurde zumindest als positiver Nebeneffekt empfunden – die wenigen doch entstehenden von den an ihrer Anzahl zunehmenden »Starken« einfacher gepflegt werden könnten.

3. Kontinuitäten und Transformationen

Den Texten der zweiten Kategorie fehlt es im Gegensatz zur dritten an der letzten Konsequenz, da dazu der angedeutete Wandel bestimmter Werte erforderlich wäre. Auch wenn viele Äußerungen zunächst nur theoretische Überlegungen und sich die referierenden Gelehrten häufig der Schwierigkeit von deren Umsetzbarkeit bewusst und in Detailfragen selten einig waren, wird dem überblickenden Leser jedoch deutlich, dass es viele gemeinsame Nenner gab, die das Bild und den Geist der zeitgenössischen »rassenhygienischen« Bewegung prägten. Die »rassenhygienische« Grundannahme, dass die »rassisch-erbliche« Anlage alles bestimme und die Menschen deshalb unterschiedlich fähig und wert seien, kollidierte also bewusst und unbewusst mit gleich mehreren zeitgenössischen Wertvorstellungen bzw. kreuzte die gesellschaftlichen Diskurse der Zeit. Ebenso kann festgehalten werden, dass trotz dieser Menschenverachtung, die zum Beispiel bei Hentschel und dessen Fürsprechern immer wieder zu lesen war, auch bei den radikalsten und biologistischsten Vertretern des »Selektions-

17 Begründet liegt dies in der althergebrachten Faszination für Historizismus und ganzheitliche Gesellschaftskonzepte, die Popper schon bei Platon und Hegel als einen gefährlichen Weg in den Totalitarismus kritisierte. Weiterführend dazu vgl. Karl Raimund Popper, Die offene Gesellschaft und ihre Feinde I – Der Zauber Platons, 6. Auflage, Tübingen 1980, S. 123 f.; ders., Die offene Gesellschaft und ihre Feinde II – Falsche Propheten: Hegel, Marx und ihre Folgen, 7. Auflage, Tübingen 1992, S. 40.

gedankens« und der Umsetzung einer »rationellen Zucht« auf »wissenschaftlich-rassenhygienischer« Grundlage, Forderungen nach der Beseitigung von »Minderwertigen« bis zum Ersten Weltkrieg Extrempositionen darstellten und nur von wenigen überhaupt hypothetisch geäußert wurden.[18] Es wurde dagegen belegt, dass – außer bei der Todesstrafe – eine »Lebendauslese«, das heißt eine komplette Vernachlässigung oder gar aktive Beseitigung von »schwachen« oder »untüchtigen« Gesellschaftsmitgliedern, nicht dem Konsens der frühen Bewegung entsprach, sondern auch von deren radikalsten Vertretern die Pflege der bereits geborenen Hilfebedürftigen zumindest als unvermeidbares »Anhängsel« der zeitgenössischen humanitären Kultur, wenn nicht sogar als evolutionär entwickelter Altruismus akzeptiert wurde.

Die wie auch immer zu realisierende Vision vom »neuen Menschen« knüpfte in Verbindung mit dem angesprochenen Absolutheitsanspruch der hier neu konzipierten »Wissenschaft« an den nahezu religiösen Fortschrittsglauben und die scheinbare »Wurzellosigkeit«[19] des zeitgenössischen Bildungsbürgertums an und bildete die Grundlage der »Entwicklungsmoral«. Dieses Konstrukt nahm hier durchaus ideologische Dimensionen an, das nur zu verstehen ist »als Folge der großen Labilität und Unsicherheit des aus bisherigen Bindungen gelösten modernen Menschen, der nach neuer Identität sucht und danach strebt, sein Idealbedürfnis zu befriedigen.«[20] Das könnte erklären, warum die theoretischen Verquickungen von biologisch-naturwissenschaftlichen Erkenntnissen mit sozialen Phänomenen nach dem Ersten und bis in den Zweiten Weltkrieg hinein Grundlagen für Prinzipien bildeten, die von einer breiten Masse des Bürgertums getragen wurden und die nationalsozialistischen Verbrechen schließlich mit ermöglichten.[21] Karl Dietrich Bracher beschreibt drei große Einschnitte und Weichenstellungen in der Entwicklung des nationalsozialistischen Totalitarismus: Demnach befindet sich die hier thematisierte frühe »Rassenhygienebewegung« in der ersten Phase, nämlich in der »Gedanken- und Formationsperiode« der 1880er-Jahre bis 1914. Diese Zeit der Gärung stellte die Ideen und das sozial-psychologische Potenzial bereit, das die Mobilisierung der Massen für absolut gesetzte Ziele ermöglichte. Die Folge davon sei die Bereitschaft bzw. die Anfälligkeit von Bürgern und

18 Vgl. Hirschinger, »Zur Ausmerzung freigegeben«, S. 32.

19 Hannah Arendt, Elemente und Ursprünge totaler Herrschaft, München 1986, S. 645.

20 Karl Dietrich Bracher, Das 20. Jahrhundert als Zeitalter der ideologischen Auseinandersetzungen zwischen demokratischen und totalitären Systemen. In: Jesse (Hg.), Totalitarismus im 20. Jahrhundert, S. 137–151, hier 139.

21 »Wir wissen auch nicht, aber wir können es ahnen, wie viele Menschen sich in Erkenntnis ihrer wachsenden Unfähigkeit, die Last des Lebens unter modernen Verhältnissen zu tragen und zu ertragen, willig einem System unterwerfen würden, das ihnen mit der Selbstbestimmung auch die Verantwortung für das eigene Leben abnimmt.« Arendt, Elemente und Ursprünge totaler Herrschaft, S. 675 f.

Intellektuellen für den Prozess der totalitären Verführung nach dem Ersten Weltkrieg.[22]

Die Mendel'schen Gesetze wurden bei der Annahme der Vererbung von geistigen und physischen Anlagen oftmals überinterpretiert und Teile der jungen »Rassenhygiene« schufen mit ihren Gedankenspielen die geistige Grundlage für spätere Grausamkeiten. Denn der selbstpostulierte »Idealismus«, der in der »Hebung des menschlichen Glückes« durch »Rassegesundheit« bestehe, hatte Kehrseiten, die weniger altruistisch und menschenfreundlich erscheinen: Der unerschütterliche Glaube an eine zu schaffende ideologisch-fiktive »wohlgeborene« Gesellschaft hat dabei »die politischen Verhältnisse der Gegenwart tiefer und entscheidender erschüttert, als Machthunger oder Angriffslust es je hätten tun können.«[23] Denn letztlich könnten einige »eugenische« Konzepte des zum Ende des langen 19. Jahrhunderts wankenden Bildungsbürgertums auch nur als letztes Mittel zur Erhaltung bzw. Wiederherstellung der Dominanz der »weißen«, männlichen, bürgerlichen Mittelschicht verstanden werden,[24] weshalb sie auch in westlichen Demokratien wie beispielsweise den USA zur Anwendung kamen.[25] Zur bloßen Bewahrung der bürgerlichen Traditionen und Menschenbilder im Angesicht der »Proletarisierung« und Urbanisierung der industriellen Gesellschaft würden daher auch demokratische oder autoritäre Herrschaftsstrukturen ausreichen. Die systematische Schaffung des sozialen und biologischen »Neuen Menschen« in einer homogenen Gesellschaft erfordere Hildebrandt zufolge dagegen eine Abschaffung der intimsten persönlichen Freiheiten, die nur totalitäre Systeme zu leisten im Stande seien.[26] Ploetz schien sich dieses Problems bereits 1906 bewusst gewesen und stellte daher selbst die Frage, »ob ein Mensch, der imstande ist, Schwache zu vernichten oder auszustoßen, dasjenige Maß von sozialen Tugenden und von Altruismus besitzen kann, das zur Erhaltung und höchsten Blüte der Gesellschaft notwendig ist« und beantwortete sie auch selbst umgehend mit: »Nach der Erfahrung zu urteilen, ist das unmöglich.«[27] Denn je höher die Gesellschaft organisiert sei, desto höher sei ihr Bedürfnis, die »Schwachen« zu schützen, was aber bekanntermaßen zu Problemen im Sozialsystem führen und den Zusammenhalt der Gesellschaft strapazieren könne.[28]

22 Vgl. Bracher, Das 20. Jahrhundert als Zeitalter der Ideologischen Auseinandersetzungen, S. 141.
23 Arendt, Elemente und Ursprünge totaler Herrschaft, S. 645.
24 Vgl. Thomas Etzemüller, Die Angst vor dem Abstieg – Malthus, Burgdörfer, Sarrazin: eine Ahnenreihe mit immer derselben Botschaft. In: Haller/Niggeschmidt (Hg.), Der Mythos vom Niedergang der Intelligenz, S. 157–183, hier 180.
25 Vgl. Aaron Gilette, Die Eugenikbewegung in den USA im 20. Jahrhundert. In: Schwarz (Hg.), Streitfall Evolution, S. 449–463, hier 449.
26 Vgl. Hildebrandt, Stufen der Totalitarismus-Forschung, S. 75.
27 Alfred Ploetz, Ableitung einer Gesellschafts-Hygiene und ihrer Beziehung zur Ethik. In: ARG, 3 (1906) 2, S. 253–274, hier 256f.
28 Vgl. ebd., S. 257.

Die in der vorhergehenden Analyse äußerst umstritten diskutierte Lösung war es, die Neuentstehung von »Schwachen« in demselben Maße zu verhindern, in welchem sie geschützt würden: »Je mehr eine Auslese der Keimzellen und eine günstige Beeinflussung ihrer Variation möglich ist, desto mehr kann davon abgesehen werden, die dauernd Schwachen durch natürliche und künstliche Ausjäte einerseits und durch sexuelle Ausjäte andererseits zu beseitigen oder sonst von der Fortpflanzung abzuhalten.«[29]

Ploetz gestand sich damit bereits 1906 ein, dass der Konflikt zwischen der Förderung der »Starken« und der »Ausjäte« der »Schwachen« erst dann vollkommen gelöst sei, wenn die »personelle Auslese« mit der Verlegung der »Auslese« auf die nächst niedrigere Organisationsstufe der Keimzellen – also auf die Ebene der Ei- und Spermazellen – umgangen werden könne.[30]

Nach den »kulturellen und mentalen Bruchlinien des Ersten Weltkrieges«[31] wurden nicht nur bei Ploetz und dem oben beispielhaft angeführten Hoche weit radikalere Stellungnahmen laut, die auf eine Modifizierung des Diskurses und auf Transformationen in den »rassenhygienischen« Argumentationen hinweisen. Aus diesem Grund wurde der Analysezeitraum der vorliegenden Arbeit auf die Zeit vor dem Ersten Weltkrieg beschränkt. Doch bereits mit dem Näherrücken des Jahres 1914 war innerhalb dieses früh abgegrenzten Diskurses von 1891 bis 1914 eine Veränderung der Themenwahl und auch der Radikalität in der Literatur zu vernehmen, was auch auf eine Dynamik innerhalb des Diskurses hinweist. Aufgrund der Vielzahl der inneren und äußeren Einflüsse auf sich formierende Gedankenwelten, wie der »rassenhygienischen«, war deren thematische Kontinuität ständigen Transformationen unterworfen, wie Volker Roelcke in seinem Schlusswort zu seinem Buch unterstreicht: »Der hier gewählte theoretische Ansatz zeigt – bei allen Veränderungen im Detail – bis zum Beginn des 19. Jahrhunderts zurückreichende langfristige thematische Kontinuitäten innerhalb des psychiatrischen Diskurses, die dann in einer spezifischen Situation am Ausgang den 19. und beginnenden 20. Jahrhunderts eine besondere Dynamik entwickelten.«[32]

Roelcke bezieht sich hier zwar auf den spezifischen psychiatrischen Diskurs, jedoch kann diese Feststellung ebenso für den eng und untrennbar mit der Psychiatrie verflochtenen »rassenhygienischen« Diskurs gelten: Als Beispiele für weitere »besondere Dynamiken« des hier untersuchten Zeitraumes von 1891 bis 1914 galten in dem vorhergehenden Text die Exkurse zum Russisch-Japanischen Krieg von 1905 (III.2.1.3) und zur I. Internationalen Hygiene-Ausstellung in Dresden von 1911 (IV.3.3). Wie in den entsprechenden Abschnitten ausgeführt, versetzte

29 Ebd., S. 258.
30 Vgl. ebd.
31 Kroll, Geburt der Moderne, S. 82.
32 Roelcke, Krankheit und Kulturkritik, S. 215.

die Niederlage des riesigen Russischen Reiches gegen das kleine Japan auch Teile der zeitgenössischen »Rassenhygienebewegung« in die erneute Angst vor der »gelben Gefahr«. Neben der eigentlichen tagespolitischen Debatte zu diesem in die Weltöffentlichkeit drängenden Ereigniss, wandelten sich in der untersuchten Literatur infolgedessen die erklärten Motive zum »rassenhygienischen« Handeln häufig von dem zuversichtlichen Glauben an die Möglichkeit der »Höherzüchtung« der eigenen »Rasse« zur nun vermehrt empfundenen Notwendigkeit des Kampfes gegen die »Entartung« derselben.

Mit dem Auftritt einer Abteilung »Rassenhygiene« auf der sehr erfolgreich verlaufenen »I. Internationalen Hygieneausstellung 1911 Dresden« erhofften sich dann nicht zu Unrecht viele Vertreter der »Rassenhygiene« einen Publizitätsschub für ihr Fach. Dieses scheinbare Vorrücken der »rassenhygienischen« Debatten in die Mitte der Gesellschaft war für die Mehrzahl der zitierten Autoren eine notwendige Vorbedingung für die praktische Durchsetzung der allermeisten »rassenhygienischen« Maßnahmen. Denn es ist an dieser Stelle ebenso festzuhalten, dass die »Rassenhygiene« vor dem Ersten Weltkrieg keine nennenswerte Einbettung in breite gesellschaftliche Kontexte vorweisen konnte und kaum über den Status einer sektenhaften »Rassenveredelungsbewegung«[33] hinausgekommen ist.

4. Fazit

In der Summe wurden diese drei Thesen durch eine erstmals umfassende Analyse des deutschen »rassenhygienischen« Diskurses im Zeitraum zwischen 1891 und 1914 sichtbarer, präziser nachweisbar und fassbar: Der Diskurs war fachlich-argumentativ von großer Heterogenität und Widersprüchlichkeit geprägt und wartete sowohl mit sozialistisch-antikapitalistischen als auch konservativ-aristokratischen oder »sozialdarwinistisch«-kapitalistischen Argumentationen auf.

Die meisten der darin agierenden Autoren waren sich der Tragweite ihrer Überlegungen und vorgeschlagenen Maßnahmen durchaus bewusst. Auch diese Reflexionen wurden kontrovers diskutiert.

Der Diskurs unterlag auch innerhalb seiner hier gesetzten chronologischen Grenzen sowohl Kontinuitäten und Transformationen als auch Verbindungen und Abgrenzungen zu Nachbardiskursen.

Die dazu vorgenommene ergebnisoffene Radikalitätskategorisierung, die lediglich als vorgeschlagene Orientierungshilfe in der Masse der Theorien, Vorschläge und Forderungen dienen konnte, hat ergeben, dass die analysierte Literatur mit der etwa gleichwertigen Dominanz der zweiten und dritten Kategorie – bei aller

33 Klee, »Euthanasie«, S. 18 f.

interner Heterogenität der einzelnen Positionen – bereits vor dem Ersten Weltkrieg ein recht radikales Bild in der Frage der »Rassenhygiene« und ihren praktischen Maßnahmen wiedergab und sich damit in die kulturpessimistischen und fortschrittgläubigen Bewegungen der Zeit einordnete:[34] »Eugenics should not be treated as an extraordinary episode in the history of biological science removed from its social, political and national contexts, as a deviation from the norm which found its culmination in Nazi politics of genocide, but as an integral part of European modernity in which the state and the individual embarked an unprecedented quest for the renewal of an idealised national community.«[35]

Das könnte als Anhaltspunkt dafür dienen, wie sich zeitgenössische innen- und außenpolitische Diskurse in derartigen Phasen der realen oder wahrgenommenen Gesellschaftstransformationen gegenseitig befeuerten. Gleichzeitig bestätigt dieser Aktionismus Strassers These, dass die sich im 19. Jahrhundert in der westlichen Zivilisation zuspitzenden Konflikte den allgemeinen Fortschrittsglauben nicht nachhaltig infrage stellen konnten.[36]

Denn grundsätzlich beinhaltete der deutsche »rassenhygienische« Diskurs im hier betrachteten Zeitraum noch weitere Diskurse, die aufgrund der thematischen und räumlichen Begrenzung der vorhergehenden Arbeit nur subsumiert angerissen werden konnten. Wegen deren späterer gesellschaftspolitischer Tragweite in der Zwischenkriegszeit und vor allen Dingen im nationalsozialistischen Staat verdienen diese aber kaum weniger Beachtung und könnten daher in weiteren Literaturstudien untersucht werden: Die »rassenhygienische« Interpretation der vermuteten kausalen Zusammenhänge zwischen Vererbbarkeit und Kriminalität oder Intelligenz und die daraus gezogenen Konsequenzen im Strafvollzug und der Bildung lassen genauso viel zeitgenössischen Diskussions- und Handlungsspielraum zu, wie die hier bereits angerissene »rassenhygienische« Bewertung der Frauenemanzipation. Die Theorien um den Einfluss von Industriearbeit und Prostitution auf Militärtauglichkeit und Krieg spielten in der analysierten Literatur ebenfalls eine wichtige Rolle. Damit eng verbunden wurde sich kontrovers zur Kolonial-, Außen- und Einwanderungspolitik nicht nur Deutschlands geäußert. Auch die »rassenhygienisch« bzw. bevölkerungspolitisch motivierten Einflüsse auf die Entwicklung der Steuerpolitik laden zur Untersuchung ein.

Dazu wurde mit dem im Zuge der historischen Diskursanalyse angewendeten Untersuchungsraster in der vorliegenden Arbeit ein Werkzeug geschaffen, das auch auf die vorhergehenden und nachfolgenden Abschnitte der Geschichte der »Rassenhygiene« angewendet werden könnte, um diese damit ebenfalls umfassender und vergleichbar zu untersuchen und die jeweiligen Forschungsstände empirisch

34 Vgl. Nolte, Transatlantische Ambivalenzen, S. 91.
35 Roger Griffin zit. nach Turda, Modernism and Eugenics, S. 120.
36 Vgl. Johano Strasser, Das Drama des Fortschritts, Bonn 2015, S. 128.

zu erweitern. Beispielsweise von frühesten Versuchen zur Transformation der in Darwins »Entstehung der Arten« 1859 entwickelten Theoriebildung auf den Menschen bis hin zu Galtons »Eugenik«-Begriffsprägung 1883 bzw. Schallmayers »Ueber die drohende körperliche Entartung der Culturmenschheit« 1891 oder von der Ausrufung der Republik 1918 bis zur Machtübernahme 1933. Ebenso könnte das Untersuchungsraster vergleichend und in Epochen untergliedert auf die »Rassenhygiene«- bzw. »Eugenik«-Bewegungen anderer Nationen angewendet werden, wie bei Nate und Turda bereits angeklungen.

Diese weiteren Diskursanalysen könnten mit ihren Verknüpfungen zu den zahlreichen Nachbardiskursen zusätzlich in den weit um sich greifenden »rassenhygienischen« Kontext eingebunden bzw. mit ihm in Beziehung gesetzt und international verglichen werden. In allen diesen Bereichen und somit aus vielen verschiedenen Perspektiven könnten damit weitere Beiträge zur Geschichte der »Rassenhygiene« vor dem Ersten Weltkrieg geleistet werden, um dieses folgenreiche Phänomen der janusköpfigen Moderne besser zu verstehen.

VI. Anhang

1. Beispieltext: Alfred Ploetz, Der ideale Rassenprozess[1]

Unter Rassenprozess wollen wir die Gesamtheit der Vorgänge im Lebensprozess einer Rasse in Bezug auf Variation, Kampf ums Dasein und Vererbung zusammenfassen. Nach unseren früheren Ausführungen wird es uns interessieren, die aufgestellten rassenhygienischen Forderungen zur möglichst raschen Vermehrung und Vervollkommnung einer Rasse einmal etwas mehr zu zergliedern und zu sehen, welch ein Bild etwa eine Gesellschaft in groben Zügen darbieten würde, wenn sie ausschließlich danach eingerichtet wäre. Es handelt sich also um die Grundlinien einer Art rassenhygienischer Utopie, über deren komisches und grausames Äußere der Leser nicht zu erschrecken braucht, es ist ja eben nur eine Utopie von einem einseitigen, durchaus nicht allein berechtigten Standpunkt aus, welcher nur Konflikt der bis in ihre Konsequenzen verfolgten Anschauungen gewisser darwinistischer Kreise mit unseren Kulturidealen deutlich hervortreten lassen soll.

Verfolgen wir ein junges Ehepaar, dem die Fortpflanzung aufgrund ihrer Qualitäten, wie wir nachher noch sehen werden, erlaubt war, in seinen weiteren Schicksalen. Die Lebensführung der Gatten ist beherrscht von der Rücksicht auf die Erzeugung guter Kinder, sie suchen nach gesunder Wohnung, zuträglicher Nahrung, vermeiden die Einfuhr von allerlei Giften, wie Alkohol und Tabak, bewegen sich viel in frischer Luft und leben überhaupt ihrem Elternberuf schon lange vor der Zeugung. Diese selbst wird nicht irgendeinem Zufall, einer angeheiterten Stunde überlassen, sondern geregelt nach den Grundsätzen, die die Wissenschaft für Zeit und sonstige Bedingungen aufgestellt hat. Die zur Durchführung notwendigen Kenntnisse und Mittel der Präventiv-Praxis werden durch die Gesellschaft Allen vermittelt und zugänglich gemacht.

Nach Beginn der Schwangerschaft wird die junge Mutter als eine höchst wichtige Persönlichkeit betrachtet, man gewährt ihr alle möglichen Mittel für ihr eigenes und das Gedeihen ihrer Leibesfrucht, sowie für den ungestörten Ablauf der normalen Geburt. Stellt es sich trotzdem heraus, dass das Neugeborene ein schwächliches oder missgestaltetes Kind ist, so wird ihm von dem Ärzte-Kollegium, das über den Bürgerbrief der Gesellschaft entscheidet, ein sanfter Tod bereitet, sagen wir durch eine kleine Dose Morphium.

Die Eltern, erzogen in strenger Achtung vor dem Wohl der Rasse, überlassen sich nicht lange rebellischen Gefühlen, sondern versuchen frisch und fröhlich ein zweites Mal, wenn ihnen dies nach ihrem Zeugnis über Fortpflanzungsbefähigung erlaubt ist.

1 Ploetz, Die Tüchtigkeit unserer Rasse, S. 143–147. Die Schreibweise wurde der neuen Rechtschreibung angepasst.

Dieses Ausmerzen der Neugeborenen würde bei Zwillingen so gut wie immer und prinzipiell bei allen Kindern vollzogen werden, die nach der sechsten Geburt oder nach dem 45. Jahr der Mutter, bzw. dem 50. Jahr des Vaters überhaupt noch – entgegen einem gesetzlichen Verbot – geboren werden.

Die im ersten Examen bestandenen Kinder werden nun gesäugt. Ammen zu halten, ist nur beim Tode des Ammenkindes gestattet und nur, wenn die Mutter durch übermächtige Einflüsse an dem eigenen Stillen verhindert ist. Anpreisung und Verkauf von künstlichen Kindernährmitteln ist verboten. Vor allen direkten großen Schädlichkeiten werden im Übrigen die Kinder sorgsam bewahrt.

Im ganzen Verlauf der späteren Erziehung werden alle Körperfunktionen, besonders aber die des Gehirns, maximal geübt. Nach Beendigung der Erziehung, zu deren vorzüglichsten Zwecken es auch gehört, einen starken Sinn für Rassenwohl zu erwecken, wird eine Prüfung der einzelnen Jünglinge und Mädchen vorgenommen, die sich besonders auch auf die intellektuellen und moralischen Qualitäten bezieht, und die nach einer Methode vorgenommen wird, die wenigstens teilweise eine weitere Ausbildung der von Kraepelin* empfohlenen repräsentiert. Die Zensuren in dieser Prüfung lauten nicht bloß gut, genügend, ungenügend etc., sondern auch noch: darf keine, eines, zwei, drei oder mehr Kinder zeugen in der Ehe, die eventuell eingegangen wird.

Während der Ehe, welche ganz schwächlichen oder defekten Individuen nicht gestattet ist, reguliert sich die Zahl der Kinder, die man dem Paare erlaubt, nach dem Durchschnitt der beiden Zahlen, die jedem der Eltern erlaubt waren, wobei dem Durchschnitt ja stets ½ zugefügt werden könnte, im Fall sich keine ganze Zahl ergibt. Niemandem ist vor der vollen sexuellen Ausreifung – beim Manne wohl nicht vor Vollendung des 26., beim Weibe des 24. Jahres – das Ausüben der Fortpflanzungs-Funktionen gestattet.

Zum Zweck einer weitgehenden Möglichkeit guter sexueller Zuchtwahl ist dafür Sorge getragen, dass junge Männer und Frauen in der ausgiebigsten Weise miteinander in gesellschaftliche Berührung kommen, auch in gemeinsamen Seebädern, dass also jedes Individuum des einen Geschlechts Gelegenheit hat, möglichst viele Individuen des andern Geschlechts körperlich und geistig kennenzulernen und eine möglichst passende Wahl zu treffen.

In Bezug auf die Bewerbung um ökonomische Nährstellen sind folgende Einrichtungen vorhanden, bzw. nicht vorhanden:

Erbrecht – ausgenommen für Andenken und Konsumgüter – existiert nicht, da die Möglichkeit vorliegt, dass im wirtschaftlichen Wettkampf vortreffliche Eltern in ihren Nachkommen entarten und diese nun durch ererbtes Vermögen einen Schutz genießen würden. Jedes Individuum betritt den ökonomischen

* E. Kraepelin, Ueber geistige Arbeit. Jena 1894, und Ueber die Beeinflussung einfacher psychischer Vorgänge durch einige Arzneimittel. Jena 1892.

Kampfplatz mit keiner anderen ungleichen Ausrüstung als seinen Fähigkeiten, im Übrigen wird Jedem ein gleicher Anteil an den gesellschaftlichen Produktionsmitteln gewährt. Dies ist möglich in der Form eines Kredits in gewisser Höhe, mit dem dann der Einzelne für sich muss wirtschaften oder sich an größeren Unternehmungen muss beteiligen können, ohne durch irgendwelche Privilegien von Klassen oder Ständen an der Entfaltung seiner Fähigkeiten gehemmt zu werden. Unter solchen Umständen würde wohl manches Söhnchen reicher oder privilegierter Eltern einen schweren Stand haben.

Wer sich dann in dem ökonomischen Kampf als schwach erweist und sich nicht erhalten kann, verfällt der Armut mit ihren ausjätenden Schrecken. Armen-Unterstützung darf nur minimal sein und nur an Leute verabfolgt werden, die keinen Einfluss mehr auf die Brutpflege haben. Solche und andere »humane Gefühlsduseleien« wie Pflege der Kranken, der Blinden, Taubstummen, überhaupt aller Schwachen, hindern oder verzögern nur die Wirksamkeit der natürlichen Zuchtwahl.

Besonders für Dinge wie Krankheits- und Arbeitslosen-Versicherung, wie die Hilfe des Arztes, hauptsächlich des Geburtshelfers, wird der strenge Rassenhygieniker nur ein missbilligendes Achselzucken haben. Der Kampf ums Dasein muss in seiner vollen Schärfe erhalten bleiben, wenn wir uns rasch vervollkommnen sollen, das bleibt sein Diktum.

Gegen blutige Revolutionen, besonders solche, in denen das Prinzip der Gleichberechtigung der Schwachen Zeugnis seiner unwiderstehlich wachsenden Kraft ablegt, wird er aufs heftigste eifern, als gegen eine unnötige Zerstörung guter Individuen.

Gegen die Kriege wird er weniger etwas haben, da sie eines der Mittel im Kampf um's Dasein der Völker bilden. Nur wird er darauf dringen, dass entweder mit Söldnerheeren gekämpft wird, oder dass die Aushebung beim System der allgemeinen Wehrpflicht so umfassend wie nur möglich ist, um recht viele auch der schlechteren Individuen ins Heer zu bekommen, sodass der Nachteil für die guten Convarianten nicht zu stark wird. Während des Feldzugs wäre es dann gut, die besonders zusammengereihten schlechten Varianten an die Stellen zu bringen, wo man hauptsächlich Kanonenfutter braucht, und wo es auf die individuelle Tüchtigkeit nicht so ankommt.

Bei solchem oder ähnlichem Gewährenlassen der natürlichen Zuchtwahl, die in unserem Beispiel noch durch eine künstliche verstärkt ist, wäre eine rasche Vervollkommnung der Rasse zu erwarten.

2. Quellen- und Literaturverzeichnis

2.1 Quellenverzeichnis

ARG Archiv für Rassen- und Gesellschafts-Biologie
PAR Politisch-Anthropologische Revue

Abelsdorff, Walter: Die Wehrfähigkeit zweier Generationen mit Rücksicht auf Herkunft und Beruf, Berlin 1905.
Achelis, Thomas: Die Ethik in ihrem Verhältnis zur Deszendenztheorie. In: ARG, 1 (1904) 3, S. 420–427.
Allers, Rudolf: kritische Besprechung zu: Erich Becher, Der Darwinismus und die soziale Ethik (Vortrag), Leipzig 1909. In: ARG, 6 (1909) 4, S. 572 f.
–: kritische Besprechung zu: Eugen Birchner, Die Kretinische Degeneration (Kropf, endemischer Kretinismus und Taubstummheit). In: Fortschritte der naturwissenschaftlichen Forschung 1910. In: ARG, 8 (1911) 2, S. 252 f.
–: kritische Besprechung zu: Max von Gruber, Einleitung zum Handbuch der Hygiene Band I, S. 1–16, Leipzig 1911. In: ARG, 9 (1912) 4, S. 524–526.
–: kritische Besprechung zu: St. Leonhard, Die Prostitution, ihre hygienische, sanitäre, sittenpolizeiliche und gesetzliche Bekämpfung, München 1912. In: ARG, 10 (1913) 3, S. 402 f.
–: kritische Besprechung zu: L. Loewenfeld, Über medizinische Schutzmaßnahmen (Kastration, Sterilisation) gegen Verbrechen und andere soziale Übel mit besonderer Berücksichtigung der amerikanischen Gesetzgebung. In: Sexual-Probleme 1910. In: ARG, 8 (1911) 2, S. 258 f.
–: kritische Besprechung zu: Lynekus, Das Individuum und die Bewertung menschlicher Existenzen, Dresden 1910. In: ARG, 8 (1911) 4, S. 536–539.
–: kritische Besprechung zu: Jørgen Peter Müller, Geschlechtsmoral und Lebensglück (Ein populär gehaltener Beitrag zur Lösung der sexuellen Frage), Kopenhagen. In: ARG, 6 (1909) 5, S. 796–708.
–: kritische Besprechung zu: Julius Tandler/Siegfried Groß, Untersuchungen an Skopzen. In: Wiener klinische Wochenschrift, 1908. In: ARG, 6 (1909) 6, S. 820–825.
Alsberg, Moritz: Die geistige Leistungsfähigkeit des Weibes im Lichte der neueren Forschung. In: ARG, 4 (1907) 4, S. 476–492.
–: Militärtauglichkeit und Großstadt-Einfluss. In: ARG, 5 (1908) 5/6, S. 729–742.
Ammon, Otto: Die Bedeutung des Bauernstandes für den Staat und die Gesellschaft. Sozialanthropologische Studie, Berlin 1894.
–: Die Gesellschaftsordnung und ihre natürlichen Grundlagen. Entwurf einer Sozial-Anthropologie zum Gebrauch für alle Gebildeten, die sich mit sozialen Fragen befassen, 3. Auflage, Jena 1900.
–: Die natürliche Auslese beim Menschen. Auf Grund der Ergebnisse der anthropologischen Untersuchungen der Wehrpflichtigen in Baden und anderer Materialien, Jena 1893.
–: Führt die Hygiene zur Entartung der Rasse? In: PAR, 3 (1904/05) 4, S. 275.
Arndt, Rudolf: Biologische Studien 2. Artung und Entartung, Greifswald 1895.
Aschaffenburg, Gustav: Das Verbrechen und seine Bekämpfung. Kriminalpsychologie für Mediziner, Juristen und Soziologen, ein Beitrag zur Reform der Strafgesetzgebung, Heidelberg 1903.

Bachmann, Franz: Hygienische Reformgedanken auf biologischer Grundlage, Hamburg 1906.
–: Was ist Krankheit und wie heilen wir? Ein Versuch, unsere empirischen Heilmethoden wissenschaftlich zu begründen, Berlin 1894.
Bachmann, L. B.: Das Entartungsproblem. In: PAR, 7 (1908/09) 9, S. 496–500.
Bartels, Adolf: Der deutsche Verfall. Vortrag, gehalten am 21, Januar 1913 zu Berlin, Leipzig 1913.
–: Rassenzucht. In: PAR, 7 (1908/09) 12, S. 629–642.
Bauer, Ludwig: Der Zug nach der Stadt und die Stadterweiterung. Eine rassenhygienische Studie, Berlin 1904.
Bayer, Heinrich: Über Verbindung und Rassenhygiene. Ein allgemein orientierender Vortrag, Jena 1912.
Becher, Erich: Der Darwinismus und die soziale Ethik. Ein Vortrag gehalten zur Hundertjahrfeier von Darwins Geburtstag vor der philosophischen Vereinigung in Bonn nebst Erweiterungen und Anmerkungen, Leipzig 1909.
Bechterew, W. von: Die soziale Auslese und ihre biologische Bedeutung. In: Nord und Süd, 37 (1912) Oktoberheft, S. 322–331.
Bezzola, Domenico: Alkoholismus und angeborener Schwachsinn. In: PAR, 1 (1902/03) 4, S. 320.
–: Vortrag in Chur 1901. In: PAR, 1 (1902/03) 6, S. 487.
Binding, Karl/Hoche, Alfred: Freigabe zur Vernichtung lebensunwerten Lebens: Ihr Maß und ihre Form, Leipzig 1920.
Bluhm, Agnes: kritische Besprechung zu J. Borntraeger, Der Geburtenrückgang in Deutschland, seine Bewertung und Bekämpfung, Berlin 1912. In: ARG, 9 (1912) 5, S. 664–671.
–: Die Stillungsnot, ihre Ursachen und die Vorschläge zu ihrer Bekämpfung. Eine kritische Übersicht, Leipzig 1909.
–: Ethik und Eugenik. In: Frauenbewegung und Sexualität. Beiträge zur modernen Ehekritik, (1909), S. 118–131.
–: Zur Frage nach der generativen Tüchtigkeit der deutschen Frauen und der rassenhygienischen Bedeutung der ärztlichen Geburtshilfe In: ARG, 9 (1912) 3, S. 330–346.
Blumenthal, Arthur: Kritische Bemerkungen über Alkoholismus und Rasse. In: PAR, 2 (1903/04) 11, S. 912f.
Borgius, Walter: Eine Rehabilitierung des Krieges? In: PAR, 7 (1903/04) 3, S. 151–156.
–: Die Ideenwelt des Anarchismus, Leipzig 1904.
–: Mutterschutz und neue Ethik, Berlin 1909.
Bozi, Alfred: Die natürlichen Grundlagen des Strafrechts. Allgemeinwissenschaftlich dargestellt, Stuttgart 1901.
–: Die soziale Bedeutung des Geburtsstandes. In: PAR, 8 (1909/10) 5, S. 225–231.
Bregmann: Über die Notwendigkeit eines Zusammengehens von Genealogen und Medizinern in der Familienforschung. In: ARG, 9 (1912) 1, S. 18–29.
Brügner, A. F.: Aufgaben der Volkshygiene. In: PAR, 3 (1904/05) 5, S. 317–325.
Bunge, Gustav von: Alkoholvergiftung und Degeneration. Ein Vortrag gehalten auf Ersuchen des Zentralausschusses der Abstinenzvereine am 17. Januar 1904 in der französischen Kirche zu Bern, 3. Auflage, Leipzig 1910.
–: Alkoholvergiftung und Degeneration. In: PAR, 3 (1904/05) 7, S. 455f.
–: Die zunehmende Unfähigkeit der Frauen, ihre Kinder zu stillen. Die Ursachen dieser Unfähigkeit, die Mittel zur Verhütung. Separatdruck der 5. Auflage mit einem polemischen Nachwort, München 1907, S. 4.

–: Ueber Alkoholismus und Degeneration. In: PAR, 3 (1904/05) 3, S. 204.
Buschan, Georg: Kultur und Gehirn (Vortrag gehalten auf der XXXV. Versammlung Deutscher Anthropologen zu Greifswald). In: ARG, 1 (1904) 5, S. 689–702.
Chamberlain, Houston Stewart: Die Grundlagen des neunzehnten Jahrhunderts, Band I und II, München 1899.
Chatterton-Hill, Georges: Die Anwendung der Mortalitäts- und Morbiditätsstatistik auf die Frage der Rassenentartung. In: PAR, 7 (1913/14) 9, S. 463–473.
–: Individuum und Staat. Untersuchungen über die Grundlage der Kultur, Tübingen 1913.
Claassen, Walter: kritische Besprechung zu: Moritz Alsberg, Militäruntauglichkeit und Großstadteinfluß. Hygienisch-wirtschaftliche Betrachtungen und Vorschläge, Leipzig 1909. In: ARG, 7 (1910) 2, S. 252–254.
–: Die deutsche Landwirtschaft, Leipzig 1908.
–: Die Frage der Entartung der Volksmassen auf Grund der verschiedenen, durch die Statistik dargebotenen Maßstäbe der Vitalität. In: ARG, 3 (1906) 4, S. 540–553.
–: Die Frage der Entartung der Volksmassen auf Grund der verschiedenen, durch die Statistik dargebotenen Maßstäbe der Vitalität. In: ARG, 3 (1906) 6, S. 825–860.
Classner, Stefan R. von: Organisation der Gesunden. In: ARG, 8 (1911) 2, S. 224–226.
Crzellitzer, Arthur: Die Aufgaben der Rassenhygiene. In: Deutsche Medizinische Wochenschrift, 38 (1912) 35, S. 1651–1653.
Darwin, Charles: Die Entstehung der Arten durch natürliche Zuchtwahl, 2. Auflage, Leipzig 1984 (Im Original: Darwin, Charles: On the Origin of Species by Means of Natural Selection, or the Preservation of Favoured Races in the Struggle for Life, London 1859).
David, Eduard: Bessere Sexualauslese. In: Die Neue Generation: Publikationsorgan des Deutschen Bundes für Mutterschutz und der Internationalen Vereinigung für Mutterschutz und Sexualreform, 6 (1910) 8, S. 299–310.
–: Darwinismus und soziale Entwicklung. In: Bölsche, Wilhelm/Apel, Max (Hg.): Darwin – seine Bedeutung im Ringen um Weltanschauung und Lebenswert – 6 Aufsätze, Berlin 1909, S. 45–65.
–: Säuglingsfürsorge und Rassenhygiene. In: Die Neue Generation: Publikationsorgan des Deutschen Bundes für Mutterschutz und der Internationalen Vereinigung für Mutterschutz und Sexualreform, 6 (1910) 1, S. 2–8.
Diem, Otto: kritische Besprechung zu: Gustav von Bunge, Die zunehmende Unfähigkeit der Frauen ihre Kinder zu stillen. Die Ursachen dieser Unfähigkeit, die Mittel zur Verhütung, 5. Auflage, München 1907. In: ARG, 4 (1907) 1, S. 111–114.
–: kritische Besprechung zu: G. Glaser, Psychiatrische Mitteilungen. Vortrag in Bern 1911. In: ARG, 8 (1911) 6, S. 815.
–: kritische Besprechung zu: Wilhelm Schallmayer, Was ist von unserem sozialen Versicherungswesen für die Erbqualitäten der Bevölkerungen zu erwarten? In: Zeitschrift für soziale Medizin 1907. In: ARG, 5 (1908) 5/6, S. 839–841.
Dornblüth, Otto: Konstitution. In: Ders. (Hg.): Wörterbuch der klinischen Kunstausdrücke. Für Studierende und Ärzte, Leipzig 1894, S. 68, Spalte 1.
Drasto, K.: Zur Frage der konstitutiven Verderblichkeit der Monogamie. In: PAR, 7 (1908/09) 7, S. 356–363.
Driesmans, Heinrich: Die Wahlverwandtschaften der deutschen Blutmischung – Kulturgeschichte der Rasseninstinkte, Band 2, Leipzig 1901.
–: Eugenik. Wege zur Wiedergeburt und Neuzeugung ungebrochener Rassenkraft im deutschen Volke. Auf Grund eines Vortrags, gehalten am 14. Oktbr. 1912 auf dem Kongress für

biologische Hygiene in Hamburg. In: Kultur und Fortschritt. Neue Folge der Sammlung »Sozialer Fortschritt« Hefte für Volkswirtschaft, Sozialpolitik, Frauenfrage, Rechtspflege und Kulturinteressen, 22 (1912) 443/46, S. 1–67.
–: Menschenreform und Bodenreform. Unter Zugrundelegung der Veredelungslehre Francis Galton's, Leipzig 1904.
–: Rasse und Milieu, 2. Auflage, Berlin 1909.
Ehrenfels, Christian von: Das Mütterheim. In: PAR, 5 (1906/07) 4, S. 221–239.
–: Die aufsteigende Entwicklung des Menschen. In: PAR, 2 (1903/04) 1, S. 45–59.
–: Die konstitutive Verderblichkeit der Monogamie und die Unentbehrlichkeit der Sexualreform. In: ARG, 4 (1907) 5, S. 615–651.
–: Die konstitutive Verderblichkeit der Monogamie und die Unentbehrlichkeit einer Sexualreform In: ARG, 4 (1907) 6, S. 803–830.
–: Die sexuale Reform. In: PAR, 2 (1903/04) 7, S. 970–993.
–: Entwicklungsmoral. In: PAR, 2 (1903/04) 3, S. 214–226.
–: Erwiderung zur Frage: Zuchtwahl und Monogamie. In: PAR, 2 (1903/04) 1, S. 99 f.
–: Leitziele zur Rassenbewertung. In: ARG, 8 (1911) 1, S. 59–71.
–: Monogamische Entwicklungsaussichten. In: PAR, 2 (1903/04) 9, S. 706–718.
–: Sexuales Ober- und Unterbewußtsein. In: PAR, 2 (1903/04) 6, S. 456–476.
–: Ueber Björnsons »Monogamie und Polygamie« und die einschlägigen Forschungen Westermarks. In: PAR, 1 (1902/03) 12, S. 958–964.
–: Zuchtwahl und Monogamie. In: PAR, 1 (1902/03) 8, S. 611–619.
–: Zuchtwahl und Monogamie II. In: PAR, 1 (1902/03) 9, S. 689–703.
Eisenstadt, H. L.: Die Renaissance der jüdischen Sozialhygiene. In: ARG, 5 (1908) 5/6, S. 707–729.
Ellis, Havelock: Rassenhygiene und Volksgesundheit (Veranstaltet unter Mitwirkung von Dr. Hans Kurella), Würzburg 1912.
Ettler, M. L.: Körperkultur und Zuchtwahl. In: PAR, 3 (1904/05) 10, S. 624–629.
Fahlbeck, Pontus: Der Neo-Malthusianismus in seinen Beziehungen zur Rassenbiologie und Rassenhygiene. In: ARG, 9 (1912) 1, S. 30–48.
Fehlinger, Hans: Die Gesetze der organischen Entwicklung und ihre Bedeutung für das Aufsteigen und den Niedergang der Völker. In: PAR, 8 (1910/11) 1, S. 20–36.
–: Die Giltigkeit der Mendelschen Vererbungsregeln für den Menschen. In: PAR, 9 (1910/11) 7, S. 374–379, hier 378.
–: Untersuchungen über die körperliche Entartung des britischen Volkes. In: PAR, 5 (1906/07) 3, S. 127–145.
Fischer, Alfons: Die sozialpolitische Bedeutung der Internationalen Hygieneausstellung in Dresden. In: Braun, Heinrich (Hg.): Annalen für soziale Politik und Gesetzgebung, 1 (1911/12), S. 568–588.
Fischer, Eugen: Sozialanthropologie und ihre Bedeutung für den Staat. Vortrag gehalten in der Naturforschenden Gesellschaft zu Freiburg i. Br. am 8. Juni 1910, Freiburg i. Br. 1910.
Fock, Georg: Alkohol und Rassenhygiene, Basel 1903.
Forel, August: Alkohol, Vererbung und Sexualleben, Vortrag gehalten auf dem X. internationalen Kongress gegen den Alkoholismus, Berlin 1905.
–: Die Sexuelle Frage. Eine naturwissenschaftliche, psychologische, hygienische und soziologische Studie für Gebildete, München 1905.
–: Malthusianismus oder Eugenik? Vortrag gehalten im neomalthusianischen Kongreß zu Haag (Holland) am 29. Juni 1910, München 1911.

–: Sexuelle Ethik. Ein Vortrag. Mit Anhang: Beispiele ethisch-sexueller Konflikte aus dem Leben, München 1906.
–: Verbrechen und konstitutionelle Seelenabnormitäten. Die soziale Plage der Gleichgewichtslosen im Verhältnis zu ihrer verminderten Verantwortlichkeit, München 1907.
Fraenkel, Manfred: Unfruchtbarmachung durch Röntgenstrahlen bei Verbrechern und Geisteskranken, Berlin 1914.
Franze, Paul Christian: Das höchste Gut. Führer auf den Pfaden der Vollendung, Berlin 1912.
–: Der wissenschaftliche Weg zur Verwirklichung der neuen Generation. In: Die Neue Generation: Publikationsorgan des Deutschen Bundes für Mutterschutz und der Internationalen Vereinigung für Mutterschutz und Sexualreform, 6 (1910) 5, S. 179–194.
–: Grundzüge der Rassenveredelung. In: PAR, 8 (1909/10) 9, S. 476–484.
–: Höherzüchtung beim Menschen auf biologischer Grundlage. Vortrag gehalten auf der 81. Versammlung Deutscher Naturforscher und Ärzte in Salzburg 1909, bedeutend erweitert und umgearbeitet, Leipzig 1910.
–: Idealistische Sittenlehre und ihre Gründung auf Naturwissenschaft, Leipzig 1909.
Friedel, Erwin: Die Sterilisierung Geisteskranker aus sozialer Indikation. In: Deutsche Medizinische Wochenschrift, 39 (1913) 20, S. 946–948.
Friedel, Rudolf W.: Der gegenwärtige Stand der Tuberkulose-Bekämpfung. In: PAR, 1 (1902/03) 5, S. 368–372.
Galton, Francis: Entwürfe zu einer Fortpflanzung-Hygiene (Eugenik): Ihre Definition, ihr Zweck, ihre Ziele. In: ARG, 2 (1905) 5/6, S. 812–829.
–: Genie und Vererbung, Leipzig 1910 (Im Original: Galton, Francis: Hereditary Genius, London 1869).
Gaupp, Robert: Ursachen und Verhütung der Nervosität der Frau. Vortrag, gehalten im Verein »Frauenwohl« am 11. März 1900, Breslau 1900.
Gerhardt, F. von: Der Niedergang der arischen Rasse. In: PAR, 7 (1908/09) 2, S. 72–76.
Gernand, Friedrich: Rassegefühl und Nationalismus. In: PAR, 1 (1902/03) 7, S. 608–611.
Gerngroß, Friedrich Ludwig: Sterilisation und Kastration als Hilfsmittel im Kampf gegen das Verbrechen, München 1913.
Gerstenhauer, Max Robert: Rassenlehre und Rassenpflege, Leipzig 1913.
Goldscheid, Rudolf: Darwin als Lebenselement unserer modernen Kultur, Wien 1909.
–: Entwicklungstheorie, Entwicklungsökonomie, Menschenökonomie, Leipzig 1908.
–: Frauenfrage und Menschenökonomie, Wien 1914.
–: Friedensbewegung und Menschenökonomie, Berlin 1912.
Goldstein, A.: Ueber Krankheiten und natürliche Auslese. In: PAR, 6 (1907/08) 2, S.154f.
Goldstein, Ferdinand: Denkschrift zum Entwurf eines Gesetzes gegen Mißstände im Heilgewerbe, Berlin 1911.
–: Die Überbevölkerung Deutschlands und ihre Bekämpfung, München 1909.
Goldstein, Kurt: Über Rassenhygiene, Berlin 1913.
–: Über Rassenhygiene, Berlin 1913.
Good: Vortrag: Kastration in gewissen Fällen von Geisteskrankheit. In: PAR, 5 (1906/07) 3, S. 183f.
Gottstein, Adolf: Die Soziale Hygiene, ihre Methoden, Aufgaben und Ziele, Leipzig 1907.
Grassl, Josef: kritische Besprechung zu: v. Vogl, Die Sterblichkeit der Säuglinge in ihrem territorialen Verhalten in Württemberg, Bayern und Österreich und die Wehrfähigkeit der Jugend, München 1909. In: ARG, 6 (1909) 2, S. 257f.

–: Blut und Brot. Der Zusammenhang zwischen Biologie und Volkswirtschaft bei der bayerischen Bevölkerung im 19. Jahrhundert, München 1905.
–: Der Erfolg alter und neuer ehelicher Geschlechtssitten in Bayern. In: ARG, 10 (1913) 5, S. 595–627.
–: Die Bekämpfung der Kindersterblichkeit vom Rassenstandpunkt. In: ARG, 7 (1910) 2, S. 188–213.
–: Einiges über den Generationswechsel. In: ARG, 9 (1912) 5, S. 718–729.
–: Volkserneuerung. In: ARG, 8 (1911) 2, S. 178–197.
–: Zur Frage der Fruchtfähigkeit und der Mutterschaft. In: ARG, 5 (1908) 4, S. 498–525.
Grober, Julius: Die Behandlung der Rassenschäden. In: ARG, 9 (1912) 1, S. 49–86.
Groß, Hans: Degeneration und Deportation. In: PAR, 4 (1905/06) 5, S. 281–286.
Grotjahn, Alfred: Geburten-Rückgang und Geburten-Regelung im Lichte der individuellen und der sozialen Hygiene, Berlin 1914.
–: Soziale Hygiene und Entartungsproblem. In: Th. Weyl, Handbuch der Hygiene, Vierter Supplement-Band, Soziale Hygiene, Jena 1904, S. 727–790.
–: Soziale Pathologie. Versuch einer Lehre von den sozialen Beziehungen der menschlichen Krankheiten als Grundlage der sozialen Medizin und der sozialen Hygiene, Berlin 1912.
–: Ueber Wandlungen in der Volksernährung. In: PAR, 1 (1902/03) 1, S. 65.
Gruber, Max von: Die Pflicht gesund zu sein. Ein Vortrag, München 1909.
–: Kolonisation in der Heimat. Vortrag, gehalten in der Generalversammlung des Deutschen Vereins für Volkshygiene in Berlin am 21. September 1907, München 1908.
–: Mädchenerziehung und Rassenhygiene. Ein Vortrag, München 1910.
–: Ursachen und Bekämpfung des Geburtenrückgangs im Deutschen Reich. Bericht erstattet an die 38. Versammlung des Deutschen Vereins für öffentliche Gesundheitspflege am 19. September 1913 in Aachen, München 1914.
–: Vererbung, Auslese und Hygiene. In: Deutsche Medizinische Wochenschrift, 35 (1909) 46, S. 1993–1996.
–: Vererbung, Auslese und Hygiene. In: Deutsche Medizinische Wochenschrift, 35 (1909) 47, S. 2049–2053.
Gruber, Max von/Rüdin, Ernst: Fortpflanzung, Vererbung, Rassenhygiene – Katalog der Gruppe Rassenhygiene der Internationalen Hygiene-Ausstellung 1911 in Dresden, München 1911.
–/–: Fortpflanzung, Vererbung, Rassenhygiene – Illustrierter Führer durch die Gruppe Rassenhygiene der Internationalen Hygiene-Ausstellung 1911 in Dresden, 2. ergänzte Auflage, München 1911.
Gumplowicz, Ludwig: Politische Anthropologie. In: Die Zukunft, 45 (1903), S. 174–183.
Gütt, Arthur/Rüdin, Ernst/Ruttke, Falk (Bearbeitet und erläutert): Gesetz zur Verhütung erbkranken Nachwuchses vom 14. Juli 1933 (Gesetz und Erläuterungen) nebst Ausführungsverordnungen, 2. Auflage, München 1936.
Hackl, Max: Das Anwachsen der Geisteskranken in Deutschland, München 1904.
Haeckel, Ernst: Natürliche Schöpfungsgeschichte, Berlin 1868.
Haecker, Walter: Die ererbten Anlagen und die Bemessung ihres Wertes für das Leben, Jena 1907.
Hainisch, Michael: Der Kampf ums Dasein und die Socialpolitik, Leipzig 1899.
Haiser, Franz: Der aristokratische Imperativ. Beiträge zu den neudeutschen Kulturbestrebungen, Berlin 1913.
Hallermeyer, August: Rassenveredelung und Sexualreform. In: Sexual-Probleme. Zeitschrift für Sexualwissenschaft und Sexualpolitik, 9 (1913) März-Ausgabe, S. 165–187.

–: Rassenveredelung und Sexualreform. In: Sexual-Probleme. Zeitschrift für Sexualwissenschaft und Sexualpolitik, 9 (1913) April-Ausgabe, S. 225–252.
Hansemann, David von: Ueber den Einfluss der Domestikation auf die Krankheiten der Tiere und der Menschen. In: PAR, 5 (1906/07) 8, S. 474–476.
Harpf, Adolf: Die Zeit des ewigen Friedens, eine Apologie des Krieges als Kultur- und Rassenauffrischer, Rodaun 1908.
–: Zur Lösung der brennendsten Rassenfrage der heutigen europäischen Menschheit. Eine soziologische Studie mit einem Anhange zur Begründung der Sozialethik, Wien 1898.
Hauser, Otto: Tent. Eine Anregung. In: PAR, 9 (1910/11) 3, S. 145–160.
Haycraft, John B.: Natürliche Auslese und Rassenverbesserung, Leipzig 1895.
Hegar, Alfred: Der Geschlechtstrieb. Eine social-medicinische Studie, Stuttgart 1894.
–: Die Untauglichkeit zum Geschlechtsverkehr und zur Fortpflanzung. In: PAR, 1 (1902/03) 2, S. 86–105.
–: Die Verkümmerung der Brustdrüse und die Stillungsnot. In: ARG, 2 (1905) 5/6, S. 830–844.
–: Die Wiederkehr des Gleichen und die Vervollkommnung des Menschengeschlechts. In: ARG, 8 (1911) 1, S. 72–85.
–: Zur chinesischen, deutschen und amerikanischen Kriminalstatistik. Der Kampf gegen Minderwertigkeit und Verbrecher, Wiesbaden 1914.
Heiderich, Hans: Rasse oder Bastardvolk? In: ARG, 6 (1909) 3, S. 423–426.
Hellpach, Willy: Nervosität und Kultur, Berlin 1902.
–: Soziale Ursache und Wirkungen der Nervosität. In: PAR, 1 (1902/03) 2, S. 126–134.
–: Soziale Ursachen und Wirkungen der Nervosität. In: PAR, 1 (1902/03) 1, S. 43–46.
Hentschel, Willibald: Landwirtschaftliche Betriebsgesellschaft Mittgart. In: PAR, 11 (1912/13) 6, S. 329–336.
–: Mittgart. Ein Weg zur Erneuerung der germanischen Rasse, 3. Auflage, Dresden 1911.
–: Vom aufsteigenden Leben. Ziele der Rassenhygiene, Leipzig 1910.
–: Zucht – eine Lebensfrage für die weiße Rasse. In: PAR, 8 (1909/10) 5, S. 231–243.
–: Zur Kritik von »Varuna«. In: PAR, 7 (1908/09) 4, S. 206–212.
–: Zuschrift betreffend den Artikel von A. Ploetz »Willibald Hentschels Vorstellung zur Hebung unserer Rasse«. In: ARG, 2 (1905) 2, S. 269–272.
Hirsch, Max: Der Geburtenrückgang. In: ARG, 8 (1911) 5, S. 628–654.
–: Fruchtabtreibung und Präventivverkehr im Zusammenhang mit dem Geburtenrückgang. Eine medizinische, juristische und sozialpolitische Betrachtung, Würzburg 1914.
Hirschfeld, Magnus: Die Gurgel Berlins, Berlin 1907.
Hirt, Eduard: Typen nervös veranlagter Kinder und Aufgaben, Aussichten und Mittel ihrer Erziehung. In: ARG, 1 (1904) 4, S. 529–549.
Hoche, Alfred: Geisteskrankheit und Kultur. Eine akademische Rede, Freiburg i. Br. 1910.
Hoffmann, Géza von: Die Rassenhygiene in den Vereinigten Staaten von Nordamerika, München 1913.
Hoffmann, W. von: kritische Besprechung zu Franz Bachmann, Hygienische Reformgedanken auf biologischer Grundlage, Hamburg 1906. In: ARG, 3 (1906) 6, S. 902 f.
–: kritische Besprechung zu: Ludwig Bauer, Die Schularztfrage, München. In: ARG, 3 (1906) 6, S. 903.
Holle, Hermann Gustav: Was ist Lebenskunst? In: PAR, 11 (1912/13) 6, S. 293–301.
–: Wie können wir zur Erhaltung und Förderung unseres Volkstums wirksam mitarbeiten? In: PAR, 11 (1912/13) 1, S. 14–22.

Hueppe, Ferdinand: Alkoholmißbrauch und Abstinenz. In: PAR, 3 (1904/05) 9, S. 592 f.
–: Allgemeine Betrachtungen über die Entstehung der Infektionskrankheiten. In: ARG, 1 (1904) 2, S. 210–218.
–: Rassenhygiene. In: Die Zukunft, 13 (1895), S. 498–503.
Hüttig, Erhard: Der Schluß der Internationalen Hygiene-Ausstellung Dresden 1911. In: Dresdner Anzeiger vom 31.10.1911, S. 6.
Jost, Adolf: Das Recht auf den Tod. Sociale Studie, Göttingen 1895.
Juliusberger, Otto: Zur Frage der Kastration und Sterilisation von Verbrechern und Geisteskranken. In: Deutsche Medizinische Wochenschrift, 38 (1912) 9, S. 417–419.
–: Zur sozialen Bedeutung der Geisteskrankheiten. In: Otto Juliusberger (Hg.): Gegen den Alkohol. Gemeinverständliche Ansätze, Berlin 1904, S. 12–39.
–: Zur sozialen Bedeutung der Psychiatrie. Vortrag gehalten am 2. Nov. 1911 in der Gesellschaft für soziale Medizin, Hygiene und Medizinalstatistik, Berlin 1911.
Kaempffe, Paul von: Die politische Auslese im Leben der Völker. In: PAR 1 (1902/03) 5, S. 346–351.
Kappis, A.: Beitrag zur Sterilisation von Degenerierten durch doppelseitige Durchtrennung des Ductus deferens (Vasektomie) mit Erhaltung der Geschlechtsdrüsen. In: Deutsche Medizinische Wochenschrift, 38 (1912) 41, S. 1932 f.
Katscher, Leopold: Die neuesten Forschungen über die Naturgeschichte der Ehe und Familie. In: PAR, 1 (1902/03) 6, S. 438–447.
Kaup, Ignaz: Ernährung und Lebenskraft der städtischen Bevölkerung. Tatsachen und Vorschläge, Berlin 1910.
–: Frauenarbeit und Rassenhygiene (Sozialistische und nationalbiologische Beiträge zur Frauenarbeit): Vortrag gehalten auf dem Handlungsgehilfentage in Frankfurt a. M., Hamburg 1913.
–: Was kosten die minderwertigen Elemente dem Staat und der Gesellschaft? In: ARG, 10 (1913) 6, S. 723–748.
Kautsky, Karl: Vermehrung und Entwicklung in Natur und Gesellschaft, Stuttgart 1910.
Kende, Moritz: Die Entartung des Menschengeschlechts, ihre Ursachen und die Mittel zu ihrer Bekämpfung. Eine gemeinverständliche Studie, Halle (Saale) 1902.
Koch-Hesse, Alexander: Dr. W. Hentschel: Mittgart. Ein Weg zur Erneuerung dergermanischen Rasse. In: PAR, 3 (1904/05) 10, S. 663 f.
Kollmann, Julius: Die Persistenz der Menschenrasse. In: PAR I, (1902/03) 11, S. 893 f.
Kraus, Eberhard: Krieg und Kultur in der Lebensgeschichte der Rasse. In: PAR, 5 (1906/07) 12, S. 682–698.
–: Was heisst Rassenverfall? Beiträge zur Rassenkunde, Hildburghausen 1910.
–: Was heißt Rassenverfall? In: PAR, 10 (1911/12) 10, S. 538–560.
Kruse, Walter: Rassenhygiene. In: Kruse, Walter/Selter, Paul (Hg.): Die Gesundheitspflege des Kindes. Für Studierende, Ärzte, Gesundheitsbeamte und alle Freunde der Volksgesundheit, Stuttgart 1914, S. 402–415.
Kuhlenbeck, Ludwig: Das Evangelium der Rasse – Briefe über das Rassenproblem, Prenzlau 1905.
–: Das Strafrecht als soziales Organ der natürlichen Auslese. In: PAR, 1 (1902/03) 10, S. 798–811.
–: Kritik der Jenenser Preisschriften. In: PAR, 3 (1904/05) 7, S. 427–436.
–: Zuchtwahl und Monogamie. In: PAR, 2 (1903/04) 2, S. 170–172.
–: Zur Kritik des Rassenproblems. In: ARG, 2 (1905) 4, S. 560–567.

Kühner, Franz: Die Diskreditierung des Krieges. In: PAR, 7 (1908/1909) 5, S. 267–270, hier 270.
Lämmerhirt, Fritz: Erblichkeit und familiärer Faktor bei den tuberkulösen Erkrankungen. In: PAR, 1 (1902/03) 10, S. 789–798.
Lange, Julius: Bücherbesprechungen. In: PAR, 1 (1902/03) 1, S. 75.
–: Bücherbesprechungen. In: PAR, 1 (1902/03) 4, S. 328.
Lapouge, Georg Vacher de: Die Entartung in den höheren und niederen Ständen. In: PAR, 5 (1906/07) 4, S. 193–200.
–: Die Krisis in der sexuellen Moral. In: PAR, 7 (1908/09) 8, S. 408–423.
Lenz, Fritz: kritische Besprechung zu: August Forel, Alkohol und Keimzellen (Blastophtorische Entartung) Vortrag 1911. In: ARG, 9 (1912) 5, S. 643–645.
–: kritische Besprechung zu: H. Kurella, Die Intellektuellen und die Gesellschaft. Ein Beitrag zur Naturgeschichte begabter Familien, Wiesbaden 1913. In: ARG, 10 (1913) 1/2, S. 240 f.
–: kritische Besprechung zu: Felix A. Theilhaber, Das sterile Berlin, Berlin 1913. In: ARG, 10 (1913) 4, S. 539–545.
–: Scharfe Maßnahmen gegen die Ehelosigkeit. In: ARG, 9 (1912) 1, S. 126.
–: Über die idioplastischen Ursachen der physiologischen und pathologischen Sexualcharaktere des Menschen. In: ARG, 9 (1912) 5, S. 545–603.
–: Über die Verbreitung der Lues, speziell in Berlin und ihre Bedeutung als Faktor des Rassentodes. In: ARG, 7 (1910) 3, S. 306–327.
Liebenfels, Jörg Lanz von: Die Urgeschichte der Künste. In: PAR, 2 (1903/04) 2, S. 134–156.
–: Rasse und Wohlfahrtspflege, ein Aufruf zum Streik der wahllosen Wohltätigkeit, Wien 1907.
Lingner, Karl August: Katalog der Internationalen Hygieneausstellung Dresden 1911, Berlin 1911.
Lombroso, Cesare: Der Verbrecher in anthropologischer, ärztlicher, und juristischer Beziehung, Hamburg 1887.
Lomer, Georg: Die Erblichkeit der Geisteskrankheiten. In: PAR, 3 (1904/05) 11, S. 698–703.
–: Die Geisteskrankheiten als sozialer Faktor. In: PAR, 7 (1908/09) 7, S. 363–368.
–: Krankheit und Ehe. In: PAR, 4 (1905/06) 4, S. 212–225.
Löwenfeld, Leopold: Über medizinische Schutzmassnahmen (Kastration, Sterilisation) gegen Verbrechen und andere soziale Übel, mit besonderer Berücksichtigung der amerikanischen Gesetzgebung. In: Sexual-Probleme. Zeitschrift für Sexualwissenschaft und Sexualpolitik, 6 (1910), S. 300–327.
Lundborg, Hermann Bernhard: Medizinisch-biologische Familienforschung innerhalb eines 2232 köpfigen Bauerngeschlechts in Schweden (Provinz Blekinge), Jena 1913.
Macchioro, Vittorio: Die anthropologischen Grundlagen des römischen Verfalls zur Kaiserzeit. In: PAR, 5 (1906/07) 10, S. 557–581.
Marcuse, Max: Gesetzliche Eheverbote für Kranke und Minderwertige. In: Soziale Medizin und Hygiene, 2 (1907), S. 96–108 und 163–175.
Marina, Giuseppe: Anthropologische Untersuchungen an jugendlichen Personen Zweiter Teil: Physische Entwicklung. In: PAR, 1 (1902/03) 12, S. 913–944.
Martius, Friedrich: Die Bedeutung der Vererbung für Krankheitsentstehung und Rassenerhaltung (Tier- und Menschenzüchtung). Vortrag. In: ARG, 7 (1910) 4, S. 470–488.
–: Erbliche Disposition zur Tuberkulose. In: PAR, 1 (1902/03) 1, S. 68.
–: Krankheitsanlage und Vererbung, Leipzig 1905.
–: Neurasthenische Entartung einst und jetzt. Tröstliche Betrachtungen eines Kulturoptimisten, Leipzig 1909.

Meisner, Hugo: kritische Besprechung zu: Heinrich Schwiening, Krieg und Frieden. Besonderer Abdruck aus dem Handbuch der Hygiene. In: Weye, Theodor (Hg.): Handbuch der Hygiene, Vierter Supplementband: Soziale Hygiene, Jena 1904. In: ARG, 2 (1905) 3, S. 453–455.

–: kritische Besprechung zu: Klaus Wagner, Krieg, Jena 1906. In: ARG, 3 (1906) 4, S. 607 f.

–: Rekrutierungsstatistik. Mit einem Kartogramm und einer Kurve. In: ARG, 6 (1909) 1, S. 59–72.

Mensinga, Wilhelm P. J.: Kindersterblichkeit und Mutterschutz. In: PAR, 4 (1905/06) 3, S. 150–155.

–: Zuchtwahl und Mutterschaft. In: PAR, 2 (1903/04) 8, S. 630–639.

Metschnikoff, Elias: Studien über die Natur des Menschen. Eine optimistische Philosophie, 2. Auflage, Leipzig 1910.

Meyers großes Konversationslexikon, Bände I–IV, 6. Auflage, Leipzig 1903–1905.

Mittgart-Blätter: Menschliche Rassenzucht als Forderung der Vernunft der Kultur. In: PAR, 6 (1907/08) 7, S. 470.

Möbius, Paul Julius: Geschlecht und Entartung, Halle (Saale) 1903.

Müller, Ludwig: Die natürliche Grundlage der sozialen Ethik. In: PAR, 8 (1909/10) 11, S. 594–606.

Näcke, Paul: Gedanken eines Mediciners über die Todesstrafe. In: Archiv für Kriminal-Anthropologie und Kriminalistik, 9/10 (1902/03) 4, S. 316–326.

–: Aerztliche Untersuchungen der Heiratskandidaten. In: PAR, 2 (1903/04) 6, S. 523.

–: Die Vererbung verbrecherischer Anlagen. In: Archiv für Kriminal-Anthropologie und Kriminalistik, 23/24 (1906) 4, S. 368–370.

–: Kultur- und Rassenpsychologie. In: PAR, 3 (1904/05) 8, S. 523 f.

–: Rasse und Verbrechen. In: Archiv für Kriminal-Anthropologie und Kriminalistik, 25/26 (1906/07) 1/2, S. 64–74.

–: Über Familienmord durch Geisteskranke, Halle (Saale) 1908.

–: Über Kastration bei gewissen Entarteten. In: Archiv für Kriminal-Anthropologie und Kriminalistik, 31 (1908) 1/2, S. 174–176.

–: Ueber Eheverbote und Entartung. In: PAR, 6 (1907/08) 3, S. 214 f.

–: Zur angeblichen Entartung der romanischen Völker, speziell Frankreichs. In: ARG, 3 (1906) 3, S. 373–385.

Naumann, Friedrich: Vortrag: Der Wert der Schwachen für die Gesamtheit. In: PAR, 1 (1902/03) 4, S. 312 f.

Neupauer, Joseph Ritter von: Der Kulturwelt der Mischrassen und reinen Rassen. In: PAR, 3 (1904/05) 6, S. 370–389.

–: Ideen zur Entwicklungsgeschichte der Kultur. In: PAR, 2 (1903/04) 4, S. 288–296.

Niceforo, Alfred: Die niederen Bevölkerungsklassen im Lichte anthropologischer Forschung. In: PAR, 5 (1906/07) 9, S. 507–516.

–: Anthropologie der nichtbesitzenden Klassen. Studien und Untersuchungen (Autorisierte Übersetzung aus dem italienischen und französischen Manuskript von Robert Michels und Adolf Köster), Leipzig 1910.

Nordenholz, Anastasius: kritische Besprechung zu: C. Brendel, Das Recht des Staates zur Bekämpfung der Trinksitten. In: Die Alkoholfrage. In: ARG, 7 (1910) 2, S. 259.

–: kritische Besprechung zu: Franz Eulenburg, Gesellschaft und Natur. In: Archiv für Sozialwissenschaft und Sozialpolitik, Tübingen 1905. In: ARG, 3 (1906) 1, S. 163–167.

–: kritische Besprechung zu: Gustave Le Bon, Psychologie der Massen, Leipzig 1908. In: ARG, 6 (1909) 5, S. 708–713.

–: kritische Besprechung zu: Georg Simmel, Soziologie: Untersuchungen über die Formen der Vergesellschaftung, Leipzig 1908. In: ARG, 4 (1909) 3, S. 415–421.

–: Reichs- und Finanzreform und Rassentüchtigkeit. In: ARG, 6 (1909) 1, S. 78–85.

–: Soziologie, Psychologie und Ethik. Einige Bemerkungen zu der vorstehenden Abhandlung des Herrn Prof. Dr. Th. Lipps. In: ARG, 4 (1907) 5, S. 675–685.

–: Soziologische Probleme. In: ARG, 5 (1908) 2, S. 235–248.

–: Über den Mechanismus der Gesellschaft. In: ARG, 1 (1904) 1, S.110–123.

Oberholzer, Emil: Kastration und Sterilisation von Geisteskranken in der Schweiz, Halle (Saale) 1911.

Oettinger, Walter: Die Rassenhygiene und ihre wissenschaftlichen Grundlagen, Berlin 1914.

Orth, Johannes: Aufgaben, Zweck und Ziele der Gesundheitspflege, Stuttgart 1904.

–: Über die Bedeutung der Vererbung für Gesundheit und Krankheit. Vortrag gehalten in der Versammlung des Deutschen Vereins für Volkshygiene in Berlin am 23. Oktober 1908, München 1909.

O. V.: Der Bevölkerungsstrom nach der Großstadt. In: PAR, 2 (1903/04) 2, S. 184 f.

O. V.: Der Mittgartbund. In: PAR, 4 (1907/08) 5, S. 333 f.

O. V.: Die Alkoholsucht als Kultur- und Rasseproblem. In: PAR, 1 (1902/03) 3, S. 229 f.

O. V.: Die Anzeigepflicht bei Tuberkulose. In: PAR, 1 (1902/03) 2, S. 147.

O. V.: Ein neues Regenerationsunternehmen. In: PAR, 8 (1909/10) 7, S. 386.

O. V.: Eine Farm für Menschenzucht. In: PAR, 3 (1904/05) 6, S. 398.

O. V.: Statistik der jugendlichen Verbrecher. In: PAR, 1 (1902/03) 10, S. 822 f.

O. V.: Über die Erbfehler bei Zuchtpferden. In: PAR, 1 (1902/03) 5, S. 391.

O. V.: Ueber Alkohol und Tuberkulose. In: PAR, 1 (1902/03) 10, S. 824.

Paulsen, J.: Die Herrschaft der Schwachen und der Schutz der Starken in Deutschland. Kritische Betrachtungen eines Arztes über soziale Fürsorge. In: ARG, 11 (1914) 2, S. 145–169.

Pearson, Karl: Über den Zweck und die Bedeutung einer nationalen Rassenhygiene (National-Eugenik) für den Staat. Vierzehnte Robert Boyle-Vorlesung, gehalten vor dem »Oxford University Junior Scientific Club« am 17. Mai 1907. In: ARG, 5 (1908) 1, S. 67–96.

Petermann, Theodor: Die Wohlgebornen. In: PAR, 6 (1907/08) 6, S. 352–363.

Plate, Ludwig: Vererbungslehre mit besonderer Berücksichtigung des Menschen, für Studierende, Ärzte und Züchter, Leipzig 1913.

Platon: Der Staat, 460c. Übersetzt und herausgegeben von Karl Vretska. Bibliographisch ergänzte Ausgabe, Stuttgart 2012.

Ploetz, Alfred: Ableitung einer Gesellschafts-Hygiene und ihrer Beziehung zur Ethik. In: ARG, 3 (1906) 2, S. 253–274.

–: Auf dem Internationalen Kongreß für Neomalthusianismus in Dresden vom 24.–27.9.1911. In: ARG, 8 (1911) 4, S. 547.

–: Bemerkungen zu der Abhandlung Professor v. Ehrenfels' über die konstitutive Verderblichkeit der Monogamie. In: ARG, 4 (1907) 6, S. 859–861.

–: Der Alkohol im Lebensprozeß der Rasse. In: PAR, 2 (1903/04) 7, S. 597 f.

–: Die Begriffe Rasse und Gesellschaft und die davon abgeleiteten Disziplinen. Einige Worte der Einführung. In: ARG, 1 (1904) 1, S. 2–26.

–: Die Tüchtigkeit unserer Rasse und der Schutz der Schwachen. Ein Versuch über Rassenhygiene und ihr Verhältnis zu den humanen Idealen, besonders zum Socialismus, Berlin 1895.

–: Lebensdauer der Eltern und Kindersterblichkeit. Ein Beitrag zum Studium der Konstitutionsvererbung und der natürlichen Auslese unter den Menschen. In: ARG, 6 (1909) 1, S. 33–43.
–: Sozialdemokratie und Rassenhygiene. In: ARG, 6 (1909) 3, S. 426 f.
–: Sozialpolitik und Rassenhygiene in ihrem prinzipiellen Verhältnis. In: Archiv für soziale Gesetzgebung und Statistik, (1902), S. 393–420.
–: Vorwort (Unsere Ankündigung). In: ARG, 1 (1904) 1, S. III–VI.
–: Willibald Hentschels Vorschlag zur Hebung unserer Rasse. In: ARG, 1 (1904) 6, S. 885–895.
–: Zur Bedeutung des Alkohols für Leben und Entwicklung der Rasse. In: ARG, 1 (1904) 2, S. 228–253.
Potthoff, Heinz: Monismus, Volkswirtschaft, Menschenökonomie. In: Das Monistische Jahrhundert. Zeitschrift für wissenschaftliche Weltanschauung und Weltgestaltung. Im Auftrag des Deutschen Monistenbundes, 1 (1912/13) 12, S. 399–403.
–: Schutz der Schwachen? In: ARG, 8 (1911) 1, S. 86–91.
Prosoroff, G.: Die Methoden der rassischen Hochzucht. In: PAR, 10 (1911/12) 1, S. 45 f.
Ratzenhofer, Gustav: Die Rassenfrage vom ethischen Standpunkte. In: ARG, 1 (1904) 5, S. 737–748.
Rawitz, Bernhard: Die Unmöglichkeit der Vererbung geistiger Eigenschaften beim Menschen. In: Biologisches Zentralblatt, 24 (1904) 12, S. 396–408.
Redaktionsanmerkung der PAR vor dem Aufsatz: Ladislaus Gumplowitz, Anthropologie und natürliche Auslese. In: PAR, 1 (1902/03) 2, S. 108.
Reibmayr, Albert: Die körperliche Schädigung der heutigen studierten Jugend. In: PAR, 3(1904/05) 9, S. 552–567.
–: Die wichtigsten biologischen Ursachen der heutigen Landflucht. In: ARG, 8 (1911) 3, S. 349–376.
–: Über den Einfluss der Inzucht und Vermischung auf den politischen Charakter einer Bevölkerung. In: PAR, 1 (1902/03) 1, S. 21–37.
Ribbert, Hugo: Die Vererbung von Krankheiten. In: PAR, 3 (1904/05) 2, S. 85–101.
–: Rassenhygiene. Eine gemeinverständliche Darstellung, Bonn 1910.
–: Ueber Vererbung. Kaisergeburtstagsrede, Marburg 1902.
Richet, Charles: Ist der Krieg ein wissenschaftliches Gesetz entsprechend der natürlichen Zuchtwahl? In: Das Monistische Jahrhundert. Zeitschrift für wissenschaftliche Weltanschauung und Weltgestaltung. Im Auftrag des Deutschen Monistenbundes, 1 (1912/13) 2, S. 48–53.
Richter, Raoul: Bücherbesprechung. In: PAR, 5 (1906/07) 3, S. 185–187.
Roberts, L. W.: Die Gründung einer soziologischen Gesellschaft in England. In: PAR, 4 (1907/08) 8, S. 456–461.
Roemer, Hans: Die psychiatrische Erblichkeitsforschung. In: ARG, 9 (1912) 3, S. 292–329.
Röse, Carl: Beiträge zur europäischen Rassenkunde und die Beziehungen zwischen Rasse und Zahnverderbnis. In: ARG, 2 (1905) 5/6, S. 689–798.
–: Beruf und Militärtauglichkeit. In: PAR, 4 (1905/06) 3, S. 124–150.
–: Die Grundursachen der Zahnverderbnis und die Endziele der Zahnhygiene. In: PAR, 11 (1912/13) 8, S. 408–415.
Röse, Else: Alkohol und Stillvermögen. In: PAR, 2 (1903/04) 4, S. 338 f.
Roth, E.: kritische Besprechung zu: Th. Rybakow, Alkoholismus und Erblichkeit. In: Monatsschrift für Psychiatrie und Neurologie, 20 (1906). In: ARG, 4 (1907) 6, S. 889.
Rothschild: Das Heiraten Tuberkulöser. In: PAR, 1 (1902/03) 7, S. 584.

Rüdin, Ernst: kritische Besprechung zu: Armin von Domitrovich, Mahnrufe an die führenden Kreise der deutschen Nation. Regeneration des physischen Bestandes der Nation, Leipzig 1905. In: ARG, 3 (1906) 2, S. 275 f.

–: kritische Besprechung zu: Henry Goddard, Heredity of feeble-mindedness. In: American Breeder's Magazine (1910). In: ARG, 8 (1911) 4, S. 531–534.

–: kritische Besprechung zu: Max von Gruber, Hygienische Bedeutung der Ehe. In: Lehmann, Julius Friedrich (Hg.): Darstellungen der Beziehungen zwischen Gesundheitsstörungen und Ehegemeinschaft, München 1904. In: ARG, 2 (1905) 2, S. 294–299.

–: kritische Besprechung zu: Max von Gruber, Hygiene des Geschlechtslebens, Stuttgart 1905. In: ARG 3 (1906) 1, S. 156–158.

–: kritische Besprechung zu: David von Hansemann, Über Rachitis als Volkskrankheiten. In: Berliner klinische Wochenschrift (1906) 9, S. 249. In: ARG, 3 (1906) 2, S. 276–278.

–: kritische Besprechung zu: Alfred Hegar, Zur Verbreitung, Entstehung und Verhütung des engen Beckens. In: Münchner medizinische Wochenschrift 1908. In: ARG, 5 (1908) 5/6, S. 808 f.

–: kritische Besprechung zu: Hans Koeppe, Säuglingsmortalität und Auslese im Darwinschen Sinne. In: Münchner medizinische Wochenschrift, 32 (1905). In: ARG, 3 (1906) 5, S. 746 f.

–: kritische Besprechung zu: Jenö Kollarits, Beiträge zur Kenntnis der vererbten Nervenkrankheiten. In: Deutsche Zeitschrift für Nervenheilkunde, 30 (1906), S. 293–363. In: ARG, 3 (1906) 5, S. 751 f.

–: kritische Besprechung zu: Emil Kräpelin, Zur Entartungsfrage. In: Zentralblatt für Nervenheilkunde und Psychiatrie (1908). In: ARG, 6 (1909) 2, S. 254–257.

–: kritische Besprechung zu: Leppmann, Alkoholismus, Morphinismus und Ehe. In: Senator/Kaminer (Hg.): Krankheiten und Ehe, München 1904. In: ARG, 3 (1906) 1, S. 155 f.

–: kritische Besprechung zu: Hans W. Maier, Die nordamerikanischen Gesetze gegen die Vererbung von Verbrechen und Geistesstörungen und deren Anwendung & Emil Oberholzer, Kastration und Sterilisation von Geisteskranken in der Schweiz, Halle 1911. In: ARG, 8 (1911) 6, S. 815–824.

–: kritische Besprechung zu: Friedrich Martius, Krankheitsanlage und Vererbung, Leipzig 1905. In: ARG, 2 (1905) 5/6, S. 873–879.

–: kritische Besprechung zu: E. Mendel, Geisteskrankheiten und Ehe. In: Senator/Kaminer (Hg.): Krankheiten und Ehe, München 1904, S. 642–666. In: ARG, 3 (1906) 3, S. 457–459.

–: kritische Besprechung zu: Paul Julius Möbius, Über den physiologischen Schwachsinn des Weibes, Halle 1905. In: ARG, 3 (1905) 1, S. 153 f.

–: kritische Besprechung zu: Magnus Möller, Der ständige Kundenkreis der Prostituierten. In: Zeitschrift für Bekämpfung der Geschlechtskrankheiten, 1908. In: ARG, 5 (1908) 3, S. 432 f.

–: kritische Besprechung zu: Oskar Priester, Ernste Lehren zur Vererbungslehre oder ein Vorschlag zur Erweiterung des Rechts- wie Pflichtenkreises der Standesbeamten, Köln 1904. In: ARG, 2 (1905) 4, S. 600 f.

–: kritische Besprechung zu: A. Riffel, Schwindsucht und Krebs im Lichte vergleichend-statistisch-genealogischer Forschung, Karlsruhe 1905. In: ARG, 3 (1906) 1, S. 158 f.

–: kritische Besprechung zu: Carl Röse, Die Wichtigkeit der Mutterbrust für die körperliche und geistige Entwicklung des Menschen. In: Deutsche Monatsschrift für Zahnheilkunde (1905) 3. In: ARG, 2 (1905) 3, S. 440–449.

–: kritische Besprechung zu: Friedrich von den Velden, Krankheitszusammenhänge. In: Die Therapie der Gegenwart, 1908. In: ARG, 5 (1908) 5/6, S. 811 f.

–: kritische Besprechung zu: Ludwig Woltmann, Politische Anthropologie. Eine Untersuchung über den Einfluss der Deszendenztheorie auf die Lehre von der politischen Entwicklung der Völker, Eisenach 1903. In: ARG, 2 (1905) 4, S. 609–619.
–: kritische Besprechung zu: W. Weygandt, Verhütung der Geisteskrankheiten (1904). In: ARG, 1 (1904) 5, S. 767–769.
–: Der neue Reichstag und rassenhygienische Aufgaben. In: ARG, 4 (1907) 1, S. 139–141.
–: Der Alkohol im Lebensprozeß der Rasse. In: PAR, 2 (1903/04) 7, S. 553–563.
–: Die Rassenhygiene in einem deutschen Parlament. In: ARG, 4 (1907) 4, S. 569 f.
–: Rassenhygienische Gesetzgebung in den Vereinigten Staaten von Nordamerika. In: ARG, 5 (1908) 1, S. 154–156.
–: Über den Zusammenhang zwischen Geisteskrankheit und Kultur. In: ARG, 7 (1910) 6, S. 722–748.
–: Zur Rolle der Homosexuellen im Lebensprozeß der Rasse. In: ARG, 1 (1904) 1, S. 99–109.
Ruppin, Arthur: Darwinismus und Sozialwissenschaft, Jena 1903.
Rutgers, Johannes: Generative Ethik. In: ARG, 6 (1909) 4, S. 530–532.
–: Rassenhygiene. In: Die Neue Generation: Publikationsorgan des Deutschen Bundes für Mutterschutz und der Internationalen Vereinigung für Mutterschutz und Sexualreform, 6 (1910) 6, S. 254 f.
–: Rassenverbesserung, Malthusianismus und Neomalthusianismus, Dresden 1908.
–: Rassenverbesserung. In: Die Neue Generation: Publikationsorgan des Deutschen Bundes für Mutterschutz und der Internationalen Vereinigung für Mutterschutz und Sexualreform, 4 (1908/09) 1, S. 24–28.
Samassa, Paul: Alldeutsche Blätter – Mitteilungen des alldeutschen Verbandes, 17 (1902), S. 151.
–: Ueber »Herren-Siedlung« und »Bauern-Siedlung«. In: PAR, 11 (1912/13) 3, S. 161–163.
Savorgnan, Franco: Die politischen Wirkungen des allgemeinen Wahlrechts. In: PAR, 7 (1908/09) 6, S. 320–326.
Schallmayer, Wilhelm: kritische Besprechung zu: W. Mc. Dougall, A practicable Eugenic Suggestion, London 1907. In: ARG, 5 (1908) 4, S. 579 f.
–: kritische Besprechung zu: Friedrich Hertz, Moderne Rassentheorien. Kritische Essays. Wien 1904. In: ARG, 2 (1905) 5/6, S. 860–866.
–: kritische Besprechung zu: J. Rutgers, Rassenverbesserung, Malthusianismus und Neomalthusianismus, Dresden 1908. In: ARG, 5 (1908) 5/6, S. 827–835.
–: kritische Besprechung zu: Rudolf Steinmetz, Die Philosophie des Krieges. Band IV der »Natur- und kulturphilosophischen Bibliothek«, Leipzig. In: ARG, 5 (1908) 3, S. 434–439.
- Beiträge zu einer Nationalbiologie – Nebst einer Kritik der methodologischen Einwände und einem Anhang über wissenschaftliches Kritikerwesen, Jena 1905, S. 202–255.
–: Der Krieg als Züchter. In: ARG, 5 (1908) 3, S. 364–400.
–: Die soziologische Bedeutung des Nachwuchses der Begabten und die psychische Vererbung. In: ARG, 2 (1905) 1, S. 36–75.
–: Erwiderung auf vorstehende Bemerkungen des Herrn Dr. Rutgers. In: ARG, 6 (1909) 4, S. 532–536.
–: Generative Ethik. In: ARG, 6 (1909) 2, S. 199–231.
–: Kultur und Entartung (Schluß). In: Soziale Medizin und Hygiene, 1 (1906) 10, S. 544–554.
–: Natürliche und geschlechtliche Auslese bei wilden und bei hochkultivierten Völkern. In: PAR, 1 (1902/03) 4, S. 245–272.

–: Soziale Maßnahmen zur Besserung der Fortpflanzungsauslese. In: Max Mosse/Gustav Tugendreich (Hg.): Krankheit und soziale Lage, München 1913, S. 841–859.
–: Ueber die drohende körperliche Entartung der Culturmenschheit und die Verstaatlichung des ärztlichen Standes, Berlin 1891.
–: Vererbung und Auslese als Faktoren zu Tüchtigkeit und Entartung der Völker, München 1907.
–: Vererbung und Auslese im Lebenslauf der Völker. Eine staatswissenschaftliche Studie auf Grund der neueren Biologie, Jena 1903.
–: Vererbung und Auslese in ihrer soziologischen und politischen Bedeutung. Preisgekrönte Studie über Volksentartung und Volkseugenik, 2. durchwegs umgearbeitete und vermehrte Auflage, Jena 1910.
–: Zur Besprechung meiner »Vererbung und Auslese«. In: ARG, 9 (1912) 5, S. 617–623.
Schimkewitsch, M. Vladimir: Die Mutationslehre und die Zukunft der Menschheit (Vorläufige Mitteilung). In: Biologisches Zentralblatt, 26 (1906) 4, S. 97–115.
Schmidh, Kaspar: Die Mutterschaftsversicherung als Grundlage einer mutterrechtlich-polygamischen Sexualordnung. In: PAR, 5 (1906/07) 5, S. 282–293.
–: Gedanken zur Sexualpolitik. In: PAR, 5 (1906/07) 3, S. 168–175.
Schmidt, Eduard Ludwig: Medizin und Recht. In: PAR, 1 (1902/03) 3, S. 292–295.
Schmidt-Gibichenfels, Otto: Der Krieg als Kulturfaktor. In: PAR, 11 (1912) 8, S. 393–408.
–: Der Wiederaufbau des Bauernstandes auf biologischer Grundlage. In: PAR 12, (1913/14) 7, S. 337–349.
–: Die Neuordnung der Stände auf biologischer Grundlage. In: PAR 12, (1913/14) 6, S. 281–291.
–: Die Neuordnung des Bürgerstandes nach biologischen Gesichtspunkten. In: PAR, 12 (1913/14) 9, S. 449–462.
–: Nächste Ziele und Wege gesunder deutscher Machtpolitik. In: PAR, 11 (1912/13) 11, S. 561–577.
–: Wen soll ich heiraten?, Berlin 1907.
–: Zur gefälligen Beachtung. In: PAR, 10 (1911/12) 12, S. 617.
Schrickert, Wilhelm: Zur Anthropologie der gleichgeschlechtlichen Liebe. In: PAR, 1 (1902/03) 5, S. 379–382.
Schüle, Heinrich: Über die Frage des Heiratens von früher Geisteskranken. Vortrag gehalten auf der Jahresversammlung der deutschen Psychiater in Göttingen am 26. April 1904, Leipzig 1904.
–: Über die Frage des Heiratens von früher Geisteskranken. In: ARG, 1 (1904) 5, S. 769 f.
–: Zur Frage der Verheiratung früherer Geisteskranker oder Belasteter. In: PAR, 4 (1905/06) 11, S. 659 f.
Schulz, Otto: Auf dem Weg zur kriegslosen Zeit. In: PAR, 8 (1909/10) 8, S. 425–430.
–: Körper- oder Geisteskultur? In: PAR, 7 (1908/09) 10, S. 553–556.
Schwiening, Heinrich: Der Einfluss des Krieges auf die Bevölkerung. In: PAR, 5 (1906/07) 4, S. 251 f.
Siebert, Friedrich: Der Neomalthusianismus und die öffentliche Ankündigung der Verhütungsmittel. In: ARG, 9 (1912) 4, S. 475–496.
–: Die Rassenidee und die liberale Weltanschauung. In: ARG, 8 (1911) 2, S. 198–223.
Sofer, Leo: Ueber die Vermischung und Entmischung der Rassen. In: PAR, 1 (1902/03) 6, S. 435–438.
Solger, Friedrich: Rassenhygiene und Reichsfinanzreform. In: ARG, 5 (1908) 4, S. 585–589.

Steiger, Adolf: Entwicklungsgeschichtliche Gedanken zur Frage der Kurzsichtigkeit und Weitsichtigkeit. In: ARG, 4 (1907) 3, S. 314–331.

Stein, Ludwig: Ueber die Frage der Erhaltung der Rasse auf dem X. internationalen Kongreß gegen Alkoholismus. In: PAR, 5 (1906/07) 11, S. 653 f.

Steinmetz, Sebald Rudolf: Der erbliche Rassen- und Volkscharakter. In: Vierteljahresschrift für wissenschaftliche Philosophie und Soziologie, 26 (1902), S. 77–128.

–: Der Krieg als sociologisches Problem, Amsterdam 1899.

Stephan: Ärztliche Beobachtung bei einem Naturvolke. In: ARG, 2 (1905) 5/6, S. 799–811.

Stöcker, Helene: Der Bund für Polygamie. In: Die Neue Generation: Publikationsorgan des Deutschen Bundes für Mutterschutz und der Internationalen Vereinigung für Mutterschutz und Sexualreform, 7 (1911) 10, S. 552–555.

Strohmayer, Wilhelm: Ueber den Wert genealogischer Betrachtungsweise in der psychiatrischen Erblichkeitslehre, Berlin 1907.

–: Zur Kritik der Fragestellung und der Bewertung psychoneurotischer erblicher Belastung. In: ARG, 5 (1908) 4, S. 478–497.

Tandler, Julius: Konstitution und Rassenhygiene. In: Zeitschrift für angewandte Anatomie und Konstitutionslehre, 1 (1914), S. 11–26.

Teilhaber, Felix A.: Zum Preisausschreiben: »Bringt das materielle und soziale Aufsteigen den Familien Gefahren in rassenhygienischer Beziehung?« Dargelegt an der Entwicklung der Judenheit von Berlin. In: ARG, 10 (1913) 1/2, S. 67–92.

Thurnwald, Richard: kritische Besprechung zu: Ludwig Bauer, Der Zug nach der Stadt und die Stadterweiterung. In: W. Kohlhammer (Hg.), Eine rassenhygienische Studie, Stuttgart 1904. In: ARG, 2 (1905) 2, S. 300–304.

–: Stadt und Land im Lebensprozeß der Rasse (Fortsetzung). In: ARG, 1 (1904) 5, S. 718–737.

–: Stadt und Land im Lebensprozeß der Rasse. Eine orientierende Skizze. In: ARG, 1 (1904) 6, S. 840–885.

–: Steuern und Rassenhygiene. In: ARG, 2 (1905) 5/6, S. 936–940.

–: Über das Eheleben in Japan. In: ARG, 4 (1907) 6, S. 914–916.

Tille, Alexander: Von Darwin bis Nietzsche. Ein Buch Entwicklungsethik, Leipzig 1895.

Tönnies, Ferdinand: Ammons Gesellschaftstheorie. In: Archiv für Sozialwissenschaft und Sozialpolitik, (1904) 19, S. 88–111.

Unold, Johannes: Aufgaben und Ziele des Menschenlebens, Nach Vorträgen im Volkshochschulverein zu München, 4. verbesserte Auflage, Leipzig 1915.

Veit, J.: Eugenik und Gynäkologie. In: Deutsche Medizinische Wochenschrift, 40 (1914) 9, S. 420–423.

Velden, Friedrich von den: Aussterbende Familien. In: ARG, 6 (1909) 3, S. 340–351.

–: Staatliche Eingriffe in die Freiheit der Fortpflanzung. In: PAR, 7 (1908/09) 1, S. 18–23.

Vierath, Willy: Geistesstörungen, deren Ursachen, Behandlung und Verhütung, Oranienburg 1908.

Vierkant, Alfred: Ueber den Einfluss der Mittelschule auf unseren Volkstypus. In: PAR, 2 (1903/04) 1, S. 231–235.

Wagner, Klaus: Krieg. Eine politisch-entwicklungsgeschichtliche Untersuchung, Jena 1906.

Wallace, Alfred Russel: Menschliche Auslese. In: Die Zukunft, 8 (1894), S. 10–24.

Weber, L. W.: Läßt sich eine Zunahme der Geisteskranken feststellen? Vortrag, gehalten in der Ausstellung des internationalen Kongresses zur Fürsorge für Geisteskranke. In: ARG, 7 (1910) 6, S. 704–721.

Weinberg, Wilhelm: Die Kinder der Tuberkulösen, Leipzig 1913.

Weiß, J. G.: Obligatorische Armenpflege und soziale Fürsorge. In: PAR, 12 (1913/14) 1, S. 17–25.
Westermarck, Eduard: Moralbegriffe und Ehelosigkeit. In: ARG, 5 (1908) 2, S. 221–234.
Weygandt, Wilhelm: Verhütung der Geisteskrankheiten. In: Würzburger Abhandlungen aus dem Gesamtgebiet der praktischen Medizin, Würzburg 1904.
Wilhelm, Eugen: Beseitigung der Zeugungsfähigkeit und Körperverletzung de lege lata und de lege ferenda. In: Juristisch-psychiatrische Grenzfragen, 7 (1911) 1, (zusammengebunden, eigene Seitenzahlen) S. 28.
Wilser, Ludwig: Erklärung. In: PAR, 3 (1904/05) 7, S. 441 f.
–: Menschwerdung. Ein Blatt aus der Schöpfungsgeschichte, Stuttgart 1907.
–: Rasse und Gesundheit, Vortrag gehalten im Naturwissenschaftlichen Verein am 20. Dezember 1901, Karlsruhe 1902.
–: Rasse und Gesundheit. In: PAR, 1 (1902/03) 1, S. 67.
–: Züchtungsstaat und Züchtungspolitik. In: PAR, 5 (1906/07) 1, S. 45–47.
–: Zuchtwahl beim Menschen. In: PAR, 1 (1902/03) 3, S. 181–191.
–: Zur Frage: Zuchtwahl und Monogamie. In: PAR, 1 (1902/03) 12, S. 1003 f.
Wirth, Albrecht: Rassenforschung in der Geschichtsschreibung. In: PAR, 2 (1903/04) 2, S. 211–214.
Wittermann: kritische Besprechung zu: Max von Gruber, Kolonisation in der Heimat, München 1907. In: ARG, 5 (1908) 2, S. 284 f.
Wolf, Julius: Das Rassenproblem in der Weltwirtschaft. In: PAR, 2 (1903/04) 3, S. 261.
–: Der Geburtenrückgang. Die Rationalisierung des Sexuallebens in unserer Zeit, Jena 1912.
Wollny, A.: kritische Besprechung zu: Willibald Hentschel, Vom aufsteigenden Leben. Ziele der Rassenhygiene, Leipzig 1914. In: ARG, 11 (1914) 1, S. 125.
Woltmann, Ludwig: Die anthropologische Geschichts- und Gesellschaftstheorie VII. In: PAR, 2 (1903/04) 4, S. 284–288.
–: Die Darwinsche Theorie und der Sozialismus. Ein Beitrag zur Naturgeschichte der menschlichen Gesellschaft, Düsseldorf 1899.
–: Die physische Entartung des modernen Weibes. In: PAR, 1 (1902/03) 7, S. 522–531.
–: Die Rassen- und Klassentheorie in der Soziologie. In: PAR, 4 (1905/06) 8, S. 417–424.
–: Erwiderung. In: PAR, 3 (1904/05) 7, S. 442–448.
–: Marxismus und Rassentheorie. In: PAR, 4 (1905/1906) 5, S. 268–280.
–: Sozialer Schutz und natürliche Auslese. In: PAR, 4 (1905/06) 9, S. 523–525.
–: System des moralischen Bewußtseins mit besonderer Darlegung des Verhältnisses der kritischen Philosophie zu Darwinismus und Socialismus, Düsseldorf 1898.
Woltmann, Ludwig/Buhmann, Hans K. E.: Strafrecht und Homosexualität. In: PAR, 1 (1902/03) 12, S. 981 f.
–/–: Naturwissenschaft und Politik. In: PAR, 1 (1902/03) 1, S. 1 f.
Woodhead, Sims: Alkohol, Entartung und geistige Leistungen. In: PAR, 5 (1906/07) 6, S. 363.
Zeitschrift der Internationalen Hygiene Ausstellung Dresden 1911, Dresden 1911.
Ziegler, Heinrich Ernst: Die Chromosomen-Theorie der Vererbung in ihrer Anwendung auf den Menschen. In: ARG, 3 (1906) 6, S. 797–812.
–: Zu den Kritiken über das Jenenser Preisausschreiben. In: PAR, 3 (1904/05) 7, S. 436–441.

2.2 Literaturverzeichnis

Adams, Andrea: Psychopathologie und »Rasse«. Verhandlungen »rassischer« Differenz in der Erforschung psychischer Leiden (1890–1933), Bielefeld 2013.

Arendt, Hannah: Elemente und Ursprünge totaler Herrschaft, München 1986.

Baader, Gerhard/Hofer, Veronika/Mayer, Thomas (Hg.): Eugenik in Österreich. Biopolitische Strukturen von 1900 bis 1945, Wien 2007.

Barth, Boris: Dolchstoßlegenden und politische Desintegration. Das Trauma der deutschen Niederlage im Ersten Weltkrieg 1914–1933, Düsseldorf 2003.

Bashford, Alison/Levine, Philippa: The Oxford Handbook of The History of Eugenics, Oxford 2010.

Baumgart, Winfried: Deutschland im Zeitalter des Imperialismus 1890–1914. Grundkräfte, Thesen und Strukturen, 5. Auflage, Stuttgart 1986.

Becker, Peter Emil: Zur Geschichte der Rassenhygiene – Wege ins Dritte Reich, New York 1988.

–: Wege ins Dritte Reich. Teil 2: Sozialdarwinismus, Rassismus, Antisemitismus und Völkischer Gedanke, New York 1990.

Becker, Peter: Furcht vor Niedergang und Entartung. Nährboden für sozialdarwinistische Ideen im späten 19. Jahrhundert. In: Schwarz (Hg.): Streitfall Evolution, S. 362–375.

Benz, Wolfgang: Antisemitismus. In: Fahlbusch/Haar/Pinwinkler/Hamann (Hg.): Handbuch der völkischen Wissenschaften, Teilband II, S. 945–957.

Bergmann, Anna: Die Rationalisierung der Fortpflanzung: Der Rückgang der Geburten und der Aufstieg der Rassenhygiene/Eugenik im Deutschen Kaiserreich 1871–1914. In: German History, 7 (1989) 1, S. 125–129.

–: Frauen, Männer, Sexualität und Geburtenkontrolle. Zur »Gebärstreikdebatte« der SPD 1913. In: Hausen (Hg.): Frauen suchen ihre Geschichte, S. 83–109.

Beuys, Barbara: Die neuen Frauen – Revolution im Kaiserreich: 1900–1914, München 2014.

Blom, Philipp: Der taumelnde Kontinent. Europa 1900–1914, 8. Auflage, München 2018.

Bock, Gisela: Zwangssterilisation im Nationalsozialismus. Studien zur Rassenpolitik und Geschlechterpolitik, Münster 2010.

Bracher, Karl Dietrich: Das 20. Jahrhundert als Zeitalter der ideologischen Auseinandersetzungen zwischen demokratischen und totalitären Systemen. In: Jesse (Hg.): Totalitarismus im 20. Jahrhundert, S. 137–151.

Breuer, Stefan: Die Völkischen in Deutschland. Kaiserreich und Weimarer Republik, Darmstadt 2008.

Brown, Janet: Zur Erschaffung des prototypischen Wissenschaftlers. Porträts von Charles Darwin im 19. Jahrhundert. In: Schwarz (Hg.): Streitfall Evolution, S. 228–245.

Bruch, Rüdiger vom: Das wilhelminische Kaiserreich: eine Zeit der Krise und des Umbruchs. In: Grunewald/Puschner (Hg.): Krisenwahrnehmungen in Deutschland um 1900, S. 10–23.

–: Wilhelminismus – Zum Wandel von Milieu und politischer Kultur. In: Puschner/Schmitz/Ulbricht (Hg.): Handbuch zur »Völkischen Bewegung« 1871–1918, S. 3–21.

Bublitz, Hannelore/Bührmann, Andrea D./Hanke, Christine/Seier, Andrea (Hg.): Das Wuchern der Diskurse. Perspektiven der Diskursanalyse Foucaults, Frankfurt a.M. 1999.

–: Der Diskurs als Diskursgegenstand im Horizont der kritischen Ontologie der Gegenwart. In: Bublitz/Bührmann/Hanke/Seier (Hg.), Das Wuchern der Diskurse, S. 49–62.

–: Die Gesellschaftsordnung unterliegt »dem Walten der Naturgesetze«: Sozialdarwinismus als Schnittstelle der Rationalisierung von Arbeit, Bevölkerungspolitik und Sexualität. In: Bublitz/Hanke/Seier (Hg.): Der Gesellschaftskörper, S. 236–324.

–: Einleitung. In: Bublitz/Hanke/Seier (Hg.): Der Gesellschaftskörper, S. 10–18.
–: Zur Konstitution von »Kultur« und Geschlecht um 1900. In: Bublitz/Hanke/Seier (Hg.): Der Gesellschaftskörper, S. 19–96.
–/Hanke, Christine/Seier, Andrea (Hg.): Der Gesellschaftskörper. Zur Neuordnung von Kultur und Geschlecht um 1900, Frankfurt a. M 2000.
Büchi, Walter A.: Karl August Lingner als Aktivist der Hygiene-Bewegung. In: Dresdner Hefte. Beiträge zur Kulturgeschichte, 29 (2011) 108, S. 4–15.
Conrad-Martius, Hedwig: Utopien der Menschenzüchtung, Freising 1955.
Czeguhn, Ignacio/Hilgendorf, Eric/Weitzel, Jürgen (Hg.): Eugenik und Euthanasie 1850–1945. Frühformen, Ursachen, Entwicklungen, Folgen, Baden-Baden 2009.
Dickel, Sascha: Enhancement-Utopien. Soziologische Analyse zur Konstruktion des Neuen Menschen, Baden-Baden 2011.
Etzemüller, Thomas: Auf der Suche nach dem Nordischen Menschen. Die deutsche Rassenanthropologie in der modernen Welt, Bielefeld 2015.
–: Die Angst vor dem Abstieg – Malthus, Burgdörfer, Sarrazin: eine Ahnenreihe mit immer derselben Botschaft. In: Haller/Niggeschmidt (Hg.): Der Mythos vom Niedergang der Intelligenz, S. 157–183.
Fahlbusch, Michael/Haar, Ingo/Pinwinkler, Alexander/Hamann, David (Hg.): Handbuch der völkischen Wissenschaften. Akteure, Netzwerke, Forschungsprogramme, Teilband I: Biographien, 2. Auflage, Berlin 2017.
–/–: Handbuch der völkischen Wissenschaften. Akteure, Netzwerke, Forschungsprogramme Teilband II: Forschungskonzepte – Institutionen – Organisationen – Zeitschriften, 2. Auflage, Berlin 2017.
Foroutan, Naika/Geulen, Christian/Illmer, Susanne/Vogel, Klaus/Wernsing, Susanne (Hg.): Das Phantom »Rasse«. Zur Geschichte und Wirkungsmacht von Rassismus, Köln 2018.
Foucault, Michel: Archäologie des Wissens, Frankfurt a. M. 1973.
–: Die Ordnung des Diskurses. Inauguralvorlesung an dem Collège de France – 2. Dezember 1970, München 1970.
Gabriel, Heinz Eberhard/Neugebauer, Wolfgang (Hg.): Vorreiter der Vernichtung? Eugenik, Rassenhygiene und Euthanasie in der österreichischen Diskussion vor 1938, Wien 2002.
Geulen, Christian: Der Rassenbegriff. Ein kurzer Abriss seiner Geschichte. In: Foroutan/Geulen/Illmer/Vogel/Wernsing (Hg.): Das Phantom »Rasse«, S. 23–33.
–: Geschichte des Rassismus, München 2007.
–: Wahlverwandte: Rassendiskurs und Nationalismus im späten 19. Jahrhundert, Hamburg 2004.
Gilette, Aaron: Die Eugenikbewegung in den USA im 20. Jahrhundert. In: Schwarz (Hg.): Streitfall Evolution, S. 449–463.
Goldberger, Josef: »Erb- und Rassenpflege« in Oberdonau. In: Baader/Hofer/Mayer (Hg.): Eugenik in Österreich, S. 345–366.
Gollwitzer, Heinz: Die gelbe Gefahr. Geschichte eines Schlagwortes. Studien zum imperialistischen Denken, Göttingen 1962.
Grimm, Christian: Netzwerke der Forschung. Die historische Eugenikbewegung und die moderne Humangenetik im Vergleich, Canterburg 2011.
Grosse, Pascal: Kolonialismus, Eugenik und bürgerliche Gesellschaft in Deutschland 1850–1918, Frankfurt a. M 2000.

Groß, Dominik/Fangerau, Heiner/Thamer, Hans-Ulrich: Medizin und Nationalsozialismus. Anmerkungen zu einer neuen Buchreihe. In: Westermann/Kühl/Groß (Hg.): Medizin im Dienst der »Erbgesundheit«, S. 5–9.

Grunewald, Michel/Puschner, Uwe (Hg.): Krisenwahrnehmungen in Deutschland um 1900. Zeitschriften als Foren der Umbruchszeit im wilhelminischen Reich, Bern 2010.

–/Puschner, Uwe: Vorbemerkungen. In: Grunewald/Puschner (Hg.): Krisenwahrnehmungen in Deutschland um 1900, S. 3–6.

Haller, Michael/Niggeschmidt, Martin (Hg.): Der Mythos vom Niedergang der Intelligenz. Von Galton zu Sarrazin: Die Denkmuster und Denkfehler der Eugenik, Wiesbaden 2012.

Hanke, Christine/Seier, Andrea: Zweifelhafte Einheiten und verstreute Ereignisse: Zum diskursanalytischen Verfahren. In: Bublitz/Hanke/Seier (Hg.): Der Gesellschaftskörper, S. 97–111.

Harms, Ingo: Biologismus. Zur Theorie und Praxis einer wirkungsmächtigen Ideologie, Oldenburg 2011.

Hausen, Katrin (Hg.): Frauen suchen ihre Geschichte, 2. Auflage, München 1987.

Hedwig, Andreas/Petter, Dirk (Hg.): Auslese der Starken – »Ausmerzung« der Schwachen. Eugenik und NS-»Euthanasie« im 20. Jahrhundert, Marburg 2017.

Henke, Klaus Dietmar: Einleitung: Wissenschaftliche Entmenschlichung und politische Massentötung. In: Henke (Hg.): Tödliche Medizin im Nationalsozialismus, S. 9–30.

– (Hg.): Tödliche Medizin im Nationalsozialismus: von der Rassenhygiene zum Massenmord, Köln 2008.

Herlitzius, Anette: Frauenbefreiung und Rassenideologie – Rassenhygiene und Eugenik im politischen Programm der »Radikalen Frauenbewegung« (1900–1933), Wiesbaden 1995.

Heuer, Bernd: Eugenik/Rassenhygiene in USA und Deutschland – ein Vergleich des »Journal of Heredity« und des »Archiv für Rassen- und Gesellschaftsbiologie« zwischen 1910 bzw. 1904 und 1939 bzw. 1933, Remscheid 1989.

Hildebrand, Klaus: Stufen der Totalitarismus-Forschung. In: Jesse (Hg.): Totalitarismus im 20. Jahrhundert, S. 70–94.

Hirschinger, Frank: »Zur Ausmerzung freigegeben«: Halle und die Landesheilanstalt Altscherbitz 1933–1945, Köln 2001.

Hoßfeld, Uwe/Šimůnek, Michal: Eugenik und Rassenhygiene in Europa. Definition des idealen Menschen und Versuche ihrer Umsetzung. In: Schwarz (Hg.): Streitfall Evolution, S. 431–448.

–/–: Rassenbiologie. In: Fahlbusch/Haar/Pinwinkler/Hamann (Hg.): Handbuch der völkischen Wissenschaften, Teilband II, S. 1114–1162.

Hufenreuter, Gregor: Wege aus den »Inneren Krisen« der modernen Kultur durch »folgerichtige Anwendung der natürlichen Entwicklungslehre«. Die Politisch-Anthropologische Revue (1902–1914). In: Grunewald/Puschner (Hg.): Krisenwahrnehmungen in Deutschland um 1900, S. 281–293.

Huonker, Thomas: Diagnose: »moralisch defekt«: Kastration, Sterilisation und Rassenhygiene im Dienst der Schweizer Sozialpolitik und Psychiatrie 1890–1970, Zürich 2003.

Jäger, Siegfried/Zimmermann, Jens (Hg.): Lexikon Kritische Diskursanalyse. Eine Werkzeugkiste, Münster 2010.

Jervis, John: The modernity of the fin de siècle. In: Saler (Hg.): The Fin-De-Siècle-World, S. 59–73.

Jesse, Eckhard (Hg.): Totalitarismus im 20. Jahrhundert. Eine Bilanz der internationalen Forschung, 2. Auflage, Bonn 1999.

Joseph, Jay/Wetzel, Norbert A.: Ernst Rüdin: Hitler's Racial Hygiene Mastermind. In: Journal of the History of Biology, (2013) 46, S. 1–30.

Kaiser, Jochen-Christoph/Nowak, Kurt/Schwartz, Michael: Eugenik, Sterilisation, »Euthanasie«. Politische Biologie in Deutschland 1895–1945. Eine Dokumentation, Berlin 1992.

Kaminsky, Uwe: Eugenik als Sozialutopie und Gesellschaftspolitik In: Hedwig/Petter (Hg.): Auslese der Starken – »Ausmerzung« der Schwachen, S. 13–26.

Kappeler, Manfred: Der schreckliche Traum vom vollkommenden Menschen. Rassenhygiene und Eugenik in der sozialen Arbeit, Marburg 2000.

Kaupen-Haas, Heidrun/Saller, Christian (Hg.): Wissenschaftlicher Rassismus. Analysen einer Kontinuität in den Human- und Naturwissenschaften, Frankfurt a. M. 1999.

Kerbs, Diethart/Reulecke, Jürgen (Hg.): Handbuch der Deutschen Reformbewegungen 1880–1933, Wuppertal 1998, S. 289–300.

–/–: Einleitung. In: Kerbs/Reulecke (Hg.): Handbuch der Deutschen Reformbewegungen, S. 10–18.

Killen, Andreas: The second industrial revolution. In: Saler (Hg.): The Fin-De-Siècle-World, S. 45–58.

Klee, Ernst: »Euthanasie« im NS-Staat. Die »Vernichtung« lebensunwerten Lebens, 17.–18. Tausend, ungekürzte Ausgabe, Frankfurt a. M. 1991.

Kroll, Frank-Lothar: Geburt der Moderne. Politik, Gesellschaft und Kultur vor dem Ersten Weltkrieg, Berlin 2013.

Kroll, Jürgen: Zur Entstehung und Institutionalisierung einer naturwissenschaftlichen und sozialpolitischen Bewegung: Die Entwicklung der Eugenik/Rassenhygiene bis zum Jahre 1933, Tübingen 1983.

Kröner, Hans-Peter: Die Eugenik in Deutschland von 1891 bis 1934, Münster 1980.

Kühl, Stefan: Die Internationale der Rassisten. Aufstieg und Niedergang der internationalen eugenischen Bewegung im 20. Jahrhundert, 2. Auflage, Frankfurt a. M. 2014.

–: Die Internationalität der Rassenforschung im 20. Jahrhundert. In: Foroutan/Geulen/Illmer/Vogel/Wernsing (Hg.): Das Phantom »Rasse«, S. 105–113.

–: Die soziale Konstruktion von Wissenschaftlichkeit und Unwissenschaftlichkeit in der internationalen eugenischen Bewegung. In: Kaupen-Haas/Saller (Hg.): Wissenschaftlicher Rassismus, S. 111–121.

Labisch, Alfons: Gesundheitskonzepte und Medizin im Prozeß der Zivilisation. In: Labisch/Spree (Hg.): Medizinische Deutungsmacht, S. 15–36.

–: Homo Hygienicus. Gesundheit und Medizin in der Neuzeit, Frankfurt a. M. 1992.

-/Spree, Reinhard (Hg.): Medizinische Deutungsmacht im sozialen Wandel des 19. und frühen 20. Jahrhunderts, Bonn 1989.

Landwehr, Achim: Geschichte des Sagbaren. Einführung in die historische Diskursanalyse, Tübingen 2001.

–: Historische Diskursanalyse, Frankfurt a. M. 2008.

Ledebur, Sophie: Die österreichische Irrenrechts- und Strafrechtsreformbewegung und die Anfänge eines eugenischen Diskurses in der Psychiatrie um 1900. In: Baader/Hofer/Mayer (Hg.): Eugenik in Österreich, S. 208–235.

Levine, Philippa: Eugenics. A very short introduction, Oxford 2017.

Lösch, Andreas: Tod des Menschen/Macht zum Leben. Von der Rassenhygiene zur Humangenetik, Pfaffenweiler 1998.

Löscher, Monika: »… der gesunden Vernunft nicht zuwider …« Katholizismus und Eugenik in Österreich vor 1938. In: Gabriel/Neugebauer (Hg.): Vorreiter der Vernichtung?, S. 219–240.

Lühr, Hans-Peter: Vorbemerkungen. In: Dresdner Hefte. Beiträge zur Kulturgeschichte, 18 (2000) 63, S. 2.

Marchand, Suzanne: Central Europe. In: Saler (Hg.): The Fin-De-Siècle-World, S. 131–149.

Marten, Heinz-Georg: Sozialbiologismus. Biologische Grundpositionen der politischen Ideengeschichte, Frankfurt a.M. 1983.

Merkel, Christian: »Tod den Idioten« – Eugenik und Euthanasie in juristischer Rezeption vom Kaiserreich zur Hitlerzeit, Berlin 2006.

Merlino, Gilbert: Kulturkritik um 1900. In: Grunewald/Puschner (Hg.): Krisenwahrnehmungen in Deutschland um 1900, S. 25–52.

Mocek, Reinhard: Biologie und soziale Befreiung. Zur Geschichte des Biologismus und der Rassenhygiene in der Arbeiterbewegung, Frankfurt a.M. 2002.

Mühlen, Patrik von zur: Rassenideologien. Geschichte und Hintergründe, Berlin 1977.

Nate, Richard: Biologismus und Kulturkritik. Eugenische Diskurse der Moderne, Würzburg 2014.

Neugebauer, Wolfgang: Die Wiener Gesellschaft für Rassenpflege und die Universität Wien. In: Gabriel/Neugebauer (Hg.): Vorreiter der Vernichtung?, S. 53–64.

Nikolow, Sybilla/Steller, Thomas: Das lange Echo der I. Internationalen Hygiene-Ausstellung in der Dresdner Gesundheitsaufklärung. In: Dresdner Hefte. Beiträge zur Kulturgeschichte, 29 (2011) 108, S. 16–27.

Nolte, Paul: Transatlantische Ambivalenzen. Studien zur Sozial- und Ideengeschichte des 18. bis 20. Jahrhunderts, München 2014.

Nolte, Stephan Heinrich: Komplexe Hintergründe: der Konstitutionsbegriff in Medizin und Homöopathie. In: Komplementäre und integrative Medizin, 49 (2008) 10, S. 22–26.

Nonn, Christoph: Das Deutsche Kaiserreich. Von der Gründung bis zum Untergang, München 2017.

Obermann-Jeschke, Dorothee: Eugenik im Wandel: Kontinuitäten, Brüche und Transformationen. Eine diskursgeschichtliche Analyse, Münster 2008.

Osten, Philipp: Hygieneausstellung zwischen Volksbelehrung und Vergnügungspark. In: Deutsches Ärzteblatt, 102 (2005) 45, S. 3085–3088.

Peter, Jürgen: Der Einbruch der Rassenhygiene in die Medizin. Auswirkung rassenhygienischen Denkens auf Denkkollektive und medizinische Fachgebiete von 1918 bis 1934, Frankfurt a.M. 2004.

Petermann, Heike: Der Wunsch nach »guter Abstammung«. Zur Geschichte des Begriffes »Eugenik« bei Medizinern und Biologen. In: Westermann/Kühl/Groß (Hg.): Medizin im Dienst der »Erbgesundheit, S. 57–78.

Pickardt, Thomas: Sozialdarwinismus: Ein Panoramabild deutscher bevölkerungskundlicher Fachzeitschriften vor dem Ersten Weltkrieg. In: Historische Mitteilungen, 10 (1997), S. 14–55.

Polzin, Julia: Matriarchale Utopien, freie Liebe und Eugenik. Der Bund für Mutterschutz im Wandel zeitgenössischer Ideen und politischer Systeme, Hamburg 2016.

Popper, Karl Raimund: Die offene Gesellschaft und ihre Feinde I – Der Zauber Platons, 6. Auflage, Tübingen 1980.

–: Die offene Gesellschaft und ihre Feinde II – Falsche Propheten: Hegel, Marx und ihre Folgen, 7. Auflage, Tübingen 1992.

Propping, Peter/Lilienthal, Georg (Hg.): Wissenschaft auf Irrwegen: Biologismus – Rassenhygiene – Eugenik, Bonn 1992.

Puschner, Uwe: Rückblicke, Vorblicke. Krisenbewußtsein und Umbruchserfahrung im Augenblick der Jahrhundertwende. In: Grunewald/Puschner (Hg.): Krisenwahrnehmungen in Deutschland um 1900, S. 525–536.

–/Schmitz, Walter/Ulbricht, Justus H. (Hg.): Handbuch zur »Völkischen Bewegung« 1871–1918, München 1996.

–/Schmitz, Walter/Ulbricht, Justus H.: Vorwort. In: Puschner/Schmitz/Ulbricht (Hg.): Handbuch zur »Völkischen Bewegung« 1871–1918, S. IX–XXIII.

Raphael, Lutz: Die Verwissenschaftlichung des Sozialen als methodische und konzeptionelle Herausforderung für eine Sozialgeschichte des 20. Jahrhunderts. In: Geschichte und Gesellschaft. Zeitschrift für historische Sozialwissenschaft, 22 (1996), S. 165–192.

Rauschenfels, Ulrich: Eugenik in deutschsprachigen Fachzeitschriften, Marburg 1969.

Reusch, Tanja: Die Ethik des Sozialdarwinismus, Frankfurt a. M. 2000.

Reyer, Jürgen: Alte Eugenik und Wohlfahrtspflege. Entwertung und Funktionalisierung der Fürsorge vom Ende des 19. Jahrhunderts bis zur Gegenwart, Freiburg 1991.

Ritter, Hans Jakob: Psychiatrie und Eugenik. Zur Ausprägung eugenischer Denk- und Handlungsmuster in der schweizerischen Psychiatrie, 1850–1950, Zürich 2009.

Roelcke, Volker: Krankheit und Kulturkritik. Psychiatrische Gesellschaftsdeutungen im bürgerlichen Zeitalter (1790–1914), Frankfurt a. M. 1999.

Rottleuthner, Hubert: Zum Wissenschaftscharakter der Eugenik. In: Czeguhn/Hilgendorf/Weitzel (Hg.): Eugenik und Euthanasie 1850–1945, S. 43–70.

Saler, Michael (Hg.): The Fin-De-Siècle-World, New York 2015.

–: Introduction. In: Saler (Hg.): The Fin-De-Siècle World, S. 1–8.

Schmidt, Giselher: Politik als Heilslehre. Zur Idee des Totalitarismus, Mainz 1970.

Schmuhl, Hans-Walter (Hg.): Rassenforschung an Kaiser-Wilhelm-Instituten vor und nach 1933, Göttingen 2003.

–: Rasse, Rassenforschung, Rassenpolitik. Annäherung an das Thema. In: Schmuhl (Hg.): Rassenforschung an Kaiser-Wilhelm-Instituten, S. 7–37.

–: Rassenhygiene, Nationalsozialismus, Euthanasie: Von der Verhütung zur Vernichtung »lebensunwerten Lebens« 1890–1945, 2. Auflage, Göttingen 1992.

Schölderle, Thomas: Geschichte der Utopie, 2. Auflage, Wien 2017.

Schrage, Dominik: Was ist ein Diskurs? Zu Michel Foucaults Versprechen, »mehr« ans Licht zu bringen. In: Bublitz/Bührmann/Hanke/Seier (Hg.): Das Wuchern der Diskurse, S. 63–74.

Schwartz, Michael: ›Rassenhygiene, Nationalsozialismus, Euthanasie‹? Kritische Anfragen an eine These Hans-Walter Schmuhls. In: Westfälische Forschung, 46 (1996), S. 604–622.

–: Sozialistische Eugenik. Eugenische Sozialtechnologien in Debatten und Politik der deutschen Sozialdemokratie 1890–1933, Bonn 1995.

Schwarz, Angela (Hg.): Streitfall Evolution. Eine Kulturgeschichte, Köln 2017.

Schwarz, Peter: Julius Tandler. Zwischen Humanismus und Eugenik, Wien 2017.

Sieferle, Rolf Peter: Rassismus, Rassenhygiene, Menschenzuchtideale. In: Puschner/Schmitz/Ulbricht (Hg.): Handbuch zur »Völkischen Bewegung« 1871–1918, S. 436–448.

Stöckel, Siegrid: Säuglingsfürsorge zwischen sozialer Hygiene und Eugenik, Berlin 1996.

Strasser, Johano: Das Drama des Fortschritts, Bonn 2015.

Timm, Albrecht: Einführung in die Wissenschaftsgeschichte, München 1973.

Turda, Marius: Biology and Eugenics. In: Saler (Hg.): The Fin-De-Siècle-World, S. 456–470.

Ullrich, Volker: Die nervöse Großmacht 1871–1918. Aufstieg und Untergang des deutschen Kaiserreichs, 2. Auflage, Frankfurt a. M. 2013.

Vogel, Klaus: Von der Totalität des Wissens zur Universalität des Menschen. Das Deutsche Hygiene-Museum 100 Jahre nach der I. Internationalen Hygiene-Ausstellung 1911. In: Dresdner Hefte. Beiträge zur Kulturgeschichte, 29 (2011) 108, S. 86–96.

–/Wingender, Christoph: »... deren Besuch sich daher unter allen Umständen lohnt.« Die I. Internationale Hygiene-Ausstellung 1911. In: Dresdner Hefte. Beiträge zur Kulturgeschichte, 18 (2000) 63, S. 44–52.

Vögele, Jörg: Sozialgeschichte städtischer Gesundheitsverhältnisse während der Urbanisierung, Berlin 2001.

Weikart, Richard: From Darwin to Hitler. Evolutionary ethics, eugenics, and racism in Germany, New York 2004.

Weikert Aurelia: Genormtes Leben – Bevölkerungspolitik und Eugenik, Wien 1998.

Weindling, Paul: Einleitung zur 1. Auflage. Volk und Forschung: eine Wissenschaft für die Nation. In: Fahlbusch/Haar/Pinwinkler/Hamann (Hg.): Handbuch der völkischen Wissenschaften, Teilband I, S. 1–8.

–: Health, race and German politics between national unification and Nazism 1870–1945, Cambridge 1991.

Weindling, Paul: Hygienepolitik als sozialintegrative Strategie im späten Deutschen Kaiserreich. In: Labisch/Spree (Hg.) Medizinische Deutungsmacht, S. 37–55.

Weinert, Sebastian: Der Körper im Blick. Gesundheitsausstellungen vom späten Kaiserreich bis zum Nationalsozialismus, Berlin 2017.

Weingart, Peter/Kroll, Jürgen/Bayertz, Kurt: Rasse, Blut und Gene – Geschichte der Eugenik und Rassenhygiene in Deutschland, 2. Auflage, Frankfurt a. M. 1996.

Weiss, Sheila Faith: The Nazi Symbiosis. Human Genetics and Politics in the Third Reich, Chicago 2010.

Westermann, Stephanie/Kühl, Richard/Groß, Dominik (Hg.): Medizin im Dienst der »Erbgesundheit«, Berlin 2009.

Wolf, Maria A.: Eugenische Vernunft. Eingriffe in die reproduktive Kultur durch die Medizin 1900–2000, Wien 2008.

Zankl, Heinrich: Von der Vererbungslehre zur Rassenhygiene. In: Henke (Hg.): Tödliche Medizin im Nationalsozialismus, S. 47–63.

Zimmermann, Susanne (Hg.): Überweisung in den Tod. Nationalsozialistische »Kindereuthanasie« in Thüringen, 5. Auflage, Erfurt 2016.

3. Personenverzeichnis

Seitenangaben mit Asteriskus beziehen sich auf Fußnoten.